THIAGO UBERREICH

BIO
GRA
FIA

O MAIOR ESPETÁCULO DA TERRA   NO RÁDIO, NA TV E NOS JORNAIS

2ª edição

onze
CULTURAL

São Paulo 2022

Esse livro é dedicado à minha mulher, Mariana, que teve paciência comigo pelo período em que me dediquei a escrevê-lo.
Ao meu pai, Téo, que sempre me contou histórias sobre as Copas.
À minha mãe, Cléo, que me deu o primeiro livro que li sobre os mundiais de futebol.
Ao meu irmão, Davi, que pacientemente, até hoje, assiste comigo aos compactos da Copa de 1970.
Às minhas avós, Rachel e Cida, aos meus tios Sara, Drausio, José Naum, Geny e Emílio e a todos os meus primos pelo apoio de sempre.
Aos meus amigos e eternos vizinhos, Luiz Fernando e Filipe Rufino, pelas horas divertidas no Pacaembu e diante da TV, torcendo pela seleção ou pelo Corinthians.
E aos meus verdadeiros amigos das Rádios Eldorado, Jovem Pan e de outras emissoras, jornais, revistas e internet que tive o prazer de conhecer em quase 25 anos de jornalismo.

THIAGO UBERREICH

SUMÁRIO

Apresentação	12
Prefácio (Mauro Beting)	17
A Copa nos jornais (Uruguai 1930)	22
Notícias da Europa (Itália 1934)	30
Ondas francesas (França 1938)	38
A Copa que nunca acabou (Brasil 1950)	50
Ondas magiares (Suíça 1954)	64
Aos pés do Brasil (Suécia 1958)	76
Cores do bi (Chile 1962)	92
Cores da rainha (Inglaterra 1966)	106
Vozes e imagens do tri (México 1970)	118
Carrossel em cores (Alemanha 1974)	134
Futebol sem cores (Argentina 1978)	150
Drama da bola (Espanha 1982)	166
Cores mexicanas (México 1986)	184
Futebol apagado (Itália 1990)	200
A quarta estrela (Estados Unidos 1994)	216
Cores frustradas (França 1998)	234
As cores do penta (Japão-Coréia 2002)	252
Tetra italiano (Alemanha 2006)	270
Sons africanos (África do Sul 2010)	286
A Copa do "7 a 1" (Brasil 2014)	306
A Copa do equilíbrio (Rússia 2018)	330
Qatar 2022: O futuro incerto da Copa do Mundo	349
Bibliografia	350
Agradecimentos	353

APRESENTAÇÃO

O goleiro Carlos era imbatível. Até aquele dia 21 de junho de 1986, ele não tinha tomado um gol sequer na Copa do Mundo. Aos 9 anos de idade, sentado na sala ao lado do meu pai, eu estava ansioso para o jogo contra a França. Tinha raiva de Platini, o melhor jogador adversário. A TV estava sintonizada na Record:

— Francia, francia — gritava um torcedor mexicano empurrando uma bicicleta nas proximidades do Estádio Jalisco, em Guadalajara.

— Vai sair com os dois pneus furados hoje — ironizava o narrador Silvio Luiz.

O jogo foi uma tragédia para o Brasil. Carlos sofreu o primeiro e único gol na Copa. Zico perdeu pênalti no tempo normal. Na decisão por penalidades, Sócrates e Júlio César desperdiçaram. O Brasil estava eliminado.

Essa é a minha primeira memória de uma Copa do Mundo. Todos nós temos alguma lembrança do maior espetáculo esportivo do planeta. Os fanáticos por futebol sabem que a vida é feita de ciclos que duram quatro anos. Somos capazes de fazer referências a períodos de nossa vida com base nas Copas do Mundo. Quando você se casou? Ah, eu casei no ano da Copa de 1998. Ah, eu me formei na faculdade no ano em que o Brasil ganhou o tetra! Pode parecer exagero, mas é a pura verdade. Certamente você tem uma recordação especial de uma Copa do Mundo. Como eu digo no capítulo sobre o mundial de 1982, a Copa mexe com a nossa memória afetiva. Aquela seleção até hoje nos faz acreditar que o futebol é uma arte e um espetáculo.

Na época da Copa de 1990, já com 13 anos, comecei a colecionar material relativo aos mundiais. Minha mãe me deu o primeiro livro que li sobre o assunto. Era uma obra pequena, escrita pelo jornalista Solange Bibas: *As Copas que ninguém viu* contava os bastidores dos mundiais de 1930 a 1978. Apesar de defasado, ainda era vendido em livrarias às vésperas da Copa de 1990. O jornalista fez parte da delegação brasileira que esteve na Copa de 1982.

Além de livros, sou um colecionador de imagens de futebol. Tenho guardados todos os jogos na íntegra de 1966 até hoje. Antes do mundial da Inglaterra, são raros os jogos completos, mas os poucos que existem também tenho em meu acervo.

Como um jornalista que trabalha em rádio, também sou um caçador de narrações raras. É um trabalho incansável e que esbarra na burocracia de museus e cinematecas pelo país. Em 2016, consegui, depois de 16 anos de pesquisas, reunir a íntegra das narrações dos jogos da seleção brasileira na Copa de 1950 pela Rádio Nacional do Rio de Janeiro.

O livro que você tem em mãos, *Biografia das Copas* (1930-2014), não se trata de um almanaque dos mundiais. A ideia é contar a história de cada Copa, destacando a cobertura dos jornais, do rádio e da TV. Você sabe como funcionou o pool das transmissões da televisão em 1970? Você sabe em qual Copa começaram as transmissões diretas para o Brasil pelo rádio? E pela televisão? Você sabe qual mundial teve os jogos gravados em videoteipe pela primeira vez?

A pesquisa nos jornais nos permite ter contato com o texto no "calor da hora", como gostava de ressaltar o jornalista político Carlos Chagas. É o retrato fiel de uma vitória ou uma derrota. O acesso às informações publicadas nos jornais sobre as primeiras Copas de 1930 e 1934 é muito precário. O rádio só passou a transmitir os jogos da seleção brasileira ao vivo em 1938. A digitalização de acervos dos jornais, como os da Folha de S.Paulo, Estado de S. Paulo e O Globo, facilitou muito a pesquisa. O problema, no entanto, é que a cobertura sobre a Copa do Mundo nos anos 1930 era extremamente limitada. A partir de 1950, o material se ampliou, principalmente por se tratar de uma Copa disputada no Brasil. Ao ler as edições do Jornal dos Sports daquele ano, publicadas antes e depois da derrota do Brasil para o Uruguai, e ouvir a íntegra das transmissões da Rádio Nacional do Rio de Janeiro, você passa a compreender a forma como o clima de "já ganhou" tomou conta do país. A partir de 1954 a Fifa começou a produzir os filmes oficiais. Em um período em que a TV ainda engatinhava, os filmes são documentos maravilhosos. Dando um salto no tempo, chegamos a 1970! A primeira Copa transmitida ao vivo, via satélite, é cheia de peculiaridades.

O embrião desse livro foi um blog publicado por mim em 2016 e que tinha o objetivo justamente de contar como funcionou o pool das transmissões da TV naquele mundial, disputado no México. Descobri que de 32 jogos, 11 foram exibidos ao vivo para o Brasil. Esse tipo de informação, importante para quem é fã de Copa do Mundo, só se consegue analisando as grades de programação das emissoras de TV publicadas nos jornais.

Você vai perceber que, de 1970 até o último capítulo, sobre a Copa de 2018, fiz questão de reproduzir no livro a grade de programação das TVs. Espero que faça bem para a sua memória afetiva relembrar quais emissoras transmitiram os jogos. Você acordou às 3h30 da madrugada para assistir Brasil e Inglaterra na Copa de 2002? Se você respondeu que não era nem nascido na época, espero então que esse livro o ajude a conhecer a história dos mundiais anteriores ao seu nascimento.

Para escrever essas páginas, fui atrás de livros, jornais e revistas. Revi partidas, documentários, os filmes das Copas e ouvi entrevistas feitas por mim e por colegas de profissão com jogadores e personalidades do esporte. Apesar de ser a *Biografia das Copas*, os personagens do maior espetáculo da terra são os jogadores. Cheguei ao máximo as grafias de nomes de atletas, técnicos, árbitros e detalhes das partidas, assim como tempo em que os gols foram marcados. As fontes são inúmeras e existem informações divergentes. A internet ajuda muito, mas às vezes amplia algumas dúvidas. Até os álbuns de figurinhas são uma importante fonte de informação, mas eles também apresentam divergências.

Espero que você se divirta, se emocione, tenha bons momentos e relembre histórias das Copas. Que essas páginas ajudem a resgatar as suas memórias afetivas. O último capítulo do livro é sobre a Copa de 2018, mas é só uma parada momentânea à espera do próximo Campeonato Mundial de futebol: Qatar 2022.

THIAGO UBERREICH

PREFÁCIO
A Copa da Irlanda de 1968

Sabe aquele juiz que deu prensada da defesa num jogo de quartas-de-final sob neve e o jogador da Iugoslávia que era meio-irmão do lateral da Molvânia teve um ataque cardíaco e sobreviveu com a ajuda da jornalista namorada do cartola da Fifa?

Foi na Copa da Irlanda de 1968.

Você lembra aquele pênalti claro que o juiz marcou gol contra a União Soviética e depois ele nunca mais foi visto? Tem gente até que diz que ele era agente da CIA e pai do Freddy Adu? Ou seria do Marilyn Mason?

Também foi na Copa da Irlanda. Em 1968.

Há 32 anos, quando minha carreira no jornalismo esportivo começou, exatamente na Copa da Itália de 1990 (sou velho, mas não foi na de 1934...), eu adoraria ter um livro como este para folhear e aprender com imenso prazer e dever de ofício. Então na "*Folha da Tarde*", comecei a escrever a coluna que me levaria adiante. Para me ajudar naquele começo de carreira tive um craque não convocado como o jornalista Marcon Beraldo. Ele também não cobriu um Mundial. Como o mundo das Copas esteve privado dos talentos brasileiros de Friedenreich, Heleno, Tesourinha, Evaristo, Canhoteiro, Dirceu Lopes, Djalma Dias, Djalminha, Alex. Quem mais? Quantos mais? Thiago Uberreich sabe. E muito mais.

A história das Copas também pode ser contada por quem não esteve lá. Poucos foram tão fundo na história de campo e bola, de fatos e fotos, de imagens e sonhos, quanto Thiago Uberreich, com quem tenho o prazer de aprender e tabelar ao microfone da mesma Rádio Jovem Pan que nos ajudou a entrar em campo mesmo quando distantes - não só trazendo os jogos dos Mundiais nas vozes de Pedro Luiz, Fiori Gigliotti, Darcy Reis, Joseval Peixoto, Osmar Santos, José Silvério e Nilson César, mas também ajudando lá dentro da CBD a trazer as duas primeiras Jules Rimet com o comando de Paulo Machado de Carvalho, o Marechal da Vitória de 1958 e 1962, dono então da rádio que se chamava Panamericana.

Thiago é um Cafu que faz tudo e muito bem. Parece estar em todos os lugares. Ou sabe onde procurar. Traz não só uma sinopse bem observada e condensada de cada partida como a cobertura da mídia brasileira em cada torneio. Resgata manchetes e consegue nos projetar naqueles meses que ficam por toda a vida com a gente.

Escreve, descreve e reescreve o que meu amigo Marcon bolou com a mesma visão crítica e aguçada: todos aqueles exageros, más interpretações, esquecimentos, invenções, ignorâncias, arroubos e/ou mesmo roubos de HDs sentimentais que criamos ou deixamos recriar no inconsciente coletivo aconteceram na "Copa da Irlanda de 1968". País que não sediou Copa. Mundial que não houve naquela temporada. Países, jogadores e histórias que não existem. Mas sempre damos um jeitinho brasileiro de parecer que tenham acontecido...

O livro ajuda a acabar (ou minimizar) com muito mimimi e chororô, dirimir dúvidas, ganhar divididas. Mais que tudo, joga luzes sem filtros nas estórias que viram história, escórias que fazem escola, escroques que se eternizam como craques. Vai focar o que de fato (e não de farsa e nem de fake) existiu. Contando muita coisa desconhecida ou escondida que um belo trabalho de pesquisa e jornalismo consegue passar à frente respeitando os fatos. Como se um fosse um Gérson que coloca a bola nos devidos lugares. Como um Pelé que marcou os mais belos gols e também não marcou os mais belos não-gols das Copas. Como um Rei que ganhou mais que todos e só conseguiu jogar um Mundial inteiro. Como Thiago Uberreich nos conduz nessa viagem com volta ao que nos trouxe até aqui. Todas as Copas do Mundo. Todo o mundo das Copas. Todas as mídias nos Mundiais.

Todos juntos no mesmo time. E no mesmo livro.

Quem vive de passado é quem tem história. Obrigado por contá-la, Thiago.

MAURO BETING

A COPA NOS JORNAIS

Notícia sobre o mundial era coisa rara

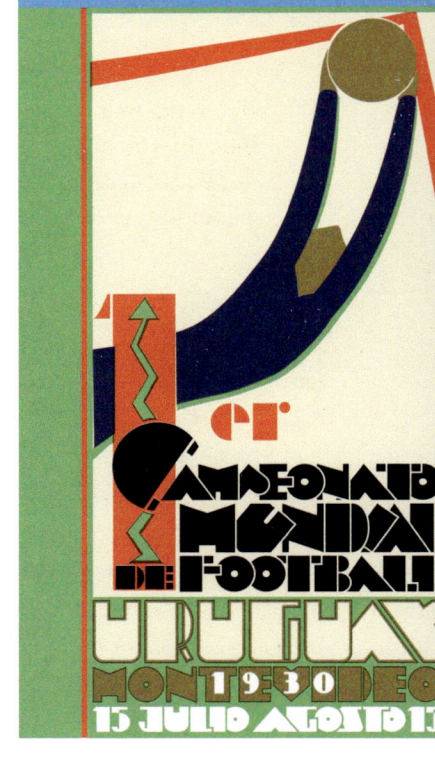

Hoje é impossível imaginar a nossa vida sem televisão, celular, internet e redes sociais. A comunicação é frenética, e a revolução tecnológica se desenrolou de forma avassaladora. Mas vamos voltar a 1930, um ano depois da quebra da bolsa de Nova York, que levou o mundo a uma das maiores crises econômicas da história. A primeira Copa do Mundo de futebol foi disputada no Uruguai, e aqui no Brasil, para saber o resultado de um jogo, eram poucas as alternativas. Os torcedores se amontoavam nas entradas das redações dos jornais em busca dos placares das partidas. Será que a seleção brasileira ganhou, perdeu ou empatou? A televisão só seria inaugurada no país em 1950. Você pode se perguntar: e o rádio? O rádio se limitava a levar ao ar boletins informativos com os placares dos jogos. Apenas a partir da Copa de 1938, na França, os brasileiros puderam ouvir as transmissões ao vivo. Em 1930, no Uruguai, e em 1934, na Itália, as alternativas eram a imprensa escrita e eventuais boletins das rádios.

PAULISTAS X CARIOCAS: OS MELHORES JOGADORES NÃO FORAM PARA A COPA

O desempenho da seleção brasileira na Copa de 1930 ficou comprometido por divergências entre dirigentes paulistas e cariocas. A equipe nacional não teve a potencialidade máxima, pois os grandes jogadores de São Paulo não foram para o mundial. Eram outros tempos. Tempos do futebol amador. A profissionalização só veio três anos depois.

Uma reportagem da *Folha da Manhã*, publicada em junho de 1930, relatava o clima tenso entre São Paulo e Rio de Janeiro: "*Ruidoso incidente entre a Confederação e a APEA em torno do campeonato mundial de Montevidéo. Até agora a CBD não deu a menor satisfação à Associação, sobre requisições dos jogadores desta.*" A Apea (Associação Paulista dos Esportes Atléticos) estava em guerra com a carioca CBD (Confederação Brasileira de Desportos), criada em 1914 para administrar as modalidades esportivas no Brasil, incluindo o futebol. A CBD era a responsável por levar a seleção nacional para a Copa. Os paulistas defendiam que a comissão técnica fosse composta por profissionais e não por amadores. Além de ser contra a profissionalização, a CBD não aceitou representantes da Apea na comissão técnica que iria ao Uruguai. Consequência: os clubes de São Paulo se negaram a ceder jogadores para a seleção. Em um outro artigo, a *Folha da Manhã* dizia que a CBD esperava que o impasse fosse resolvido: "*Ainda restam esperanças de breve normalização dos incidentes entre a entidade nacional e a de São Paulo. As inscrições dos jogadores na Fifa ainda poderão ser normalizadas.*" Mas as esperanças não se confirmaram, e a seleção foi para a Copa desfalcada.

O único paulista a fazer parte da equipe foi Araken Patusca, atleta do Santos que participou do mundial à revelia do clube do litoral paulista. Azar da seleção que não pôde contar com a força máxima.

Arthur Friedenreich, um dos principais nomes do futebol pré-profissional do Brasil, ficou fora da Copa. O jogador chegou a ser registrado na Fifa com 1.329 gols (mais do que Pelé). O equívoco foi corrigido, mas ainda existe uma grande discussão sobre se o atleta realmente marcou cerca de 500 gols na carreira (a contagem foi refeita com base em registros da imprensa na época). Outras ausências: Feitiço e Del Debbio, dois grandes atletas dos anos 1930.

A seleção era treinada por Píndaro de Carvalho. Como jogador, foi zagueiro do Flamengo e do Fluminense, e conquistou o Sul-Americano de 1919 com a camisa da seleção brasileira. Depois de deixar o futebol, tornou-se um importante médico sanitarista.

A CRIAÇÃO DA FIFA E O SONHO DA COPA

A Fifa foi fundada em 1904, e desde o início os dirigentes pensavam em organizar um mundial com seleções nacionais. Foi na presidência de Jules Rimet, o terceiro a comandar a entidade, que o torneio saiu do papel, graças ao esforço e empenho do cartola francês.

A Europa ainda estava abalada pela crise econômica de 1929. Nenhum país do continente se interessou em sediar a Copa. O Uruguai — campeão olímpico em 1924, em Paris, e em 1928, em Amsterdã — tinha disposição e foi o escolhido. A ideia era contar com 16 seleções, mas apenas 13 equipes participaram do mundial. Da Europa, França, Bélgica, Romênia e Iugoslávia compareceram; Itália, Alemanha, Áustria, Hungria, Suíça e Inglaterra foram ausências sentidas. Os ingleses, inventores do futebol moderno em 1863, consideravam o campeonato interno mais importante do que a Copa. Além dos quatro times europeus e da seleção da casa, o mundial contou com Brasil, Argentina, Paraguai, Bolívia, México, Estados Unidos, Chile e Peru.

O DIA A DIA DA COPA DE 1930

O governo do Uruguai concentrou os esforços na construção do Estádio Centenário, em Montevidéu, cujo nome é uma referência ao centenário da independência uruguaia. A chuva retardou as obras, que foram concluídas depois do início do mundial.

A Copa de 1930 teve quatro grupos, e os jogos foram disputados apenas na capital uruguaia. O primeiro colocado de cada chave estaria garantido na semifinal:

GRUPO 1: Argentina, França, Chile e México

GRUPO 2: Brasil, Iugoslávia e Bolívia

GRUPO 3: Uruguai, Romênia e Peru

GRUPO 4: Estados Unidos, Paraguai e Bélgica

A seleção brasileira ainda vestia uniforme branco (a cor amarela só seria usada a partir de 1954, na Suíça). Os jogadores e a comissão técnica viajaram para o Uruguai a bordo do navio *Conte Verde*, em uma viagem que durou cinco dias, segundo o jornalista Teixeira Heizer, autor de *O Jogo Bruto das Copas do Mundo*. Por causa do frio, os jogadores não saíram das cabines e, portanto, não fizeram exercícios físicos, muito menos treinaram com bola. Os europeus também enfrentaram uma epopeia para cruzar o Oceano Atlântico.

Com o título "*Inicia-se hoje o Campeonato Mundial de Futebol*", a *Folha da Manhã* trazia reportagem dizendo que os brasileiros tinham a simpatia e o apreço dos torcedores locais.

A Copa de 1930 começou no dia 13 de julho com dois jogos simultâneos:

FRANÇA 4 × 1 MÉXICO: a partida foi disputada no Estádio Pocitos que recebeu 4.500 torcedores. Os franceses tinham um grande goleiro: Thépot. No primeiro tempo, a equipe europeia já vencia por 3 a 0, com gols de Laurent, Langiller e Maschinot. O México diminuiu na etapa final com Carreño, mas Maschinot, novamente, fechou a goleada.

ESTADOS UNIDOS 3 × 0 BÉLGICA: o duelo, no Parque Central, foi visto por 9 mil pessoas. Os americanos contavam com jogadores escoceses naturalizados. McGhee, duas vezes, e Patenaude balançaram as redes adversárias.

A Fifa credita ao francês Laurent a autoria do primeiro gol da história das Copas. Mas arquivos não oficiais consideram o gol de McGhee como inaugural dos mundiais. O fato é: Laurent marcou contra o México aos 19 minutos do primeiro tempo, enquanto McGhee fez diante dos belgas aos 23 minutos da etapa inicial, uma diferença de 4 minutos.

A seleção brasileira estreou no dia 14 de julho com uma derrota para a Iugoslávia, por 2 a 1, no Parque Central.

BRASIL 1 × 2 IUGOSLÁVIA — MONTEVIDÉU — 14.07.30

BRASIL: Joel, Brilhante e Itália; Hermógenes, Fausto e Fernando; Nilo, Poli, Araken, Preguinho e Teóphilo.

IUGOSLÁVIA: Jaksic, Arsenijevic, Mihajlovic, Bek, Ivkovic, Stefanovic, Tirnanic, Vujadinovic, Sekulic, Marjanovic e Djokic.

ÁRBITRO: Aníbal Tejada (Uruguai).

GOLS: Tirnanic (21) e Bek (30) no primeiro tempo. Preguinho (17) na etapa final.

Briga entre cartolas prejudicou o desempenho da seleção em 1930

Era inverno, e o frio não dava trégua. Durante o jogo, um integrante da comissão técnica levava bacias com água quente para aquecer as mãos do goleiro Joel. Os arqueiros ainda não usavam luvas. O primeiro tempo terminou com o placar de 2 a 0 para a Iugoslávia, gols de Tirnanic e Bek. O Brasil diminuiu aos 17 minutos da etapa final com Preguinho, jogador do Fluminense e capitão da equipe nacional.

Preguinho era o apelido de João Coelho Netto, filho do escritor e poeta Henrique Maximiano Coelho Netto. Além do futebol, ele praticava basquete, vôlei, atletismo, natação e hóquei. Outro jogador de destaque da seleção brasileira era Fausto, conhecido como "maravilha negra", que se destacou no Vasco, no Flamengo e no Nacional do Uruguai. Aliás, ele era o único negro da equipe e entrou em campo apenas no segundo jogo, contra a Bolívia.

Em entrevista feita pelo jornalista Wanderley Nogueira, da Jovem Pan, em 1978, Araken Patusca afirmou que a seleção poderia ter ido mais longe em 1930:

> *A seleção começou em um ambiente nada agradável e que prejudicou a organização da nossa equipe. Havia 9 paulistas e 2 cariocas. Fausto era o maior centroavante da época, nominado no Uruguai como a "maravilha negra". Houve uma briga entre São Paulo e Rio de Janeiro. Os paulistas se afastaram. Apenas eu fui para o Uruguai, representando os paulistas. Mas o ambiente depois ficou ótimo. Perdemos a Copa por uma simples falta de sorte. Dominamos a Iugoslávia os 90 minutos. O goleiro deles estava com muita sorte.*

No dia seguinte à derrota, o jornal *O Globo* fazia uma dura crítica aos paulistas que se negaram a ceder jogadores para seleção: *"Os estrangeiros da Apea, porém, para quaes os brios nacionaes não têm importância, pois que não sentem e nem vibram com os brasileiros, assim não quizeram [ceder jogadores]. É uma triste página da nossa vida sportiva que se desenrola."*

ROMÊNIA 3 × 1 PERU: no outro jogo do dia 14, os romenos venceram os peruanos. Consta que apenas 300 pessoas assistiram a essa partida no Estádio Pocitos, o menor público de um jogo de Copa em todos os tempos. O primeiro gol, do romeno Desu, foi marcado aos 50 segundos da etapa inicial. O Peru empatou com Souza, mas Barbu e Stanciu garantiram o resultado para a equipe europeia.

ARGENTINA 1 × 0 FRANÇA: no dia 15 de julho, a Argentina derrotou a França no Parque Central. O goleiro francês Thépot fez defesas milagrosas, de acordo com o relato dos jornais da época. O gol argentino foi marcado por Monti que, quatro anos depois, jogou a Copa pela Itália, sendo campeão do mundo. O duelo teve arbitragem do brasileiro Gilberto de Almeida Rego. De forma surpreendente, o juiz encerrou o jogo aos 84 minutos da etapa final. Em meio a reclamações e invasão de campo, um bandeirinha convenceu o árbitro de que tinha se equivocado. A partida recomeçou, mas o placar ficou inalterado.

CHILE 3 × 0 MÉXICO: em 16 de julho, no Parque Central, Subiabre, Manuel Rosas e Vidal marcaram os gols chilenos. O jogo foi citado pelo jornalista Miguel dos Reis, da *Folha da Manhã*: *"A vitória chilena foi justa, principalmente por uma ligeira superioridade técnica sobre os mexicanos, mas a atuação destes, impulsionada por um ardor extraordinário de entusiasmo, deu à partida um aspecto geralmente equilibrado."*

IUGOSLÁVIA 4 × 0 BOLÍVIA: no dia 17, os iugoslavos golearam a Bolívia por 4 a 0, resultado que eliminou a seleção brasileira da Copa. A partida, no Parque Central, teve gols de Bek (2), Marjanovic e Vujadinovic. Antes do jogo, o time da Bolívia quis fazer uma homenagem ao Uruguai. Os jogadores tiraram uma foto perfilados e cada um usou uma camisa com uma letra estampada; a ideia era formar a inscrição: "Viva Uruguay". Um dos atletas, no entanto, se ausentou na hora da fotografia e a inscrição ficou: "Viva Urugay", sem a terceira letra "u". Depois, uma nova foto foi tirada com a frase correta.

ESTADOS UNIDOS 3 × 0 PARAGUAI: no outro jogo do dia, mais uma vitória dos americanos, agora diante do Paraguai. O resultado garantiu a vaga dos Estados Unidos na semifinal. Patenaude balançou as redes duas vezes. Florie também marcou para os americanos no Parque Central.

Apesar da precariedade da confecção dos jornais, a imprensa brasileira publicava fotos dos destaques da Copa, como o uruguaio Andrade. A Celeste Olímpica tinha ainda um atleta chamado Héctor Castro, apelidado de "el manco", "maneta" em português. Ele não tinha parte do braço direito. O argentino Stábile, que foi o artilheiro da Copa com 8 gols, também era exaltado pela imprensa como um dos grandes nomes do futebol mundial.

INAUGURAÇÃO DO CENTENÁRIO

URUGUAI 1 × 0 PERU: o dia 18 de julho é histórico. O Estádio Centenário finalmente foi inaugurado para a estreia da Celeste contra o Peru. Os donos da casa venceram por 1 a 0, gol de Castro. O estádio estava lotado. Os uruguaios jogaram com Ballesteros, Nasazzi (capitão), Tejera, Andrade, Fernandez, Gestido, Urdinaram, Castro, Petroni, Cea e Iriarte. Em inúmeros locais, o cimento ainda estava fresco: as marcas dos pés dos torcedores ficariam lá para sempre. O Centenário é o único estádio do mundo declarado pela Fifa como monumento do futebol mundial.

O Estádio Centenário foi inaugurado com o mundial já em andamento

Depois da inauguração, todas as partidas da Copa foram disputadas no Centenário.

CHILE 1 × 0 FRANÇA: no dia seguinte, em 19 de julho, no mesmo estádio, a França perdeu mais uma partida na Copa. O gol do Chile foi marcado por Subiabre. O goleiro Thépot entrou para a história como o primeiro arqueiro a defender um pênalti em mundiais. Ele pegou a cobrança de Vidal.

ARGENTINA 6 × 3 MÉXICO: no mesmo dia e pelo mesmo grupo, a Argentina confirmou que estava entre as seleções favoritas ao título. A equipe, comandada por Francisco Olazar, goleou o México. Stábile, o craque argentino, fez três gols.

A seleção brasileira, já desclassificada, venceu a Bolívia por 4 a 0, em 20 de julho.

BRASIL 4 × 0 BOLÍVIA — MONTEVIDÉU — 20.07.30

BRASIL: Velloso, Zé Luis e Itália; Hermógenes, Fausto e Fernando; Benedito, Russinho, Carvalho Leite, Preguinho e Moderato.

BOLÍVIA: Bermudez, Durandal, Chavarria, Sainz, Lara, Valderrama, Reyes, Bustamante, Mendez, Alborta e Fernandes.

ÁRBITRO: Balway (França).

GOLS: Moderato (37) no primeiro tempo. Preguinho (6), Moderato (28) e Preguinho (30) na etapa final.

Preguinho e Moderato marcaram dois gols cada. O técnico Píndaro de Carvalho promoveu modificações na equipe, depois da derrota para a Iugoslávia. A seleção nacional encerrou a participação na primeira Copa da história em sexto lugar na classificação geral.

Uma nota curiosa sobre a partida: as duas seleções entraram em campo com uniformes brancos. O que fazer? Um conjunto de camisas do Uruguai estava guardado no estádio e os bolivianos vestiram o uniforme emprestado.

PARAGUAI 1 × 0 BÉLGICA: ainda no dia 20, o Paraguai ganhou da Bélgica com gol de Vargas Peña aos 40 minutos do primeiro tempo. As duas seleções já estavam eliminadas.

URUGUAI 4 × 0 ROMÊNIA: em 21 de julho, mais uma festa uruguaia no Centenário. Cerca de 60 mil pessoas assistiram à goleada sobre a Romênia, resultado que garantiu a classificação para as semifinais. Os gols foram marcados por Dorado, Scarone, Anselmo e Cea.

ARGENTINA 3 × 1 CHILE: no dia 22, foi a vez da Argentina se classificar. O time venceu o Chile com dois gols de Stábile e outro de Evaristo. Subiabre marcou para os chilenos.

SEMIFINAIS

Os confrontos das semifinais foram definidos por sorteio. Para o bem do espetáculo final, Uruguai e Argentina escaparam de um duelo antes da decisão.

ARGENTINA 6 × 1 ESTADOS UNIDOS: as duas equipes se enfrentaram em 26 de julho. A disputa era cercada de expectativas e o placar do jogo foi surpreendente: 6 a 1 para os argentinos, que marcaram com Monti, Scopelli, Stábile (2) e Peucelle (2). Brown fez o gol de honra dos Estados Unidos.

URUGUAI 6 × 1 IUGOSLÁVIA: festa uruguaia no dia 27 de julho. A seleção dona da casa garantiu a classificação para a final da Copa. O placar foi o mesmo da outra semifinal. Cea marcou 3 gols, Anselmo, 2, e Iriate fez o outro. A Iugoslávia balançou as redes com Sekulic. No total, 78.091 torcedores estiveram no Centenário.

Os Estados Unidos ficaram automaticamente com a terceira colocação. Conforme o livro do jornalista Teixeira Heizer *Jogo Bruto das Copas do Mundo*, a Iugoslávia desistiu de disputar o jogo que definiria a posição.

FINAL

Dia 30 de julho de 1930: Uruguai e Argentina decidiram a primeira Copa da história. As duas seleções tinham disputado a final olímpica de 1928, em Amsterdã. A Celeste vencera por 2 a 1. E agora?

Troca de cumprimentos antes do duelo final entre Uruguai e Argentina

---

URUGUAI 4 × 2 ARGENTINA – MONTEVIDÉU – 30.07.1930

URUGUAI: Ballesteros; Fernandez, Nasazzi, Mascheroni, Scarone, Andrade, Cea, Gestino, Iriarte, Castro e Dorado.

ARGENTINA: Botasso; Della Torre, Varallo, Paternoster, Suarez, Monti, Evaristo, Peucelle, Stábile, Evaristo e Ferreira.

ÁRBITRO: John Langenus (Bélgica).

GOLS: Pablo Dorado (12), Peucelle (20) e Stábile (37) no primeiro tempo. Cea (12), Iriarte (23) e Castro (44) na etapa final.

Os torcedores argentinos cruzaram o Rio da Prata para assistir à finalíssima. Os uruguaios colocaram apenas 10 mil ingressos à disposição da AFA (Federação Argentina de Futebol), mas uma estimativa indica que 30 mil argentinos foram para Montevidéu. O Centenário estava lotado: 90 mil torcedores. O árbitro John Langenus, da Bélgica, solicitou reforço especial de segurança.

Como não havia padronização das bolas, o árbitro decidiu usar uma bola argentina no primeiro tempo e outra uruguaia na etapa final. O Uruguai saiu na frente com gol de Pablo Dorado aos 12 minutos. A Argentina empatou com Peucelle aos 20 minutos e virou o jogo com o artilheiro Stábile aos 37. Aos 12 do segundo tempo, Cea empatou o duelo. Iriarte marcou o terceiro dos uruguaios aos 23 minutos. Para desespero dos argentinos, Castro fechou o placar aos 44 minutos.

Os bicampeões olímpicos (1924-1928) eram os primeiros vencedores da Copa do Mundo. O presidente da Fifa, Jules Rimet, e o presidente do Uruguai, Juan Campisteguy, entregaram a taça ao capitão Nasazzi. A estatueta, que só mais tarde levaria o nome de Jules Rimet, tinha sido confeccionada por um francês: Abel Lafleur. O Uruguai estava em festa. As sirenes dos navios eram ouvidas em toda Montevidéu.

A *Folha da Manhã* de 31 de julho de 1930 estampava na capa do caderno de esportes: *"Uruguayos, os campeões do mundo! A supremacia dos jogadores orientaes no futebol mundial – o sensacional jogo de hontem no estádio 'Centenário' – a linha média argentina falhou."* A reportagem narra os momentos finais da partida:

> *O delírio do público nas arquibancadas populares e nos lugares de destaque, chega então ao auge, enquanto Castro, autor do ponto que encerrou a contagem e garantiu a segurança da*

vitória uruguaia, desfalecia de emoção em pleno campo. Recomeça o jogo, já agora com a vitória plenamente garantida para os uruguayos, que continuam a atacar, sem aumento de score, terminando o grande jogo às 16 horas e 42 minutos com a vitória dos uruguayos por 4 a 2, tornando-se assim, novamente os campeões mundiais de futebol."

A imprensa considerava a conquista de 1930 uma sequência dos títulos olímpicos de 1924 e 1928.

O documentário *Fifa Fever*, lançado pela federação, tem imagem exclusivas da primeira Copa do Mundo. As gravações, apesar de precárias, mostram o público e alguns lances da partida final entre Uruguai e Argentina.

Gol na final de 1930 garante o título ao Uruguai

TABELA DA COPA DE 1930

GRUPO 1
13/07/1930 Montevidéu: **França 4 × 1 México**
15/07/1930 Montevidéu: **Argentina 1 × 0 França**
16/07/1930 Montevidéu: **Chile 3 × 0 México**
19/07/1930 Montevidéu: **Chile 1 × 0 França**
19/07/1930 Montevidéu: **Argentina 6 × 3 México**
22/07/1930 Montevidéu: **Argentina 3 × 1 Chile**

GRUPO 2
14/07/1930 Montevidéu: **Iugoslávia 2 × 1 Brasil**
17/07/1930 Montevidéu: **Iugoslávia 4 × 0 Bolívia**
20/07/1930 Montevidéu: **Brasil 4 × 0 Bolívia**

GRUPO 3
14/07/1930 Montevidéu: **Romênia 3 × 1 Peru**
18/07/1930 Montevidéu: **Uruguai 1 × 0 Peru**
21/07/1930 Montevidéu: **Uruguai 4 × 0 Romênia**

GRUPO 4
13/07/1930 Montevidéu: **Estados Unidos 3 × 0 Bélgica**
17/07/1930 Montevidéu: **EUA 3 × 0 Paraguai**
20/07/1930 Montevidéu: **Paraguai 1 × 0 Bélgica**

SEMIFINAIS
26/07/1930 Montevidéu: **Argentina 6 × 1 EUA**
27/07/1930 Montevidéu: **Uruguai 6 × 1 Iugoslávia**

FINAL
30/07/1930 Montevidéu: **Uruguai 4 × 2 Argentina**

NOTÍCIAS DA EUROPA

A seleção brasileira tem a pior colocação em Copas

esteve no mundial, mas sem a potencialidade máxima. O país perdeu os principais jogadores justamente para a Itália: Monti, Guaita, Orsi e De Maria eram os chamados *oriundi*. O brasileiro Anfilogino Guarisi Marques, o "Filó", também estava relacionado pela Itália. Destaque no Corinthians e no Paulistano, ele entrou para a história como o primeiro brasileiro campeão mundial de futebol, apesar de não ter sido escalado em nenhuma partida da Copa. A Fifa ainda não proibia que atletas atuassem por seleções de outros países.

A Fifa confirmou em 1932 que a Itália seria a sede do segundo mundial da história. Aquela Copa foi um dos primeiros exemplos da mistura entre política e futebol. Benito Mussolini, o Duce, ditador italiano, fez de tudo para que o país organizasse a competição. A obsessão pelo título era tanta que ele mandava bilhetes aos jogadores com a ameaça: "vencer ou morrer". Estes, obedientes ao regime de Mussolini, faziam a saudação fascista durante as partidas em direção às tribunas de honra dos estádios. O ditador escolheu o general Giorgio Vaccaro para tocar o projeto da Copa, na Itália. O jornalista Vittorio Pozzo foi indicado para treinar a Squadra Azzurra.

A Copa de 34, a primeira na Europa, foi transmitida ao vivo pelo rádio para 12 países. Já no Brasil, assim como em 1930, para saber informações sobre os jogos era preciso recorrer aos jornais ou ouvir os boletins das emissoras de rádios. A transmissão ao vivo das partidas só seria possível em 1938.

O Uruguai, sede em 1930, decidiu não participar da Copa. Além de enfrentar uma crise interna no futebol, o país resolveu fazer um protesto contra os europeus pela falta de apoio da maioria do continente ao mundial de quatro anos antes. A Copa teria 16 vagas, e a Fifa conseguiu 32 inscritos. Alguns países desistiram no meio do caminho, como o Peru, o que abriu espaço para a classificação automática da seleção brasileira. A Argentina, vice-campeã em 1930,

A PARTICIPAÇÃO BRASILEIRA

Em 1930, paulistas e cariocas estavam em guerra (CBD versus APEA). Em 1934, mais uma vez, os conflitos internos prejudicaram a participação brasileira. A profissionalização tinha chegado ao Brasil em 1933. Os clubes favoráveis ao esporte profissional davam apoio a FBF, Federação Brasileira de Futebol. O problema é que a CBD, filiada à Fifa e responsável por levar a seleção ao mundial, ainda era adepta do amadorismo. Apenas o Botafogo estava ao lado da entidade carioca e o clube foi a base da seleção, treinada por Luís Vinhaes. Interessante que a CBD, apesar de contrária à profissionalização, oferecia muito dinheiro para que jogadores de São Paulo fossem para a Copa. Para evitar o assédio, os times decidiram esconder atletas em sítios ou fazendas do interior do estado. Somente quatro paulistas vestiram a camisa da seleção em 1934: Waldemar de Brito, Sylvio Hoffman, Armandinho e Luizinho. O grande nome do Brasil era, sem dúvida, Leônidas da Silva, um dos maiores jogadores antes da "era Pelé". Leônidas foi o artilheiro da Copa seguinte, em 1938, com sete gols. Já o zagueiro Domingos da Guia foi uma das ausências de 1934. Ele ainda pertencia ao Nacional de Montevidéu, que não o liberou para a Copa (no mesmo ano, Domingos iria para o Vasco). A seleção demorou onze dias para chegar à Itália a bordo do navio *Conte Biancamano*.

DIA A DIA DA COPA

Os mundiais de 1934 e de 1938 são os únicos até hoje em que as seleções não foram divididas em grupos na primeira fase. Eram jogos eliminatórios diretos. Se a Copa de 1930 teve predomínio dos sul-americanos, a competição de quatro anos depois foi basicamente europeia. O velho continente contou com 12 seleções: Itália, Alemanha, Bélgica, Suécia, Holanda, Suíça, Tchecoslováquia, Romênia, Áustria, França, Hungria e Espanha. Brasil, Argentina, Estados Unidos e Egito completavam as equipes. Foram oito sedes: Roma, Bolonha, Florença, Gênova, Milão, Turim, Nápoles e Trieste. Abaixo, o guia de programação da fase inicial:

Mesmo com Leônidas (terceiro da direita para esquerda), a seleção foi eliminada na estreia

Os oito jogos eliminatórios foram disputados em 27 de maio de 1934:

> BRASIL × ESPANHA
> ITÁLIA × ESTADOS UNIDOS
> ALEMANHA × BÉLGICA
> SUÉCIA × ARGENTINA
> SUÍÇA × HOLANDA
> TCHECOSLOVÁQUIA × ROMÊNIA
> ÁUSTRIA × FRANÇA
> HUNGRIA × EGITO

A seleção brasileira iria enfrentar a Espanha, ou os "hespanhóes", em Gênova, como destacava essa manchete da *Folha da Manhã*: "*Os brasileiros enfrentam hoje os hespanhóes no Campeonato Mundial de Futebol*". A reportagem dizia que o grupo brasileiro tinha feito, na véspera da partida, uma visita à Câmara de Comércio Ítalo-Brasileira. O jornal trazia ainda a palavra do chefe da delegação Lourival Fontes: "*Os jogadores estão muito bem dispostos e deverão fazer amanhã contra os hespanhóes excelente exibição de sua técnica*". Um outro trecho mencionava: "*O chefe da delegação pretende ir para Roma na semana que vem a fim de estudar as organizações culturais e esportivas da capital italiana.*"

O goleiro da seleção era Roberto Gomes Pedrosa que, anos depois, ganhou destaque como dirigente esportivo e dá nome à praça que fica em frente ao Estádio do Morumbi, do São Paulo Futebol Clube.

> **BRASIL 1 × 3 ESPANHA — GÊNOVA — 27.05.34**
>
> **BRASIL**: Pedrosa, Sylvio Hoffmann e Luiz Luz; Tinoco, Martim e Canalli; Luizinho, Waldemar de Brito, Armandinho, Leônidas da Silva e Patesko.
>
> **ESPANHA**: Zamora, Ciriaco, Quincoces, Cillaurren, Murgueza, Marculeta, Lafuente, Irarogorri, Lángara, Lecue e Guillermo Gorostiza.
>
> **ÁRBITRO**: Alfred Birlem (Alemanha).
>
> **GOLS**: Irarogorri (18 e 25) e Langara (29) no primeiro tempo. Leônidas (10) na etapa final.

Os brasileiros entraram em campo com camisas brancas e detalhes em azul. Os espanhóis estavam com as tradicionais camisas vermelhas e calções pretos. O destaque dos adversários era o goleiro Zamora, que defendeu um pênalti de Waldemar de Brito. Iraragorri abriu o placar aos 18 minutos em cobrança de pênalti. Ele fez também o segundo aos 25 minutos. Langara marcou o terceiro aos 29 minutos do primeiro tempo. Na etapa final, Leônidas da Silva marcou aos 10 minutos. Um lance, no entanto, chamou atenção: o zagueiro Jacinto Quincoces salvou com o braço uma bola chutada por Leônidas, mas o árbitro Alfred Bilen, da Alemanha, não deu pênalti. A seleção perdeu por 3 a 1 e estava fora da Copa.

Os jornais destacavam que os zagueiros brasileiros não tiveram um bom desempenho. Além do lance da bola salva pelo zagueiro espanhol, foi anulado um gol de Luizinho. A *Folha da Manhã*, edição de terça-feira, 29 de maio de 1934, citava a arbitragem: "*Os jornais assinalaram, em geral, que os assistentes mostravam de início uma atitude de neutralidade entre os dois quadros. Pouco depois de iniciada a partida, era de notar uma ligeira sympathia para o lado dos hespanhóes, devido sobretudo à extrema popularidade que goza o guardião Zamora, entre os aficionados italianos. Ouviam-se alguns brados, vibrantes aplausos à magnífica atuação do hespanhol que por várias vezes salvou denodadamente seu quadro.*"

O time nacional amargou a décima quarta colocação, a pior do país em mundiais. Depois da eliminação, a equipe brasileira continuou na Europa para disputar amistosos. Destaque para a derrota diante da Iugoslávia por 8 a 4.

> BRASIL 4 × 8 IUGOSLÁVIA (BELGRADO)
> BRASIL 0 × 0 GRADANSKI (IUGOSLÁVIA)
> BRASIL 1 × 2 SELEÇÃO DA CATALUNHA (ESPANHA)
> BRASIL 2 × 2 SELEÇÃO DA CATALUNHA (ESPANHA)
> BRASIL 4 × 4 BARCELONA (ESPANHA)
> BRASIL 4 × 2 COMBINADO BENFICA-BELENENSES (LISBOA)
> BRASIL 6 × 1 SPORTING (PORTUGAL)
> BRASIL 0 × 0 PORTO (PORTUGAL)

Depois da Copa, o atacante Waldemar de Brito foi para o futebol argentino vestir a camisa do San Lorenzo. Vale lembrar que, nos anos 1950, foi ele quem levou Pelé para o Santos e apresentou o garoto de 16 anos ao técnico Lula.

ITÁLIA 7 × 1 ESTADOS UNIDOS: com a presença de Mussolini nas tribunas, a Itália estreou na Copa com uma goleada, em Roma. Cerca de 25 mil torcedores estavam no Estádio Nacional, que seria o palco da finalíssima. O primeiro tempo terminou com o placar de 3 a 0, dois gols de Schiavio e outro de Orsi. Aliás, o terceiro da partida, marcado por Schiavio, é o centésimo gol das Copas. Na etapa final, Ferrari, Schiavio, Orsi e Meazza balançaram as redes americanas. O gol de honra dos Estados Unidos foi marcado por Donelli.

ÁUSTRIA 3 × 2 FRANÇA: o jogo foi disputado em Turim. Os austríacos, comandados por Hugo Meisl, tinham uma excelente equipe, apelidada de "Wunderteam" (time maravilha). Um dos destaques era o atacante Matthias Sindelar, chamado de "homem de papel". O tempo normal terminou empatado por 1 a 1, e a partida só foi decidida na prorrogação, a primeira da história das Copas. Schall e Bican garantiram a Áustria nas quartas de final. A França, país do presidente da Fifa, Jules Rimet, dava adeus ao mundial.

ALEMANHA 5 × 2 BÉLGICA: os alemães saíram na frente com Korbierski, mas a Bélgica virou a partida, em Florença, com dois gols de Voorhoof. No segundo tempo, prevaleceu a técnica alemã. Siffling e Conen, este com três gols, garantiram a classificação.

TCHECOSLOVÁQUIA 2 × 1 ROMÊNIA: em Trieste, Dobai abriu o placar para os romenos, mas Puc e Nejedly viraram o jogo. O goleiro Planicka era um dos grandes nomes da Tchecoslováquia.

SUÍÇA 3 × 2 HOLANDA: a partida foi disputada no San Siro, em Milão, e teve um resultado inesperado. Kielholz abriu o placar para os suíços e Smit empatou, mas Kielholz e Abegglen fizeram 3 a 1. A Holanda descontou com Vente, mas não conseguiu confirmar o favoritismo.

SUÉCIA 3 × 2 ARGENTINA: os vice-campeões mundiais entraram em campo em Bolonha sem nenhum jogador da campanha de 1930. O futebol argentino estava dividido entre o amadorismo e o profissionalismo. As grandes estrelas, apoiadas por clubes como Boca Juniors e River, se profissionalizaram e formaram uma espécie de liga sem relações com a Fifa e não foram para o mundial de 1934. A Argentina perdeu para a Suécia e foi eliminada.

HUNGRIA 4 × 2 EGITO: em Nápoles, os húngaros conseguiram a classificação. Depois de muito equilíbrio, com empate por 2 a 2, os europeus marcaram com Vincze e Toldi.

QUARTAS DE FINAL

Somente seleções europeias estavam classificadas para as quartas de final, fase que teve os seguintes confrontos: Itália × Espanha, Áustria × Hungria, Alemanha × Suécia e Tchecoslováquia × Suíça. As quatro partidas foram disputadas no dia 31 de maio de 1934. Em caso de empate, haveria uma prorrogação. Se o placar igual persistisse, seria promovida uma nova partida.

ITÁLIA 1 × 1 ESPANHA: o duelo mais dramático do mundial foi entre Itália e Espanha. As duas seleções entraram em campo em Florença e fizeram uma batalha histórica. Regueiro abriu o placar para a Espanha aos 30 minutos do primeiro tempo, e o empate dos italianos veio com Ferrari aos 44 minutos, ainda na etapa inicial. Os goleiros Combi, da Itália, e Zamora, da Espanha, fizeram defesas espetaculares e o jogo foi para a prorrogação, mas o placar não mudou.

ITÁLIA 1 × 0 ESPANHA (DESEMPATE): uma partida desempate teve de ser disputada 24 horas depois. A Espanha entrou desfalcada de sete jogadores e a Itália estava sem cinco titulares. Os italianos venceram por 1 a 0 com gol de Meazza, jogador que hoje dá nome ao estádio de San Siro, em Milão. Depois de muita luta, a Squadra Azzurra estava na semifinal. Os jornais traziam a informação de que os espanhóis reclamaram da violência dos adversários.

ÁUSTRIA 2 × 1 HUNGRIA: em um duelo entre dois países que surgiram da separação do Império Austro-Húngaro, a Áustria marcou primeiro com Horvath. Zischek ampliou: 2 a 0. Sarosi diminuiu. O jogo, em Bolonha, foi marcado por lances violentos. O árbitro italiano Rinaldo Barlassina expulsou Markos, da Hungria. Nesta época, as expulsões ainda eram verbais. Os cartões só foram instituídos na Copa de 1970.

TCHECOSLOVÁQUIA 3 × 2 SUÍÇA: em Turim, os tchecos conseguiram vencer o "ferrolho". Kielholz abriu o placar para os suíços, mas Svoboda, com dois gols, virou a partida. A Suíça empatou com Jaggi, contudo, o craque Nejedly garantiu a classificação para as semifinais.

ALEMANHA 2 × 1 SUÉCIA: o primeiro tempo do jogo, disputado em Milão, terminou empatado por 0 a 0. Na etapa final, o alemão Hohmann fez dois gols: aos 15 e aos 18 minutos. A Suécia diminuiu com Dunker aos 37 minutos. Foi a primeira classificação da Alemanha para a fase semifinal de uma Copa.

SEMIFINAIS

Itália × Áustria e Tchecoslováquia × Alemanha foram os confrontos das semifinais disputadas no dia 3 de junho.

ITÁLIA 1 × 0 ÁUSTRIA: em Milão, os italianos entraram em campo estafados, depois da maratona de futebol contra a Espanha. Mas no duelo contra a Áustria, os donos da casa levaram a melhor. O único gol foi marcado por Guaita aos 19 minutos do segundo tempo.

TCHECOSLOVÁQUIA 3 × 1 ALEMANHA: o destaque da partida, em Roma, foi Nejedly. Ele marcou o primeiro gol dos tchecos aos 19 minutos da etapa inicial. A Alemanha só conseguiu empatar aos 17 minutos do segundo tempo. A Tchecoslováquia voltou a balançar as redes com Nejedly aos 26 e aos 35 minutos. A Alemanha sentiu a ausência de Hohmann, machucado.

TERCEIRO LUGAR

ALEMANHA 3 × 2 ÁUSTRIA: no dia 7 de junho de 1934, em Nápoles, a Alemanha garantiu a terceira colocação. Lehner abriu o placar com apenas 25 segundos de partida, e Conen ampliou aos 27. Horvath diminuiu aos 28 minutos. Lehner, de novo, fez o terceiro gol aos 42 minutos. A Áustria só conseguiu balançar as redes novamente aos 9 minutos do segundo tempo com Sesta, mas o placar não voltaria a ser alterado.

"Velho Stadio Flamínio", em Roma, foi palco da final da Copa de 1934

FINAL

Mussolini e todo o ministério estavam presentes no dia 10 de junho de 1934, em Roma. A torcida ovacionava o Duce. A partida foi disputada no Stadio del Partito Nazionale Fascista, conhecido como "Velho Stadio Flamínio". Construído em 1927 pelo governo fascista, era utilizado por Lazio e Roma. Foi demolido em 1953 e deu lugar ao Estádio Flamínio, hoje pouco utilizado para o futebol.

ITÁLIA 2 × 1 TCHECOSLOVÁQUIA — ROMA — 10.06.1934

ITÁLIA: Combi, Allemandi, Monzeglio, Ferraris, Ferrari, Meazza, Bertolini, Monti, Orsi, Guaita e Schiavio.

TCHECOSLOVÁQUIA: Planicka; Zenisek, Ctyroky, Cambal, Kostalek, Krcil, Puc, Junek, Nejedly, Sobotka e Svoboda.

ÁRBITRO: Ivan Eklind (Suécia).

GOLS: Puc (31) e Orsi (36) no segundo tempo. Schiavio (5) na primeira etapa da prorrogação.

Como toda final de Copa, o jogo foi nervoso. O *Estado de S.Paulo* trouxe o relato do jogo na edição do dia 12 de junho. A linguagem e a grafia antiga de algumas palavras chamam atenção: *"O dia amanhecera toldado com aspecto tempestuoso. Aos poucos as nuvens dissiparam-se e o sol brilhou radiosamente sobre o immenso estádio, em cujo tôpo fluctuavam os pavilhões dos paízes que tomaram parte no torneio e a flammula azul-claro da Fifa. A banda de música da milícia fascista, que aguarda o momento de executar os hymmnos nacionaes das turmas finalistas, diverte e enthusiasma as crescentes ondas humanas."*

A Tchecoslováquia abriu o placar com Puc aos 31 minutos da etapa final. Silêncio no estádio. Mas, aos 36, Orsi empatou, para o delírio dos torcedores, levando a partida para a prorrogação. No primeiro tempo, Schiavio desempatou aos 5 minutos e o placar não mudou mais: 2 a 1. A Itália, merecidamente, conquistou a Copa do Mundo, em meio às pressões de Mussolini e do clima político.

O goleiro Combi recebeu a taça. O jornalista Orlando Duarte, autor de *Todas as Copas do Mundo*, lembra que cada jogador italiano foi presenteado com um troféu de bronze marcado com a efígie de Benito Mussolini.

O *Estadão* destacava a vitória: "*O quadro italiano consegue vencer os representantes da Tcheque-Slovania, pela contagem de dois pontos a um. O tempo regulamentar termina com um empate de 1 a 1. Na prorrogação, de 15 minutos de cada tempo, Schiavio marca o tento da vitória. O característico principal do jogo foi o equilíbrio de forças.*"

O presidente da Fifa, Jules Rimet, classificou o resultado da organização da Copa como extremamente positivo. "*Foi um sucesso moral, técnico e financeiro*", foi a frase do dirigente francês estampada nos jornais brasileiros.

O jogador tcheco Nejedly foi o artilheiro da Copa, com cinco gols. Até 2006, a Fifa computava como artilheiros daquele mundial, além de Nejedly, o italiano Schiavio e o alemão Conen, empatados com quatro gols. Mas, com base em arquivos de colecionadores, foi constatado que Oldrich Nejedly tinha marcado três e não dois gols contra a Alemanha, na vitória por 3 a 1, pela fase semifinal. Portanto, hoje o jogador é considerado artilheiro isolado da segunda Copa da história.

Jogadores italianos comemoram o título mundial dentro de casa

TABELA DA COPA DE 1934

OITAVAS DE FINAL

27/05/1934 Roma: **Itália 7 × 1 EUA**
27/05/1934 Turim: **Áustria 3 × 2 França**
27/05/1934 Florença: **Alemanha 5 × 2 Bélgica**
27/05/1934 Trieste: **Tchecoslováquia 2 × 1 Romênia**
27/05/1934 Milão: **Suíça 3 × 2 Holanda**
27/05/1934 Bolonha: **Suécia 3 × 2 Argentina**
27/05/1934 Gênova: **Espanha 3 × 1 Brasil**
27/05/1934 Nápoles: **Hungria 4 × 2 Egito**

QUARTAS DE FINAL

31/05/1934 Bolonha: **Áustria 2 × 1 Hungria**
31/05/1934 Turim: **Tchecoslováquia 3 × 2 Suíça**
31/05/1934 Milão: **Alemanha 2 × 1 Suécia**
31/05/1934 Florença: **Itália 1 × 1 Espanha**
1°/06/1934 Florença: **Itália 1 × 0 Espanha**
(jogo de desempate)

SEMIFINAIS

03/06/1934 Roma: **Tchecoslováquia 3 × 1 Alemanha**
03/06/1934 Milão: **Itália 1 × 0 Áustria**

TERCEIRO LUGAR

07/06/1934 Nápoles: **Alemanha 3 × 2 Áustria**

FINAL

10/06/1934 Roma: **Itália 2 × 1 Tchecoslováquia**

FRA 10

NCA

ONDAS FRANCESAS

A Copa e o rádio: combinação perfeita

Dia 5 de junho de 1938: os brasileiros estavam colados ao rádio para ouvir uma transmissão que começaria às 11h da manhã. Era a estreia da seleção brasileira na Copa do Mundo diante da Polônia, direto de Estrasburgo, na França. A programação das emissoras, publicada nos jornais da época, confirmava o horário do jogo.

DAS 11 ÀS 13 HORAS
RÁDIO COSMOS - IRRADIAÇÃO DO JOGO
BRASIL X POLÔNIA

Pela primeira vez os brasileiros ouviram uma partida da Copa pelo rádio. Coube ao pernambucano Leonardo Gagliano Neto narrar as partidas. Infelizmente não existem registros dos áudios. O "speaker", da Rádio Clube do Brasil, emissora do Rio de Janeiro, gostava de contar a saga dele em campos franceses: *"Eu era o único locutor brasileiro a irradiar o Campeonato Mundial de 1938. Considero a mais arrojada das transmissões diretas, mesmo diante da televisão. O som era espetacular, perfeito. Eu utilizei os equipamentos e as linhas radiofônicas pertencentes ao Exército francês"*[1].

Em 1938 foi formada a *Cadeia de Emissoras Byington* para a transmissão da Copa. Integravam o grupo: Clube do Brasil e Cruzeiro do Sul, do Rio de Janeiro; Cosmos e Cruzeiro do Sul, de São Paulo; e Rádio Clube de Santos. Mas outras emissoras também ajudaram a propagar o som da primeira Copa do Mundo.

Gagliano Neto viajou no navio *Arlanza*, o mesmo que levou o time brasileiro. Foram mais de 15 dias até chegar à França. Durante a Copa, ele recebeu telegramas do ministro das Relações Exteriores, Oswaldo Aranha, para que evitasse comentários mais exaltados durante o jogo contra a Itália, pela semifinal. O governo de Getúlio Vargas tinha proximidade com o regime de Benito Mussolini. Gagliano Neto fazia questão de lembrar o poderoso ataque da seleção brasileira: *"O futebol brasileiro é uma máquina de atacar há 50 anos. Em 1938, o nosso forte era o ataque."*

De fato, a seleção brasileira entrou de vez no mapa do futebol mundial graças ao desempenho que teve nesta Copa. Ao contrário de 1930 e 1934, quando as entidades esportivas de São Paulo e do Rio de Janeiro estavam rachadas e em conflito, em 1938 finalmente reinou a paz e foi possível levar à Europa os melhores jogadores. Leônidas da Silva, o "diamante negro", terminou a competição como artilheiro, com sete gols. Em 2006, a Fifa tirou um gol do craque brasileiro, ao revisar súmulas das partidas. Durante décadas foram contabilizados oito gols.

O Brasil vivia a ditadura do Estado Novo. O presidente Getúlio Vargas sabia que o esporte ajudaria a projetar a imagem do país no exterior. Ele deu total apoio à seleção. Alzira Vargas (1914-1992), filha do presidente, aceitou o convite da Confederação Brasileira

---

[1] Esta declaração está em um jornal em posse da família de Gagliano Neto (publicada em http://guiadoscuriosos.uol.com.br).

de Desportos para ser a "madrinha da seleção". A participação na Copa de 1938 representou o começo da projeção da identidade nacional no futebol e o rádio contribuiu para o processo. À época, de acordo com o IBGE, o Brasil tinha cerca de 40 milhões de habitantes.

Alzira Vargas foi a madrinha da seleção (acervo de Marco Antonio Villa)

A PREPARAÇÃO BRASILEIRA

A seleção brasileira era treinada por Ademar Pimenta, que teve destaque no comando do Madureira, do Rio de Janeiro. O time fez uma preparação em Caxambu (MG) e partiu para a Europa no dia 30 de abril a bordo do navio *Arlanza*. Os mais de 15 dias de viagem dificultaram a atividade física dos jogadores. Romeu Pellicciari (Palestra Itália e Fluminense) engordou nove quilos.

A seleção brasileira iria enfrentar a Polônia em Estrasburgo. Na véspera do duelo, os jogadores treinaram debaixo de chuva, e a *Folha da Manhã* destacava que a temperatura estava amena: 17 graus. Um representante da embaixada brasileira, Ruy Barbosa, desejou boa sorte aos atletas nacionais.

Como já citamos, a seleção contava com a estrela de Leônidas da Silva, do Flamengo. Ele entrou para a história como o inventor da bicicleta, apesar de negar que tivesse sido o autor da jogada acrobática. Outro destaque era Domingos da Guia (pai de Ademir da Guia). Apesar de um resfriado, ele estava confirmado para a estreia.

Uma polêmica, na época, envolveu o ítalo-brasileiro Niginho. Houve uma dúvida sobre a possibilidade dele disputar a Copa, já que o jogador abandonou a Lazio e fechou contrato com o Palestra Itália, hoje Palmeiras. A Fifa autorizou, no entanto, que ele jogasse — pelo menos foi essa a informação dada pela imprensa brasileira naquele mês de junho de 1938. Porém, para evitar possíveis contestações, a comissão técnica resolveu não escalar Niginho. Ele seria o substituto direto de Leônidas.

O PRÉ-GUERRA E A COPA

A Copa foi disputada de 4 a 19 de junho de 1938. O mundo já vivia um clima tenso que culminaria na Segunda Guerra Mundial, no ano seguinte. A Espanha enfrentava uma guerra civil e não participou da competição. A Áustria iria jogar a Copa, mas o país foi anexado pela Alemanha de Hitler, o "Anschluss", e não compareceu. O austríaco Matthias Sindelar, que era judeu, se recusou a atuar com a camisa alemã. Ele se suicidou em janeiro de 1939.

A Argentina pleiteava sediar o torneio, mas quando a Fifa escolheu a França, desistiu de participar da Copa. O Uruguai também não viajou para a Europa, pois ainda estava descontente com a falta de apoio dos europeus na realização da Copa de 1930. De 35 inscritos, sobraram 27. Pela primeira vez, o organizador e o vencedor do mundial anterior se classificaram de forma automática. O Brasil também se garantiu na Copa com a desistência da Bolívia.

A França foi confirmada como país sede em um congresso da Fifa em 15 de agosto de 1936 no prédio da Ópera Kroll, em Berlim. Estádios foram construídos ou reformados (Colombes, Parc des Princes, Estrasburgo, Le Havre, Toulouse, Marselha, Reims, Lille e Bordeaux). A exemplo de 1934, as seleções não foram divididas em grupos. A primeira fase teve confrontos diretos. Quem perdesse ficaria de fora.

Os duelos da primeira fase foram os seguintes:

SUÍÇA × ALEMANHA
TCHECOSLOVÁQUIA × HOLANDA
BRASIL × POLÔNIA
FRANÇA × BÉLGICA
CUBA × ROMÊNIA
HUNGRIA × ÍNDIAS HOLANDESAS
ITÁLIA × NORUEGA

Deveriam ser oito partidas, mas um dos duelos nem chegou a ser disputado. A Suécia se classificou automaticamente por causa da ausência dos austríacos.

Antes do início do mundial, os jornais lembravam que Brasil e Alemanha pleiteavam a organização da Copa seguinte. A decisão, inicialmente, seria tomada em 1940, durante um congresso em Luxemburgo. Mas, com a Segunda Guerra, os mundiais de 1942 e 1946 foram cancelados. Depois do conflito, os alemães acabaram expulsos da Fifa, o que abriu caminho para o Brasil sediar a Copa de 1950.

ALEMANHA 1 × 1 SUÍÇA: a Copa começou no dia 4 de junho com apenas um jogo. No Parc des Princes, em Paris, Alemanha e Suíça ficaram no empate. Gauchel abriu o placar para os alemães, e Abegglen empatou, ainda no primeiro tempo. Nem duas prorrogações de meia hora foram suficientes para desempatar a partida.

SUÍÇA 4 × 2 ALEMANHA: o jogo de desempate foi disputado cinco dias depois, em 9 de junho, também no Parc des Princes. A Suíça surpreendeu a Alemanha, com uma vitória por 4 a 2, e garantiu vaga nas quartas de final. No intervalo, quando os alemães venciam por 2 a 1, Hitler recebeu um telegrama da comissão técnica informando sobre o placar do jogo e ficou eufórico. Mas Bickel e Abegglen (2) garantiram a vitória da Suíça. O ditador alemão via na conquista da Copa uma forma de propagar o regime nazista, mas teve de engolir a derrota e a eliminação.

As demais partidas das oitavas de final foram disputadas no dia 5 de junho de 1938.

TCHECOSLOVÁQUIA 3 × 0 HOLANDA: os tchecos, vice-campeões em 1934, eliminaram a Holanda, em Le Havre. Os gols foram marcados por Kostalek, Nejedly e Zeman.

FRANÇA 3 × 1 BÉLGICA: a seleção dona da casa estreou no Estádio Colombes, em Paris, diante da Bélgica. Cerca de 30 mil torcedores assistiram à vitória dos franceses. Veinante abriu o placar com menos de um minuto de partida, e Nicolas ampliou aos 16 minutos. Isemborghs diminuiu para a Bélgica aos 38 minutos. No segundo tempo, Nicolas marcou o terceiro gol francês aos 24 minutos.

CUBA 3 × 3 ROMÊNIA: em Toulouse, as duas equipes fizeram um bom duelo. Cuba, hoje sem nenhuma tradição no futebol, foi a primeira equipe da América Central a participar de uma Copa. O tempo normal terminou com o placar de 2 a 2. Na prorrogação, cada seleção marcou de novo. Socorro fez para Cuba, e os romenos balançaram as redes com Dobai. Como não havia disputa por pênaltis, foi jogada uma partida desempate no dia 9.

CUBA 2 × 1 ROMÊNIA: a partida desempate também foi disputada em Toulouse. A Romênia saiu na frente com gol de Dobai aos 35 minutos do primeiro tempo. Cuba, no entanto, surpreendeu e virou a partida na etapa final. Socorro, aos 6 minutos, e Magriña, aos 8, garantiram a classificação.

HUNGRIA 6 × 0 ÍNDIAS HOLANDESAS: as Índias Orientais Holandesas foram colônia da Holanda e hoje formam o território da Indonésia. A Hungria atropelou os adversários, em Reims. No primeiro tempo, o placar já estava 4 a 0. Os destaques do jogo foram Sarosi e Zsengeller, com dois gols cada.

ITÁLIA 2 × 1 NORUEGA: a campeã mundial Itália, comandada por Vittorio Pozzo, estreou com uma vitória diante da Noruega, em Marselha. Ferraris abriu o placar no primeiro tempo, e Brustad empatou para os noruegueses, na etapa final. O gol da vitória foi marcado por Piola aos 4 minutos do primeiro tempo da prorrogação.

A expectativa era grande para a estreia da seleção brasileira em Estrasburgo. O jogo, aparentemente fácil, ficou dramático ao longo dos 90 minutos. O campo estava pesado por causa da chuva.

BRASIL 6 × 5 POLÔNIA — ESTRASBURGO — 05.06.38

BRASIL: Batatais; Domingos da Guia e Machado; Zezé Procópio, Martim e Affonsinho; Lopes, Romeu, Leônidas, Perácio e Hércules.

POLÔNIA: Madejski, Wilimowski, Dytko, Wodarz, Szczepaniak, Szerfke, Piontek, Piec, Nyc, Galecki e Gora.

ÁRBITRO: Ivan Eklind (Suécia).

PRIMEIRO TEMPO: Leônidas (18), Szerfke (23), Romeu (25) e Perácio (44).

SEGUNDO TEMPO: Wilimowski (8, 14 e 44) e Perácio (26).

PRIMEIRO TEMPO DA PRORROGAÇÃO: Leônidas (3 e 14).

SEGUNDO TEMPO DA PRORROGAÇÃO: Wilimowski (12).

O primeiro tempo terminou com uma boa vantagem para o Brasil: 3 a 1. Leônidas abriu o placar, mas Szerfke empatou. Romeu fez 2 a 1, e Perácio marcou o terceiro. A seleção se complicou na etapa final quando Wilimowski marcou dois gols, empatando a partida. Perácio fez 4 a 3. Wilimowski, de novo, empatou aos 44 minutos, e o jogo foi para a prorrogação.

No tempo extra, brilhou a estrela de Leônidas. Ele marcou dois gols, aos 3 e aos 14 minutos. No segundo tempo da prorrogação, Wilimowski fez mais um aos 12. Para você que perdeu a conta, o saldo da batalha: Brasil 6, Polônia 5.

Mesmo com a vitória apertada, a exibição da seleção brasileira era exaltada pela imprensa: *"Apesar de marcadíssimo durante todo o jogo, Leônidas revelou-se como maravilhoso organizador e comandante dos rapidíssimos ataques brasileiros, que em ondas sucessivas, fechavam-se como um leque enorme sobre a defesa polonesa. Machado constituiu uma torre inexpugnável à retaguarda brasileira"*, noticiou a *Folha da Manhã*. *"Os brasileiros são artistas da bola"*, escreveu o redator do jornal esportivo francês *Paris Soir*, que acrescentou: *"Nenhum dos seus esforços se realiza em detrimento da precisão do jogo, e isso é um fato raro que merece menção."*

Os livros que contam a história da Copa de 1938 sempre citam que nesse jogo Leônidas resolveu tirar a chuteira durante a partida, em meio a muita lama no gramado. Os jornais da época explicam bem esse lance. A chuteira estava machucando os pés de Leônidas. Mas o árbitro Ivan Eklind, da Suécia, não permitiu que o jogador brasileiro ficasse descalço. Em entrevista concedida a TV Cultura, em março 1974, Leônidas da Silva afirmou ter marcado um gol quando estava descalço:

> Descolou a sola da chuteira. Não podia ficar com aquilo. Eu tirei, joguei fora e comuniquei ao técnico para que me arranjasse outra chuteira. Mas eu tenho um pé delicado, 36, então não foi fácil encontrar um tamanho como esse. Pediram para aqueles garotos, os gandulas, que apanham a bola fora do campo, que emprestassem a botina deles. Mas só tinha no tamanho de 39 e 40. Encontraram uma 38 e eu acabei jogando com ela. Mas ia ser cobrada uma falta contra a Polônia e eu fiquei desuniformizado. O juiz não percebeu que eu estava só de meia, que era escura. Tinha também muita lama no gramado. A bola bateu na barreira, voltou para mim, e eu fiz o gol.

Leônidas destaca que se o árbitro tivesse percebido, o gol poderia ter sido considerado irregular.

A seleção brasileira que ficou em terceiro lugar na Copa de 1938

No mundial de 1938, o Brasil ficou concentrado a 100 quilômetros de Estrasburgo. A CBD enviou um telegrama aos jogadores, depois da vitória contra a Polônia: *"Confiamos que continuem nessa avançada soberba para maior glória do nosso esporte."* O presidente da Confederação era Luiz Aranha, irmão de Oswaldo Aranha, ministro de Getúlio Vargas. O cartola afirmou que, além da gratificação aos atletas, cada um ganharia uma casa se o Brasil conquistasse a Copa do Mundo. Os jogadores receberam mil francos pela vitória contra a Polônia.

O futebol sempre foi assunto para os jornais, mas raramente era destaque na capa das publicações. O *Globo* era exceção. Depois da estreia brasileira, a publicação trouxe na primeira página o título "Victória" e a foto dos principais jogadores nacionais.

Os jornais traziam anúncios de um filme-reportagem sobre o duelo contra os poloneses que seria exibido pelos cinemas:

QUARTAS DE FINAL

As quartas de final da Copa foram disputadas no dia 12 de junho.

ITÁLIA 3 × 1 FRANÇA: jogando de preto para agradar Mussolini, os italianos eliminaram os donos da casa, no Estádio Colombes, em Paris. Colaussi marcou aos 9 minutos de jogo. Heisserer empatou para a França, um minuto depois. No segundo tempo, destaque para Piola que marcou dois gols: aos 6 e aos 26 minutos. Os campeões do mundo já estavam entre as quatro melhores seleções.

SUÉCIA 8 × 0 CUBA: o jogo foi disputado em Antibes, na Costa Azul francesa, e entrou para a história como uma das maiores goleadas das Copas: 4 gols em cada tempo para os suecos. Destaque para Wetterström que marcou três gols na partida.

HUNGRIA 2 × 0 SUÍÇA: o bom time húngaro eliminou a Suíça, em Lille, com gols de Sarosi e Zsengeller, um em cada tempo.

A seleção brasileira foi para Bordeaux enfrentar a Tchecoslováquia, então vice-campeã do mundo. Apesar da atuação fantástica de Leônidas contra a Polônia, o jogador prometeu se esforçar mais: *"Especialmente se não chover. Mas mesmo que chova, penso que poderei jogar como ontem em Estrasburgo."* Os jornais franceses ainda destacavam a atuação de Leônidas: *"Esse player distinguiu-se por constituir um perigo permanente para os poloneses. Sempre atrás da bola com uma agilidade espantosa, Leônidas atuou admiravelmente e conseguiu marcar seus gols a despeito da perigosa vigilância da defesa do adversário".*

O *Le Petit Parisien* destacou que os brasileiros são mestres supremos na arte de lidar com a bola com elegância e graça. E dizia ainda que a seleção nacional figurava entre as favoritas ao título. Para o jogo seguinte, o goleiro Batatais, com problemas no fígado, seria substituído por Walter. Já Domingos da Guia estava recuperado de um resfriado.

Depois de jogar em um gramado encharcado contra a Polônia, em Estrasburgo, a seleção encontrou o campo de Bordeaux em melhores condições. *O Globo* trazia a seguinte manchete: *"Os Tchecos estão apavorados com os brasileiros".* E prosseguia: *"Tem esperanças, no entanto, de que falhe a defesa brasileira. O quadro só será modificado se alguns de seus elementos não puder entrar em campo. Cenas comoventes entre os nossos jogadores, depois de alcançar a difícil vitória sobre os poloneses."* Às vésperas da partida contra a Tchecoslováquia, um grupo de atletas brasileiros foi ao cinema.

A manchete principal da *Folha da Manhã* trazia as informações sobre o duelo do dia 12 de junho: *"O arco do nosso selecionado será defendido por Walter. Domingos da Guia está completamente restabelecido e poderá atuar no jogo de hoje. A Taça do Mundo será deles, diz o massagista e jogador argentino Carlos Volante."*

BRASIL 1 × 1 TCHECOSLOVÁQUIA – BORDEAUX – 12.06.38

BRASIL: Walter, Domingos da Guia e Machado; Zezé Procópio, Martim e Affonsinho; Lopes, Romeu, Leônidas, Perácio e Hércules.

TCHECOS: Planicka, Boucek, Kostalek, Nejedly, Riha, Kopecky, Simunek, Ludl, Puc, Burgr e Daucik.

ÁRBITRO: Paul van Hertzka (Hungria).

GOLS: Leônidas (30) no primeiro tempo. Nejedly (20) na etapa final.

EXPULSOS: Zezé Procópio, Machado e Riha.

O jogo contra a Tchecoslováquia foi marcado pela violência e a má atuação do árbitro Paul van Hertzka, da Hungria. Machado e Zezé Procópio foram expulsos.

Leônidas abriu o placar aos 30 do primeiro tempo. Nejedly marcou de pênalti aos 20 minutos da etapa final. A partida foi para a prorrogação, mas continuou empatada por 1 a 1. A batalha terminou com um saldo negativo: Riha, da Tchecoslováquia, Perácio e Leônidas se contundiram. O goleiro Planicka, com uma fratura no braço, e o jogador Nejedly tiveram de ser hospitalizados. As duas seleções fariam o jogo de desempate dois dias depois, também em Bordeaux.

Irritados com a arbitragem, os brasileiros pressionaram pela escalação de um outro juiz: *"O juiz Capdeville, francês, arbitrará a partida de hoje. Ficou assim atendido o protesto da CBD à Fifa contra o juiz Hertzka."*

14 de junho: dia do desempate!

BRASIL 2 × 1 TCHECOSLOVÁQUIA – BORDEAUX – 14.06.38

BRASIL: Walter, Jaú e Nariz; Britto, Brandão e Argemiro; Roberto, Luizinho, Leônidas, Tim e Patesko.

TCHECOS: Burkert, Boucek, Kostalek, Burgr, Daucik, Senecky, Ludl, Kreuz, Horak, Puc e Kopecky.

ÁRBITRO: Capdeville (França).

GOLS: Kopecky (23) no primeiro tempo. Leônidas (12) e Romeu (17) na etapa final.

Leônidas foi para o sacrifício. Tim, citado acima na escalação, era Elba de Pádua Lima, que foi um grande treinador a partir dos anos 1950.

O jogo dessa vez foi limpo e decido no tempo normal. Kopecky abriu o placar para a Tchecoslováquia aos 23 minutos do primeiro tempo. Na etapa final, a seleção brasileira virou a partida. Leônidas marcou aos 12 minutos, e Roberto fechou o placar aos 17 minutos. A seleção estava nas semifinais. *"Com o triunfo de ontem, a seleção classificou-se para jogar amanhã a semifinal em Marselha. Caso consigam vencer o próximo jogo, os brasileiros jogarão a final em Paris."* A nota negativa do jogo foi a fratura no braço do zagueiro Nariz.

No Brasil, torcedores se aglomeravam em praças públicas para acompanhar a transmissão do jogo pelo rádio, algo que se tornaria comum nas Copas seguintes. Em São Paulo, a concentração era na Praça da Sé.

SEMIFINAIS

As atenções agora estavam voltadas para o duelo de Marselha, no Estádio Velodrome. Brasil e Itália se enfrentaram no dia 16 de junho, mesma data de Hungria e Suécia pela semifinais da Copa.

O grande desfalque foi Leônidas da Silva. Até hoje, a ausência dele é cercada de polêmica. Uma versão diz que o atleta estava machucado, pois tinha se sacrificado no segundo jogo contra a Tchecoslováquia. Mas o jornalista Orlando Duarte, autor de *Todas as Copas do Mundo*, afirma que o técnico Ademar Pimenta não escalou o melhor atleta nacional por um "orgulho tolo". O treinador estaria poupando o "diamante negro" para uma eventual finalíssima. Mas o time precisava passar primeiro pela Itália.

BRASIL 1 × 2 ITÁLIA – MARSELHA – 16.06.38

BRASIL: Walter, Domingos da Guia e Machado, Zezé Procópio, Martim e Affonsinho; Lopes, Luizinho, Romeu, Perácio e Patesko.

ITÁLIA: Olivieri, Andreolo, Biavati, Gino Colaussi, Ferrari, Locatelli, Meazza, Foni, Silvio Piola, Rava e Serantoni.

ÁRBITRO: Hans Wüthrich (Suíça).

GOLS NO SEGUNDO TEMPO: Colaussi (6), Meazza (15) e Romeu (42).

As principais cidades brasileiras viviam a expectativa para o duelo contra os italianos, depois da classificação contra a Tchecoslováquia:

Alegria popular em São Paulo. Em certos pontos do Rio, o tráfego ficou parado. Em Belo Horizonte, o ponto foi considerado facultativo nas repartições estaduais. Em Curitiba, o comércio fechou. As manifestações em Recife: "Nunca fui preso de tanta emoção, diz o general Christovam Barcellos".

A Itália era treinada por Vittorio Pozzo, técnico campeão do mundo em 1934. O palco do duelo contra os italianos foi o Velodrome, em Marselha. O árbitro, Wüthrich, da Suíça, teve um papel decisivo na partida.

O primeiro tempo terminou empatado por 0 a 0. Na etapa final, Colaussi marcou aos 6 minutos. O lance mais controverso da Copa

Lance do jogo entre Brasil e Itália pelas semifinais

ocorreu aos 15 minutos. Domingos da Guia deu um pontapé em Piola dentro da área brasileira. A bola estava fora de jogo, mas o árbitro marcou pênalti. O grande zagueiro brasileiro sempre disse que o mais justo seria a expulsão dele e não a marcação do pênalti. Meazza converteu e fez 2 a 0. Romeu diminuiu para a seleção aos 42 minutos. A Itália estava novamente na decisão e iria tentar o bi-campeonato. Ao Brasil, restou o consolo de disputar o terceiro lugar contra a Suécia.

Os dias seguintes foram marcados por protestos da imprensa contra marcação do pênalti. *O Globo* dizia: *"Façam justiça ao Brasil. O mais absurdo pênalti da história do futebol não pode nos eliminar da Taça do Mundo."* A delegação brasileira chegou a ameaçar deixar a França sem disputar o terceiro lugar.

O locutor Gagliano Neto, testemunha ocular da partida, relatava: *"Piola era muito esperto, caiu no chão fazendo um escândalo danado. O juiz marcou pênalti. Uma coisa incrível: a bola estava fora de campo e o jogo estava paralisado."* Surgiu na imprensa a informação de que a Fifa poderia rever o resultado do jogo. Mas, obviamente, a partida não foi anulada: *"Porque a entidade máxima do futebol não levou em consideração a queixa do Brasil. Não tendo sido possível encontrar o representante da Fifa, foi entregue ao delegado da mesma, sr. Maurel, uma cópia do documento. O relatório do prélio"*, relatou a *Folha da Manhã*. As imagens do jogo entre Brasil e Itália poderiam ajudar a tirar a dúvida sobre o pênalti: *"O filme da partida foi posto à disposição da Fifa pelo sr. Generoso Ponce."*

A imprensa também lamentou a ausência de Leônidas da Silva, que voltaria a campo para o duelo contra a Suécia: *"Com Leônidas tudo teria sido diferente."* Uma outra nota dizia que uma jovem de 23 anos, Maria de Lourdes, moradora de Fortaleza e torcedora apaixonada, ingeriu veneno depois da derrota da seleção brasileira. A reportagem diz apenas que ela se encontrava em estado grave em um hospital. Já no Rio de Janeiro, uma detenta de 18 anos teve um acesso de loucura com o resultado do jogo e precisou receber atendimento médico. A Copa do Mundo mexia com os nervos dos torcedores, já nos anos 1930.

HUNGRIA 5 × 1 SUÉCIA: na outra semifinal, no Parc des Princes, a Hungria saiu perdendo para a Suécia. O gol foi marcado por Nyberg aos 35 segundos de jogo. Um gol relâmpago. Mas os húngaros se recuperaram e marcaram três vezes ainda no primeiro tempo: Zsengeller, aos 19, Titkos, aos 37, e Zsengeller, aos 39 minutos. Sarosi balançou as redes aos 20 minutos da etapa final: 4 a 1. O dia era de Zsengeller que fechou o placar aos 40 minutos.

TERCEIRO LUGAR

Ao Brasil, restava a disputa do terceiro lugar em 19 de junho, mesmo dia da final da Copa entre Itália e Hungria. A programação das rádios, publicada nos jornais, destacava a transmissão a partir das 11h30 da manhã.

DAS 11H30 ÀS 13H30 HORAS
RÁDIO COSMOS – IRRADIAÇÃO DO JOGO
BRASIL X SUÉCIA

BRASIL 4 × 2 SUÉCIA – BORDEAUX – 19.06.38

BRASIL: Walter, Domingos da Guia e Machado; Zezé Procópio, Brandão e Affonsinho; Roberto, Romeu, Leônidas, Perácio e Patesko.

SUÉCIA: Abrahamsson, Eriksson, Erik Nilsson, Almgren, Linderholm, Svanström, Âke Andersson, Jonasson, Nyberg, Harry Anderson e Persson.

ÁRBITRO: Langenus (Bélgica).

GOLS: Jonasson (28), Nyberg (38) e Romeu (44) no primeiro tempo. Leônidas (18 e 29) e Perácio (35) na etapa final.

A Suécia saiu na frente aos 28 minutos, com gol de Jonasson. Dez minutos depois, surpresa: 2 a 0, tento marcado por Nyberg. Romeu diminuiu aos 44. Na etapa final, Leônidas marcou dois: aos 18 e aos 29 minutos. Perácio fechou o placar aos 35. O Brasil venceu a Suécia por 4 a 2, garantiu o terceiro lugar na Copa e encantou o mundo. Leônidas da Silva foi o artilheiro do mundial com 7 gols.

Os jornais usavam o termo "agilidade desconcertante" quando faziam referência aos jogadores brasileiros: *"Excedeu à expectativa a atuação dos brasileiros contra os suecos. A agilidade desconcertante dos nossos jogadores, os seus saltos acrobáticos e passes inesperados."*

A Itália vence a Hungria na decisão e conquista a segunda Copa seguida

FINAL

Itália e Hungria entraram em campo no Estádio Olímpico de Colombes para o duelo final da terceira Copa do Mundo.

ITÁLIA 4 × 2 HUNGRIA – PARIS – 19.06.1938

ITÁLIA: Olivieri, Rava, Foni, Ferrari, Andreolo, Locatelli, Meazza, Serantoni, Piola, Biavati e Colaussi.

HUNGRIA: Szabo, Szucs, Biro, Lazar, Polgar, Szalay, Vincze, Sarosi, Sas, Gyula Zsengeller e Titkos.

ÁRBITRO: Georges Capdeville (França).

GOLS: Colaussi (6), Titkos (8), Piola (16) e Colaussi (35) no primeiro tempo. Sarosi (25) e Piola (37) na etapa final.

De acordo com a Fifa, 45 mil torcedores acompanharam a partida. Colaussi abriu o placar para a Itália aos 6 minutos. Titkos empatou aos 8, mas Piola deixou os italianos na frente de novo aos 16 minutos. Colaussi fez o terceiro aos 35 minutos do primeiro tempo: 3 a 1. A Hungria diminuiu com Sarosi aos 25 minutos da etapa final. Mas Piola confirmou a superioridade com o quarto gol da Azzurra aos 37 minutos. Festa italiana na França. O capitão Meazza recebeu o troféu e agradeceu fazendo a saudação fascista. O bicampeonato coroou o melhor futebol do mundo nos anos 1930.

O Globo trazia a seguinte manchete: "A vitória da Itália sagrou o Brasil! Depois de vencer o nosso selecionado nas condições conhecidas, o grande país amigo levanta brilhantemente o Campeonato Mundial." Os jornais brasileiros ainda falavam sobre o pênalti marcado em favor dos italianos: "O próprio vice-presidente da Fifa reconhece que se não fosse a interferência dos juízes o Brasil seria o campeão." Já o chefe da delegação brasileira, Castello Branco, disparou: "O penal marcado contra o Brasil passará a história como o maior esbulho já praticado contra um quadro de futebol."

O jornal *O Estado de S. Paulo* resumia:

A Itália conquistou pela segunda vez a 'Taça do Mundo', batendo os húngaros, domingo. O Brasil classificou-se em terceiro lugar e a Hungria em segundo. O presidente Alberto Lebrun compareceu ao jogo decisivo do Campeonato do Mundo de 1938. Para ficar com a posse definitiva da 'Taça do Mundo', cada paiz tem de vencer três vezes consecutivas o Campeonato Mundial.

Os campeões foram condecorados:

Findo o jogo final da Taça Mundial de Futebol, cada um dos jogadores recebeu uma medalha de ouro. A Federação Italiana recebeu dois magníficos vasos de Sévres do Primeiro Império, com as armas de Napoleão. O Brasil recebeu dois pratos, igualmente manufaturados em Sévres. Cada Associação tomou parte na competição final recebeu medalhas de prata.

A terceira Copa da história foi um grande sucesso para a Fifa: "Um milhão quinhentos mil! francos foi o lucro líquido do Campeonato Mundial", informou a imprensa. Os brasileiros embarcaram de volta ao país no dia 29.

Festa dos campeões: o técnico Vittorio Pozzo ergue o troféu durante a comemoração pelo bicampeonato

TABELA DA COPA DE 1938

OITAVAS DE FINAL

04/06/1938 Paris: **Suíça 1 × 1 Alemanha**
05/06/1938 Le Havre: **Tchecoslováquia 3 × 0 Holanda**
05/06/1938 Estrasburgo: **Brasil 6 × 5 Polônia**
05/06/1938 Paris: **França 3 × 1 Bélgica**
05/06/1938 Toulouse: **Cuba 3 × 3 Romênia**
05/06/1938 Reims: **Hungria 6 × 0 Índ. Holandesas**
05/06/1938 Marselha: **Itália 2 × 1 Noruega**

DESEMPATE

09/06/1938 Paris: **Suíça 4 × 2 Alemanha**
09/06/1938 Toulouse: **Cuba 2 × 1 Romênia**

QUARTAS

12/06/1938 Bordeaux: **Brasil 1 × 1 Tchecoslováquia**
12/06/1938 Paris: **Itália 3 × 1 França**
12/06/1938 Antibes: **Suécia 8 × 0 Cuba**
12/06/1938 Lille: **Hungria 2 × 0 Suíça**

DESEMPATE

14/06/1938 Bordeaux: **Brasil 2 × 1 Tchecoslováquia**

SEMIFINAIS

16/06/1938 Marselha: **Itália 2 × 1 Brasil**
16/06/1938 Paris: **Hungria 5 × 1 Suécia**

TERCEIRO LUGAR

19/06/1938 Bordeaux: **Brasil 4 × 2 Suécia**

FINAL

19/06/1938 Paris: **Itália 4 × 2 Hungria**

AGSO 50

A COPA QUE NUNCA ACABOU

A tragédia de gerações: "Maracanazo"

"Em face dessa catástrofe nada mais temos a dizer senão, como bons cristãos e católicos, que seja feita a vontade de Deus!"
(Gazeta Esportiva Ilustrada/1950)

"Foi pena o Brasil perder!"
(Jules Rimet, presidente da Fifa em 1950)

Alcides Ghiggia era ligeiro. Escapava da marcação como ninguém. Com passos largos, o aguerrido jogador uruguaio desferiu um chute com a perna direita.

O alvo: o gol de Barbosa. Antes do lance fatal, a torcida no Maracanã já estava calada. O empate tinha vindo por outros pés, os de Schiaffino.

O gol que igualou o placar deixou os torcedores atônitos. A tragédia estava se desenrolando.

O ligeiro Ghiggia deixou Juvenal para trás. O jogador brasileiro perdeu a corrida. Os fotógrafos postados atrás do gol de Barbosa tentavam ajustar o foco das máquinas.

Mas a rapidez do uruguaio dificultava o trabalho deles. Era difícil mirar as lentes na rápida jogada. Ghiggia, por sua vez, tentou mirar o gol. E errou o chute!

Aquelas traves que um dia virariam cinzas em um churrasco de funcionários da SUDERJ eram grandes demais para serem completamente guarnecidas por Barbosa.

O jogador uruguaio contou com a sorte. O chute, mascado, fez com que a bola entrasse rasteira entre Barbosa e o canto esquerdo do gol.

Ele tentou voltar para a esquerda, mas não conseguiu, foi pego no contrapé. O Maracanã que já estava mudo ficou calado.

Apenas o barulho da bola rolando pelas redes escuras do estádio e o grito dos uruguaios eram ouvidos pelo "monstro de concreto": 2 a 1. A Copa estava perdida. Começava a história do "Maracanazo".

O lance fatal: Barbosa não consegue evitar o segundo gol do Uruguai

O BRASIL E O MUNDO EM 1950

O Brasil era um país de 52 milhões de habitantes em 1950, de acordo com o IBGE. Hoje são mais de 200 milhões, e a maioria, gostando ou não de futebol, certamente já ouviu falar que a seleção brasileira perdeu a Copa do Mundo de 1950 em pleno Maracanã. O enredo é conhecido: o time nacional era favorito, goleava os adversários, mas foi surpreendido pelo "azarão" Uruguai.

A derrota da seleção brasileira na Copa de 1950, que ficou conhecida como "Maracanazo", não é uma tragédia que marcou apenas uma geração de jogadores ou de torcedores. A proporção da história foi aumentando pelas décadas seguintes. O pai que viveu aquela época contou a história para o filho. O filho também contou para a geração seguinte e assim sucessivamente. O jornalista Paulo Perdigão, em *Anatomia de uma derrota*, faz uma análise ponderada:

> É verdade que Ghiggia mirou com cuidado o gol de Barbosa. É verdade que, no momento exato, ele chutou. É verdade que Barbosa foi vencido. É verdade que, num simples instante inesperado, Ghiggia, como um ladrão da tarde, roubou para sempre o nosso triunfo. Mas também é verdade que Ghiggia errou o alvo: o gol que nos derrotou não acabou com a vida brasileira, nem decretou a morte do futebol brasileiro. A lição foi aprendida e nunca esquecida. Como diz Flávio Costa, nessa hora começávamos a nascer como grande expressão do futebol mundial. 58, 62 e 70 são consequências de 50. E assim é que o Dia da Derrota terminou, mas sua lenda ainda ilumina as pessoas que ele alcançou e continua a alcançar.

A derrota em 1950 foi tão marcante que as pessoas mais vividas sempre gostaram de dizer que estiveram no Maracanã no dia 16 de julho de 1950. Dizer que viu *in loco*, sendo verdade ou não, parece um diferencial: "Sou uma testemunha da tragédia." Já os jogadores que fizeram parte daquela seleção passaram a vida justificando a derrota.

O mundo tinha saído da Segunda Guerra Mundial (1939-1945), e a Europa, principalmente, estava devastada. Brasil e Alemanha pleiteavam a organização da Copa de 1942. Mas, com o conflito, não havia qualquer possibilidade de realização dos mundiais de 1942 e 1946. Com a expulsão da Alemanha da Fifa por causa dos crimes de guerra, restava o Brasil. A candidatura única não era, no entanto, garantia de escolha. No Congresso da Fifa em Luxemburgo, em 1946, a candidatura brasileira foi bem defendida pelo presidente da CBD, Rivadávia Corrêa Meyer, que prometeu construir o maior estádio do mundo.

A Copa de 1950 era importante para firmar a posição do país no contexto internacional. Seria a união nacional por meio do esporte, mais precisamente do esporte das massas, o futebol, introduzido no país pelo jovem Charles Miller em 1894. O café ainda era o principal produto de exportação nacional, mas a guerra impulsionou a capacidade da indústria.

O "PORTENTOSO"

Um dia depois de Ademar de Barros lançar a candidatura de Getúlio Vargas à presidência da República, em um comício ao lado do monumento do Ipiranga, em São Paulo, era inaugurado o Maracanã, em 16 de junho de 1950. As autoridades compareceram em peso à inauguração do "portentoso" ou do "monstro de concreto". O Maracanã seria o orgulho do Brasil. O tamanho do estádio, com capacidade para 200 mil pessoas, corresponderia ao tamanho que o Brasil queria ocupar no mundo do pós-guerra.

Maracanã: construído em menos de dois anos para a Copa

Era ano de eleição. Getúlio Vargas foi eleito pelo voto direto e retornou ao poder no ano seguinte, agora nos braços do povo. Já o então presidente da República, Eurico Gaspar Dutra, não poderia perder a festa de inauguração do Maracanã. O prefeito do Distrito Federal, o general Ângelo Mendes de Morais, estava orgulhoso. Ele se engajou com todo o fervor pela construção do Maracanã e foi alvo de inúmeros ataques. O jornalista e futuro governador do antigo Estado da Guanabara, Carlos Lacerda, era contra a obra. Ele dirigia o jornal *Tribuna da Imprensa* e tinha como inimigo o prefeito do Rio.

Mendes de Morais ganhou um busto na entrada do estádio que seria destruído por torcedores em fúria depois da derrota da seleção para o Uruguai. A *Tribuna da Imprensa* destacaria: *"A cabeça do general Mendes de Morais recorda aquele misto de vaidade e ridículo que imortalizou Mussolini"*.

Após muita discussão sobre a necessidade de um estádio do tamanho do Maracanã, a obra foi autorizada. O jornalista Mário Filho, do *Jornal dos Sports*, irmão do dramaturgo Nelson Rodrigues, fez uma grande campanha em favor da praça esportiva.

As obras para a Copa estavam atrasadas. O dirigente italiano Ottorino Barassi, ligado à Fifa, veio às pressas ao Brasil semanas antes do início da competição para fiscalizar os trabalhos. O Maracanã foi construído em tempo recorde: menos de dois anos.

Já na abertura da Copa, além do presidente e do prefeito, estavam presentes Canrobert Pereira da Costa (Ministro da Guerra), Honório Monteiro (Ministro do Trabalho) e Clemente Mariani (Ministro da Educação e Saúde).

O RÁDIO E A COPA DE 1950

Vimos que a primeira Copa transmitida pelo rádio para o Brasil foi a de 1938, na voz de Gagliano Neto. Já em 1950, com a Copa no país, as rádios e os jornais fizeram uma ampla cobertura. A principal emissora do país era a Rádio Nacional do Rio de Janeiro.

Os narradores da Rádio Nacional eram Antônio Cordeiro e Jorge Curi. Ainda no Rio de Janeiro, Luiz Mendes transmitiu as partidas pela Rádio Globo.

Pedro Luiz, um dos maiores nomes da história do rádio esportivo no Brasil, fez a transmissão pela Panamericana, a Emissora dos Esportes, atual Jovem Pan. Pela Bandeirantes, Edson Leite, outro grande ícone do rádio esportivo, comandou os trabalhos. Ainda temos de mencionar o nome de Raul Longras, da Rádio Guanabara.

O DIA A DIA DA COPA DE 1950

Ainda como consequência da guerra, a Fifa não conseguiu reunir 16 seleções para compor os grupos. Muitas desistiram no meio do caminho e deram alegações estapafúrdias. A França justificou que teria de fazer longos deslocamentos dentro do Brasil. Já a Argentina vivia uma crise interna e se ausentou. Os principais talentos nacionais, como Alfredo Di Stéfano, foram disputar um campeonato colombiano não reconhecido pela Fifa, durante uma greve interna de jogadores. O River Plate era um dos grandes times do mundo na década de 1940 e ficou conhecido como "A máquina".

Mas é bom lembrar que a Argentina ainda estava descontente com a Fifa, pois tinha tentado organizar as Copas de 1930 e 1938, sem sucesso. Sonhava então com 1950, mas oficialmente não concorreu com o Brasil no Congresso de Luxemburgo.

No total, 13 seleções participaram da Copa, mesmo número do mundial de 1930. A Itália, bicampeã mundial, veio ao Brasil, mas ainda estava abalada pelo acidente aéreo de um ano antes que vitimou a grande equipe do Torino, base do selecionado nacional. Já a Inglaterra finalmente estreou em Copas. O mundial de 1950 foi o primeiro em que os jogadores usaram número nas camisas. Em relação ao regulamento, pela primeira vez na história não houve uma final propriamente dita. As equipes foram divididas, de forma desigual, em quatro grupos. O vencedor de cada chave estaria no quadrangular decisivo, e o time que somasse mais pontos levaria a taça.

> **GRUPO 1 -** Brasil, México, Suíça e Iugoslávia
>
> **GRUPO 2 -** Inglaterra, Chile, Espanha e Estados Unidos
>
> **GRUPO 3 -** Suécia, Itália e Paraguai
>
> **GRUPO 4 -** Uruguai e Bolívia
>
> **FASE FINAL:** Brasil, Suécia, Espanha e Uruguai.

A Copa do Mundo de 1950 teve partidas em seis estádios. Apenas dois foram construídos para Copa: o Maracanã, no Rio de Janeiro, e o Independência, em Belo Horizonte. O Pacaembu, em São Paulo, inaugurado em 27 de abril de 1940, foi palco de seis partidas. O Estádio dos Eucaliptos, em Porto Alegre, Durival Britto, em Curitiba e a Ilha do Retiro, em Recife, integravam as sedes.

CELEIRO DE CRAQUES

Uma grande expectativa cercava a seleção brasileira que era comandada pelo técnico do Vasco da Gama, Flávio Costa. O treinador tinha fama de disciplinador. Ele ficou conhecido por alterar o WM, um esquema criado nos anos 1920 por Herbert Chapman, técnico do Arsenal, da Inglaterra. A tática, no entanto, chegou com atraso ao Brasil. Flávio Costa modificou o esquema e criou a "diagonal". O técnico recuou o centromédio e avançou o meia-esquerda, traçando o quadrado de meio de campo com duas linhas diagonais.

A base da seleção brasileira também era o Vasco. O centroavante, Ademir Menezes, o "Queixada", foi o artilheiro da Copa com nove gols. Além dele, a equipe tinha Jair Rosa Pinto, que anos mais tarde fez sucesso ao lado de Pelé, no Santos. Mas o maior astro era Zizinho, o "Mestre Ziza", craque de primeira grandeza do futebol brasileiro, destaque do Bangu, do Flamengo e do São Paulo. O goleiro Barbosa era considerado uma muralha, mas foi crucificado depois da derrota para o Uruguai.

24 DE JUNHO (SÁBADO)

Brasil e México abriram a Copa do Mundo, no Maracanã, inaugurado oito dias antes.

A seleção brasileira que derrotou os mexicanos na estreia

BRASIL 4 × 0 MÉXICO – MARACANÃ – 24.06.50

BRASIL: Barbosa; Augusto, Juvenal; Eli, Danilo, Bigode; Maneca, Ademir, Baltazar, Jair e Friaça.

MÉXICO: Carbajal; Zetter, Montemayor; Ruiz, Uchoa, Roca; Septien, Ortiz, Casarín, Perez e Velasquez.

ÁRBITRO: George Reader (Inglaterra).

GOLS: Ademir (30) no primeiro tempo; Jair (20), Baltazar (26) e Ademir (34) na etapa final.

PAGANTES: 82 mil

Ademir abriu o placar no primeiro tempo. O time de Flávio Costa deslanchou apenas na etapa final. Jair, Baltazar e Ademir, de novo, foram os autores dos gols. O goleiro do México era o lendário Carbajal que jogou cinco Copas do Mundo (1950, 1954, 1958, 1962 e 1966).

O *Jornal dos Sports* destacava em manchete: *"No segundo tempo, a arrancada para o placar"*. Mário Filho escreveu:

> Três horas, de meio-dia às três, é pouco tempo para encher o Estádio. O Estádio pronto por dentro, sem o madeirame que há 8 dias sustentava a marquise das curvas. Muita gente que chegou quando faltava mais de uma hora para começar o match olhava para os degraus vazios das arquibancadas e não acreditava que o Estádio enchesse. Que o Estádio enchesse nunca. Era uma maneira - e pode-se dizer nova, porque tudo no Estádio é novo - de sentir a grandeza do Estádio.

25 DE JUNHO (DOMINGO)

IUGOSLÁVIA 3 × 0 SUÍÇA: no dia seguinte, pelo grupo do Brasil, a Iugoslávia passou pela Suíça no Estádio Independência, em Belo Horizonte. Os gols foram marcados no segundo tempo. Tomasevic fez os dois primeiros. Ognjanov fechou o placar.

INGLATERRA 2 × 0 CHILE: o jogo foi disputado no Maracanã. O técnico inglês era Walter Winterbottom, uma lenda do futebol. Ele comandou o *English Team* de 1946 a 1962. Contra os chilenos, Mortensen marcou no primeiro tempo. Mannion fechou o placar na etapa final.

ESPANHA 3 × 1 ESTADOS UNIDOS: os espanhóis passaram pelos americanos, em Curitiba. Os Estados Unidos abriram o placar com John Souza aos 17 do primeiro tempo, mas Basora, duas vezes, e Zara garantiram a virada do placar na etapa final. O árbitro brasileiro Mário Vianna foi escalado para a partida. Depois de pendurar o apito, ele tentou a carreira de treinador, mas se destacou mesmo como comentarista de arbitragem da Rádio Globo. É dele o bordão: *"gooool legal"*.

SUÉCIA 3 × 2 ITÁLIA: ainda no dia 25 de junho, um grande jogo no Pacaembu. A Itália abriu o placar com Carapellse aos 7 minutos. Os suecos viraram para 2 a 1, ainda no primeiro tempo, com Jeppson, aos 25, e Andersson, aos 33. Na segunda etapa, Jeppson fez 3 a 1 aos 22 minutos. Muccinelli diminuiu aos 30. A derrota dos italianos, então campeões mundiais, foi destaque na imprensa brasileira e internacional.

28 DE JUNHO (QUARTA-FEIRA)

IUGOSLÁVIA 4 × 1 MÉXICO: a segunda rodada do grupo do Brasil começou no dia 28 com a goleada da Iugoslávia sobre o México no Estádio dos Eucaliptos, em Porto Alegre. Bobek, aos 19, e Cajkovski, aos 22, marcaram para a equipe europeia no primeiro tempo. Na etapa final, Cajkovski, de novo, aos 17, e Tomasevic, aos 36, balançaram as redes. O gol de honra foi de Ortiz aos 44 minutos.

A seleção brasileira deixou o Rio de Janeiro e foi para São Paulo. O técnico Flávio Costa mudou a linha média formada pelos cariocas Eli, Danilo e Bigode e colocou um trio paulista: Bauer, Rui e Noronha. Depois do mau resultado contra a Suíça, no Pacaembu, o treinador foi acusado de promover alterações no time apenas para agradar ao público local: *"O técnico é o responsável sempre. Existia essa rivalidade Rio-São Paulo. Colocou os paulistas para agradar o público. Não. Eu coloquei os jogadores que eram formidáveis e que eu achava que tinham que jogar."*

BRASIL 2 × 2 SUÍÇA – PACAEMBU – 28.06.50

BRASIL: Barbosa; Augusto, Juvenal; Bauer, Rui, Noronha; Alfredo II, Maneca, Baltazar, Ademir e Friaça.

SUÍÇA: Stuber; Neury, Bocquet; Lusenti, Egginemann, Quinche; Tamini, Bickel, Friedlander, Bader e Fatton.

ÁRBITRO: Ramón Azón (Espanha).

GOLS: Alfredo (3), Fatton (17) e Baltazar (32) no primeiro tempo; Fatton (43) na etapa final.

PAGANTES: 40 mil

Alfredo abriu o placar aos 3 minutos de jogo. Fatton deixou tudo igual aos 17. Baltazar marcou o segundo da seleção aos 32. A vitória já era dada como certa, quando novamente Fatton marcou o gol de empate do "ferrolho suíço" aos 43 minutos da etapa final. Silêncio no Pacaembu. O empate deixou a torcida atônita, e a imprensa não perdoou o técnico Flávio Costa.

O jornalista Mário Filho fez críticas ao que considerou falta de espírito de luta do time brasileiro: *"Faltou tudo ao scratch brasileiro: principalmente espírito de luta. Só diante do empate irremediável é que o scratch brasileiro acordou. Compreendendo que se deixara enganar, porque se recusava a ver o que estava adiante."* Mário Filho lembrava que o time adversário era chamado de "ferrolho suíço", pois a maioria dos jogadores se postava no campo de defesa. Os jornais falavam em dura e amarga lição.

29 DE JUNHO (QUINTA-FEIRA)

ESPANHA 2 × 0 CHILE: no dia seguinte ao jogo da seleção brasileira, a Espanha entrou em campo para enfrentar o Chile, no Maracanã, e venceu mais uma partida na Copa. Basora e Zarra marcaram os gols, na primeira etapa.

ESTADOS UNIDOS 1 × 0 INGLATERRA: a cidade de Belo Horizonte foi o palco de uma das maiores zebras da história do futebol. Em um resultado inacreditável, no Estádio Independência, a Inglaterra perdeu para os Estados Unidos por 1 a 0. O gol foi marcado por um haitiano: Joe Gaetjens, aos 38 do primeiro tempo. As manchetes dos jornais exaltavam a surpresa. O *Jornal dos Sports* dizia: "*Estava fora de todos os cálculos a vitória Yankee! Sensação na queda dos ingleses.*" Carregado pelos colegas depois do gol, Gaetjens desapareceu misteriosamente em 1964, provavelmente vítima da ditadura no Haiti.

SUÉCIA 2 × 2 PARAGUAI: pelo grupo 3, os suecos estavam vencendo os paraguaios por 2 a 0, mas cederam o empate. Sundqvist e Palmer marcaram no primeiro tempo. Atílio López e César López Fretes empataram na etapa final do jogo disputado em Curitiba.

01 DE JULHO (SÁBADO)

Depois do empate com o "ferrolho suíço", em São Paulo, a seleção brasileira voltou ao Maracanã. Precisava vencer a Iugoslávia para garantir vaga na fase final da Copa. A grande novidade foi a estreia de Zizinho, recuperado de uma contusão. O time de Flávio Costa fez uma boa apresentação e calou os críticos:

BRASIL 2 × 0 IUGOSLÁVIA – MARACANÃ – 01.07.50

BRASIL: Barbosa; Augusto, Juvenal; Bauer, Danilo, Bigode; Maneca, Zizinho, Ademir, Jair e Chico.

IUGOSLÁVIA: Mrkusic; Horvath, Stankovic; Tchaikowsky I, Jovanovic, Djajic; Vukas, Mitic, Tomasevic, Bobek e Tchaikowsky II.

ÁRBITRO: Mervyn Griffiths (País de Gales).

GOLS: Ademir (4) no primeiro tempo; Zizinho (24) na etapa final.

PAGANTES: 142 mil

Ademir abriu o placar no primeiro tempo, e Zizinho marcou na etapa final, garantindo a classificação brasileira. Um alívio! Assistindo ao filme da partida, duas imagens chamam a atenção. O jogador Mitic aparece com a cabeça enfaixada. Ele se cortou ao bater a cabeça em uma viga de um dos túneis do Maracanã. A outra imagem é a de um gol anulado da seleção brasileira por causa de um impedimento, no segundo tempo. Os jogadores brasileiros reclamaram muito da marcação do árbitro do País de Gales. O jornalista Mário Filho escreveu:

> *Agora eu abençôo o desastre do Pacaembu. Imagine-se uma vitória fácil contra a Suíça. Mesmo uma simples vitória: dois a um se conservando no placar até o fim. O triunfo apagaria todas as restrições que durante a partida mereceu o scratch brasileiro. Tudo seria esquecido diante da vitória. Por isso eu abençôo o empate que deu o grito de alarme. Que exigiu tudo do scratch e exigiu tudo da torcida. Nunca nenhum match despertou tamanha expectativa. Depois do abalo dos dois a dois, diante da ameaça de desclassificação do Brasil, houve uma união de todos. O que o torcedor exigia dos jogadores exigia também de si mesmo. Não havia só o scratch, havia também a torcida.*

Os anfitriões estavam garantidos na próxima fase, ficando em primeiro lugar do grupo.

02 DE JULHO (DOMINGO)

SUÍÇA 2 × 1 MÉXICO: pelo grupo do Brasil, a Suíça venceu o México, em Porto Alegre, em um jogo apenas para cumprir tabela. Bader abriu o placar aos 10, e Tamini fez o segundo dos europeus aos 37 do primeiro tempo. Casarin diminuiu aos 44 da etapa final para os mexicanos.

ESPANHA 1 × 0 INGLATERRA: no Maracanã, os ingleses perderam de novo, agora para a Espanha: 1 a 0, gol de Zarra aos 3 minutos do segundo tempo. A Fúria estava na fase final da Copa.

CHILE 5 × 2 ESTADOS UNIDOS: pelo mesmo grupo, na Ilha do Retiro, em Recife, o Chile aplicou uma goleada nos americanos. Robledo, aos 16, e Riera, aos 32, marcaram para os chilenos no primeiro tempo. Na etapa final, os americanos empataram logo de cara. Wallace, aos 2, e Souza, de pênalti, aos 4. No entanto, Cremaschi, aos 9, Prieto, aos 15, e Cremaschi, de novo, aos 37, garantiram a vitória para os sul-americanos.

ITÁLIA 2 × 0 PARAGUAI: o resultado do jogo, no Pacaembu, em São Paulo, garantiu a classificação da Suécia para a próxima fase. Os gols italianos diante dos paraguaios foram de Carapellese, aos 12 do primeiro tempo, e Pandolfini, aos 18 da etapa final.

URUGUAI 8 × 0 BOLÍVIA: a distribuição desigual das 13 seleções pelos grupos gerou críticas da imprensa. O Uruguai fez apenas um jogo na primeira fase. Goleou a Bolívia, 8 a 0, em Belo Horizonte, e garantiu vaga no quadrangular decisivo. Miguez (3), Schiaffino (2), Ghiggia, Perez e Vidal fizeram os gols. Foram 4 gols em cada tempo.

FASE FINAL

A fase final da Copa do Mundo de 1950 teve Brasil, Suécia, Espanha e Uruguai. Em apenas sete dias, o futebol nacional foi do céu ao inferno.

09 DE JULHO (DOMINGO)

A Suécia, primeira adversária do Brasil na fase final, tinha uma boa seleção. Foi campeã olímpica em Londres, em 1948. Mas quem esteve no Maracanã naquele dia 9 de julho viu uma exibição de gala da equipe de Flávio Costa. Ademir Menezes estava impossível. Só ele balançou as redes adversárias quatro vezes na goleada histórica por 7 a 1. Até hoje, é a maior vitória brasileira em uma Copa do Mundo. O Brasil fez 3 a 0 no primeiro tempo e ampliou na etapa final. O gol de honra dos suecos foi de pênalti. O público no Maracanã aumentava a cada partida da seleção. Foram 139 mil torcedores, como vemos na ficha do jogo, abaixo:

BRASIL 7 × 1 SUÉCIA — MARACANÃ — 09.07.50

BRASIL: Barbosa; Augusto, Juvenal; Bauer, Danilo, Bigode; Maneca, Zizinho, Ademir, Jair e Chico.

SUÉCIA: Svensson; Samuelsson, Erik Nilsson; Andersson, Nordahl, Gärd; Sundqvist, Palmer, Jeppsson, Skoglund e Stellan Nilsson.

ÁRBITRO: Arthur Ellis (Inglaterra).

GOLS: Ademir (17 e 36), Chico (39) no primeiro tempo; Ademir (7 e 12), Andersson (22), Maneca (35) e Chico (43) na etapa final.

PAGANTES: 139 mil

O *Jornal dos Sports* do dia seguinte trazia a palavra de Flávio Costa: *"Depois do quinto gol, pensei na Espanha."* A publicação trazia uma foto da seleção brasileira com o subtítulo: *"Heróis de outra grande vitória"*. Quem seguraria o Brasil a partir de agora?

URUGUAI 2 × 2 ESPANHA: simultaneamente, uruguaios e espanhóis se enfrentaram no Pacaembu. Ghiggia abriu o placar aos 29 do primeiro tempo, mas Basora empatou aos 32 e virou o jogo para os espanhóis aos 39 minutos. No segundo tempo, Obdulio Varela, símbolo da raça uruguaia, conseguiu igualar o marcador aos 28 minutos.

POLÊMICA: A TROCA DE CONCENTRAÇÃO PELA SELEÇÃO NACIONAL

Os jogadores da seleção, quando davam explicações sobre a derrota para o Uruguai, mencionavam um episódio cercado de polêmica: a troca de concentração durante a Copa. Os atletas se habituaram a culpar a mudança para São Januário, campo do Vasco da Gama, pela decepção no jogo decisivo. Inicialmente, a seleção estava na Barra da Tijuca. A Casa dos Arcos, no Joá, ou Casa das Pedras, era um local tranquilo, distante da torcida e da imprensa. A residência era propriedade do banqueiro Drault Ernanny e foi cedida à seleção. Médico de formação, ele foi político e fundou o Banco do Distrito Federal.

O técnico Flávio Costa justificava: *"Nós estávamos acampados em uma casa. Na semana do campeonato nós fomos para o campo do Vasco, em São Januário, onde teríamos melhores condições de trabalho. Não dá para culpar a troca de concentração pela derrota."* Zizinho reclamava da mudança: *"Nenhum jornalista tinha carro em 1950. Nós estávamos em lugar tranquilo. Quando mudou para São Januário foi uma desconcentração total. Virou um circo."*

Uma outra polêmica: em que momento se deu a troca de concentração? Os jogadores diziam que a comissão técnica foi para São Januário às vésperas do jogo contra o Uruguai. Mas o jornalista Paulo Perdigão, testemunha desse mundial, escreve em *Anatomia de uma derrota* que a troca se deu entre as partidas do Brasil contra a Suécia e a Espanha, contrariando inúmeras fontes e publicações.

Até hoje não se sabe como se deu a ordem para a mudança de local. Vale lembrar que era ano de eleição. Os políticos entravam e saíam de São Januário e tudo virou mesmo um inferno, como dizia Zizinho. Mas a torcida brasileira, alheia a tudo isso, só pensava no título!

13 DE JULHO (QUINTA)

Depois da goleada contra a Suécia, quem foi ao Maracanã assistir ao duelo contra os espanhóis viu um novo espetáculo. Talvez maior ainda do que o anterior. Um jornal do exterior chegou a comparar o futebol apresentado por Zizinho naquela partida a uma pintura de Leonardo da Vinci. A atuação dele foi magistral. O próprio jogador dizia que fez a melhor exibição da vida dele naquele dia. Mais uma chuva de gols:

BRASIL 6 × 1 ESPANHA — MARACANÃ — 13.07.50

BRASIL: Barbosa; Augusto, Juvenal; Bauer, Danilo, Bigode; Friaça, Zizinho, Ademir, Jair e Chico.

ESPANHA: Ramallets; Alonso, Gonzalvo II; Gonzalvo III, Parra, Puchades; Basora, Igoa, Zarra, Panizo e Gainza.

ÁRBITRO: Reg Leafe (Inglaterra)

GOLS: Ademir (15), Jair (22) e Chico (31) no primeiro tempo; Chico (10), Ademir (12), Zizinho (22) e Igoa (26) na etapa final.

PAGANTES: 153 mil

A exibição da seleção pode e deve ser considerada uma das mais fantásticas em todos os tempos. Ademir, Jair e Chico fizeram os gols no primeiro tempo. Na etapa final, mais três: Chico, Ademir e Zizinho. Igoa diminuiu para a Espanha. Os torcedores deram um show à parte no Maracanã. Com lenços brancos nas mãos, os brasileiros cantavam a marchinha de carnaval "Touradas em Madri", de Braguinha. O locutor Antônio Cordeiro, da Rádio Nacional do Rio, não se lembrou na hora do nome da marchinha e disse: "*estão cantando a música dos toureiros*".

Ninguém tinha dúvidas de que a seleção seria campeã. Duas goleadas na sequência: 7 a 1 e 6 a 1! O entusiasmo também tomou conta da imprensa, que usava as palavras *espetáculo* e *fantástico*. Os artigos citavam que a seleção brasileira era imbatível, tamanho o futebol que estava jogando.

O jornalista Mário Filho considerou a vitória contra a Espanha a maior do futebol mundial. O texto, publicado no dia seguinte no *Jornal dos Sports*, destacava:

> *Foi um espetáculo de futebol como jamais se viu. Havia quem pensasse que era impossível a qualquer time jogar mais do que contra a Suécia. A não ser o próprio scratch brasileiro. Willy Meisl que nunca assistira a exibição igual perguntou-me na noite daquele domingo dos sete a um se eu não achava que "aquilo" era o máximo que o scratch brasileiro podia produzir. Fiquei sem saber o que responder. O scratch brasileiro jogara um football que dificilmente seria reproduzido. E agora surge a resposta do próprio scratch brasileiro.*

O jornalista estava entusiasmado, como todos os torcedores. Ele prosseguia: "*Só que contra a Espanha parecia que os jogadores do Brasil faziam questão de marcar goals à altura do match. À altura da expectativa da maior multidão que jamais assistiu a um match de futebol*". Willy Meisl era um jornalista austríaco, irmão de Hugo Meisl, treinador da Áustria na Copa de 1934.

URUGUAI 3 × 2 SUÉCIA: ainda no dia 13 de julho, o Uruguai venceu a Suécia, no Pacaembu, e continuava no páreo. Palmer abriu o placar para os europeus aos 5 minutos do primeiro tempo. Ghiggia empatou aos 39 minutos, mas Sundqvist, aos 40, voltou a colocar a Suécia na frente. Na etapa final, Miguez marcou duas vezes: aos 32 e aos 40 minutos.

16 DE JULHO (DOMINGO)

O Brasil amanheceu mais do que otimista naquele fatídico 16 de julho de 1950. A seleção tinha um ponto a mais do que o adversário na fase final e dependia de um simples empate para ficar com a taça. Os jornais daquele fim de semana chegavam às bancas com manchetes festivas e confiantes. No sábado, a *Gazeta Esportiva* dizia: "*Amanhã, batalha final! Venceremos o Uruguai.*" No entanto, o jornal *O Mundo*, dirigido pelo jornalista carioca Geraldo Rocha, foi além e trouxe na capa a foto da seleção brasileira com a frase: "*Estes são os campeões do mundo!*"

ESTES SÃO OS CAMPEÕES DO MUNDO!

Em 1998, entrevistei Geraldo Rocha Sobrinho, que chegou a trabalhar com o tio no jornal: *"Ele foi execrado por aquilo. Na verdade foi uma previsão que falhou. Era consenso que o título seria nosso."*

Instalados no Hotel Paysandu, os uruguaios ficaram revoltados com a manchete. O capitão Obdulio Varela acordou naquele dia e foi dar uma volta pelas ruas do Rio de Janeiro. Ao ver o jornal em uma banca comprou alguns exemplares. Ao retornar ao hotel, ele colocou as páginas no chão dos banheiros usados pelos companheiros e disse: *"Urinem em tudo."*

Como vimos, os jogadores disseram ter sido prejudicados pela troca de concentração. Dirigentes e empresários iam a São Januário e prometiam casa, carro e eletrodomésticos aos atletas em caso de vitória. Os políticos aproveitavam para fazer campanha ao lado da seleção. Os jogadores eram obrigados a ouvir discursos de candidatos. Uma das justificativas para a troca de concentração seria a intenção de Flávio Costa de buscar os holofotes e ganhar visibilidade, já que pretendia disputar uma vaga de deputado naquele ano.

Mas não eram só os políticos que apareciam na concentração, como se recordava o médio Bauer: *"Às sete horas da manhã do dia do jogo contra o Uruguai tivemos que sair da cama para ouvir uma missa celebrada por um padre em homenagem aos futuros campeões do mundo da tarde."*

O duelo contra o Uruguai fez com que milhares de torcedores de inúmeras partes do Brasil fossem para o Rio de Janeiro, na época capital do Brasil, mesmo sem ingresso. As filas nas catracas chegavam a mais de um quilômetro. Os números da Fifa apontam que 173.830 torcedores estiveram aquele dia no estádio. No entanto, dados não oficiais apontam para um público entre 200 e 220 mil espectadores (a cidade do Rio tinha 2 milhões de habitantes). As catracas foram arrombadas. Os seguranças não conseguiram conter a multidão.

URUGUAI 2 × 1 BRASIL – MARACANÃ – 16.07.50

BRASIL: Barbosa; Augusto, Juvenal; Bauer, Danilo, Bigode; Friaça, Zizinho, Ademir, Jair e Chico.

URUGUAI: Máspoli; Matías González, Tejera; Gambetta, Obdulio Varela, Andrade; Ghiggia, Julio Perez, Miguez, Schiaffino e Moran.

ÁRBITRO: George Reader (Inglaterra).

GOLS: Friaça (2), Schiaffino (21) e Ghiggia (34) no segundo tempo.

PAGANTES: 173 mil

O Uruguai não era uma seleção qualquer, muito pelo contrário. É um erro dizer que a seleção brasileira foi surpreendida pelos adversários. Em 6 de maio de 1950, o Brasil tinha perdido para o Uruguai em pleno Pacaembu por 4 a 3. O jogo era válido pela Taça Rio Branco. Já na Copa, a seleção não repetiu no duelo decisivo o futebol apresentado nas duas últimas partidas. Os 11 jogadores pareciam desconcentrados. O time adversário era aguerrido e tinha muita raça. O primeiro tempo terminou empatado: 0 a 0. Na etapa final, Friaça abriu o placar aos 2 minutos. Delírio nas arquibancadas. O time nacional falhava na marcação pela esquerda, responsabilidade de Bigode. Aos 21 minutos, Schiaffino chutou de fora da área e venceu Barbosa. Flávio Costa ressaltava: *"O gol de empate liquidou com o Brasil. O público ficou mudo. Eram cerca de duzentas mil pessoas no Maracanã."*

O relógio do Maracanã marcava 34 minutos do segundo tempo, ou 16h39 de 16 de julho de 1950. Alcides Ghiggia caminhou pela esquerda e chutou mascado, e o goleiro Barbosa foi pego no contrapé. A bola entrou entre ele e a trave esquerda, no canto. O treinador do Brasil passou a vida explicando o lance:

> *Ele chutou dando um efeito natural ou pegou mal. A bola veio com muita velocidade. O Barbosa teve ela nas mãos, mas a bola escapou, vinha muito efeito, escapou e foi para dentro do gol. Até hoje vem gente, como você, na porta da minha casa me perguntar o que aconteceu naquele dia.*

A torcida no Maracanã não acreditava. Estava em silêncio. Um silêncio tumular. Apesar de alguns lances de perigo em favor do Brasil, o placar não mudou mais: 2 a 1. Apenas os gritos dos uruguaios ecoavam pelo gramado. A multidão demorou para deixar o estádio. O barulho dos sapatos nas rampas do maior estádio do mundo era atordoante.

As capas dos jornais do dia seguinte expressavam a desolação. Willy Meisl, do *Jornal dos Sports*, apontava que o Uruguai era campeão mundial, mas o Brasil foi o melhor time da Copa. Os jogadores brasileiros estavam atônitos. O meia Zizinho dizia não lembrar do que aconteceu depois: *"Eu não sei como eu cheguei em casa naquele dia. Quando cheguei, minha família estava numa choradeira."*

A *Folha da Manhã* trazia na manchete: "Após tantas esperanças, a suprema desilusão". O texto destacava: *"Conquistaram os uruguaios a Jules Rimet quando todas as circunstâncias nos favoreciam. Vitória da fibra e do coração. Faltou orientação técnica ao quadro nacional."*

SUÉCIA 3 × 1 ESPANHA: no Pacaembu, no mesmo horário de Brasil e Uruguai, a Suécia venceu a Espanha e ficou com o terceiro lugar na Copa. Sundqvist, aos 15 minutos, e Mellberg, aos 33, marcaram para os suecos no primeiro tempo. Palmer fez o terceiro aos 35 minutos da etapa final. Zara diminuiu para a Espanha aos 37 minutos.

Jules Rimet não esconde o abatimento na entrega do troféu a Obdulio Varela

AS EXPLICAÇÕES E A CAÇA AOS CULPADOS

A derrota da seleção para o Uruguai é contada de geração para geração, como destacamos no começo do capítulo. A história da Copa perdida se encarregou de crucificar o goleiro Barbosa. Ele foi acusado de falhar no lance decisivo. O ex-jogador, que marcou época no Vasco, costumava dizer que a pena máxima no Brasil é de 30 anos. Ele reclamava que já tinham se passado quase 50 anos e continuava sendo execrado. Barbosa morreu em abril de 2000, antes da derrota brasileira completar 50 anos. Amargurado e vivendo de favor na Praia Grande, litoral paulista, o goleiro não queria mais falar sobre a Copa. Não quis responder a uma pergunta minha feita a ele em 1999: *"Eu não falo mais e nem discuto sobre Copa do Mundo. Copa do Mundo para mim morreu. É uma nuvem que passou e fim de papo. Acabou. Não interessa mais. Eu não vou revolver cinzas!"*

O lateral Bigode também foi acusado de amarelar naquela decisão. Em um determinado lance, ele entrou com tudo em Obdulio Varela. O uruguaio colocou a mão no rosto de Bigode, pedindo calma, como se fizesse um "afago". Mas quem viu a jogada garante que Bigode levou um tapa do capitão uruguaio. Depois, teria se acovardado e sumido da partida. Ele dizia o seguinte: *"Se eu tivesse levado um tapa, eu revidaria na hora."*

Os jornais dos dias posteriores ao jogo decisivo traziam opiniões e avaliações sobre a derrota brasileira. *"Os brasileiros esqueceram-se que estavam disputando uma Copa do Mundo. Arte, classe e coração. Lágrimas de desespero nos vestiários dos cracks nacionais e lágrimas de alegria no reservado dos uruguaios. Todos lamentam o sucedido."* O técnico Flávio Costa declarou que a derrota não era só dele, mas de todo o Brasil.

Surgiram informações sobre o clima tenso na concentração da seleção às vésperas do duelo contra o Uruguai. Uma história contada pelo jornalista Geneton Moraes Neto, no livro *Dossiê 50*, retrata bem as desavenças entre os jogadores depois da derrota. A concentração brasileira recebia inúmeros presentes de torcedores, empresários e de políticos. Um dos presentes foi um lustre. Quem ficaria com o objeto? Os jogadores não tiveram dúvida. Ainda consumidos pela raiva da derrota, dividiram o lustre em pedaços e literalmente repartiram o presente.

O zagueiro Juvenal também foi acusado de falhar nos lances decisivos. Na véspera da partida, o técnico Flávio Costa deu folga aos atletas e permitiu que apenas os jogadores casados deixassem a concentração. Mas Juvenal, solteiro, convenceu o treinador e ganhou alforria. Foi para a farra e chegou embriagado. Flávio Costa queria vetá-lo para o duelo contra o Uruguai, mas desistiu, temendo uma repercussão negativa.

A derrota também causou abalo nos torcedores. O jornal *O Globo* trouxe a informação sobre a morte de um sargento:

> A derrota do selecionado brasileiro foi um verdadeiro choque para os torcedores. Ninguém se conformava e todos deixavam estampado na fisionomia o desespero pela oportunidade perdida. Homens e mulheres de todas as idades, nas ruas, nos cafés e nos meios de condução, não escondiam às vezes as próprias lágrimas. E no meio dessa tristeza registrou-se um caso doloroso: às 17h45 horas no derradeiro minuto da peleja, falecia, emocionado, o 2º sargento reformado da Marinha João Soares da Silva, na sua residência, à rua do Monte número 71. O militar, ao lado de sua inquilina, Dejanira Ferreira Flores, ouvia toda a irradiação de pé, andando de um lado para outro da sala. Nos últimos instantes, sentara-se, deixando transparecer a sua aflição. Minutos depois, antes que sua inquilina pudesse prorrogar algum socorro, o sargento caiu profundamente no solo, já sem vida. O fato foi comunicado às autoridades do 9º Distrito que providenciaram a remoção do corpo para o necrotério.

O presidente da Fifa, Jules Rimet, que iria entregar a taça ao campeão mundial, desceu das tribunas do Maracanã em direção ao gramado enquanto a partida ainda estava empatada por 1 a 1. Ele demorou a chegar, já que a comitiva encontrou inúmeros portões trancados. Quando o cartola entrou no gramado, o Uruguai já tinha feito o segundo gol. O dirigente francês não escondia o abatimento ao entregar o troféu ao capitão Obdulio Varela. Desde 1946, a taça levava o nome de Jules Rimet, uma homenagem ao homem que tanto se empenhou pela Copa do Mundo.

Apesar do resultado negativo dentro de campo para o Brasil, a Copa de 1950 bateu recordes de renda e público.

O CARRASCO

- *"Apenas três pessoas calaram o Maracanã: Frank Sinatra, o Papa e eu."*

(Alcides Ghiggia)

Quis o destino que o autor do segundo gol do Uruguai morresse em um dia 16 de julho. Foi em 2015, 65 anos depois do duelo contra o Brasil. Dos 22 jogadores que participaram do jogo, ele era o único que ainda estava vivo.

Em 1998, fiz uma entrevista com o carrasco do Brasil. Ele sabia que tinha sido o responsável pela maior tristeza esportiva de uma nação. Mas, mesmo assim, sempre respeitou o futebol brasileiro: *"No futebol, ganham os onze e perdem os onze. Não podemos culpar nem Bigode ou Barbosa."* Sobre o gol, ele dizia: *"A jogada foi idêntica ao primeiro gol. Começou pela direita do nosso ataque. Eu caminhei. Eu vi um espaço entre Barbosa e a trave. Chutei."*

IMAGENS PRECÁRIAS

Os registros de imagens da Copa de 1950 são precários. As cenas, na maioria das vezes, foram filmadas com câmeras postadas atrás dos gols. É assim que estão gravados os tentos da partida entre Brasil e Uruguai.

Em 2014, surgiu a história de Milton da Costa Ferreira, cinegrafista que filmou os gols do jogo. Ele trabalhava como auxiliar no Cine Laboratório Alex, do cineasta Alexandre Wulfes. A equipe foi contratada pelo cineasta Milton Rodrigues, irmão dos jornalistas Nelson Rodrigues e Mário Filho. O laboratório ganhou uma concorrência para filmar as partidas com exclusividade. Os registros eram feitos em filme, revelados e exibidos no cinema Cineac Trianon, no centro do Rio de Janeiro.

Apenas na Copa seguinte, em 1954, a Fifa começou a se preocupar em registrar as imagens dos mundiais. Os filmes oficiais são documentos preciosos e ganharam status de superprodução a partir de 1982.

TABELA DA COPA DE 1950

GRUPO 1

24/06/1950 Rio de Janeiro: **Brasil 4 × 0 México**
25/06/1950 Belo Horizonte: **Iugoslávia 3 × 0 Suíça**
28/06/1950 São Paulo: **Brasil 2 × 2 Suíça**
28/06/1950 Porto Alegre: **Iugoslávia 4 × 1 México**
01/07/1950 Rio de Janeiro: **Brasil 2 × 0 Iugoslávia**
02/07/1950 Porto Alegre: **Suíça 2 × 1 México**

GRUPO 2

25/06/1950 Rio de Janeiro: **Inglaterra 2 × 0 Chile**
25/06/1950 Curitiba: **Espanha 3 × 1 EUA**
29/06/1950 Rio de Janeiro: **Espanha 2 × 0 Chile**
29/06/1950 Belo Horizonte: **EUA 1 × 0 Inglaterra**
02/07/1950 Rio de Janeiro: **Espanha 1 × 0 Inglaterra**
02/07/1950 Recife: **Chile 5 × 2 EUA**

GRUPO 3

25/06/1950 São Paulo: **Suécia 3 × 2 Itália**
29/06/1950 Curitiba: **Suécia 2 × 2 Paraguai**
02/07/1950 São Paulo: **Itália 2 × 0 Paraguai**

GRUPO 4

02/07/1950 Belo Horizonte: **Uruguai 8 × 0 Bolívia**

FASE FINAL

09/07/1950 Rio de Janeiro: **Brasil 7 × 1 Suécia**
09/07/1950 São Paulo: **Uruguai 2 × 2 Espanha**
13/07/1950 São Paulo: **Uruguai 3 × 2 Suécia**
13/07/1950 Rio de Janeiro: **Brasil 6 × 1 Espanha**
16/07/1950 São Paulo: **Suécia 3 × 1 Espanha**
16/07/1950 Rio de Janeiro: **Brasil 1 × 2 Uruguai**

Escaneie o QR Code ao lado e ouça as transmissões de rádio na Copa de 1950.

19s

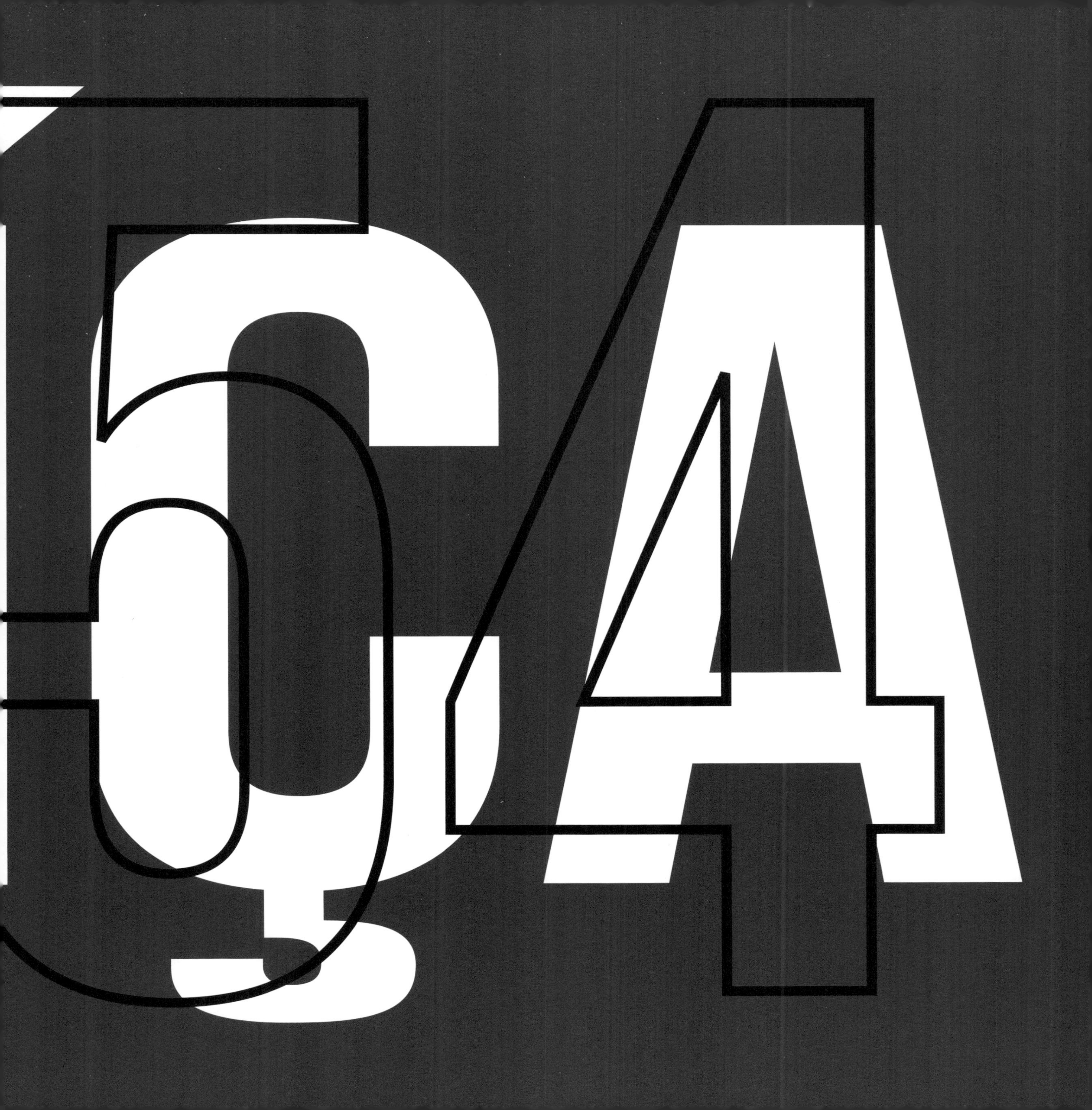

ONDAS MAGIARES

Europeus assistem à Copa pela primeira vez na TV

Depois de 16 anos, a Europa voltou a sediar uma Copa. A Segunda Guerra inviabilizara os torneios de 1942 e 1946. A Suíça, um país neutro, foi escolhida para receber a competição em 1954. Pela primeira vez, jogos do mundial foram transmitidos ao vivo pela TV; ainda não existia satélite, mas a proximidade geográfica tornou possível a transmissão na Europa. Os torcedores de oito países assistiram aos jogos: Suíça, França, Inglaterra, Alemanha, Itália, Holanda, Bélgica e Dinamarca. Os fabricantes aproveitaram a Copa para vender os aparelhos.

Aqui no Brasil, apesar de já existir televisão (foi inaugurada em setembro de 1950), a população acompanhou as partidas da seleção nacional pelo rádio. As emissoras apostaram em uma grande cobertura ao enviar profissionais à Europa.

A Panamericana, hoje Jovem Pan, transmitiu os jogos em cadeia com a Record, duas emissoras de Paulo Machado de Carvalho. O empresário seria o chefe da delegação do Brasil nas duas Copas seguintes. Pedro Luiz narrou pela Panamericana, e a Record contou com Geraldo José de Almeida.

A Bandeirantes tinha Edson Leite, um dos grandes nomes do rádio esportivo. Vemos, ao lado, a referência à transmissão de Brasil e Hungria, jogo que entrou para a história como "a batalha de Berna".

A COPA DOS MAGIARES

O mundial de 1954 tem uma história peculiar. A competição ficou conhecida como a "Copa das goleadas". A média de gols é a mais espetacular de todos os tempos: 5,38. Foram 140 gols em 26 partidas. A lendária seleção da Hungria é uma das responsáveis por esses números. A equipe foi a sensação do futebol europeu no início dos anos 1950: tinha como base o poderoso Honved, time que foi incorporado pelo exército do país e se transformou em uma potência do futebol. O grupo chegou a fazer uma excursão ao Brasil no ano de 1957.

A geração de Ferenc Puskás encantou o mundo com um jogo rápido, elegante e aplicado. Hoje é algo inimaginável, mas as equipes não costumavam fazer aquecimento antes das partidas. Os atletas húngaros, ao contrário, se exercitavam e já iniciavam os confrontos em um ritmo acelerado. Na Copa, inúmeras vezes os magiares marcaram gols logo nos primeiros minutos. A seleção húngara ficou invicta por 31 jogos (27 vitórias e quatro empates). Perdeu justamente a final da Copa de 1954 para a Alemanha.

Uma das partidas mais espetaculares da seleção húngara no período, chamada de "o jogo do século", foi uma vitória sobre a Inglaterra por 6 a 3 em pleno estádio de Wembley, em 1953. Campeã olímpica de 1952, a equipe era treinada por Gusztáv Sebes. Dois anos depois da Copa, a Revolução Húngara obrigou os grandes jogadores a fugir do país. Puskás, por exemplo, foi jogar no Real Madrid e vestiu a camisa da seleção espanhola na Copa de 1962.

Seleção de 1954: a inexperiência prejudicou o desempenho da equipe

A PREPARAÇÃO BRASILEIRA

A seleção brasileira disputou jogos eliminatórios pela primeira vez para chegar a um mundial. Passou por Chile e Paraguai e garantiu a vaga. O time era comandado por Zezé Moreira, o inventor da marcação por zona no futebol. O ex-jogador atuou e comandou os principais clubes cariocas, e era irmão de Aymoré Moreira, que seria bicampeão com a seleção brasileira, no Chile, em 1962. A equipe que jogou em 1954 contava com grandes nomes: Didi, Julinho Botelho, Bauer, Nilton Santos e Djalma Santos. No entanto, o grupo era inexperiente. A maioria nunca tinha viajado à Europa. A comissão técnica também pecou pela falta de experiência: os dirigentes não conheciam nem mesmo o regulamento da Copa. Eram tempos em que os cartolas não se misturavam aos jogadores. Apenas em 1958 esse comportamento iria mudar, justamente com Paulo Machado de Carvalho, o "Marechal da Vitória", comandante das delegações nos títulos na Suécia e no Chile.

Pela primeira vez, a seleção viajou de avião para participar de uma Copa. Com o objetivo de espantar o trauma de 1950, a CBD promoveu um concurso, em 1953, para escolher o novo uniforme da seleção. O gaúcho Aldyr Garcia Schlee foi o vencedor com o desenho da camisa amarela.

O DIA A DIA DA COPA DE 1954

O mundial disputado na Suíça contou com 16 seleções que foram divididas em quatro grupos. No entanto, o regulamento era confuso: cada grupo tinha dois cabeças de chave, que não se enfrentavam entre si. O Brasil, por exemplo, estava no grupo 1, com França, Iugoslávia e México, mas não jogou contra os franceses.

> **GRUPO 1**: Brasil, França, Iugoslávia e México
>
> **GRUPO 2**: Hungria, Alemanha Ocidental, Turquia e Coreia do Sul
>
> **GRUPO 3**: Áustria, Escócia, Uruguai e Tchecoslováquia
>
> **GRUPO 4**: Itália, Inglaterra, Suíça e Bélgica

A Copa foi muito bem organizada. A Suíça tinha estádios modernos e contava, claro, com a facilidade de deslocamento das seleções, graças às curtas distâncias. As cidades sede foram Lausanne, Genebra, Basileia, Zurique, Berna e Lugano.

O mundial começou no dia 16 de junho com quatro partidas.

IUGOSLÁVIA 1 × 0 FRANÇA: pela chave do Brasil, a Iugoslávia venceu a França, em Lausanne. O gol do jogo foi marcado por Milos Milutinovic, irmão mais velho de Bora Milutinovic, que foi técnico de cinco seleções diferentes em Copas do Mundo.

URUGUAI 2 × 0 TCHECOSLOVÁQUIA: os uruguaios, então campeões mundiais, derrotaram a Tchecoslováquia, em Berna. Comandados por Juan López, eles ainda contavam com jogadores que venceram a Copa de 1950, como Maspoli, Andrade, Obdulio Varela, Miguez e Juan Schiaffino. Aliás, os dois últimos foram os autores dos gols na estreia. Os tchecos reclamaram da arbitragem do inglês Arthur Ellis.

ÁUSTRIA 1 × 0 ESCÓCIA: o jogo foi disputado em Zurique e teve um público de 30 mil pessoas. Probst marcou o único gol do jogo aos 33 minutos do primeiro tempo.

A seleção brasileira estreou com uma goleada sobre o México, 5 a 0, em Genebra, no acanhado estádio do Servette. Na véspera, os atletas acompanharam uma missa celebrada pelo padre Cristiano, nascido em Itapetininga. Maurinho, Bauer e Índio comungaram. Já o próprio técnico Zezé Moreira forneceu a escalação da seleção à imprensa. Didi era dúvida por causa de uma contusão, mas o médico Paes Barreto o liberou para o duelo contra o México.

BRASIL 5 × 0 MÉXICO — GENEBRA — 16.06.54

BRASIL: Castilho, Pinheiro e Nilton Santos; Djalma Santos, Brandãozinho e Bauer; Didi, Julinho, Baltazar, Pinga e Rodrigues.

MÉXICO: Salvador Mota, Narciso López, Jorge Romo, Raúl Cárdenas, Avalos, Torres, Naranjo, Lamadrid, Balcazar, Raúl Arellano e Juan González.

ÁRBITRO: Raymon Wyssling (Suíça).

GOLS: Baltazar (23), Didi (30) e Pinga (aos 34 e 43 minutos), no primeiro tempo. Julinho Botelho (24) da etapa final.

PÚBLICO: 13.000

O México, mesmo adversário da estreia em 1950, não ofereceu resistência à seleção, que marcou quatro gols no primeiro tempo: Baltazar, Didi e Pinga, duas vezes. Na etapa final, Julinho Botelho, na época ídolo na Portuguesa, fechou o placar aos 24 minutos. A imprensa fez elogios à atuação do time brasileiro.

Como dissemos, a Copa de 1954 ficou conhecida como o mundial das goleadas. Os resultados dos jogos do dia 17 de junho são o exemplo disso.

HUNGRIA 9 × 0 COREIA DO SUL: em Zurique, os húngaros arrasaram a Coreia do Sul. Kocsis fez três gols, Puskás e Palotas marcaram dois, Lantos e Czibor também balançaram as redes adversárias. Kocsis seria o artilheiro da Copa, com 11 gols.

INGLATERRA 4 × 4 BÉLGICA: em Basileia, ingleses e belgas fizeram um duelo sensacional. O jogo foi para a prorrogação quando estava 3 a 3. Mesmo sendo uma partida válida pela fase de grupos, o regulamento previa tempo extra. Na prorrogação, Lofthouse colocou os ingleses na frente, mas Dickinson empatou para a Bélgica. Um dos destaques da Inglaterra era o ponta direita Stanley Matthews, uma lenda do futebol do país. Lembrado até hoje pelos dribles desconcertantes, foi o primeiro jogador profissional a ser nomeado Cavaleiro do Império Britânico. Por incrível que possa parecer, Matthews jogou até os 50 anos de idade. Ele esteve em campo no amistoso em que a Inglaterra ganhou do Brasil por 4 a 2, em 1956, em Wembley.

SUÍÇA 2 × 1 ITÁLIA: os italianos perderam para os donos da casa, em Lausanne. A Itália reclamou muito de um gol anulado pelo árbitro brasileiro Mário Vianna. Boniperti abriu o placar para a Azzurra, mas Ballaman e Huegi viraram a partida. A Itália era treinada pelo húngaro Lajos Czeizler.

ALEMANHA 4 × 1 TURQUIA: a Alemanha, do capitão Fritz Walter, era treinada por Sepp Herberger e estreou com uma goleada, em Berna. Os turcos saíram na frente com Suat aos 2 minutos, mas sofreram o empate aos 14 minutos. Gol de Schaefer. No segundo tempo, Klodt, aos 7, Ottmar Walter, aos 20, e Morlock, aos 39, marcaram para a Alemanha.

A Copa prosseguiu no dia 19 de junho. A seleção voltou a campo em Lausanne para enfrentar a Iugoslávia — mesmo adversário vencido pelo Brasil, por 2 a 0, em 1950.

Os jornais, como a *Folha da Manhã*, ressaltavam o favoritismo da seleção nacional: *"A crônica especializada da Suíça gostou da estreia, e os comentários elogiosos são frequentes. Esse fato, naturalmente, servirá para aumentar o interesse em torno da segunda apresentação dos brasileiros que agora terão pela frente um adversário mais poderoso."* Os jornais lembravam que a Iugoslávia venceu a França ao estrear na Copa. O técnico Zezé Moreira repetiu a formação do time.

BRASIL 1 × 1 IUGOSLÁVIA - LAUSANNE - 19.06.54

BRASIL: Castilho, Pinheiro e Nilton Santos; Djalma Santos, Brandãozinho e Bauer; Didi, Julinho, Baltazar, Pinga e Rodrigues.

IUGOSLÁVIA: Beara, Stankovic, Crnkovic, Cajkovski, Horvat, Boskov, Mitic, Vukas, Zebec, Milos Milutinovic e Dvornic.

ÁRBITRO: Charlie Faultless (Escócia).

GOLS: Zebec (3) e Didi (24) no segundo tempo.

Os 40 mil torcedores que estiveram no estádio La Pontaise, em Lausanne, viram o Brasil empatar com a Iugoslávia por 1 a 1. Zebec abriu o placar aos 3 minutos do segundo tempo. Didi deixou tudo igual aos 24. A partida, mesmo valendo pela fase de grupos, foi para a prorrogação, e os brasileiros, sem orientação nenhuma, achavam que só a vitória bastaria para a classificação. Conta Nilton Santos em *O jogo bruto das Copas do Mundo*, de Teixeira Heizer: *"Os jogadores da Iugoslávia faziam sinais com as mãos, mostrando que o placar de 1 a 1 classificaria os dois times. Saímos de campo chorando. Mais tarde, no vestiário, ficamos alucinados quando soubemos que estávamos classificados."* Pesaram a inexperiência e o abismo que existia entre dirigentes e jogadores. De qualquer forma, apesar do empate com a Iugoslávia, a seleção estava garantida para a próxima fase da Copa.

Os jornais diziam que Zezé Moreira não escondeu a decepção com o empate do time brasileiro: *"Não sei a que atribuir a má conduta da equipe."* O treinador faria mudanças para a partida contra a Hungria.

FRANÇA 3 × 2 MÉXICO: ainda no dia 19, os franceses superaram o México, em Genebra. Vincent marcou para a França aos 19 minutos do primeiro tempo. Aos 4 minutos da etapa final, o mexicano Cárdenas fez contra: 2 a 0. Lamarid diminuiu aos 9, e Balcazar empatou aos 35. A vitória da França veio com gol de Kopa aos 43 minutos, em cobrança de pênalti. Apesar do placar movimentado, as duas equipes estavam fora do mundial.

URUGUAI 7 × 0 ESCÓCIA: mais uma goleada na Copa, agora em jogo disputado em Basileia. Foram três gols de Borges, dois de Miguez e mais dois de Abbadie para o Uruguai. Os escoceses estavam sem técnico. Andy Beattie tinha pedido demissão depois da derrota para a Áustria na primeira rodada. Pelo que se sabe, é o único treinador na história a deixar o comando de uma equipe no andamento de um mundial.

ÁUSTRIA 5 × 0 TCHECOSLOVÁQUIA: a partida foi disputada em Zurique e terminou com goleada dos austríacos. Probst marcou três vezes e Stojaspal fez dois gols.

HUNGRIA 8 × 3 ALEMANHA: no dia 20, a Hungria conseguiu uma vitória histórica sobre a Alemanha, em Basileia. Kocsis, aos 3 minutos, Puskás, aos 17, e Kocsis, aos 21 minutos, marcaram os gols húngaros no primeiro tempo. Pfaff diminuiu aos 25 minutos: 3 a 1. Na etapa final, mais cinco gols da Hungria: Hidekguti aos 5 minutos e aos 9, Kocsis aos 22, Toth aos 28 e Kocsis aos 33. Rahn, aos 32, e Hermann, aos 36, marcaram para os alemães. O fato é que o técnico Sepp Herberger jogou a favor do regulamento e poupou titulares — apenas quatro jogadores que tinham atuado na estreia entraram em campo naquele dia —, já prevendo uma derrota para Hungria. O treinador queria os principais nomes alemães em boas condições para a partida de desempate contra a Turquia. Apesar da estratégia, a imprensa do país fez críticas a Herberger. Puskás, autor de um gol da Hungria, sofreu uma contusão e virou dúvida para o duelo contra o Brasil. As reportagens dos jornais falavam em esmagadora superioridade dos *magiares* na Copa. A Hungria ia se confirmando como a favorita ao título.

TURQUIA 7 × 0 COREIA DO SUL: ainda no dia 20, os turcos golearam os coreanos, em Genebra. Parecia um treino de luxo. O destaque foi Burhan Sargun, autor de três gols. Os turcos iriam disputar o jogo de desempate contra a Alemanha.

INGLATERRA 2 × 0 SUÍÇA: os ingleses precisavam vencer a partida contra os donos da casa, em Berna, e conseguiram, mesmo sem Stanley Matthews. Os gols foram de Mullen e Wishaw.

ITÁLIA 4 × 1 BÉLGICA: Pandolfini, Galli, Frignani e Lorenzi garantiram a goleada italiana sobre a Bélgica, em Lugano. Apesar da vitória, a Itália teve de disputar um jogo de desempate contra a Suíça.

A Copa do Mundo teve dois jogos de desempate no dia 23 de junho:

SUÍÇA 4 × 1 ITÁLIA: foi uma surpresa em Basileia. A Itália estava eliminada da Copa e justamente por uma seleção que não era forte no ataque. Na volta para casa, os jogadores italianos foram recebidos com uma chuva de tomates podres. Um protesto semelhante se repetiu em 1966, depois da eliminação italiana para a Coreia do Norte na primeira fase do mundial disputado na Inglaterra.

ALEMANHA 7 × 2 TURQUIA: os alemães contaram com a volta dos titulares e garantiram a vaga ao golear a Turquia, em Zurique. Os destaques do jogo foram Morlock, com três gols, e Schaefer, com dois. O capitão Fritz Walter e o irmão dele, Ottmar Walter, também balançaram as redes turcas.

Os duelos das quartas de final foram os seguintes: Áustria × Suíça, Uruguai × Inglaterra, Brasil × Hungria, Alemanha × Iugoslávia.

O técnico Zezé Moreira esperava uma melhor apresentação do time no duelo contra a Hungria, depois do empate contra a Iugoslávia. "*O ambiente entre os jogadores é o melhor possível*", declarava o treinador à imprensa. Publicamente ele não reclamava de ter de enfrentar a Hungria, sensação da Copa.

O duelo do dia 27 de junho, um domingo, em Berna, na Suíça, ficou marcado na história. Pinga e Rodrigues estavam fora. Entraram no lugar deles Humberto e Maurinho. Do lado dos húngaros, Puskás jogaria apenas por um milagre. Uma enquete feita pela imprensa da Suíça, durante a Copa, apontou a Hungria como a favorita ao título: 229 votos. O Brasil vinha na sequência com 194. A Itália, já eliminada, tinha recebido 115 votos. Por último, os uruguaios, campeões mundiais, receberam 59 votos. A *Folha da Manhã* lembrava que se o duelo Brasil e Hungria terminasse empatado, um novo jogo seria disputado. Ainda não existia decisão por pênaltis no regulamento, apenas prorrogação.

Na expectativa para as quartas de final, a Fifa oficializou a Suécia como sede da Copa de 1958. Berna foi palco do congresso da entidade que confirmou que o próximo mundial seria de novo na Europa. Lembrando que em 1934 e 1938 Itália e França organizaram a competição, também uma sequência europeia.

Os húngaros começavam a mexer com o brio dos brasileiros, dizendo que, independente de Puskás no time, passariam pelo Brasil. Não só davam como certa a vitória, mas também a conquista da Copa do Mundo. Já a equipe médica confirmava a ausência de Puskás.

O chefe da embaixada brasileira, Lira Filho, convocou os patrícios que estavam na Suíça para que comparecessem ao estádio, em Berna. O clima ia esquentando com a proximidade do jogo. O jornalista Odilon Brás assinou um artigo na *Folha da Manhã* com o título "*O blefe dos húngaros*":

> *Já se torna moda menosprezar a força moral dos futebolistas brasileiros. Depois do fracasso de 1950, até os críticos nacionais se habituaram a entrar por veredas psicológicas, cada vez que são chamados a explicar a pobreza dos resultados. Dos estrangeiros, então, nem é bom falar! Ainda agora, na Suíça, foi realizada uma enquete e o resultado foi humilhante para nós, pois se ficamos bem colocados na parte técnica, no lado moral fomos classificados em último lugar, como se fôssemos uma raça inferior, incapaz de reagir. Isto é um absurdo.*

Áustria × Suíça e Uruguai × Inglaterra eram os jogos do sábado, 26 de junho. Brasil × Hungria e Iugoslávia × Alemanha se enfrentariam no domingo, dia 27.

ÁUSTRIA 7 × 5 SUÍÇA: em Lausanne, no Estádio La Pontaise, a Áustria venceu a Suíça, dona da casa, por um placar espetacular: 7 a 5! O jogo detém até hoje o recorde de gols em uma partida de Copa do Mundo. Os suíços abriram vantagem de 3 a 0, mas a Áustria virou de forma sensacional e já ganhava por 5 a 3 no primeiro tempo. Os austríacos dominaram a etapa final, confirmando a vitória e a classificação.

URUGUAI 4 × 2 INGLATERRA: em Basileia, o Uruguai conseguiu vaga nas semifinais ao derrotar a Inglaterra. A fibra e o entusiasmo garantiram o resultado: "*A celeste viu-se privada praticamente de dois de seus defensores, e, com apenas nove homens fisicamente bem, lutou com bravura, justificando uma vitória que poderá figurar em sua história como um dos seus principais feitos*", disse a *Folha da Manhã*. O Uruguai marcou primeiro com Borges aos 5 da etapa inicial. A Inglaterra empatou aos 15 minutos. Obdulio Varela fez 2 a 1 aos 39. No segundo tempo, Schiaffino ampliou no primeiro minuto. Finney diminuiu aos 22 minutos. Ambrois fechou o placar em favor dos uruguaios aos 33 minutos.

ALEMANHA 2 × 0 IUGOSLÁVIA: no domingo, 27 de junho, os alemães venceram os iugoslavos, em jogo disputado em Genebra.

Horvat fez gol contra aos 9 minutos do primeiro tempo. Rahn garantiu o resultado ao balançar as redes aos 40 minutos da etapa final.

Quem abrisse os jornais brasileiros naquele dia 27 veria a escalação da seleção nacional para o duelo contra a Hungria, em Berna, no estádio de Wankdorf: Castilho, Pinheiro e Nilton Santos; Djalma Santos, Brandãozinho e Bauer; Julinho Botelho, Didi, Índio, Humberto e Maurinho. A imprensa suíça estranhou a inclusão de Humberto no ataque, pois Pinga vinha jogando bem.

O jornalista Odilon Brás temia os húngaros:

> Está claro que uma derrota nossa, por diferença mínima, deve ser considerada normal. Temos que aceitar essa hipótese, mesmo porque não devemos fazer, de um jogo de futebol, uma questão de vida ou morte, uma guerra de honra entre dois países. Seríamos tolos se não reconhecêssemos a força dos 'fantasmas' da Europa.

Para a imprensa internacional, a Hungria era favorita e faria, ao menos, 5 gols no Brasil.

A BATALHA DE BERNA

Goleiro Castilho ao chão, durante o duelo contra a Hungria

HUNGRIA 4 × 2 BRASIL – BERNA – 27.06.54

HUNGRIA: Grosics, Buzánszky, Lorant, Lantos, Bozsik, Zakarias, Jozsef Toth, Kocsis, Hidegkuti, Czibor e Mihaly Toth.

BRASIL: Castilho, Pinheiro e Nilton Santos; Djalma Santos, Brandãozinho e Bauer; Julinho Botelho, Didi, Índio, Humberto e Maurinho.

ÁRBITRO: Arthur Ellis (Inglaterra).

LOCAL: Wankdorf Stadium.

GOLS NO 1º TEMPO: Hidegkuti (4), Kocsis (7) e Djalma Santos (18).

GOLS NO 2º TEMPO: Lantos (15), Julinho (20) e Kocsis (43).

EXPULSÕES: Bozsik, Nilton Santos e Humberto.

O duelo entre Brasil e Hungria pela Copa de 1954 foi nervoso e tenso. O gramado do estádio, em Berna, estava pesado por causa da chuva, o que dificultava o toque de bola. A Hungria saiu na frente com dois gols logo no início: Hidegkuti e Kocsis. Ainda no primeiro tempo, Djalma Santos diminuiu em uma cobrança de pênalti. Na etapa final, o jogo foi marcado pela violência. Em meio às provocações de ambos os lados, Lantos fez o terceiro também na cobrança de uma penalidade. A marcação do árbitro Ellis foi muito contestada. Bozsik, Nilton Santos e Humberto acabaram expulsos. Julinho Botelho ainda fez o segundo do Brasil, um golaço! Ele invadiu a grande área e chutou cruzado. A bola entrou no ângulo direito do goleiro Grosics. Kocsis marcou o quarto gol da Hungria: 4 a 2.

Depois da partida, o clima continuou tenso. Jornalistas, jogadores e dirigentes se envolveram em uma briga na entrada dos vestiários. O radialista Paulo Planet Buarque passou uma rasteira em um policial. O técnico Zezé Moreira contou ao jornalista Teixeira Heizer: "*O tumulto começou porque Puskás, que estava de roupa normal (ele não jogou a partida), aproximou-se de Pinheiro e estendeu a mão para cumprimentá-lo. Ao darem as mãos, o jogador húngaro aproveitou-se da ingenuidade do zagueiro e lhe deu um tapa. Ora, Pinheiro reagiu. Os dois estavam no hall que dava entrada às portas dos dois vestiários. Começaram a surgir jogadores dos dois times e a confusão se generalizou.*"

O radialista Paulo Planet Buarque (à direita) tenta agredir policial

O próprio treinador brasileiro foi provocado pelo técnico da Hungria e o agrediu. Zezé Moreira estava segurando as chuteiras que Didi tinha trocado durante a partida por causa do gramado molhado. Zezé não teve dúvidas: deu uma "chuteirada" na cabeça do húngaro. A imagem foi registrada pelo jornalista Armando Nogueira.

A imprensa brasileira atacou a arbitragem: *"A calamitosa atuação do árbitro, em benefício dos húngaros, influiu decisivamente no resultado — 4 a 2 — um placar que não reflete o desenvolvimento da peleja."* A expulsão de Nilton Santos foi considerada injusta:

> Aos 25 minutos, o juiz, continuando a agir com a parcialidade que até este instante caracterizou suas decisões, expulsa do gramado Bozsik e Nilton Santos, quando o único expulso deveria ser o médio direito húngaro. Os dois jogadores chocaram no centro do gramado. Nilton Santos domina a esfera e prepara-se para rechaçar quando o médio direito o agride. O jogador brasileiro atacado a socos e pontapés, procura então revidar. O juiz intervém para expulsar ambos.

O juiz Ellis virou "persona non grata" no país e era malhado como Judas nas ruas. O Brasil fez um protesto formal na Fifa: *"O Brasil encaminha enérgico protesto à Fifa. Arbitragem facciosa de Ellis e tratamento desatencioso a dirigentes e jogadores"*, informavam os jornais. A seleção também reclamou das acomodações oferecidas aos jogadores reservas nos estádios. O jornalista Odilon Brás assinou uma coluna na *Folha da Manhã* intitulada *"O que passou passou"*. *"Daqui de longe não é fácil, talvez nem seja possível, tirar conclusões do resultado da partida. Perdemos, e o que importa é que não foi por falta de fibra nem de espírito de luta. Afinal, já dissemos que não acreditamos em super-homens, nem mesmo sendo eles nacionais"*, destacou. A seleção brasileira teria de voltar para casa com a missão de fazer uma preparação séria para a Copa de 1958, na Suécia.

A fase semifinal foi disputada no dia 30 de junho com os duelos entre Hungria × Uruguai e Alemanha × Áustria.

HUNGRIA 4 × 2 URUGUAI: em Lausanne, a Hungria, ainda sem Puskás, teve dificuldades para vencer o Uruguai. Debaixo de chuva, Hidekguti abriu o placar aos 13 minutos da etapa inicial. Budai ampliou para 2 a 0 no primeiro minuto do segundo tempo. Mas a raça uruguaia se fez presente e a equipe chegou ao empate, apesar da ausência de Obdulio Varela, contundido. Juan Hohberg marcou aos 30 e aos 41 minutos: 2 a 2. No segundo tempo da prorrogação, a Hungria superou o adversário. Kocsis, aos 6 e aos 11 minutos, garantiu a vitória por 4 a 2 e a classificação para a finalíssima.

O apresentador Jô Soares conta uma história interessante sobre essa partida. Ele estudava na Suíça e foi assistir ao jogo. Postado atrás de um dos gols, Jô comemorava os tentos do Uruguai. Era uma espécie de vingança contra os húngaros e uma forma de dar apoio ao futebol sul-americano.

ALEMANHA 6 × 1 ÁUSTRIA: em Basileia, a Alemanha conseguiu a vaga na final com uma goleada. O capitão Fritz Walter marcou dois gols contra a Áustria. O irmão mais novo dele, Ottmar Walter, fez o último da partida: *"Eliminada a Áustria por contagem alarmante. A Alemanha arrasou a Áustria por 6 a 1"*, destacava a imprensa.

A Alemanha, expulsa da Fifa depois da guerra, estava de volta ao cenário do futebol e, de forma surpreendente, era finalista da Copa. Odilon Brás apontava:

Poucos ouviram falar da Alemanha neste campeonato do mundo. Ninguém acreditava nos teutos, nem a própria Suíça, organizadora do certame, que não lhes quis dar evidência na constituição das chaves. A Suíça acreditou mais na Inglaterra, apesar das surras que os ingleses levaram dos húngaros e dos italianos. Parece que vão os húngaros defrontar-se com um adversário perfeitamente à altura, não apenas no terreno técnico, mas em todos os sentidos.

ÁUSTRIA 3 × 1 URUGUAI: a decisão do terceiro lugar foi disputada em Zurique no dia 3 de julho. Stojaspal marcou para a Áustria aos 16 minutos do primeiro tempo. O Uruguai, ainda desfalcado de Obdulio Varela, empatou com Hohberg aos 22 minutos. Na etapa final, Cruz fez contra aos 14 minutos. Ocwirk venceu o goleiro Máspoli aos 44 minutos e garantiu o terceiro lugar para a Áustria.

Berna foi o palco da final do dia 4 de julho entre a Hungria e a Alemanha.

ALEMANHA 3 × 2 HUNGRIA – BERNA – 04.07.54

ALEMANHA: Turek; Posipal, Kohlmeyer e Eckel; Liebrich e Karl Mai; Rahn, Morlock, Ottmar Walter, Fritz Walter e Schäfer.

HUNGRIA: Grosics; Buzánski, Lóránt e Lantos; Bozsik e Zakarías; M. Tóth, Kocsis, Hidegkuti, Puskás e Czibor.

ÁRBITRO: William Ling (Inglaterra).

GOLS: Puskás (6), Czibor (9), Morlock (11) e Rahn (18) no primeiro tempo. Rahn (39) na etapa final.

O gramado estava pesado por causa da chuva, como destacava reportagem publicada pela *Folha da Manhã*:

Infelizmente, o tempo não ajudou o espetáculo. Toda a peleja foi realizada sob chuva forte. A temperatura era bastante baixa. Facilmente, observava-se que a maioria dos espectadores torcia pela vitória do quadro alemão. Os húngaros contaram com o incentivo apenas de seus próprios compatriotas. Momentos antes do início da contenda, o sr. Jules Rimet, ex-presidente da Fifa e atual mentor máximo dessa entidade, esteve no campo e cumprimentou todos os disputantes do importante prélio.

Puskás finalmente voltava ao time. A imprensa dizia que os alemães tentavam a maior "proeza do certame". E veio a proeza! A Alemanha passou por cima de qualquer projeção e conquistou a Copa pela primeira vez. A Hungria, como de hábito, teve um começo arrasador: fez 2 a 0 com Puskás, aos 6, e Czibor, aos 9 minutos. Dois minutos depois, Morlock diminuiu, e Rahn empatou o jogo aos 18 minutos. O segundo tempo foi muito parelho, mas a Hungria não conseguiu repetir o futebol dos outros jogos. Aos 39 minutos, Rahn marcou o gol da vitória, para surpresa de todos. O grande goleiro Grosics não conseguiu evitar o gol decisivo, resultado de um chute rasteiro do adversário. A Hungria ainda teve um gol anulado pelo árbitro inglês William Ling.

A Alemanha surpreende a Hungria na final

O capitão Fritz Walter recebeu a taça das mãos de Jules Rimet. O cartola, que tanto fez pelo futebol ao idealizar a Copa do Mundo, morreria em outubro de 1956. Uma reportagem de *O Globo* chamava os húngaros de "fantasmas": "*Caíram os fantasmas magiares*". A *Folha da Manhã* citava a comemoração:

> *A torcida geral delirou, empolgada com a esplêndida e inesperada façanha dos alemães. Desenrolou-se, então, a solenidade final do certame. Jules Rimet voltou ao campo e fez a entrega da Copa que tem seu nome ao capitão da equipe vencedora, o jogador Walter. Todos os integrantes do conjunto germânico receberam também medalhas de ouro.*

A Hungria entrava para a lista das melhores seleções dos mundiais que não ficaram com o título. Foi assim com o Brasil, em 1950 e 1982, e com a Holanda, em 1974.

Depois da decisão, jogadores alemães foram parar no hospital. Levantou-se a suspeita de que eles jogaram a partida na base de estimulantes. Claro que nada ficou comprovado. A Alemanha mostrou que poderia conquistar o mundo sem guerra. Simplesmente jogando futebol.

O capitão Fritz Walter (à direita) segura o troféu conquistado pelos alemães

TABELA DA COPA DE 1954

GRUPO 1

16/06/1954 Genebra: **Brasil 5 × 0 México**
16/06/1954 Lausanne: **Iugoslávia 1 × 0 França**
19/06/1954 Genebra: **França 3 × 2 México**
19/06/1954 Lausanne: **Brasil 1 × 1 Iugoslávia**

GRUPO 2

17/06/1954 Berna: **Alemanha Oc. 4 × 1 Turquia**
17/06/1954 Zurique: **Hungria 9 × 0 Coreia do Sul**
20/06/1954 Basileia: **Hungria 8 × 3 Alemanha Oc.**
20/06/1954 Genebra: **Turquia 7 × 0 Coreia do Sul**
23/06/1954 Zurique: **Alemanha Oc. 7 × 2 Turquia**

GRUPO 3

16/06/1954 Berna: **Uruguai 2 × 0 Tchecoslováquia**
16/06/1954 Zurique: **Áustria 1 × 0 Escócia**
19/06/1954 Basileia: **Uruguai 7 × 0 Escócia**
19/06/1954 Zurique: **Áustria 5 × 0 Tchecoslováquia**

GRUPO 4

17/06/1954 Basileia: **Inglaterra 4 × 4 Bélgica**
17/06/1954 Lausanne: **Suíça 2 × 1 Itália**
20/06/1954 Lugano: **Itália 4 × 1 Bélgica**
20/06/1954 Berna: **Inglaterra 2 × 0 Suíça**
23/06/1954 Basileia: **Suíça 4 × 1 Itália**

QUARTAS

26/06/1954 Lausanne: **Áustria 7 × 5 Suíça**
26/06/1954 Basileia: **Uruguai 4 × 2 Inglaterra**
27/06/1954 Berna: **Brasil 2 × 4 Hungria**
27/06/1954 Genebra: **Alemanha Oc. 2 × 0 Iugoslávia**

SEMIFINAIS

30/06/1954 Basileia: **Alemanha Oc. 6 × 1 Áustria**
30/06/1954 Lausanne: **Hungria 4 × 2 Uruguai**

3º LUGAR

03/07/1954 Zurique: **Áustria 3 × 1 Uruguai**

FINAL

04/07/1954 Berna: **Alemanha Oc. 3 × 2 Hungria**

Escaneie o QR Code ao lado e ouça as transmissões de rádio na Copa de 1954.

50 CIA

AOS PÉS DO BRASIL

O rádio eterniza a festa: "Brasil campeão mundial de futebol"

"O ombro está aqui. Pode chorar!"
(Gylmar dos Santos Neves ao amparar Pelé)

"A França perdeu para o time de um garoto que não tinha idade para ver os filmes de Brigitte Bardot."
(Jornais franceses destacam a atuação de Pelé)

"É isso que eu queria. Jogar de azul. É a cor do manto de Nossa Senhora Aparecida."
(Paulo Machado de Carvalho, chefe da delegação brasileira)

"A conquista do mundial de 1958 representa o fim do 'complexo de vira-latas' do homem brasileiro."
(Nelson Rodrigues)

Qualquer pessoa na face da terra gosta de história de superação. De feitos incríveis. De vitórias inesperadas. A conquista da seleção brasileira em 1958 tem todos esses ingredientes e muito mais. É a história do garoto de 17 anos que deu um chapéu no adversário no dia da final da Copa. É a história do ponta-direita que tinha as pernas tortas, mas que usava e abusava dos dribles imprevisíveis. É a história do jogador que tinha um chute apelidado de "folha seca". De um centroavante conhecido como "peito de aço". E de um lateral que virou a "enciclopédia do futebol". É a história de um grupo que foi para a Europa e obteve uma das conquistas esportivas mais sensacionais de todos os tempos. O futebol brasileiro iniciou uma nova era em 29 de junho de 1958. A era do melhor futebol do mundo.

Emoção e choro: depois da conquista, Pelé é amparado por Gylmar dos Santos Neves

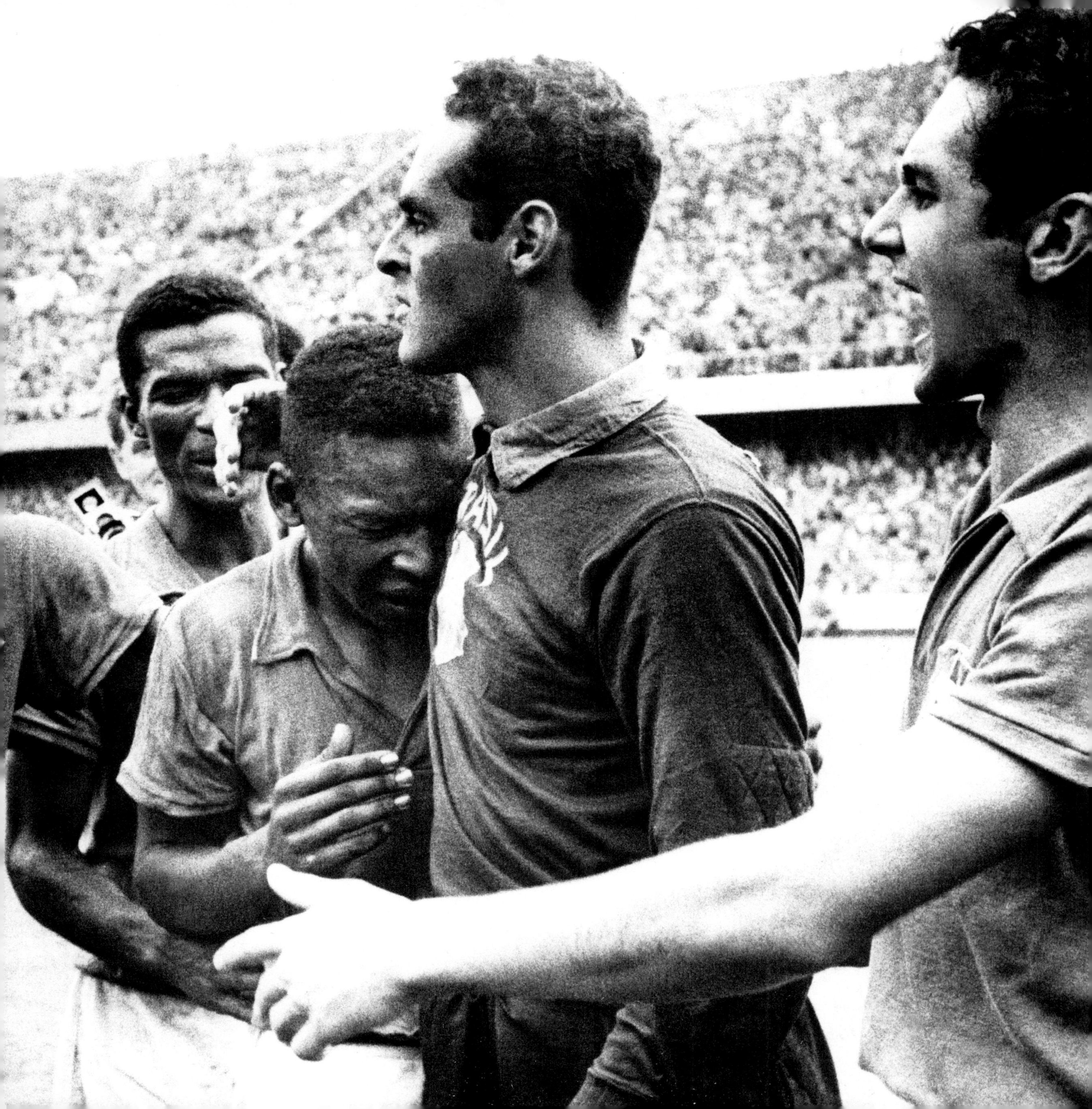

OUVIDOS COLADOS AO RÁDIO

O rádio teve uma contribuição decisiva para contar a história da Copa de 1958. De acordo com reportagem de O Globo, seis emissoras brasileiras foram à Suécia e levaram um total de 27 profissionais. O número é muito pequeno em comparação com as transmissões de hoje, mas, em se tratando de um mundial na Europa no fim dos anos 1950, deve ser considerado um recorde.

O Brasil tinha uma população de 60 milhões de pessoas. Era o ano da Bossa Nova e dos "50 anos em 5" do presidente Juscelino Kubitschek. As lojas de magazine aproveitavam o clima de Copa para vender aparelhos de rádio.

Vimos que na Suíça, em 1954, a Copa foi transmitida pela televisão para oito países europeus. Em 1958, o número no continente chegou a onze, mesmo sem satélite. Enquanto isso, os brasileiros mais uma vez tiveram de se contentar com o rádio. Essa reportagem de O Globo explica a compra de direitos de transmissão por emissoras de TV:

> A Eurovision comprou os direitos para as transmissões diretas de vários jogos por milhões de coroas. Além da TV sueca e da Eurovision, como é lógico, estão aqui as estações da Dinamarca, BBC e a ITA da Inglaterra, Flemish, dos Países Baixos, francesa, alemã e italiana. A TV Tupi, do Rio, comprou os filmes para exibição no Brasil, mas o contrato só permite a venda de dez minutos de cada encontro.

Dos seis jogos da seleção brasileira naquela Copa, apenas as imagens da semifinal, contra a França, e a decisão, contra a Suécia, estão preservadas na íntegra.

As rádios fizeram transmissões em cadeia. A Nacional do Rio de Janeiro, por exemplo, contava com a retransmissão de emissoras de outros estados.

A Panamericana, hoje Jovem Pan, fez uma cobertura histórica com Geraldo José de Almeida, que narrou ao lado de Waldir Amaral, em uma parceria com a Rádio Continental do Rio.

Já a Bandeirantes tirou Pedro Luiz da Panamericana. Ele e Edson Leite transmitiram as partidas.

BRASIL: FINALMENTE UMA PREPARAÇÃO SÉRIA

Depois dos fracassos de 1950 e 1954, a CBD resolveu apostar em um nome forte para comandar o trabalho de preparação. Paulo Machado de Carvalho, empresário de comunicação, proprietário da TV Record e homem de grande visão, foi o escolhido pelo presidente da Confederação Brasileira de Desportos, João Havelange. O supervisor foi Carlos Nascimento. A delegação que viajou à Suécia contou com preparador físico (Paulo Amaral), dentista (Mário Trigo) e até psicólogo (João Carvalhaes). O técnico escolhido, Vicente Feola, era bonachão e amigo dos jogadores.

O grupo fez uma preparação em Poços de Caldas, em São Paulo, e depois em Araxá, Minas Gerais. Em 21 de maio, no Pacaembu, a seleção jogou um amistoso contra o Corinthians e venceu por 5 a 0. Pelé, de apenas 17 anos, se machucou ao levar uma entrada de Ary Clemente e, por pouco, não ficou de fora da Copa. O grupo embarcou para a Europa em 24 de maio e fez duas partidas na Itália: contra a Fiorentina e a Inter de Milão. O Brasil ganhou as duas por 4 a 0. No primeiro duelo, Garrincha exagerou nos dribles e irritou o técnico Feola, que só voltou a escalar o ponta direita no terceiro jogo da Copa. A imprensa questionava muito o treinador pela escalação do time. Já na Suécia, a seleção se instalou em Hindas, a cerca de 30 quilômetros de Gotemburgo.

O DIA A DIA DA COPA DE 1958

Desde 1930 até hoje, apenas duas vezes a Fifa repetiu o país sede de um mesmo continente de forma consecutiva: em 1934 e 1938, com Itália e França, e em 1954 e 1958, com Suíça e Suécia.

Aliás, a Suécia tinha uma boa infraestrutura e investiu na modernização de estádios para o mundial. Uma ausência sentida foi a de Jules Rimet, que morreu em 1956.

O mundial contou com 16 seleções, divididas em quatro grupos. As duas primeiras de cada chave estariam classificadas para as quartas de final. A URSS, campeã olímpica em 1956, conseguiu vaga na Copa pela primeira vez. Espanha e Itália ficaram de fora. A Inglaterra participou do mundial, mas ainda estava sob impacto do acidente aéreo que vitimou parte da equipe do Manchester United em fevereiro daquele ano.

O Uruguai foi eliminado pelo Paraguai com uma derrota por 5 a 0 em Assunção. O Brasil passou pelo Peru nas eliminatórias. O primeiro jogo foi disputado em Lima e terminou empatado por 1 a 1. Já no Maracanã, Didi, com um chute "folha seca", garantiu a vitória por 1 a 0. Em uma cobrança de falta, a bola encobriu a barreira, fez uma curva e enganou o goleiro Asca.

> **GRUPO 1**: Argentina, Alemanha, Irlanda e Tchecoslováquia
> **GRUPO 2**: Iugoslávia, Escócia, França e Paraguai
> **GRUPO 3**: Suécia, México, Hungria e País de Gales
> **GRUPO 4**: Inglaterra, Brasil, URSS e Áustria

O mundial começou no dia 8 de junho com jogos de todos os grupos:

SUÉCIA 3 × 0 MÉXICO: com direito a solenidade de abertura no estádio Rasunda, em Estocolmo, a Suécia estreou com uma vitória sobre o México, gols de Liedholm e Simonsson (dois). A geração sueca de 1958, treinada por George Raynor, foi uma das melhores do país. O rei Gustavo Adolfo estava presente nas tribunas. O México contava com o lendário goleiro Carbajal.

HUNGRIA 1 × 1 PAÍS DE GALES: pelo grupo da Suécia, a Hungria estreou na Copa, em Sandviken, com um empate diante do País de Gales. Os húngaros não eram nem a sombra do time que encantou o mundo na edição anterior.

A seleção brasileira enfrentou a Áustria no estádio Rimnersvallen, em Uddevalla, com um público de 25 mil espectadores.

> **BRASIL 3 × 0 ÁUSTRIA – UDDEVALLA – 08.06.58**
>
> **BRASIL**: Gylmar, De Sordi, Bellini, Orlando e Nilton Santos; Dino Sani, Didi, Mazzola, Dida, Zagallo e Joel.
>
> **ÁUSTRIA**: Szanwald, Halla e Koller; Hanappi, Swodona e Happel; Horak, Senekowitsh, Buzek, Korner e Scheleger.
>
> **ÁRBITRO**: Maurice Guigue (França).
>
> **GOLS**: Mazzola (38) no primeiro tempo. Nilton Santos (4) e Mazzola (44) na etapa final.

José Altafini, apelidado de Mazzola, referência a um dos grandes jogadores da Itália (Valentino Mazzola), morto no acidente aéreo que vitimou o Torino em maio de 1949, foi escalado por Vicente Feola, mas a torcida e a imprensa achavam que ele iria evitar se expor às jogadas mais ríspidas. O atleta do Palmeiras estava sendo negociado com o futebol italiano. De qualquer forma, ele marcou dois gols na vitória por 3 a 0, o primeiro e o último. O outro foi de Nilton Santos. Na época era incomum um lateral avançar ao ataque. Zagallo, ponta esquerda, tinha características mais defensivas e começou a dar cobertura durante as investidas de Nilton. Quando o jogador se aventurou ao ataque, o técnico Feola gritou do banco, ordenando que o lateral voltasse ao campo de defesa. Mas a investida deu resultado. A seleção canarinho estreou com vitória. *O Globo* dizia que, apesar dos nervos, o Brasil ganhou bem e convenceu a torcida. Outros jornais destacavam que a seleção usou muito a marcação por zona, criada pelo técnico Zezé Moreira, que comandou o Brasil na Copa anterior. O treinador, inclusive, estava na Suécia, acompanhando a seleção brasileira.

UNIÃO SOVIÉTICA 2 × 2 INGLATERRA: pelo grupo do Brasil, soviéticos e ingleses ficaram no empate, em Gotemburgo, no Estádio Nya Ullevi. A URSS tinha o lendário goleiro Yashin. Os soviéticos fizeram 2 a 0, mas os ingleses conseguiram igualar o marcador no segundo tempo. Com o resultado, a seleção brasileira terminou a primeira rodada na liderança do grupo.

FRANÇA 7 × 3 PARAGUAI: a França foi uma das grandes seleções do mundial de 1958. Just Fontaine é até hoje o maior artilheiro de uma única edição de Copa, com 13 gols. Ele marcou três na estreia contra o Paraguai, em Norrköping. O primeiro tempo terminou empatado por 2 a 2. Na etapa final, os franceses deslancharam. Destaque para as atuações de Kopa e Piantoni.

IUGOSLÁVIA 1 × 1 ESCÓCIA: pelo grupo da França, iugoslavos e escoceses ficaram no empate. O jogo foi disputado em Västeras.

ALEMANHA 3 × 1 ARGENTINA: a campeã do mundo contava com jogadores remanescentes de 1954, como o capitão Fritz Walter. Já o centroavante Uwe Seeler estreava nos mundiais. Ele jogou quatro edições: 1958, 1962, 1966 e 1970. Marcou gols em todas as Copas (recorde ao lado de Pelé e Klose). Os alemães venceram a Argentina por 3 a 1, em Malmö. Corbatta abriu o placar para os argentinos aos 3 minutos de jogo. Rahn empatou aos 33 e Seeler virou aos 42 do primeiro tempo. Rahn marcou o terceiro aos 34 da etapa final. Nessa partida, uma nota curiosa. O tom da camisa das duas seleções era muito parecido. A Argentina teve de usar o uniforme do time local, o IFK Malmö, de cor amarela.

IRLANDA DO NORTE 1 × 0 TCHECOSLOVÁQUIA: em Halmstad, os tchecos foram surpreendidos. Cush marcou o gol da Irlanda do Norte aos 20 minutos do primeiro tempo.

A seleção brasileira viajou a Gotemburgo para o próximo desafio: a Inglaterra. O duelo foi disputado no Estádio Nya Ullevi. A partida de 11 de junho teve ampla cobertura das rádios brasileiras, a partir das 14h30.

Em 1956, a seleção brasileira tinha disputado um amistoso em Wembley. A Inglaterra venceu por 4 a 2. Gylmar dos Santos Neves defendeu dois pênaltis. Os ingleses usavam esse jogo como exemplo para reiterar o favoritismo contra o Brasil. Os jornais da época traziam declarações do capitão Billy Wright, destacando a confiança na vitória sobre os brasileiros.

O técnico Vicente Feola sabia das dificuldades. A seleção teria apenas uma alteração: Dida daria lugar a Vavá.

O treinador brasileiro Vicente Feola declarou ontem aos jornalistas que não encara a partida com a Inglaterra com otimismo nem com pessimismo. 'Estamos plenamente conscientes. Uma grande responsabilidade caiu sobre nossas costas, mas procuraremos corresponder à confiança', destacava a imprensa.

BRASIL 0 × 0 INGLATERRA – GOTEMBURGO – 11.06.58

BRASIL: Gylmar, De Sordi, Bellini, Orlando e Nilton Santos; Dino Sani, Joel, Didi, Mazzola, Vavá e Zagallo.

INGLATERRA: McDonald, Howe, Banks, Clamp, Billy Wright, Slater, Douglas, Robson, Kevan, Haynes e Acourt.

ÁRBITRO: Albert Dusch (Alemanha Ocidental).

Apesar do otimismo dos ingleses, o placar de 4 a 2 de dois anos antes não se repetiu. O jogo foi bastante disputado, mas o bom desempenho dos goleiros garantiu o placar sem gols. Aliás, foi o primeiro 0 a 0 da história das Copas. O técnico Vicente Feola ficou preocupado. O desempenho não foi o que ele esperava. A imprensa destacou que o Brasil foi melhor no primeiro tempo e a Inglaterra teve um bom desempenho na etapa final.

No Brasil, torcedores foram para as praças públicas acompanhar a partida pelo rádio. Assim seria durante toda a Copa do Mundo. No Rio de Janeiro, por exemplo, a concentração se dava na Cinelândia, no Largo da Carioca e em frente ao Teatro Municipal. Em São Paulo, a Praça da Sé era o ponto de encontro.

Como dissemos, países da Europa contaram com transmissões ao vivo pela TV. Um repórter de *O Globo*, enviado à Europa, assistiu ao jogo contra os ingleses:

Quando essa crônica for publicada, já terei visto, no mesmo café parisiense dos Inválidos, o match Brasil × Inglaterra. Como se estivesse na Suécia. A televisão francesa, com imagens de 980 linhas, oferece uma visão perfeita dos encontros de futebol. Dez milhões de espectadores europeus acompanham a Copa do Mundo em cafés, bares, cinemas e praças públicas. É a maravilha do século!

URSS 2 × 0 ÁUSTRIA: ainda pela rodada do dia 11 de junho, a União Soviética eliminou a Áustria da Copa com uma vitória na cidade de Boräs. Os gols foram de Ilyin e Ivanov.

ARGENTINA 3 × 1 IRLANDA DO NORTE: os argentinos se recuperaram na Copa com uma vitória sobre a Irlanda do Norte, em Halmstad. Os irlandeses saíram ganhando com gol de McParland. Corbatta, Menéndez e Avio marcaram para a Argentina.

ALEMANHA 2 × 2 TCHECOSLOVÁQUIA: em Helsingborg, a Alemanha saiu perdendo por 2 a 0, gols de Dvorak, de pênalti, e Zikan. Na etapa final, Schafer e Rahn deixaram tudo igual. Os jornais registram que o rei Gustavo acompanhou o jogo das tribunas.

PARAGUAI 3 × 2 ESCÓCIA: em um bom jogo em Norrköping, o Paraguai saiu na frente com Aguero aos 4 minutos do primeiro tempo. A Escócia empatou com Mudie aos 23. Cayetano Ré (que treinaria o Paraguai em 1986) ampliou para os paraguaios aos 44 minutos. Aos 29 do segundo tempo, Parodi fez 3 a 1. A Escócia diminuiu com Collins aos 31 minutos.

IUGOSLÁVIA 3 × 2 FRANÇA: uma das surpresas da segunda rodada foi a derrota da França em Västeras. Fontaine marcou aos 5 minutos do primeiro tempo. Petakovic empatou para a Iugoslávia aos 16, e Veselinovic virou o jogo aos 20 minutos. Fontaine deixou tudo igual aos 40 do segundo tempo. Mas o iugoslavo Veselinovic, de novo, marcou o terceiro gol aos 42 minutos.

MÉXICO 1 × 1 PAÍS DE GALES: em Estocolmo, os galeses empataram pela segunda vez na Copa, agora contra o México.

SUÉCIA 2 × 1 HUNGRIA: no único jogo de 12 de junho, os donos da casa garantiram vaga na próxima fase. Os dois gols diante da Hungria foram marcados por Hamrin. Tichy diminuiu. A partida foi disputada em Estocolmo para um público de 40 mil espectadores.

O dia 15 de junho de 1958 entrou para a história do futebol nacional. O mundo vivia a Guerra Fria e o Ocidente tinha "medo" dos comunistas. Dentro de campo, só se falava do "futebol científico" da União Soviética. A seleção brasileira estava em Hindas, uma região montanhosa. A partir da concentração, os brasileiros conseguiam avistar de longe o campo de treino dos russos. Toda vez que olhavam para lá, havia um jogador correndo ao redor do campo, como se fosse um super-homem. Era uma forma de impressionar e colocar medo nos adversários.

Depois de uma vitória e um empate, o técnico Vicente Feola sabia que precisaria mexer na equipe. O time precisava da vitória para não depender de outros resultados.

Existem algumas lendas que cercam o mundial de 1958. Muitas fontes e livros dizem que os jogadores Didi e Nilton Santos pediram uma reunião com o treinador da seleção para exigir que Pelé e Garrincha fossem escalados. Outras versões apontam que até Paulo Machado de Carvalho interferiu na escalação dos dois jogadores. O jornalista Ruy Castro em *Estrela Solitária*, biografia de Mané Garrincha, aponta que nenhum jogador fez reunião com Vicente Feola. A decisão de colocar Garrincha e Pelé foi tomada pelo próprio treinador e a comissão técnica. O time precisava de ofensividade para enfrentar os russos. Ainda bem que o comando estava certo.

Pelé ainda não estava cem por cento, consequência da contusão sofrida no jogo treino contra o Corinthians, no Pacaembu. "*Pelé: último teste. O meia santista participou do treino de ontem dos suplentes e deverá ser submetido hoje a uma prova definitiva. Em Hindas, o coletivo dos brasileiros. Vavá e Zito estão prontos para entrar em ação*", destacava *O Globo*. A imprensa informava ainda que os jogadores brasileiros gostavam de passear pelas ruas da Suécia nos momentos de folga. Os atletas eram recebidos com muito carinho pela população local. Aliás, no filme da Fifa sobre a Copa de 1958, há inúmeras imagens dos jogadores brasileiros em meio aos torcedores suecos.

Os jornais traziam ainda declarações de Garrincha: "*Estou louco para jogar.*" Nilton Santos, amigo de Mané e colega dele no Botafogo, dizia: "*Espero que domingo, com os soviéticos, encontremos a nossa melhor forma de entendimento. Piorar, não podemos.*" Nilton Santos destacava que o Brasil estava jogando apenas discretamente.

Até mesmo com uma derrota para a União Soviética, a seleção poderia se classificar, dependendo do resultado do jogo entre Inglaterra e Áustria. Antes da terceira rodada da Copa, chegou a informação de que Mazzola já estava contratado pelo Milan. O jogador não entraria em campo contra a URSS.

O grande dia se aproximava. A seleção brasileira iria enfrentar os russos no dia 15 de junho, domingo, em busca da classificação.

Os minutos iniciais do duelo contra a União Soviética foram sublimes para o futebol brasileiro. O tal futebol científico dos adversários se esfacelou aos pés de Garrincha. Quem estava em Gotemburgo (um público de 50 mil pessoas) viu uma atuação assombrosa do ponteiro direito do Brasil. Além dos dribles desconcertantes, o jogador atirou uma bola na trave de Yashin, logo no início do duelo. Vavá abriu o placar aos 3 minutos do primeiro tempo. Na etapa final, ele, de novo, marcou aos 32 minutos, em uma jogada de raça que custou ao atleta um corte na canela. Sem condições de jogo, Vavá ficaria de fora das quartas de final. Apesar de não marcar gol, Pelé também assombrou o mundo. Ele estava meio acanhado, é verdade, mas aquele garoto de 17 anos começava a se destacar. A vitória garantiu o time de Vicente Feola na próxima fase. Foram cinco gols marcados e nenhum sofrido.

O técnico Vicente Feola escalou Zito no lugar de Dino Sani. Também saiu Joel para a entrada de Garrincha. E Pelé estreou na Copa, substituindo Mazzola.

BRASIL 2 × 0 UNIÃO SOVIÉTICA — GOTEMBURGO — 15.06.58

BRASIL: Gylmar, De Sordi, Bellini, Orlando e Nilton Santos; Zito, Didi, Garrincha, Pelé, Vavá e Zagallo.

URSS: Yashin, Kessarev, Kriglevski, Kuznetsov, Voinov, Igor Netto, Valentin Ivanov, Simonian, Ilin, Tsarev, Alexander Ivanov.

ÁRBITRO: Maurice Guigue (França).

GOLS: Vavá aos 3 do primeiro tempo e aos 32 da etapa final.

O treinador da seleção foi elogiado pela imprensa. O jornal *O Globo* dizia:

Foi feliz Vicente Feola com as modificações introduzidas no nosso ataque. O meia santista, no princípio, parecia pouco confiante nas suas condições físicas, afastado, que se encontrava,

Garrincha deixa atônita a defesa da União Soviética

há mais de 20 dias. O popular "Seu Mané" foi um espetáculo à parte, fazendo convergir para seu lado as simpatias e admiração da torcida que lotou as dependências do grandioso estádio de Nya Ullevi.

A atuação de Zagallo na ponta esquerda também foi elogiada. Vavá dizia que os dois gols foram *"frutos do esforço geral pela vitória"*. O clima entre os jogadores brasileiros era muito bom, graças ao esforço de Paulo Machado de Carvalho. Joel, por exemplo, que perdeu a vaga de titular na seleção, virou o "barbeiro" oficial do time.

INGLATERRA 2 × 2 ÁUSTRIA: pelo grupo do Brasil, também no dia 15, os ingleses não conseguiram vencer a Áustria, em Boräs. A Inglaterra, que ficou as duas vezes em desvantagem no placar, teria de fazer um jogo de desempate contra a URSS.

SUÉCIA 0 × 0 PAÍS DE GALES: mais uma vez o "ferrolho" da Copa surpreendeu. O País de Gales conseguiu arrancar um empate da Suécia, em Estocolmo: 0 a 0. Os galeses, mestres da retranca e os próximos adversários da seleção brasileira, tiveram de fazer um jogo de desempate contra a Hungria.

HUNGRIA 4 × 0 MÉXICO: o técnico húngaro Lajos Baroti reformulou a equipe para o duelo contra os mexicanos, em Sandviken. Hidegkuti voltava ao time, mas o treinador tirou Bozsik. As alterações deram resultado. A Hungria marcou com Tichy, duas vezes, Sandor e Bencsics. Os mexicanos perderam Sepúlveda, machucado aos 20 minutos do primeiro tempo, e ficaram com dez homens até o fim da partida. Ainda não eram permitidas substituições.

TCHECOSLOVÁQUIA 6 × 1 ARGENTINA: em Helsingborg, a Argentina sofreu uma goleada histórica para a Tchecoslováquia e estava eliminada. O primeiro tempo terminou 3 a 0. Corbatta diminuiu aos 20 minutos da etapa final, mas os tchecos fizeram mais três gols. Os jogadores argentinos desabafaram depois do jogo: *"Toda hora, quando olhávamos para trás, lá estava a bola nas redes de Carrizo."* A Argentina era treinada por Guillermo Stábile, artilheiro da Copa de 1930, e contava com grandes jogadores como Nestor Rossi e Ángel Labruna.

ALEMANHA 2 × 2 IRLANDA DO NORTE: em Malmö, a Alemanha só empatou, mas se manteve invicta na competição. Os irlandeses estiveram à frente do placar duas vezes, gols marcados por McParland. Rahn e Seeler fizeram para os alemães.

FRANÇA 2 × 1 ESCÓCIA: a França se recuperou na Copa com uma vitória apertada em Orebro. Kopa marcou o primeiro e Fontaine o segundo dos franceses. Os escoceses diminuíram com Baird e ainda perderam um pênalti.

PARAGUAI 3 × 3 IUGOSLÁVIA: o aguerrido Paraguai arrancou um empate dos iugoslavos, mas estava eliminado da Copa do Mundo. O jogo foi disputado em Eskilstuna.

No dia 17 de junho, foram disputados três jogos de desempate:

IRLANDA 2 × 1 TCHECOSLOVÁQUIA: os irlandeses venceram a Tchecoslováquia por 2 a 1, em Malmö, e iriam enfrentar a França nas quartas de final.

PAÍS DE GALES 2 × 1 HUNGRIA: a equipe de Gales era definitivamente a grande zebra da Copa. Em Malmö, o time surpreendeu a Hungria, de virada, e garantiu a classificação. Tichy abriu o placar para os húngaros, mas o País de Gales marcou com Allchurch e Medwin.

URSS 1 × 0 INGLATERRA: a União Soviética eliminou a Inglaterra com uma vitória por 1 a 0, em Gotemburgo. O gol foi marcado por Ilyin no segundo tempo. Os ingleses, que colocaram duas bolas na trave dos adversários, tiveram um gol anulado e reclamaram da arbitragem.

As quartas de final foram disputadas no dia 19 de junho com os seguintes duelos: Suécia × URSS, Alemanha × Iugoslávia, França × Irlanda e Brasil × País de Gales.

Vavá desfalcou a seleção e foi substituído por Mazzola. O técnico Feola poupou De Sordi e Orlando nos treinos, em Hindas, mas os dois jogadores estavam confirmados.

A transmissão pelo rádio do jogo entre Brasil e País de Gales era anunciada para as 14h30.

O País de Gales ganhava a atenção da imprensa. Foi a única vez que essa seleção participou de um mundial. Aliás, a Copa de 1958 contou com Inglaterra, Escócia, Irlanda do Norte e País de Gales, nações do Reino Unido, na única vez em que estiveram juntas em uma mesma competição.

Antes do duelo com os galeses, os russos fizeram uma visita à concentração do Brasil em Hindas. *"Antes de seguirem para Estocolmo, os soviéticos visitaram os brasileiros em Hindas — Paulo Machado de Carvalho recebeu uma valiosa jarra e perfumes russos — rosetas para os craques - confiantes os vermelhos em chegar à final"*, dizia reportagem de *O Globo*.

BRASIL 1 × 0 PAÍS DE GALES — GOTEMBURGO — 19.06.58

BRASIL: Gylmar, De Sordi, Bellini, Orlando e Nilton Santos; Zito, Didi, Garrincha, Pelé, Mazzola e Zagallo.

GALES: Kelsey, Williams, Hopkins, Sullivan, Melvyn Charles, Bowen, Medwin, Hewit, Allchurch, Jones e Webster.

ÁRBITRO: Friedrich Seipelt (Áustria).

GOL: Pelé aos (28) no segundo tempo.

A seleção encontrou muitas dificuldades para furar o bloqueio adversário. O gol só veio no segundo tempo e foi o primeiro dos 12 marcados por Pelé em Copas. Nas palavras do próprio jogador, foi o mais importante de toda a carreira. Mazzola, substituto de Vavá, chegou a fazer um gol de bicicleta, mas o árbitro anulou a jogada. Ninguém entendeu se foi marcado impedimento ou lance perigoso. A seleção continuava sem sofrer gols. O jornal *O Globo* dizia: *"Todo mundo ficou em suspense esperando o tento da vitória."* O Brasil estava entre os quatro melhores do mundo.

Os jornais destacavam que foi a partida mais difícil: *"Vicente Feola já sabia que o jogo iria ser duro. 'Considero um completo ingênuo quem pensar em facilidades durante uma Taça do Mundo'."* Didi considerava que teve a melhor atuação da vida dele naquela partida.

O médico Hilton Gosling teria muito trabalho até o duelo contra a França no dia 24, pelas semifinais. Orlando, Zito, Garrincha e Nilton Santos estavam com algum tipo de contusão, consequência do duro jogo contra o País de Gales. Cada jogador brasileiro ganhou 100 dólares pela vitória.

FRANÇA 4 × 0 IRLANDA DO NORTE: os franceses garantiram vaga ao golear a Irlanda do Norte por 4 a 0, em Norrköping. Fontaine balançou as redes adversárias duas vezes. Wisnieski e Piantoni também marcaram na partida.

ALEMANHA 1 × 0 IUGOSLÁVIA: as duas seleções tinham se enfrentado pelas quartas de final da Copa anterior, também com vitória alemã. Agora, em Malmö, Rahn garantiu o resultado com gol marcado aos 12 minutos do primeiro tempo.

SUÉCIA 2 × 0 URSS: os suecos estavam em festa, depois da vitória do time nacional sobre a União Soviética, em Estocolmo. Após um primeiro tempo equilibrado, os gols foram marcados na etapa final por Hamrin e Simonsson.

Os confrontos das semifinais do dia 24 de junho foram entre Brasil × França e Alemanha × Suécia.

Ausente contra o País de Gales, Vavá estava confirmado: *"Sai Mazzola, volta Vavá"*, destacavam os jornais.

A Rádio Globo exaltava a transmissão da partida contra a França, no Estádio Rasunda, em Estocolmo, a partir das duas e meia da tarde. Em caso de empate nos 90 minutos e na prorrogação, seria disputado um novo jogo no dia 26 de junho.

O Brasil, a melhor defesa, e a França, o melhor ataque, iriam medir forças em um duelo sensacional. Os jornais diziam que Vavá e Didi eram *"a chave"* para a vitória brasileira.

Antes do início da Copa, a comissão técnica da seleção esqueceu de entregar a Fifa a relação com os números das camisas dos jogadores. Um jornalista uruguaio, para ajudar o Brasil, preencheu os números ao lado da lista com o nome dos atletas. Coincidência ou não, Pelé ficou com a 10. Garrincha, que normalmente usava a 7, aparece nas imagens dos filmes da Copa com a camisa 11.

Uma reportagem de *O Globo* antecipava um problema que o Brasil teria, caso chegasse à final contra a Suécia. As duas seleções jogavam de amarelo. Dificilmente os donos da casa iriam abrir mão de usar a camisa principal. No entanto, Paulo Machado de Carvalho resolveu o problema com maestria, como veremos adiante. Mas o Brasil precisava, primeiro, passar pela França.

> **BRASIL 5 × 2 FRANÇA – ESTOCOLMO – 24.06.58**
>
> **BRASIL**: Gylmar, De Sordi, Bellini, Orlando e Nilton Santos; Zito, Didi, Garrincha, Vavá, Pelé e Zagallo.
>
> **FRANÇA**: Abbes, Kaelbel, Jonquet, Lerond, Penverne, Marcel, Wisniewski, Just Fontaine, Kopa, Piantoni e Vicent.
>
> **ÁRBITRO**: Benjamin Griffiths (País de Gales).
>
> **GOLS**: Vavá (2), Fontaine (9) e Didi (39) no primeiro tempo; Pelé (aos 8, 19 e 31) e Piantoni (38) na etapa final.

A seleção brasileira fez uma apresentação de gala. A melhor defesa venceu o melhor ataque e de goleada: 5 a 2. Vavá abriu o placar, e Fontaine empatou para a França. Pela primeira vez, Gylmar dos Santos Neves foi vencido na Copa. Mas Didi marcou o segundo em um chute fantástico de fora da área. As câmeras de TV da Suécia não registraram esse gol. Mas o lance pode ser visto no filme oficial da Fifa. A etapa final foi marcada pelo show do garoto Pelé. Foram três gols. A França ficou em desvantagem numérica depois da contusão de Jonquet. Como não eram previstas substituições, a seleção europeia foi obrigada a jogar com 10 homens.

Após essa apresentação, um jornalista francês foi o primeiro a chamar o atleta brasileiro de Rei. Os jornais do país também destacavam que a seleção da França havia perdido para o time de um garoto que ainda não tinha idade para ver filmes de Brigitte Bardot. Os jornais brasileiros traziam fotos da vitória na Suécia e também da torcida nas praças pelo Brasil. Foi um prenúncio da festa que seria feita no domingo, dia 29, depois da vitória na finalíssima.

SUÉCIA 3 × 1 ALEMANHA: em Gotemburgo, a Suécia conseguiu uma façanha. Derrotou os campeões do mundo e garantiu vaga na final. Shafer marcou para a Alemanha, mas os donos da casa viraram a partida. Skoglund, Gren e Hamrin venceram o goleiro Herkenrath. O filme da Fifa mostra torcedores da Suécia, que estavam assistindo a Brasil e França no estádio Rasunda, em Estocolmo, com o rádio no ouvido, acompanhando atentamente a transmissão da outra semifinal, em Gotemburgo.

Os suecos tinham muito respeito e admiração pelo futebol brasileiro. Se o jogo entre Brasil e Suécia terminasse empatado, no tempo normal e na prorrogação, estava prevista uma partida de desempate no dia primeiro de julho de 1958.

Antes da final, os jornais destacaram que o pai de Garrincha e as noivas de Vavá e de Didi estiveram com o presidente Juscelino Kubitschek nas Laranjeiras, no Rio de Janeiro, ainda capital do país. Amaro Francisco dos Santos, pai do "gênio das pernas tortas", ressaltou: "*Seu presidente, meu Mané faz o que pode.*"

FRANÇA 6 × 3 ALEMANHA: pela decisão do terceiro lugar, um jogo espetacular em Gotemburgo. Just Fontaine marcou quatro gols e confirmou a artilharia da Copa com 13 tentos. O técnico alemão, Sepp Herberger, campeão do mundo em 1954, afirmou que, mesmo se contasse com as principais estrelas do país, já que jogava com desfalques, seria impossível deter o poderoso ataque da França. A Federação da Alemanha acusou o árbitro Juan Brozzi, da Argentina, de prejudicar o time. Depois da Copa, o juiz veio trabalhar no Brasil.

A torcida brasileira já se planejava. Onde ouvir o jogo entre Brasil e Suécia? O Hipódromo da Gávea era uma alternativa.

> **O Jôgo "Brasil-Suécia" Será Irradiado no Hipódromo da Gávea**
>
> A Rádio Continental, devidamente autorizada pelo Jockey Club Brasileiro, irradiará para tôdas as arquibancadas do Hipódromo da Gávea, amanhã, domingo, o jôgo
>
> **BRASIL x SUÉCIA**

Os jornais traziam manchetes festivas: "*Do homem da rua ao ministro de estado, não há quem duvide da vitória do Brasil amanhã*", "*Sessenta milhões de brasileiros com um único pensamento: vitória!*".

O lateral De Sordi, apesar de poupado no último treino, não teria condições de entrar em campo e foi substituído por Djalma Santos. O jogador que fez história no Palmeiras, mas que ainda pertencia à Portuguesa, atuou apenas na final e foi considerado um dos melhores laterais da Copa. O jornalista Lycio Vellozo Ribas destaca que a Fifa escolheu o sueco Niels Liedholm como o melhor lateral direito do mundial. Ele era originalmente meia-atacante, mas jogou as duas primeiras partidas da Suécia pela direita.

A seleção brasileira perdeu o sorteio para a Suécia e teria de jogar de azul. Paulo Machado de Carvalho temia que os atletas ficassem desanimados quando soubessem que não poderiam atuar com a camisa principal. O dirigente chegou à concentração e deu um golpe psicológico no grupo, dizendo que o melhor era jogar de azul, a cor do manto de Nossa Senhora! As camisas azuis foram compradas em uma loja, e os escudos, com o emblema da CBD e os números, foram costurados à mão.

O "Marechal da Vitória" era muito próximo dos jogadores. Conversava com cada um como se fosse um pai. Gylmar, por exemplo, estava com saudade da esposa. Paulo Machado de Carvalho conseguiu um equipamento de radioamador e fez com que os dois conversassem por mais de meia hora. Ele na Suécia, ela no Brasil. O cartola só impôs uma condição ao goleiro brasileiro: que vencesse o jogo de domingo.

BRASIL 5 × 2 SUÉCIA — ESTOCOLMO — 29.06.58

BRASIL: Gylmar, Djalma Santos, Bellini, Orlando e Nilton Santos; Zito, Didi, Garrincha, Vavá, Pelé e Zagallo.

SUÉCIA: Svensson, Bergmark, Axbom, Liedholm, Gustavsson, Parling, Hamrin, Gunnar Gren, Simonsson, Skoglund e Borjesson.

ÁRBITRO: Guigue (França).

GOLS: Liedholm (4) e Vavá (aos 9 e aos 32) no primeiro tempo. Pelé (10), Zagallo (23), Simonsson (35) e Pelé (45) na etapa final.

PÚBLICO: 52 mil

A seleção brasileira, com uniforme azul, vence a Suécia e conquista título inédito

O goleiro sueco Svensson desolado: mais um gol do Brasil na final da Copa

Estocolmo, 29 de junho de 1958. O dia começou com chuva, o que era uma preocupação para os brasileiros, que tinham um futebol de toque de bola. Mas os organizadores colocaram uma lona para proteger o gramado que só foi retirada pouco tempo antes da partida. Pela primeira vez na Copa, a seleção saiu perdendo. Gol de Liedholm aos 4 minutos. Como o time iria reagir? Didi pegou a bola e foi para o centro do gramado. Acalmou os companheiros. Cinco minutos depois, a genialidade de Garrincha falou mais alto. Ele driblou e cruzou rasteiro da ponta direita para o gol de Vavá. Aos 32 do primeiro tempo, a jogada se repetiu: lance de Mané e cruzamento baixo para outro gol de Vavá, 2 a 1. Parecia replay. No segundo tempo, Pelé fez um dos gols mais famosos do mundo aos 10 minutos. Deu um chapéu no zagueiro sueco e chutou sem chances para Svensson. O goleiro era o mesmo que tinha sofrido sete gols do Brasil no duelo pela Copa de 1950. O quarto gol contra a Suécia veio em uma jogada de fôlego de Zagallo, que invadiu a área e chutou na saída do arqueiro. Os suecos diminuíram com Simonsson. Na marca de 45 minutos, Pelé, de cabeça, fechou o placar. Até hoje é o resultado mais elástico de uma final de Copa do Mundo: 5 a 2.

A festa no gramado em Estocolmo e no Brasil inteiro só estava começando. Pelé chorou de forma efusiva nos ombros do goleiro Gylmar. Chegava ao fim o complexo de vira-latas, como diria o cronista Nelson Rodrigues! Brasil, campeão mundial de futebol. Finalmente! Pela primeira vez, uma seleção ganhou uma Copa fora do seu continente. Isso só voltaria a se repetir em 2010, com a vitória da Espanha na África do Sul.

Hideraldo Luís Bellini, nascido em Itapira, interior de São Paulo, recebeu a taça Jules Rimet das mãos do presidente da Fifa, Arthur Drewry. Pela primeira vez, um jogador ergueu o troféu sobre a cabeça. Hoje um gesto que se repete a cada conquista de clube ou seleção: *"Foi um gesto natural. Os fotógrafos e jornalistas pediam para*

Hideraldo Luís Bellini recebe a taça Jules Rimet

que eu mostrasse o troféu. E surgiu esse gesto natural. Para que todo mundo visse que o Brasil era campeão mundial de futebol", segundo Bellini.

No Brasil, a população foi às ruas comemorar a conquista inédita. O presidente da República estava em Brasília, que só seria inaugurada em 1960:

> *O presidente Juscelino Kubitschek, em companhia de sua família, ouviu a irradiação do jogo Brasil × Suécia no living room do Hotel Turismo de Brasília. Ele estava acompanhado de membros do gabinete militar e civil da presidência e de grande número de jornalistas e hóspedes do hotel, sobretudo participantes da Conferência Internacional de Investimentos que aqui vieram encerrar esse conclave.*

A seleção brasileira chegaria primeiro a Recife. Depois, os campeões desembarcaram para a festa no Rio de Janeiro. O presidente Juscelino Kubitschek os recebeu no Palácio do Catete.

Na artilharia do mundial, Just Fontaine ficou em primeiro com 13 gols, recorde absoluto até hoje em uma única edição de Copa. Pelé fez 6 gols em 1958. A seleção terminou a competição invicta: seis jogos, cinco vitórias e um empate. Marcou 16 gols e sofreu apenas 4.

TABELA DA COPA DE 1958

GRUPO 1

08/06/1958 Malmö: **Argentina 1 x 3 Alemanha**
08/06/1958 Halmstad: **Irlanda do Norte 1 x 0 Tchecoslováquia**
11/06/1958 Halmstad: **Argentina 3 x 1 Irlanda do Norte**
11/06/1958 Helsingborg: **Alemanha 2 x 2 Tchecoslováquia**
15/06/1958 Helsingborg: **Tchecoslováquia 6 x 1 Argentina**
15/06/1958 Malmö: **Alemanha 2 x 2 Irlanda do Norte**
17/06/1958 Malmö: **Irlanda 2 x 1 Tchecoslováquia (desempate)**

GRUPO 2

08/06/1958 Västeras: **Iugoslávia 1 x 1 Escócia**
08/06/1958 Norrköping: **França 7 x 3 Paraguai**
11/06/1958 Norrköping: **Paraguai 3 x 2 Escócia**
11/06/1958 Västeras: **Iugoslávia 3 x 2 França**
15/06/1958 Örebro: **França 2 x 1 Escócia**
15/06/1958 Eskilstuna: **Paraguai 3 x 3 Iugoslávia**

GRUPO 3

08/06/1958 Estocolmo: **Suécia 3 x 0 México**
08/06/1958 Sandviken: **Hugria 1 x 1 País de Gales**
11/06/1958 Estocolmo: **México 1 x 1 País de Gales**
12/06/1958 Estocolmo: **Suécia 2 x 1 Hungria**
15/06/1958 Estocolmo: **Suécia 0 x 0 País de Gales**
15/06/1958 Sandviken: **Hugria 4 x 0 México**
17/06/1958 Malmö: **País de Gales 2 x 1 Hungria (desempate)**

GRUPO 4

08/06/1958 Gotemburgo: **Inglaterra 2 x 2 União Soviética**
08/06/1958 Uddevalla: **Brasil 3 x 0 Áustria**
11/06/1958 Gotemburgo: **Brasil 0 x 0 Inglaterra**
11/06/1958 Boräs: **União Soviética 2 x 0 Áustria**
15/06/1958 Boräs: **Áustria 2 x 2 Inglaterra**
15/06/1958 Gotemburgo: **Brasil 2 x 0 União Soviética**
17/06/1958 Gotemburgo: **União Soviética 1 x 0 Inglaterra (desempate)**

QUARTAS

19/06/1958 Norrköping: **França 4 x 3 Irlanda do Norte**
19/06/1958 Malmö: **Alemanha Oc. 1 x 0 Iugoslávia**
19/06/1958 Estocolmo: **Suécia 2 x 1 União Soviética**
19/06/1958 Gotemburgo: **Brasil 1 x 2 País de Gales**

SEMIFINAIS

24/06/1958 Estocolmo: **Brasil 5 x 2 França**
24/06/1958 Gotemburgo: **Suécia 3 x 1 Alemanha Oc.**

3º LUGAR

28/06/1958 Gotemburgo: **França 6 x 3 Alemanha Oc.**

FINAL

29/06/1958 Estocolmo: **Brasil 5 x 2 Suécia**

Escaneie o QR Code ao lado e ouça as transmissões de rádio na Copa de 1958.

19

62

CORES DO BI

A Copa do videoteipe

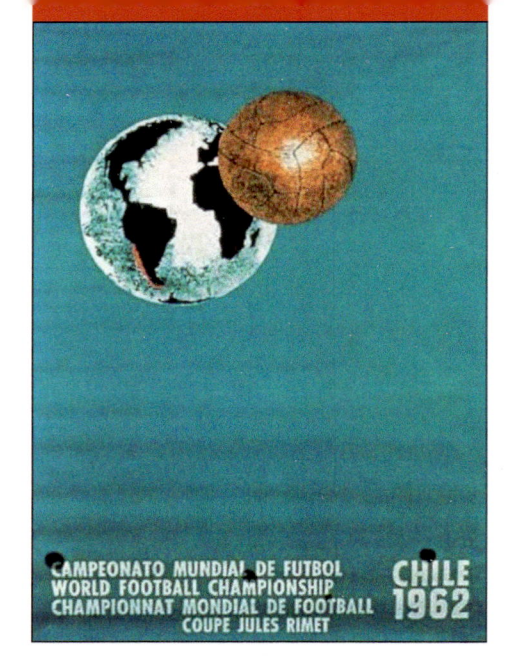

E já um nome me ocorre: Amarildo, o "Possesso". Amigos, dizia eu que os profetas andavam por aí aos borbotões. Repito: — os profetas escorriam como a água das paredes infiltradas. Não se dava um passo sem tropeçar, sem esbarrar num profeta. E o que diziam eles? Diziam a vitória do Brasil e mais: — profetizavam o nascimento de um novo Pelé. Eu próprio escrevi, na minha crônica de anteontem: — o novo Pelé era moreno, e antecipei minúcias e fui mais longe. Dei o nome do novo Pelé: — Amarildo.

(Trecho de crônica de Nelson Rodrigues sobre a escolha de Amarildo para substituir Pelé)

RÁDIO VERSUS VIDEOTEIPE

Mais uma vez os brasileiros acompanharam os jogos da Copa do Mundo pelo rádio; a transmissão ao vivo para o país só seria possível em 1970. Depois da conquista do mundial anterior, as emissoras planejaram uma ampla cobertura. A proximidade com o Chile tornava o envio de profissionais mais fácil e menos oneroso.

O futebol brasileiro já estava no topo do mundo quando foi disputar a Copa de 1962, no Chile. A seleção nacional ainda contava com as estrelas do título de quatro anos antes. Ninguém duvidava de que Pelé levaria o país ao bicampeonato. Entretanto, o Rei se contundiu na segunda partida do Brasil. A comissão técnica continuava nas mãos de Paulo Machado de Carvalho, mas o técnico Vicente Feola foi substituído por Aymoré Moreira. A seleção conquistou o título, apesar da caminhada não ter sido tão fácil como torcedores e parte da imprensa imaginavam. O protagonista do enredo do mundial de 1962 foi um gênio. Um gênio das pernas tortas que tinha nome de passarinho: "Garrincha".

A seleção brasileira cala o Estádio Nacional, vence o Chile e chega à decisão da Copa

O narrador da Rádio Globo era Waldir Amaral.

A Rádio Bandeirantes manteve a dobradinha da Copa anterior: Pedro Luiz e Edson Leite. A Panamericana escalou uma estrela de primeira grandeza do microfone: Fiori Gigliotti. A Rádio Record teve as narrações de Geraldo José de Almeida.

O mundial de 1962 foi marcado por um avanço tecnológico: o surgimento do videoteipe. A TV chilena ainda estava engatinhando, tinha apenas três anos, e teve de apelar para a expertise de um dos maiores grupos de comunicação do México. O Telesistema Mexicano, um predecessor da Televisa, fundado em 1955 pelo empresário Azcárraga Vidaurreta, fechou contrato para gravar as 32 partidas em videoteipe e fazer a distribuição aos países.

Vimos nos últimos capítulos que os jogos das duas Copas anteriores, na Suíça e na Suécia, foram transmitidos ao vivo para nações da Europa. Mas, em 1962, o continente teve de se contentar com o rádio. No Chile, somente dez partidas disputadas no Estádio Nacional de Santiago tiveram exibição pela TV, e o alcance da transmissão era limitado. Em jornais da época, há apenas uma referência à exibição de um jogo por videoteipe no Brasil:

> COPA DO MUNDO SENSACIONAL!
> ASSISTA HOJE, ÀS 14 HORAS
> AO VIDEO-TAPE DO JOGO
> **TCHECOSLOVAQUIA x ESPANHA**
> e conheça a força dos futuros adversários do Brasil, nas oitavas de final!
> Hoje, logo mais, às 16 horas, o Brasil estará jogando contra a Tchecoslováquia e na próxima 4.ª-feira contra a Espanha!
> Iniciativa exclusiva das
> **ORGANIZAÇÕES NOVO MUNDO-VEMAG**
> pelos Canais 2, 4, 5, 7 e 9

Depois dos jogos, as fitas eram trazidas ao Brasil em aviões da FAB. Normalmente o teipe ia ao ar no dia seguinte à partida. Não é possível saber quantos jogos foram exibidos no país em VT ao longo da Copa. E ainda assim, apenas 13 cidades assistiram às reprises, como São Paulo, Rio de Janeiro, Belo Horizonte, Brasília e Porto Alegre. O narrador esportivo Walter Abrahão, da TV Tupi, lembrava: *"Eu corria para o aeroporto com uma fita pesada debaixo do braço para que o Brasil pudesse assistir às vitórias da seleção."*

Dos 32 jogos gravados em videoteipe em 1962, a maioria se perdeu com o tempo. Em meu acervo pessoal, tenho seis partidas do Telesistema Mexicano: cinco do grupo do Brasil e a final contra os tchecos.

PREPARAÇÃO BRASILEIRA

O técnico Vicente Feola deixou a seleção no fim de 1960 para trabalhar no Boca Juniors, da Argentina. Ele então foi substituído por Aymoré Moreira, ex-goleiro, treinador de destaque e irmão de Zezé Moreira, que comandou a equipe nacional em 1954. Feola rescindiu o contrato com o Boca depois de oito meses e retornou à seleção como supervisor. O técnico campeão em 1958 iria ao Chile, mas ficou doente. Com problemas renais, ele permaneceu no Brasil acompanhando a Copa pelo rádio. O grupo fez uma preparação em cidades dos estados do Rio e de São Paulo: Campos do Jordão, Nova Friburgo e depois Serra Negra. Já no Chile, em Valparaíso, a seleção jogou amistosos contra times locais. Dos 11 atletas que disputaram a final da Copa de 1958, 9 estavam em campo para a estreia contra o México. As duas alterações foram na zaga. Saiu o capitão Bellini e entrou Mauro Ramos de Oliveira. Já Orlando deu lugar a Zózimo. Como campeã mundial, a seleção brasileira não precisou passar pelas eliminatórias.

O DIA A DIA DA COPA

"Como nada temos, teremos que fazer tudo." Foi com essa frase que Carlos Dittborn, responsável por comandar a organização da Copa de 1962, tentava dar ânimo à equipe de trabalho. O Chile tinha sido sacudido por um terremoto dois anos antes. Nascido no Rio de Janeiro, Dittborn era filho de Eugenio Dittborn, cônsul geral do Chile no Brasil. No entanto, o organizador da Copa morreu em 28 de abril de 1962. Em homenagem a ele, a célebre frase foi estampada no placar dos estádios. O Chile não tinha nada e realmente tudo foi feito.

A fórmula de disputa seria a mesma de 1958, com 16 seleções divididas em quatro grupos em Santiago, Viña del Mar, Rancágua e Arica.

O mundial de 1962 teve jogos marcados pela violência. Chile e Itália fizeram o que ficou conhecido como a "Batalha de Santiago", destaque mais do que negativo na competição. O Comitê Disciplinar da Copa chegou a convocar uma reunião de emergência para discutir medidas de controle à violência.

> **GRUPO 1**: Uruguai, Colômbia, URSS e Iugoslávia
>
> **GRUPO 2**: Chile, Itália, Alemanha e Suíça
>
> **GRUPO 3**: Brasil, Tchecoslováquia, Espanha e México
>
> **GRUPO 4**: Argentina, Bulgária, Hungria e Inglaterra

A Copa do Mundo começou no dia 30 de maio com quatro partidas em todas as sedes:

CHILE 3 × 1 SUÍÇA: os anfitriões estrearam com uma vitória sobre a Suíça, em Santiago. O "ferrolho" saiu na frente com Wüthrich aos 7 minutos do primeiro tempo. Mas os donos da casa empataram com Leonel Sánchez aos 44 minutos. Ramirez marcou aos 7 minutos da etapa final. Leonel Sánchez fechou o placar aos 10 minutos. O jornal *O Globo* destacava:

> Durante 37 minutos, a torcida chilena sentiu o marcador adverso de 1 × 0, pensando, inclusive, no fracasso inicial de sua equipe. Entretanto, o entusiasmo era idêntico entre os 70 mil torcedores que lotavam o Estádio Nacional. A disputa da Copa do Mundo iniciava-se e os chilenos guardavam um medo interior da derrota, somente diminuindo com o tento de empate ao encerramento da primeira fase.

ARGENTINA 1 × 0 BULGÁRIA: em Rancágua, a Argentina, que tinha como destaque José Sanfilippo, derrotou a Bulgária. O gol foi marcado por Facundo aos 4 minutos do primeiro tempo.

URUGUAI 2 × 1 COLÔMBIA: em Arica, o Uruguai passou pela Colômbia, de virada, com gols de Sasia e Cubilla. Era uma nova geração uruguaia, disposta a tentar o tricampeonato. Os colombianos saíram na frente com Zuluaga, de pênalti, mas não seguraram o resultado.

A seleção brasileira entrou em campo no Estádio Sausalito, em Viña del Mar, para o duelo contra o México.

BRASIL 2 × 0 MÉXICO – VIÑA DEL MAR – 30.05.62

BRASIL: Gylmar, Djalma Santos, Mauro e Zózimo; Nilton Santos, Zito, Didi, Garrincha, Vavá, Pelé e Zagallo.

MÉXICO: Carbajal, Del Muro, Guillermo Sepulveda, Jose Villegas, Cardenas, Najera, Del Aguila, Salvador Rejes, Héctor Hernández, Isidoro Diaz e Antonio Jasso.

ÁRBITRO: Gottfried Dienst (Suíça).

GOLS: Zagallo (11) e Pelé (28) no segundo tempo.

Mané Garrincha deixa jogador mexicano no chão na estreia da seleção no mundial

Depois de um primeiro tempo sem gols, Zagallo balançou as redes aos 11 minutos da etapa final. Aos 28 minutos, Pelé entrou na área adversária driblando como uma "*locomotora*", expressão usada por um locutor chileno, e marcou o segundo da seleção brasileira.

A imprensa fez críticas ao time de Aymoré Moreira. O desempenho ficou abaixo das expectativas. O técnico sofria pressões para tirar Mauro Ramos de Oliveira e escalar Bellini, capitão em 1958. Até mesmo Paulo Machado de Carvalho defendia a mudança. Mas o treinador manteve Mauro.

A capa da *Folha de S.Paulo* do dia seguinte trazia em manchete: "*Pelé abriu o ferrolho mexicano.*" Mauro e Pelé foram apontados como os melhores em campo. Já *O Globo* dizia: "*Foi um bom começo, mas sem chegar ao ideal.*" A reportagem informava: *Tão pronto terminou o jogo de ontem, o presidente da CBD enviou um telegrama à delegação brasileira no Chile. Nesse despacho telegráfico, João Havelange felicitou a embaixada nacional pela estreia vitoriosa na VII Jules Rimet.*" Apesar do entusiasmo do cartola, o jornal apontava: "*A dificuldade da vitória do Brasil sobre o México, em sua estreia em Viña del Mar, está espelhada em foto que mostra o esforço inútil de Vavá para superar Reyes, número oito dos mexicanos, que recuou para ajudar a destruir os ataques brasileiros que só deram fruto no segundo tempo com os gols de Zagallo e Pelé.*"

URSS 2 × 0 IUGOSLÁVIA: no dia 31 de maio, a União Soviética, do goleiro Yashin, estreou em Arica com vitória sobre a Iugoslávia. Os gols foram marcados por Ivanov e Ponedelnik. Dois anos antes, em 1960, as duas seleções fizeram a final da primeira Copa Europeia de Seleções (hoje Eurocopa), com vitória dos soviéticos por 2 a 1.

ALEMANHA 0 × 0 ITÁLIA: no clássico europeu em Santiago, Alemanha e Itália ficaram no 0 a 0, resultado frustrante por se tratar de um duelo entre campeões mundiais. Os alemães ainda eram comandados por Sepp Herberger, treinador campeão em 1954.

TCHECOSLOVÁQUIA 1 × 0 ESPANHA: pelo grupo do Brasil, a boa seleção da Tchecoslováquia derrotou a Espanha por 1 a 0, em Viña del Mar. O gol foi de Stibranyi aos 35 do segundo tempo. Um dos destaques da Fúria era o húngaro Puskás, vice-campeão mundial em 1954. Ele se naturalizou espanhol e, na época, a Fifa ainda não proibia que atletas que já tinham atuado por uma seleção vestissem a camisa de outra equipe nacional. O argentino Di Stéfano também atuou pela Espanha, mesmo caso do brasileiro José Altafini. Campeão em 1958 pela seleção brasileira, Mazzola jogou pela Itália em 1962. Já o treinador da Fúria era Helenio Herrera. Nascido na Argentina, ele foi um dos maiores técnicos da história.

HUNGRIA 2 × 1 INGLATERRA: fechando os jogos do dia 31, os húngaros passaram pelos ingleses em Rancágua. Bobby Moore e Bobby Charlton eram grandes nomes daquela seleção, que foi derrotada na estreia.

O Brasil voltou a campo no dia 2 de junho para enfrentar a Tchecoslováquia, em Viña del Mar.

BRASIL 0 × 0 TCHECOSLOVÁQUIA – VIÑA DEL MAR – 02.06.62

BRASIL: Gylmar, Djalma Santos, Mauro e Zózimo; Nilton Santos, Zito, Didi, Garrincha, Vavá, Pelé e Zagallo.

TCHECOSLOVÁQUIA: Schroiff, Lala, Popluhar, Novak, Pluskal, Masopust, Stibranyi, Scherer, Adamec, Jelinek e Kvasnak.

ÁRBITRO: Pierre Schwinte (França).

O jogo contra os tchecos foi duro e terminou empatado: 0 a 0. Pelé se contundiu sozinho ao dar um chute de longa distância aos 28 minutos do primeiro tempo. A bola bateu na trave do goleiro tcheco. O Rei foi obrigado a ficar fazendo número na ponta esquerda, já que não eram permitidas substituições. O estiramento muscular tiraria Pelé da Copa.

O jornal *O Globo* relatava o drama do camisa 10:

> *Pelé, após o esforço para atirar em "goal", sofreu uma violenta distensão do músculo adutor da perna esquerda. Não pôde continuar jogando, mas permaneceu no gramado até o final do encontro, fazendo número para ajudar os seus companheiros. Após a contusão, ao deixar o gramado para ser socorrido, o acompanharam o massagista Mário Américo e o craque Masopust, da Tchecoslováquia, que num gesto simpático escoltou o campeão que deixava o campo.*

Sobre a atuação do Brasil, os jornais disseram o seguinte: "*No começo era bom. Quase que ficou ruim no fim.*" A imprensa, claro, voltou a fazer críticas à seleção nacional. Mas, de qualquer forma, o empate não foi considerado um mau resultado.

O Globo trazia uma nota curiosa:

> *O jogador mais velho da Taça do Mundo é o brasileiro Nilton Santos, com 37 anos, e o "broto" da parada do futebol é o italiano Gianni Rivera, com 18 anos. Para muitos, o brasileiro Coutinho seria o mais jovem do certame, porém, convém acrescentar que o atacante santista completará 19 anos na próxima segunda-feira, dia 11 de junho.*

Coutinho, grande parceiro de Pelé no Santos, não entrou em campo no mundial.

IUGOSLÁVIA 3 × 1 URUGUAI: ainda no dia 2, o Uruguai, que tinha estreado com uma vitória na Copa, perdeu para a Iugoslávia, em Arica. Cabrera recebeu um passe de Pedro Rocha e abriu o placar aos 19 minutos do primeiro tempo. Mas Skoblar, aos 25, Galic, aos 29 do primeiro tempo, e Jerkovic, aos 4 minutos da etapa final, garantiram o resultado. O terceiro gol da Iugoslávia foi o de número 600 da história das Copas. A partida teve muita violência, resultando na expulsão de Cabrera e Popovic, que trocaram agressões.

INGLATERRA 3 × 1 ARGENTINA: em Rancágua, os torcedores assistiram a um bom jogo. Flowers, aos 18, e Charlton, aos 42, marcaram os gols no primeiro tempo. Greaves ampliou para os ingleses aos 22 da etapa final. Sanfilippo diminuiu para a Argentina aos 36 minutos.

CHILE 2 × 0 ITÁLIA: no Estádio Nacional foi disputado o jogo que ficou conhecido como a "Batalha de Santiago", um dos mais violentos em todos os tempos. Logo no início, Landa e Ferrini trocaram pontapés. O árbitro Kenneth Aston, da Inglaterra, expulsou apenas Ferrini. Os italianos protestaram, cercaram o juiz, e a partida ficou interrompida. Ainda no primeiro tempo, uma briga entre o chileno Leonel Sánchez e o ítalo-argentino Humberto Maschio desencadeou mais violência. O atleta do Chile estava caído na lateral e começou a ser chutado pelo adversário. Leonel Sánchez, filho de um boxeador, se levantou e deu um soco no italiano. O nariz do jogador quebrou! O árbitro não tomou nenhuma providência e a partida ficou interrompida novamente. Leonel Sanchez foi atingido ainda por Mário David, que foi expulso. O primeiro tempo durou 72 minutos. Na etapa final, a Itália, com dois homens a menos, não resistiu. O Chile, que não teve ninguém expulso, venceu o duelo por 2 a 0, gols de Ramirez e Toro. As duas seleções deixaram o campo escoltadas.

UNIÃO SOVIÉTICA 4 × 4 COLÔMBIA: no dia 3, em Arica, URSS e Colômbia fizeram um dos melhores jogos da Copa. Os soviéticos estavam vencendo por 4 a 1, mas cederam o empate. O árbitro da partida, o brasileiro João Etzel, confessou anos depois que ajudou a Colômbia a empatar por causa do ódio que sentia dos soviéticos.

ALEMANHA 2 × 1 SUÍÇA: em Santiago, os alemães derrotaram os suíços. Brülls e Seeler marcaram para a Alemanha, um gol em cada tempo. O suíço Schneiter diminuiu.

HUNGRIA 6 × 1 BULGÁRIA: lembrando o esquadrão de 1954, a Hungria goleou os búlgaros em Rancágua. Os gols foram marcados por Albert (três), Tichy (dois) e Solymosi. O gol de honra da Bulgária foi de Asparukhov.

ESPANHA 1 × 0 MÉXICO: em Viña del Mar, o gol de Peiró manteve as chances de classificação da Espanha.

A seleção brasileira, sem Pelé e criticada pela imprensa, tinha de passar pelos espanhóis para se classificar. O jogo não seria fácil. E ainda pairava a dúvida sobre o substituto do camisa 10. O jogador que entrou em campo no dia 6 de junho de 1962 no lugar de Pelé vestia a camisa 20. Depois do mundial, ele ganharia o apelido de "Possesso". Estamos falando de Amarildo Tavares da Silveira. O craque do Botafogo foi o escolhido por Aymoré Moreira e não fugiu da responsabilidade. Costuma-se dizer que, em 1962, Mané Garrincha jogou por ele e por Pelé. É a pura verdade. Mané, Amarildo, Nilton Santos e Zagallo atuavam pelo time carioca. Didi, outro integrante da "Estrela Solitária", tinha jogado com Di Stéfano no Real Madrid. O meia brasileiro não escondia a irritação com o atleta argentino, mas que agora estava vestindo a camisa da Espanha. Nos tempos em que atuou pelo time madrilenho, Didi se sentia boicotado por Di Stéfano e queria aproveitar a partida da Copa para tirar as possíveis diferenças. Mas, felizmente, nada aconteceu. Di Stéfano não foi escalado.

Amarildo agachado (terceiro da direita para esquerda) foi o substituto de Pelé

BRASIL 2 × 1 ESPANHA – VIÑA DEL MAR – 06.06.62

BRASIL: Gylmar, Djalma Santos, Mauro, Zózimo e Nilton Santos; Zito, Didi, Garrincha, Vavá, Amarildo e Zagallo.

ESPANHA: Araquistain, Collar, Joseba Etxeberria, Gento, Jesus Garcia, Joaquin Peiro, Enrique Perez, Ferenc Puskás, Rodri, Adelardo Rodriguez e Martin Verges.

ÁRBITRO: Sergio Bustamante (Chile).

GOLS: Adelardo (35) no primeiro tempo. Amarildo (27 e 41) na etapa final.

A partida foi marcada pelo nervosismo. A seleção brasileira não jogava bem. Adelardo abriu o placar para a Espanha aos 35 do primeiro tempo. Na etapa final, o time nacional melhorou. Amarildo aproveitou um cruzamento da esquerda e venceu o goleiro Araquistain aos 27 minutos. Garrincha começou a aparecer com mais frequência e, em uma jogada sensacional pela direita, cruzou na cabeça de Amarildo, que fez 2 a 1 aos 41 minutos.

Quando o jogo ainda estava 1 a 0, Nilton Santos derrubou um adversário dentro da área, mas deu dois passos para frente e o árbitro Sérgio Bustamante, do Chile, marcou falta fora da área. Nilton Santos nunca escondeu ter cometido o pênalti: *"Se eu não fizesse aquilo, talvez o Brasil não teria sido campeão."* Revendo o jogo, é possível concluir que a seleção não fez uma boa apresentação. Didi errou muitos passes. Mas, no segundo tempo, Mané Garrincha subiu de produção e fez a diferença, sofrendo inclusive um pênalti não marcado pelo árbitro. Apesar das dificuldades, a seleção estava classificada para a próxima fase. O time, mesmo sem Pelé, iria subir de produção nos jogos seguintes.

Os jornais do dia seguinte traziam os detalhes da vitória dramática da seleção brasileira contra a Espanha. *O Globo* destacava:

> *Foi com uma vitória de sangue e nervos que o Brasil conseguiu ontem, no Estádio Sausalito, a classificação para as quartas de final da VII Copa do Mundo. O nervosismo dos jogadores brasileiros, que pela primeira vez entraram em campo sem Pelé, permitiu à Espanha estabelecer e manter por quase 70 minutos uma vantagem no marcador que poderia significar a perda de todas as esperanças do bicampeonato. Mas foi o sangue e a capacidade de reação desses jogadores que produziam os dois gols de Amarildo, sucessor de Pelé.*

O presidente da CBD, que estava no Brasil, voltou a mandar felicitações aos jogadores:

> *"João Havelange, que ouviu a partida em seu gabinete com outros dirigentes da CBD declarou: 'Sob todos os aspectos, foi uma vitória grandiosa do futebol brasileiro que demonstrou, mais uma vez, seu elevado nível técnico. Numa partida de tamanha importância, saímos de um resultado adverso para a conquista das mais expressivas. Telegrafei à nossa seleção, felicitando todos os seus integrantes'"*, informava *O Globo*.

A aflição de Pelé continuava sendo registrada pela imprensa:

> *Preso a uma cama na concentração de Quilpué, o rei Pelé trava uma batalha em que, pela primeira vez na sua vida, é a imobilidade e não a sua agilidade de campeão que poderá levar à vitória. A seu favor tem a solidariedade dos companheiros.*

URSS 2 × 1 URUGUAI: nos demais jogos do dia 6, a União Soviética venceu o Uruguai, em Arica. A Celeste estava eliminada do mundial.

ALEMANHA 2 × 0 CHILE: os donos da casa perderam o jogo no Estádio Nacional. No entanto, o Chile estava garantido nas quartas de final, assim como a Alemanha. Os gols foram marcados por Szymaniak e Seeler.

HUNGRIA 0 × 0 ARGENTINA: o jogo foi disputado em Rancágua. O empate garantiu a Hungria na próxima fase. Já os argentinos voltaram para casa mais cedo, a exemplo de 1958.

IUGOSLÁVIA 5 × 0 COLÔMBIA: no dia 7, fechando a fase de grupos da Copa, em Arica, a Iugoslávia goleou a Colômbia. Um fato interessante sobre este jogo: ao final do mundial, seis atletas dividiram a artilharia: Vavá e Garrincha, do Brasil, Leonel Sánchez, do Chile, Albert, da Hungria, Valentin Ivanov, da União Soviética, e Jerkovic, da Iugoslávia, com quatro gols. Mais de 30 anos depois, a Fifa passou a considerar que um gol dado a Galic, justamente contra a Colômbia, foi na verdade de Jerkovic. O iugoslavo passou a ser considerado então o artilheiro isolado da Copa, com cinco gols.

ITÁLIA 3 × 0 SUÍÇA: a vitória italiana, em Santiago, não garantiu a classificação da Squadra Azzurra. Os gols do jogo foram marcados por Mora e Bulgarelli (dois).

MÉXICO 3 × 1 TCHECOSLOVÁQUIA: os tchecos perderam para o México, em Viña del Mar, mas estavam classificados, atrás da seleção brasileira. Masek abriu o placar para a Tchecoslováquia aos 20 segundos de jogo (até 2002, foi o gol mais rápido das Copas). Díaz empatou aos 13 minutos, e Alfredo del Águila ampliou aos 21. Hernández fechou o placar com gol aos 45 minutos do segundo tempo.

INGLATERRA 0 × 0 BULGÁRIA: o empate, em Rancágua, classificou a Inglaterra em segundo lugar do grupo, atrás da Hungria.

As quartas de final foram disputadas em 10 de junho: Chile × URSS, Iugoslávia × Alemanha, Brasil × Inglaterra e Tchecoslováquia × Hungria.

BRASIL 3 × 1 INGLATERRA – VIÑA DEL MAR – 10.06.62

BRASIL: Gylmar, Djalma Santos, Mauro e Zózimo; Nilton Santos, Zito, Didi, Garrincha, Vavá, Amarildo e Zagallo.

INGLATERRA: Springett, Armfield, Ramon Wilson, Flowers, Greaves, Hitchens, Haynes, Bobby Charlton, Norman, Bobby Moore e Bryan Douglas.

ÁRBITRO: Pierre Schwinte (França).

GOLS: Garrincha (30) e Hitchens (38) no primeiro tempo. Vavá (8) e Garrincha (14) na etapa final.

O Estádio Sausalito, em Viña del Mar, foi palco de um duelo histórico: Brasil e Inglaterra. As duas seleções tinham empatado por 0 a 0 na primeira fase da Copa anterior.

Aymoré Moreira manteve a escalação do jogo contra a Espanha que se repetiria até a final. Garrincha fez uma apresentação magistral. Mané marcou dois gols, o primeiro e o terceiro do jogo: um de cabeça e o outro com um chute de fora da área. O segundo foi de Vavá, no rebote de uma falta. A cena que correu o mundo foi a de Garrincha sendo driblado por um cachorro que invadiu o gramado. A seleção estava mais uma vez entre as quatro melhores da competição.

A *Folha de S.Paulo* reproduzia a opinião de jornalistas ingleses sobre o resultado da partida:

> Os cronistas esportivos britânicos elogiam a magnífica equipe brasileira que, com Garrincha, eliminou ontem a Inglaterra. Desmond Hackett, do Daily Express, comenta: "A Inglaterra sucumbiu, mas de cabeça erguida. Um quadro valoroso que foi eliminado cientificamente pelo Brasil, campeão do mundo, composto por onze diamantes, o maior conjunto da terra."

O *Daily Mail* chamou Garrincha de "demoníaco". O mesmo jornal afirmava que Pelé tinha começado a treinar, mas ainda era dúvida para a sequência da Copa. Um dia depois da partida contra a Inglaterra, o camisa 10 iria fazer mais um teste para saber se poderia entrar em campo nas semifinais.

O Globo relatava a festa na cidade do Rio de Janeiro:

> Com as alegrias naturais de uma vitória, mas sem o drama da partida contra a Espanha, o resultado de Brasil × Inglaterra foi saudado com gritos e explosões de bombas em toda a cidade. Em cada esquina, apesar de não ser dia útil, um grupo se concentrava em volta de um transmissor para explodir em manifestações a cada um dos três gols do quadro brasileiro, em dia de mais acerto e inspiração.

CHILE 2 × 1 URSS: em Arica, também no dia 10, os anfitriões garantiram a vaga com um resultado histórico diante da União Soviética. Yashin falhou, e Leonel Sánchez abriu o placar aos 11 minutos do primeiro tempo. Chislenko empatou aos 27. Mas, um minuto depois, Rojas marcou o gol da classificação.

IUGOSLÁVIA 1 × 0 ALEMANHA: os iugoslavos tinham sido eliminados pela Alemanha nas quartas de final das duas Copas anteriores. Agora, era o momento da vingança. Em Santiago, Radakovic balançou as redes aos 42 minutos do primeiro tempo. A Alemanha perdeu boas chances de gol, mas não chegou ao empate e estava fora do mundial.

TCHECOSLOVÁQUIA 1 × 0 HUNGRIA: os tchecos deixaram Viña del Mar para enfrentar a Hungria em Rancágua. O gol da classificação veio aos 14 minutos do primeiro tempo com Scherer. A partida foi equilibrada, mas a Tchecoslováquia conseguiu segurar o resultado.

As semifinais foram disputadas em 13 de junho: Chile × Brasil e Tchecoslováquia × Iugoslávia.

Pela primeira vez na história, um cozinheiro fez parte da delegação brasileira em uma Copa. Para o jogo contra o Chile, o cuidado com a comida foi redobrado. Era prudente evitar que algo fosse colocado na refeição dos brasileiros. Os jogadores foram disputar a semifinal na base de sanduíches preparados pela comissão técnica. O time saiu de Viña del Mar e foi de trem para Santiago. Por ordem de Paulo Machado de Carvalho, o grupo desceu duas estações antes do Estádio Nacional e completou o trajeto de ônibus. O objetivo era fugir de um contato direto com os torcedores chilenos. O estádio estava lotado: 76 mil torcedores. Apesar da pressão, o Brasil era superior.

BRASIL 4 × 2 CHILE – SANTIAGO – 13.06.62

BRASIL: Gylmar, Djalma Santos, Mauro e Zózimo; Nilton Santos, Zito, Didi, Garrincha, Vavá, Amarildo e Zagallo.

CHILE: Escuti, Eyzaguirre, Raúl Sánchez, Contreras, Eladio Rojas, Jaime Ramírez, Toro, Landa, Leonel Sánchez, Manuel Rodriguez e Tobar.

ÁRBITRO: Arturo Yamasaki (Peru).

GOLS: Garrincha (9 e 31) e Toro (41) no primeiro tempo. Vavá (3 e 33) e Leonel Sánchez (17) na etapa final.

Quando se diz que Garrincha jogou por ele e por Pelé, a partida contra o Chile é o grande exemplo disso. Ele fez um gol de cabeça e outro com pé esquerdo. A seleção vencia por 2 a 0 quando Toro diminuiu aos 41 do primeiro tempo, em uma cobrança de falta, sem chances para Gylmar. Na etapa final, Vavá balançou as redes duas vezes e Leonel Sánchez, de pênalti, marcou o segundo do Chile: 4 a 2! O Brasil estava classificado para a finalíssima. No entanto, surgiu uma preocupação para o duelo decisivo. Garrincha iria jogar ou não?

Cansado de levar pontapés do chileno Rojas, ele devolveu a agressão. O bandeirinha uruguaio Esteban Marino viu e dedurou Mané para o árbitro peruano Arturo Yamazaki, que resolveu expulsar o ponta brasileiro. Garrincha seria julgado e poderia ficar fora da final. A capa da *Folha de S.Paulo* trazia a seguinte manchete: "Garrincha hoje é réu." Mas, no dia da audiência, Esteban Marino não apareceu para dar o testemunho e Garrincha foi absolvido. Esse caso é motivo de controvérsia até hoje. Por que o bandeirinha não foi ao julgamento? Esteban Marino era conhecido dos cartolas de São Paulo. Já tinha apitado partidas do Campeonato Paulista. Será que houve suborno?

O ex-árbitro Olten Ayres, suplente naquela Copa, confirmou décadas depois, em entrevista ao *SporTV*, que o juiz titular do Brasil no mundial, João Etzel, recebeu 10 mil dólares da CBD e deu para Esteban Marino desaparecer do Chile.

O jornalista Plínio Fraga, autor de *Tancredo, o Príncipe Civil*, conta uma história pouco conhecida sobre esse caso. Em 1962, estava em vigência no Brasil o regime parlamentarista e Tancredo Neves era o primeiro ministro. Ele mandou um telegrama ao presidente da Fifa, Stanley Rous, pedindo a absolvição de Garrincha com base nos bons antecedentes do jogador brasileiro. Tancredo repassou ainda os argumentos ao chefe da delegação, Paulo Machado de Carvalho. "*Estamos certos de que a Fifa fará justiça à disciplina dos atletas brasileiros, assegurando, na partida final, a presença de todos os valores de nossa equipe, especialmente esse admirável Garrincha*", citava o jornalista Plínio Fraga.

O Globo relatava a situação de Garrincha:

> *Pagou o preço de uma perseguição implacável da defesa chilena e acabou por ser expulso por uma decisão do juiz peruano que com ela acrescentou mais uma ao rosário de queixas dos brasileiros, que incluem um pênalti a favor não marcado e outro contra que foi o segundo gol chileno.*

TCHECOSLOVÁQUIA 3 × 1 IUGOSLÁVIA: cerca de 5.800 torcedores assistiram ao duelo em Viña del Mar. Foi o menor público da Copa. Kadraba abriu o placar, mas o iugoslavo Jerkovic empatou. Scherer, com dois gols, garantiu a classificação da Tchecoslováquia, que iria disputar novamente uma final de Copa depois de 28 anos.

CHILE 1 × 0 IUGOSLÁVIA: a boa campanha dos chilenos foi premiada com a conquista do terceiro lugar: 1 a 0 sobre a Iugoslávia, no dia 16, em Santiago. O gol foi marcado por Rojas aos 45 minutos do segundo tempo.

Na véspera da final, O Globo trazia a informação de que a estratégia de deslocamento da seleção, adotada antes da partida contra o Chile, iria se repetir:

> *Durante todo o dia de hoje e amanhã, estão terminantemente proibidas quaisquer visitas à concentração dos "scratchmen" brasileiros. Estes, deixarão El Retiro às 10 horas e, meia hora depois, estarão partindo em trem especial para Santiago. O almoço será servido durante a viagem, cuja duração é de duas horas. Entretanto, os jogadores irão até Mapacho, ou seja, saltando uma estação antes, de onde vão tomar um ônibus especial que os levará diretamente ao Estádio Nacional de Santiago.*

Santiago do Chile, 17 de junho, dia do bicampeonato mundial de futebol.

A Bandeirantes instalou um painel luminoso para a torcida acompanhar o jogo pelo rádio. A luz acendia, indicando o local onde a bola estava no gramado.

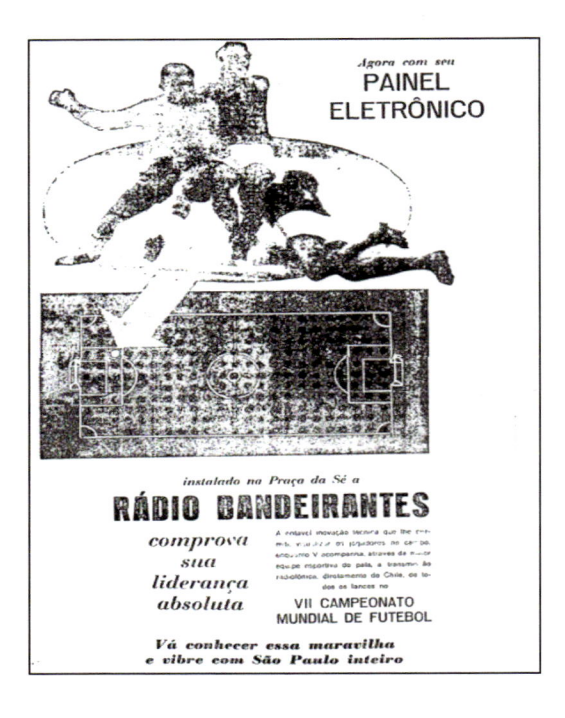

Durante toda a Copa, como vimos, Pelé se esforçou para conseguir voltar a campo. Apesar do trabalho do médico Hilton Gosling, o Rei estava fora da final: *"Pelé está curado, mas não se acha em condições físicas para disputar partida tão importante como a final do mundial."* O médico demonstrava ainda preocupação com Vavá, Zagallo e Didi. Os três tinham contusões, mas, felizmente, entraram em campo.

BRASIL 3 × 1 TCHECOSLOVÁQUIA – SANTIAGO – 17.06.62

BRASIL: Gylmar, Djalma Santos, Mauro e Zózimo; Nilton Santos, Zito, Didi, Garrincha, Vavá, Amarildo e Zagallo.

TCHECOSLOVÁQUIA: Schroiff, Popluhar, Novak, Pluskal, Josef Masopust, Scherer, Jelinek, Tichy, Pospichal, Josef Kadabra e Andrej Kvasnak.

ÁRBITRO: Nickolaj Latychev (URSS).

GOLS: Masopust (15) e Amarildo (17) no primeiro tempo. Zito (24) e Vavá (33) na etapa final.

Garrincha acordou no dia da final com 40 graus de febre. No entanto, foi escalado e jogou com muita raça. Quatro anos depois da decisão de 1958, a seleção contava com oito jogadores que tinham enfrentado a Suécia: Gylmar, Djalma Santos, Nilton Santos; Zito, Didi, Garrincha, Vavá e Zagallo. A seleção jogou de amarelo. Em 1958 tinha sido de azul. A partida foi limpa e equilibrada no primeiro tempo. A geração tcheca era boa. Masopust abriu o placar aos 15 minutos. Assim como em 1958, a seleção saiu em desvantagem na decisão. Dois minutos depois, Amarildo invadiu a área pela esquerda e chutou praticamente da linha de fundo. A bola entrou entre Schroiff e a trave. No segundo tempo, o futebol do Brasil cresceu. Amarildo fez uma grande jogada pela esquerda e cruzou para a cabeçada certeira de Zito aos 24 minutos. Aos 33 minutos, depois de um levantamento na área tcheca, o goleiro Schroiff se atrapalhou com o sol e largou a bola nos pés de Vavá. Placar final: 3 a 1. Mauro Ramos de Oliveira repetiu o gesto de Bellini e ergueu a Jules Rimet. O Brasil agora estava empatado em títulos com Itália e Uruguai.

Ricardo Serran, de *O Globo*, escreveu instantes depois da conquista:

Difícil se torna, neste momento de júbilo contagiante, dizer o que foi a partida. Paro para olhar novamente para o cam-

Lance da final da Copa: a vitória sobre a Tchecoslováquia garante o bicampeonato

po. Lá estão, alinhados em fila, os bicampeões. Para a emotiva cerimônia final, Sir Stanley Rous, presidente da Fifa, entra no gramado para a entrega da "Jules Rimet", símbolo da supremacia mundial no futebol. É Mauro quem a levanta para o imenso público aplaudir.

O Brasil era tomado por festa. A *Folha de S.Paulo* registrava a comemoração no marco zero da capital paulista:

> No começo era pular gritando 'Brasil! Brasil! Brasil! Depois o ritmo amansou, aos poucos, e virou samba. Foi assim na praça da Sé quando o jogo terminou. Era a ordem, que partia, do ponto central de São Paulo, para que a grande festa do bicampeonato começasse. Os rojões haviam-se acabado na comemoração dos gols e o povo recorreu aos instrumentos de escola de samba guardados à espera do carnaval que assim veio antes.

A *Folha* informava que a seleção brasileira iria deixar o Chile no dia 18 de junho:

> Os bicampeões mundiais deixarão Santiago hoje às 9 horas pela Panair e chegarão ao Rio às 13 horas. Possivelmente seguirão do Rio para Brasília onde serão recepcionados pelo presidente da República. Se não seguirem para a capital do país, os jogadores cariocas rumarão aos seus lares e os paulistas, pernoitando na Guanabara, virão a São Paulo na terça-feira.

A informação se confirmou. Pela primeira vez, desde a inauguração de Brasília, em 1960, a seleção foi recebida por um presidente na cidade — no caso, João Goulart. O primeiro-ministro Tancredo Neves também estava presente.

Mauro Ramos de Oliveira ergue a taça: era o Brasil no topo do mundo mais uma vez!

TABELA DA COPA DE 1962

GRUPO 1
30/05/1962 Arica: **Uruguai 2 × 1 Colômbia**
31/05/1962 Arica: **União Soviética 2 × 0 Iugoslávia**
02/06/1962 Arica: **Iugoslávia 3 × 1 Uruguai**
03/06/1962 Arica: **União Soviética 4 × 4 Colômbia**
06/06/1962 Arica: **União Soviética 2 × 1 Uruguai**
07/06/1962 Arica: **Iugoslávia 5 × 0 Colômbia**

GRUPO 2
30/05/1962 Santiago: **Chile 3 × 1 Suíça**
31/05/1962 Santiago: **Alemanha Oc. 0 × 0 Itália**
02/06/1962 Santiago: **Chile 2 × 0 Itália**
03/06/1962 Santiago: **Alemanha Oc. 2 × 1 Suíça**
06/06/1962 Santiago: **Alemanha Oc. 2 × 0 Chile**
07/06/1962 Santiago: **Itália 3 × 0 Suíça**

GRUPO 3
30/05/1962 Viña del Mar: **Brasil 2 × 0 México**
31/05/1962 Viña del Mar: **Tchecoslováquia 1 × 0 Espanha**
02/06/1962 Viña del Mar: **Brasil 0 × 0 Tchecoslováquia**
03/06/1962 Viña del Mar: **Espanha 1 × 0 México**
06/06/1962 Viña del Mar: **Brasil 2 × 1 Espanha**
07/06/1962 Viña del Mar: **México 3 × 1 Tchecoslováquia**

GRUPO 4
30/05/1962 Rancágua: **Argentina 1 × 0 Bulgária**
31/05/1962 Rancágua: **Hungria 2 × 1 Inglaterra**
02/06/1962 Rancágua: **Inglaterra 3 × 1 Argentina**
03/06/1962 Rancágua: **Hungria 6 × 1 Bulgária**
06/06/1962 Rancágua: **Argentina 0 × 0 Hungria**
07/06/1962 Rancágua: **Bulgária 0 × 0 Inglaterra**

QUARTAS
10/06/1962 Arica: **Chile 2 × 1 União Soviética**
10/06/1962 Santiago: **Iugoslávia 1 × 0 Alemanha Oc.**
10/06/1962 Viña del Mar: **Brasil 3 × 1 Inglaterra**
10/06/1962 Rancágua: **Tchecoslováquia 1 × 0 Hungria**

SEMIFINAIS
13/06/1962 Santiago: **Brasil 4 × 2 Chile**
13/06/1962 Viña del Mar: **Tchecoslováquia 3 × 1 Iugoslávia**

TERCEIRO LUGAR
16/06/1962 Santiago: **Chile 1 × 0 Iugoslávia**

FINAL
17/06/1962 Santiago: **Brasil 3 × 1 Tchecoslováquia**

Escaneie o QR Code ao lado e ouça as transmissões de rádio na Copa de 1962.

INGLA

19

TERRA 66

CORES DA RAINHA

O rádio registra o fracasso brasileiro

O mundial de 1966 entrou para a história pela porta dos fundos. A competição é a que ganhou o maior número de rótulos: "a Copa da vergonha", "a Copa escandalosa", "a Copa suspeita" ou "a Copa da violência". Até hoje, a atuação dos árbitros é questionada. O então presidente da Fifa, o inglês Stanley Rous, também teria interferido em favor do time da Rainha. Os donos da casa não jogaram nenhuma vez fora de Wembley, o que gerou protestos das delegações adversárias.

A Inglaterra tinha uma boa seleção, mas a única conquista do país em mundiais acabou ofuscada pelos erros dos juízes e a violência nas partidas. Mas vergonhoso mesmo foi o desempenho da seleção brasileira. Depois do bicampeonato, em 1958 e 1962, a equipe ficou em 11º lugar. A preparação confusa, o corte de jogadores e os desmandos da comissão técnica se traduziram em um futebol fraco.

Mais uma vez os brasileiros acompanharam a Copa pelo rádio. Pedro Luiz foi uma das grandes vozes das transmissões. Ele tinha deixado a Bandeirantes e estava na Tupi.

A Panamericana, que estava mudando de nome para Jovem Pan, contou com Marco Antônio e Darcy Reis. A Bandeirantes teve Fiori Gigliotti.

De positivo, a Copa de 1966 é a primeira em que as gravações das imagens dos 32 jogos estão preservadas na íntegra. Os jornais brasileiros informavam que 42 países viram a Copa pela TV, mas não necessariamente ao vivo. No total, 20, principalmente europeus, acompanharam o mundial pelas transmissões diretas. No Brasil, a exemplo de 1962, o videoteipe ou o filme ia ao ar dias depois dos jogos.

As gravações eram exibidas de forma simultânea pelas emissoras brasileiras, em uma espécie de pool.

GRADE DA TELEVISÃO

13h – Canais 2, 4, 6 e 13 – Pool da Copa (transmissão dos jogos do mundial 1966)

Oduvaldo Cozzi era o narrador da TV Tupi. Uma nota publicada nos jornais da época falava sobre o locutor: *"Oduvaldo Cozzi já está no departamento esportivo do Canal 6. Organiza preparativos para a transmissão dos jogos da Copa do Mundo, em Londres, que é direito exclusivo das Emissoras Associadas."*

A PREPARAÇÃO BRASILEIRA

O futebol brasileiro vivia uma transição em 1966. O time foi uma mescla dos que estavam com idade avançada, como Gylmar, Bellini, Djalma Santos e Garrincha, campeões em 1958 e 1962, com os que conquistariam a Copa de 1970, como Tostão, Jairzinho e Gérson. Vicente Feola estava de volta ao comando técnico. O presidente da CBD, João Havelange, resolveu afastar Paulo Machado de Carvalho, dirigente que revolucionou a forma de preparação do time nacional. Alegando que o cartola paulista era intransigente,

Garrincha e Pelé nunca perderam um jogo juntos pela seleção

João Havelange decidiu assumir a responsabilidade pela organização. O técnico Vicente Feola convocou 45 jogadores, número que subiria para 47 na fase de preparação. Ou seja, ninguém se entendia durante os treinos, ninguém sabia quem seria ou não titular. Praticamente todo o elenco foi utilizado na Copa. Dos 22 da lista definitiva, só não entraram em campo Zito e Edu, este o mais jovem a ser convocado para uma Copa, apenas 16 anos. Apesar de tantos jogadores, somente dois goleiros foram convocados. Gylmar dos Santos Neves e Manga. Se os dois se machucassem, sabe quem iria para o gol? Pelé! Gylmar, goleiro bicampeão mundial pela seleção, dizia que o clima interno na seleção era horrível e chamava atenção para o desrespeito dos cartolas no tratamento dado aos jogadores: "Foi o maior desrespeito entre homens que já vi."

A seleção passou por cinco cidades durante a fase de preparação, ainda no Brasil: Lambari, Caxambu, Teresópolis, Três Rios e Niterói.

O DIA A DIA DA COPA

O mundial estava de volta à Europa depois de oito anos. O formato de disputa foi o mesmo das duas Copas anteriores. As 16 seleções foram divididas em 4 grupos. Os africanos boicotaram a competição em sinal de protesto contra uma resolução da Fifa. Pelo regulamento das eliminatórias, o vencedor do continente deveria enfrentar o primeiro da Ásia ou da Oceania.

> **GRUPO 1**: Inglaterra, Uruguai, França e México
> **GRUPO 2**: Alemanha, Suíça, Argentina e Espanha
> **GRUPO 3**: Brasil, Bulgária, Portugal e Hungria
> **GRUPO 4**: URSS, Itália, Coreia do Norte e Chile

A Inglaterra tinha uma excelente geração de atletas: Bobby Moore, Bobby Charlton, Geoff Hurst e o grande goleiro Gordon Banks. O treinador era Alf Ramsey, ex-jogador que disputou a Copa do Mundo de 1950, no Brasil.

As partidas foram disputadas em Londres, Sheffield, Birmingham, Liverpool, Manchester, Middlesbrough e Sunderland.

INGLATERRA 0 × 0 URUGUAI: a Rainha Elizabeth declarou aberta a oitava Copa da história no dia 11 de julho, em Wembley. Inglaterra e Uruguai fizeram um jogo muito ruim, que terminou empatado. Os uruguaios eram comandados por Ondino Vieira, que marcou época no Brasil. Ele foi campeão nos anos 1930 e 1940 com o Fluminense e comandou também o Vasco da Gama, apelidado de "Expresso da Vitória", ainda nos anos 1940.

De 1966 a 1978, as redes não balançaram nos jogos inaugurais de Copa do Mundo. Uma frase seria repetida à exaustão: "Na abertura da Copa, o futebol não foi convidado." Um empate sem gols é sempre frustrante.

No dia 12, a seleção brasileira estreou no Goodison Park, em Liverpool, a terra dos Beatles, contra a mediana equipe da Bulgária.

BRASIL 2 × 0 BULGÁRIA — LIVERPOOL — 12.07.66

BRASIL: Gylmar, Djalma Santos, Bellini, Altair e Paulo Henrique; Pelé, Denilson, Lima, Garrincha, Jairzinho e Alcindo.
BULGÁRIA: Naidenov, Shalamanov, Kutzov, Gaganelov, Penev, Zhekov, Dermendjev, Kotov, Asparukhov, Kolev e Dimitar Yakimov.
ÁRBITRO: Kurt Tschenscher (Alemanha).
GOLS: Pelé (14) no primeiro tempo e Garrincha (18) na etapa final.

Pelé em ação contra a Bulgária na estreia da seleção na Copa

Os adversários abusaram da violência. Pelé abriu o placar aos 14 minutos do primeiro tempo em uma cobrança de falta. Foi o gol inaugural da Copa. Na etapa final, Garrincha, também de falta, fez 2 a 0 aos 18 minutos. Esse jogo foi o último em que Pelé e Garrincha atuaram juntos em mundiais. E nunca perderam! No dia seguinte, a *Folha de S.Paulo* informava: "*Pelé está ligeiramente contundido no joelho, e Jair na perna, revelou o dr. Hilton Gosling, momentos depois da partida Brasil-Bulgária. Contudo, não é nada importante.*" No entanto, Pelé virou dúvida para o duelo contra a Hungria em 15 de julho. Apesar do otimismo inicial do médico da seleção brasileira, o técnico Vicente Feola passou a não dar informações sobre o camisa 10 do Brasil.

ALEMANHA 5 × 0 SUÍÇA: ainda no dia 12, a Alemanha passou pela Suíça, com gols de Held (dois), Beckembauer (dois) e Haller. O jogo foi disputado em Sheffield. Os alemães eram treinados por Helmut Schön, técnico que seria campeão em 1974.

URSS 3 × 0 COREIA DO NORTE: a União Soviética chegou à terceira Copa consecutiva e estreou em Middlesbrough com vitória sobre a Coreia do Norte, que seria o grande azarão do mundial.

FRANÇA 1 × 1 MÉXICO: no dia seguinte, em 13 de julho, pelo grupo da Inglaterra, França e México empataram, em Londres. Os mexicanos saíram na frente com Borja, mas a equipe europeia empatou com Hausser.

ARGENTINA 2 × 1 ESPANHA: a Argentina contava com bons jogadores, como Perfumo, Rattin e Artime, este último autor dos dois gols na estreia em Birmingham. Já o time espanhol tinha o comando de José Villalonga. Os grandes nomes daquela seleção eram Luis Del Sol, Francisco Gento e Joaquín Peiró.

PORTUGAL 3 × 1 HUNGRIA: pela chave do Brasil, Portugal, que seria a sensação da Copa, venceu a Hungria com dois gols de José Augusto e outro de Torres, em Liverpool. O grande destaque da seleção portuguesa era Eusébio da Silva Ferreira, jogador do Benfica, nascido em Moçambique e chamado de "Pelé europeu". Ele foi o artilheiro da Copa de 1966 com nove gols.

ITÁLIA 2 × 0 CHILE: as duas seleções voltaram a se enfrentar quatro anos depois de protagonizarem a "Batalha de Santiago". Dessa vez, sem violência, os italianos venceram com gols de Sandro Mazzola e Barison, em jogo disputado em Sunderland, ainda no dia 13. A Itália, comandada por Edmondo Fabbri, já contava com jogadores que seriam vice-campeões mundiais no México, em 1970, como Facchetti e Rivera, além do próprio Mazzola, filho de Valentino Mazzola (uma das vítimas do acidente aéreo com o time do Torino em maio de 1949).

A seleção brasileira voltou a campo no dia 15 e foi derrotada pela Hungria.

BRASIL 1 × 3 HUNGRIA — LIVERPOOL — 15.07.66

BRASIL: Gylmar, Djalma Santos, Bellini, Altair e Paulo Henrique, Gérson, Lima, Garrincha, Jairzinho, Alcindo e Tostão.

HUNGRIA: Kaposzta, Matrai, Meszoely, Sipos, Bene, Florian Albert, Janos Farkas, Gyuza Rakosi, Imre Mathesz, Gusztáv Szepesi e Jozsef Gelei.

ÁRBITRO: Ken Dagnall (Inglaterra).

GOLS: Bene (2) e Tostão (14) no primeiro tempo. Farkas (19) e Meszoely (28) na etapa final.

A Hungria não era mais o supertime da Copa de 1954, mas a equipe de 1966 tinha bons jogadores, como Bene e Farkas. Pelé ficou mesmo de fora. Vicente Feola escalou o mineiro Tostão. Outra novidade no time foi Gérson, que entrou no lugar de Denilson. A partida em Liverpool, em 15 de julho, marcou o fim de uma invencibilidade de 13 jogos da seleção em mundiais. A última derrota tinha sido justamente para a Hungria, em 1954, por 4 a 2. Dessa vez o placar foi de 3 a 1. Bene fez aos 2 minutos, e Tostão empatou aos 14. No segundo tempo, os húngaros comprovaram a superioridade e marcaram com Farkas, aos 19, e Meszoely, aos 28. Gylmar dos Santos Neves se contundiu e teve de jogar no sacrifício com uma faixa na perna. O goleiro, bicampeão mundial de futebol, seria substituído por Manga na partida seguinte.

A imprensa brasileira já especulava sobre a escalação do time que iria enfrentar Portugal. As manchetes da *Folha de S.Paulo* indicavam que Gérson poderia continuar no time. No entanto, ele não foi escalado, como veremos mais adiante. Os críticos, maldosos, diziam que ele tinha ingerido pasta de dente para passar mal e não entrar em campo contra os portugueses. Pura bobagem.

URUGUAI 2 × 1 FRANÇA: a equipe uruguaia conseguiu um bom resultado na Copa ao virar o jogo contra a França, em Londres, com gols de Pedro Rocha e Cortez.

ESPANHA 2 × 1 SUÍÇA: também de virada, a Espanha se recuperou na Copa com uma vitória sobre a Suíça, em Sheffield. Sanchis e Amancio balançaram as redes.

COREIA DO NORTE 1 × 1 CHILE: o jogo foi disputado em Middlesbrough, também no dia 15. Rubén Marcos abriu o placar para os chilenos aos 26 minutos do primeiro tempo, e Pak Seung Zin deixou tudo igual aos 43 minutos da etapa final. O gol coreano foi o de número 700 da história das Copas.

PORTUGAL 3 × 0 BULGÁRIA: em 16 de julho, a seleção de Portugal, comandada pelo brasileiro Otto Glória, chegou à segunda vitória na Copa, diante da Bulgária, em Liverpool. Vutzov, contra, Eusébio e Torres balançaram as redes.

ALEMANHA 0 × 0 ARGENTINA: em Birmingham, mais de 50 mil torcedores assistiram ao empate sem gols entre Alemanha e a Argentina. Os alemães acertaram a trave adversária duas vezes.

URSS 1 × 0 ITÁLIA: os italianos, que tinham estreado com vitória, tropeçaram diante da União Soviética, em Sunderland. O gol foi de Chislenko aos 12 minutos do segundo tempo.

INGLATERRA 2 × 0 MÉXICO: o Estádio de Wembley recebeu 92 mil torcedores no dia 16 de julho, no jogo que marcou a primeira vitória da Inglaterra na Copa. Bobby Charlton e Hunt marcaram os gols contra o México, um em cada tempo.

A seleção brasileira voltou a campo no dia 19 de julho, já pela terceira rodada do mundial. Só a vitória interessava ao time de Vicente Feola que caiu diante de Portugal.

> **BRASIL 1 × 3 PORTUGAL – LIVERPOOL – 19.07.66**
>
> **BRASIL**: Manga, Orlando, Fidélis, Brito, Rildo, Pelé, Denilson, Lima, Jairzinho, Silva e Paraná.
> **PORTUGAL**: José Pereira, Vicente Lucas, Hilário Conceição, Coluna, Simões, José Augusto, Eusébio, Jaime Graça, João Morais, José Torres e José Baptista.
>
> **ÁRBITRO**: George McCabe (Inglaterra).
>
> **GOLS**: Simões (15) e Eusébio (27) no primeiro tempo. Rildo (25) e Eusébio (40) na etapa final.

Pelé estava de volta. Só ele poderia salvar a seleção brasileira. As novidades seriam Manga, Orlando, Fidélis, Brito, Rildo, Silva e Paraná. Ou seja, um time totalmente diferente dos jogos anteriores. Brasil e Portugal se enfrentaram pela primeira vez na história dos mundiais. Diziam os supersticiosos que a primeira defesa do goleiro Manga em uma partida iria indicar como seria o desempenho dele nos 90 minutos. Na primeira vez em que foi acionado, ele bateu roupa! O goleiro não jogou bem. Em outro lance, Manga rebateu mal uma bola pelo alto e Simões marcou de cabeça aos 15 minutos. Eusébio fez o segundo de Portugal aos 27 minutos, em uma falha da zaga brasileira. Na etapa final, Rildo diminuiu aos 25 minutos. Os portugueses chegaram ao terceiro gol e acabaram de vez com as esperanças brasileiras: Eusébio, aos 40 minutos, venceu o goleiro Manga com um chute potente.

Pelé sofre mais uma falta e é observado pelos jogadores portugueses

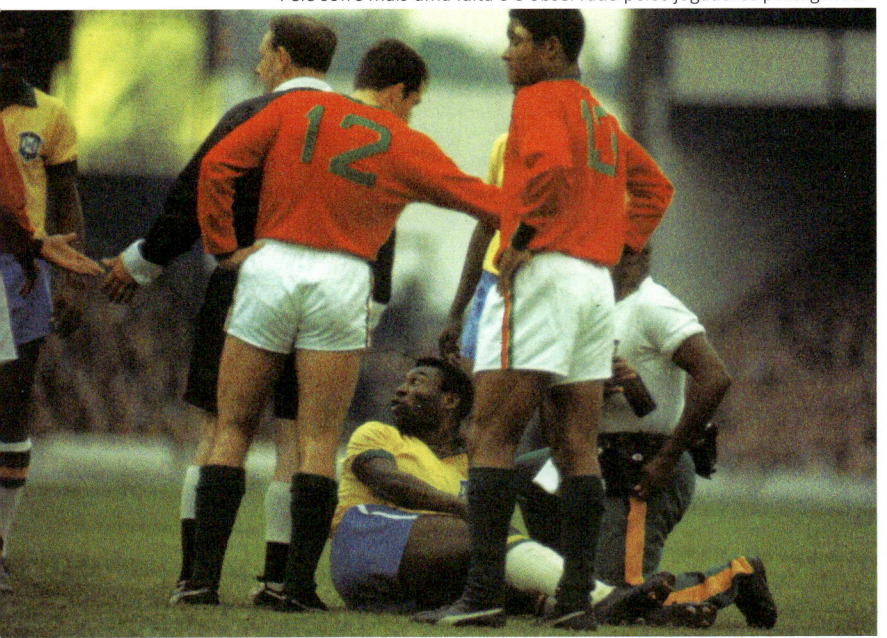

Pelé foi caçado em campo por Morais, Batista, Vicente e Coluna. A ordem era eliminar o Rei do Futebol. O camisa 10 continuou em campo, mas mancando na ponta esquerda. Ainda não eram permitidas substituições durante as partidas. O árbitro inglês George McCabe não conseguiu conter a violência. O Brasil estava eliminado da Copa e ficou em 11º lugar. A colocação só não foi pior do que a de 1934 (14º lugar).

Em São Paulo, 5 mil pessoas se aglomeraram na Praça da Sé durante a partida. Assim como em 1962, foi instalado um telão luminoso que indicava o local do campo onde estava a bola. Durante a transmissão do rádio, as lâmpadas do painel eram acionadas. Depois do jogo, muita confusão, conforme citava a *Folha de S.Paulo*:

> *Vários incidentes registraram-se na tarde de ontem em diversos pontos da cidade, ao fim do jogo Brasil vs. Portugal. Na praça da Sé, repetiu-se a correria da última sexta-feira, ficando feridas mais de 10 pessoas. Uma delas foi ferida a tiros e outra ameaçada com revólver. Duas lojas, uma na Sé e outra na rua Direita, foram invadidas por populares que depredaram as instalações e pisotearam funcionários. Na praça da Bandeira, houve uma agressão a garrafadas, enquanto que na avenida do Estado e no Jardim Paulistano duas pessoas foram feridas por disparos acidentais. Também ocorreu um conflito no interior do xadrez da Central de Polícia, com duas vítimas.*

João Havelange é, sem dúvida, um dos responsáveis pelo fracasso do Brasil em 1966. Talvez já pensando em se candidatar à presidência da Fifa, ele quis demonstrar capacidade de comando ao assumir a preparação para a Copa de 1966, uma das mais desastrosas da história.

Pelé, revoltado com a má organização em 1966, já avisava que não iria ao México em 1970. Ele considerava que, apesar de dois títulos mundiais na carreira, não teve muita sorte em Copas do Mundo. A contusão em 1962 e a derrota em 1966 fizeram o Rei refletir sobre a possibilidade de vestir ou não a camisa 10 em 1970: "*Não me sinto esmagado pela derrota, mas me entristece não ter podido jogar meu futebol. O futebol ideal tornou-se impossível.*" As declarações de Pelé, dadas ao jornal *Folha de S.Paulo*, revelam a revolta do jogador com a violência dos adversários. Na Europa, a grande discussão era se o futebol força iria destruir o que se convencionou chamar de futebol arte. Muita água ainda iria rolar até 1970, e Pelé reviu a posição e entrou em campo no mundial seguinte. Ainda bem!

Em meio ao vexame, a volta da seleção ao Brasil, relatada pela *Folha*, foi cercada de preocupação e a polícia montou um esquema especial de segurança no Rio de Janeiro e em São Paulo. No entanto, pouca gente esteve nos aeroportos para receber os atletas nacionais:

> *Sem nenhum incidente, porque havia muito pouca gente (a torcida preferiu ficar em casa) e o policiamento era rigoroso, os integrantes da delegação brasileira desembarcaram às 5h30 de hoje no aeroporto do Galeão. João Havelange, Carlos Nascimento, abatidos e cansados, não pouparam críticas à Fifa e às arbitragens do certame. Mas reconheceram também os erros da Comissão Técnica, um dos quais a convocação inicial de excessivo número de jogadores que acabou por impedir a formação de uma equipe básica.*

Segundo Garrincha, "*o quadro era escalado no dia dos jogos e isso nos preocupava muito. Passávamos a noite sem saber quem entraria na equipe no dia seguinte*". Até mesmo a instauração de uma CPI foi cogitada por deputados no Congresso Nacional para apurar as razões do fracasso da seleção na Copa.

COREIA DO NORTE 1 × 0 ITÁLIA: a bicampeã Itália teve uma desclassificação vergonhosa no mesmo dia 19 de julho, em Middlesbrough. A equipe perdeu para a Coreia do Norte, 1 a 0, em uma das grandes zebras das Copas. O gol, aos 42 minutos do primeiro tempo, foi marcado por Pak Doo-ik que virou herói nacional. Na volta para casa, os jogadores italianos foram recebidos com uma chuva de tomate e ovos podres.

URUGUAI 0 × 0 MÉXICO: ainda no dia 19, Uruguai e México empataram sem gols, em Londres. Ao contrário dos dois jogos anteriores, a meta mexicana foi defendida por Antonio Carbajal. Conhecido como El Cinco Copas, jogou os mundiais de 1950, 1954, 1958, 1962 e 1966. Além dele, o alemão Matthäus, o goleiro italiano Buffon e o também mexicano Rafa Marques estiveram presentes em cinco mundiais.

ARGENTINA 2 × 0 SUÍÇA: os argentinos precisavam de apenas um empate para se classificar, mas venceram a Suíça por 2 a 0, em Sheffield. Os gols foram de Artime e Onega.

INGLATERRA 2 × 0 FRANÇA: fechando a terceira rodada da Copa, no dia 20, a Inglaterra passou pela França, em Wembley. Os dois gols foram marcados por Roger Hunt. Os franceses deixaram o campo reclamando da arbitragem do peruano Arturo Yamasaki.

ALEMANHA 2 × 1 ESPANHA: Em Birmingham, Fuste abriu o placar para os espanhóis aos 22 minutos do primeiro tempo. Emmerich empatou para a Alemanha aos 38 minutos. Um minuto depois, Seeler garantiu a vitória ao balançar as redes adversárias, confirmando a classificação para as quartas de final.

HUNGRIA 3 × 1 BULGÁRIA: em Liverpool, a Hungria venceu a Bulgária e ficou em segundo lugar no grupo 3, atrás de Portugal.

URSS 2 × 1 CHILE: a União Soviética ficou em primeiro no grupo 4 com uma vitória diante do Chile, em Sunderland. A Coreia do Norte, que tinha eliminado a Itália, terminou em segundo.

Os duelos das quartas, que seriam disputadas no dia 23 de julho, foram: Inglaterra × Argentina, URSS × Hungria, Alemanha × Uruguai e Portugal × Coreia do Norte.

INGLATERRA 1 × 0 ARGENTINA: quando dizemos que a Copa de 1966 foi um mundial de escândalos, dois jogos das quartas de final retratam bem os erros de arbitragem. Em Wembley, com 90 mil pessoas, a Inglaterra venceu a Argentina por 1 a 0. O gol foi de Hurst aos 33 do segundo tempo. No entanto, a atuação desastrosa do árbitro alemão Rudolf Kreitlein entrou para a história. O jogo quase provocou um incidente diplomático.

O argentino Rattin reclamou inúmeras vezes da violência dos ingleses, principalmente do zagueiro Styles. Ainda no primeiro tempo, o juiz perdeu a paciência e expulsou o argentino. Rattin chegou a pedir um intérprete para explicar o que tinha dito ao árbitro alemão, mas não foi atendido. Kreitlein não entendia uma palavra em espanhol e depois, na súmula, escreveu que tinha sido ofendido pelo jogador argentino. Rattin demorou para sair de campo. Fez gestos obscenos para a torcida e esfregou a mão na bandeirinha de escanteio que levava as cores inglesas.

O técnico Alf Ramsey chamou os argentinos de "animais" e eles retrucaram: "*ladrões das Ilhas Malvinas*". Rattin, falando ao jornalista Teixeira Heizer em *O jogo bruto das Copas do Mundo* afirmou: "*O árbitro estava ajustado com Rouss (Stanley Rouss, presidente da Fifa). Perdemos no apito. Mas eu mostrei que na América também tem homem.*" A Fifa puniu Rattin, Ferrero, outro jogador argentino, e a AFA (Associação de Futebol Argentino). Os jornais ainda destacaram que o gol de Hurst teria sido irregular.

Depois de tanta confusão, a partir de 1970 seriam instituídos os cartões amarelo e vermelho. Assim todo mundo se entenderia.

ALEMANHA 4 × 0 URUGUAI: enquanto um alemão apitava o jogo da Inglaterra, um inglês, James Finney, estava em campo, em Sheffield, no duelo entre Alemanha e Uruguai. Haller abriu o placar aos 12 minutos do primeiro tempo. Na etapa final, o árbitro expulsou Troche e Hector Silva de maneira duvidosa. A polícia chegou a entrar em campo para retirar Hector Silva. Com nove jogadores, os uruguaios ficaram rendidos. Beckenbauer, aos 25, Seeler, aos 30, e Haller, aos 38 minutos, fecharam o placar: 4 a 0. Os uruguaios também reclamaram de um pênalti não marcado, depois que Schnellinger evitou um gol com a mão. Mais uma arbitragem vergonhosa.

URSS 2 × 1 HUNGRIA: em Sunderland, a União Soviética venceu a Hungria por 2 a 1 e, pela primeira vez na história, chegou a uma semifinal de Copa. Chislenko e Porkuyan marcaram para os soviéticos. Bene diminuiu para a Hungria.

PORTUGAL 5 × 3 COREIA DO NORTE: em Liverpool, uma surpresa. A Coreia do Norte fez três gols (1, 22 e 25 minutos). Com uma agilidade e correria impressionantes, os coreanos deram uma grande canseira nos adversários. Eusébio diminuiu aos 27. Aos 43, o craque português fez o segundo ao converter um pênalti. Placar do primeiro tempo: 3 a 2 para a Coreia. Na etapa final, os asiáticos estavam exaustos. Eusébio empatou aos 11 e virou o jogo aos 14 minutos. José Augusto fechou o placar: 5 a 3.

As semifinais tiveram o confronto entre Alemanha × URSS, no dia 25, e Inglaterra × Portugal, no dia 26 de julho.

ALEMANHA 2 × 1 URSS: no Goodison Park, em Liverpool, a Alemanha garantiu vaga para a final da Copa com gols de Haller, aos 43 do primeiro, e Beckenbauer, aos 22 do segundo tempo. Porkuyan diminuiu aos 43 minutos da etapa final. Depois de 12 anos, os alemães estavam de volta à decisão da Copa.

INGLATERRA 2 × 1 PORTUGAL: os ingleses lotaram Wembley (94 mil pessoas) para torcer pela classificação do *English Team*. O jogo estava inicialmente marcado para Liverpool, mas a Fifa inverteu os locais das duas semifinais. Os portugueses reclamam até hoje, pois acham que a troca teve o intuito de beneficiar a Inglaterra. Bobby Charlton marcou dois gols, um em cada tempo (aos 30 e aos 35 minutos). Eusébio diminuiu em uma cobrança de pênalti aos 37. Em 2001, fiz uma entrevista com o Pantera Negra, como Eusébio era conhecido. Nascido no Marrocos, Eusébio da Silva Ferreira guardava uma mágoa. Ele achava que Portugal poderia ter chegado à final da Copa se o jogo contra os ingleses fosse disputado em outro estádio: *"Nós deveríamos ter jogado em Liverpool. Era a casa de Portugal."*

PORTUGAL 2 × 1 URSS: a seleção de Eusébio confirmou a boa campanha na Copa, venceu a União Soviética por 2 a 1 e ficou com o terceiro lugar, em jogo disputado em Wembley, no dia 28 de julho. Eusébio abriu o placar em uma cobrança de pênalti aos 12 minutos do primeiro tempo. Foi o nono gol do artilheiro da Copa. Malofeyev empatou aos 43 minutos. A vitória de Portugal veio com o gol de Torres aos 44 minutos da etapa final.

A FINAL POLÊMICA

A decisão da Copa foi disputada no dia 30 de julho com a presença de 93 mil pessoas em Wembley. Até hoje é a única decisão de um mundial jogada em um sábado. Caberia à Rainha Elizabeth entregar a taça Jules Rimet ao capitão da seleção vencedora.

INGLATERRA 4 × 2 ALEMANHA – LONDRES – 30.07.66

INGLATERRA: Banks, Bobby Moore, Jack Charlton, Wilson, Cohen, Stiles, Ball, Peters, Bobby Charlton, Hurst e Hunt.

ALEMANHA: Tilkowski, Hoettges, Schulz, Schnellinger, Weber, Haller, Beckenbauer, Overath, Emmerich, Held e Seeler.

ÁRBITRO: Gottfried Dienst (Suíça).

GOLS: Haller (12) e Hurst (18) no primeiro tempo. Peters (33) e Weber (44) na etapa final. Hurst aos 11 do primeiro tempo da prorrogação e aos 15 da segunda etapa do tempo extra.

A Alemanha saiu na frente com gol de Haller aos 12 minutos do primeiro tempo. Silêncio na torcida inglesa! Mas os donos da casa empataram com Hurst aos 18 minutos. No segundo tempo, Peters virou o placar aos 33. A Alemanha empatou aos 44 do segundo tempo, depois de uma confusão na área. O gol foi de Weber, mas o lance que originou a jogada surgiu de uma falta que não existiu. Pela segunda vez na história, assim como em 1934, uma final de Copa seria definida na prorrogação. Aos 11 minutos, se desenrolou um dos lances mais polêmicos da história dos mundiais. Hurst chutou já de dentro da grande área. A bola bateu no travessão, quicou no chão, aparentemente em cima da linha, e voltou ao campo. O árbitro Gottfried Dienst, da Suíça, correu para consultar o bandeirinha Tofik Bakhamov, da URSS, que confirmou que a bola tinha entrado. Até hoje esse lance é discutido. Pelas imagens, fica claro que a bola não entrou. A Alemanha sentiu o gol e caiu de produção. Aos 15 minutos do segundo tempo da prorrogação, Hurst marcou o quarto

Jogando de vermelho, o time inglês só conseguiu superar os alemães na prorrogação

da Inglaterra e entrou para a história como o único jogador a fazer três gols em uma decisão de Copa. No entanto, esse gol também pode ser contestado. Torcedores já tinham invadido o campo para comemorar o título no momento em que Hurst corria praticamente sozinho em direção ao gol defendido por Tilkowski. Depois do quarto gol, o árbitro encerrou a partida.

O capitão Bobby Moore recebeu a taça das mãos da Rainha Elizabeth. O título é até hoje o único da história do futebol inglês. A Copa ficou com os inventores do futebol.

A *Folha de S.Paulo* do dia seguinte pouco falou sobre os erros de arbitragem. O jornal exaltava a frieza britânica:

> *Alf Ramsey, o técnico da seleção inglesa, prognosticou há dois anos o triunfo que sua equipe conquistou ontem e foi responsável direto pelo sucesso de seus jogadores, a quem soube imprimir um padrão tático que alterou radicalmente o sistema até então seguido na Inglaterra. Ontem o selecionado inglês mostrou-se em todo o seu poderio controlando a partida durante o maior tempo e sem perder o sangue-frio quando os adversários conseguiram empatar, no fim do tempo regulamentar.*

Antes da Copa, em 20 de março de 1966, a taça Jules Rimet estava em exposição em Londres, quando desapareceu. O sumiço mobilizou a Inglaterra e envolveu até a Scotland Yard. Uma semana depois, um cachorro chamado Pickles encontrou o troféu em um jardim londrino. A taça estava embrulhada em jornais. O cãozinho virou herói nacional. Um suspeito chegou a ser preso pelo roubo. Antes, em 1939, no começo da Segunda Guerra, o dirigente italiano Ottorino Barassi escondeu o troféu na casa dele para evitar que o ouro fosse derretido pelos nazistas. Em 1983, já em posse definitiva do Brasil, a Jules Rimet foi roubada da sede da CBF, no Rio de Janeiro, e desapareceu para sempre. No dia do roubo, a original estava exposta e a cópia se encontrava no cofre. Coisas do Brasil.

Festa em casa: Bobby Moore recebe a taça das mãos da rainha Rainha Elizabeth

TABELA DA COPA DE 1966

GRUPO 1

11/07/1966 Londres: **Inglaterra 0 × 0 Uruguai**
13/07/1966 Londres: **França 1 × 1 México**
15/07/1966 Londres: **Uruguai 2 × 1 França**
16/07/1966 Londres: **Inglaterra 2 × 0 México**
19/07/1966 Londres: **Uruguai 0 × 0 México**
20/07/1966 Londres: **Inglaterra 2 × 0 França**

GRUPO 2

12/07/1966 Sheffield: **Alemanha Oc. 5 × 0 Suíça**
13/07/1966 Birmingham: **Argentina 2 × 1 Espanha**
15/07/1966 Sheffield: **Espanha 2 × 1 Suíça**
16/07/1966 Birmingham: **Alemanha Oc. 0 × 0 Argentina**
19/07/1966 Sheffield: **Argentina 2 × 0 Suíça**
20/07/1966 Birmingham: **Alemanha Oc. 2 × 1 Espanha**

GRUPO 3

12/07/1966 Liverpool: **Brasil 2 × 0 Bulgária**
13/07/1966 Manchester: **Portugal 3 × 1 Hungria**
15/07/1966 Liverpool: **Hungria 3 × 1 Brasil**
16/07/1966 Manchester: **Portugal 3 × 0 Bulgária**
19/07/1966 Liverpool: **Portugal 3 × 1 Brasil**
20/07/1966 Manchester: **Hungria 3 × 1 Bulgária**

GRUPO 4

12/07/1966 Middlesbrough: **URSS 3 × 0 Coreia do Norte**
13/07/1966 Sunderland: **Itália 2 × 0 Chile**
15/07/1966 Middlesbrough: **Coreia do Norte 1 × 1 Chile**
16/07/1966 Sunderland: **URSS 1 × 0 Itália**
19/07/1966 Middlesbrough: **Coreia do Norte 1 × 0 Itália**
20/07/1966 Sunderland: **URSS 2 × 1 Chile**

QUARTAS

23/07/1966 Londres: **Inglaterra 1 × 0 Argentina**
23/07/1966 Sunderland: **União Soviética 2 × 1 Hungria**
23/07/1966 Sheffield: **Alemanha Oc. 4 × 0 Uruguai**
23/07/1966 Liverpool: **Portugal 5 × 3 Coreia do Norte**

SEMIFINAIS

25/07/1966 Liverpool: **Alemanha Oc. 2 × 1 União Soviética**
26/07/1966 Londres: **Inglaterra 2 × 1 Portugal**

TERCEIRO LUGAR

28/07/1966 Londres: **Portugal 2 × 1 União Soviética**

FINAL

30/07/1966 Londres: **Inglaterra 4 × 2 Alemanha Ocidental**

Escaneie o QR Code ao lado e ouça as transmissões de rádio na Copa de 1966.

MÉX 19

VOZES E IMAGENS DO TRI

Transmissão da primeira Copa ao vivo tem pool inédito

Maio de 1970: o clima da Copa do Mundo começava a contagiar os brasileiros. O país poderia se dar ao luxo de esquecer, por cerca de vinte dias, de que vivia uma ditadura. Eram os "anos de chumbo". Pela primeira vez, um mundial foi transmitido ao vivo pela televisão, via satélite. Mas pouca gente sabe: dos 32 jogos disputados, apenas 11 foram exibidos ao vivo no Brasil. Você sabe quais? Como do México vinham apenas um som e uma imagem, o tempo das transmissões das partidas era dividido entre os narradores das emissoras.

O POOL DAS EMISSORAS DE TV

O governo iria patrocinar a transmissão da Copa por meio da Loteria Esportiva. No entanto, duas agências de publicidade, a McCann Erickson e a Thompson, entraram na jogada. As agências reivindicaram a participação de anunciantes privados. O governo deu então um prazo de 48 horas para que fossem captadas empresas interessadas na transmissão e que deveriam depositar o dinheiro necessário. Deu certo! A Esso, a Souza Cruz e a Gilette pagaram 4 milhões e 500 mil cruzeiros.

Era tudo novidade. Uma reportagem do *Estadão* dizia:

> Hoje, a partir das 15 horas (meio-dia, no México), o público do Brasil começará a ver as primeiras imagens do nono Campeonato Mundial de Futebol: é o momento em que se inicia a transmissão direta do 'pool' brasileiro de televisão, que cobrirá o jogo de estreia entre México e União Soviética e mais 10 partidas até o final do campeonato. Pelo contrato feito com os mexicanos (Telesistema Mexicano), o pool receberá 21 jogos em videoteipe que serão transmitidos pelo comando das três cadeias exatamente às 23hs, usando os links das Emissoras Associadas e da Globo entre Rio-São Paulo-Belo Horizonte-Brasília.

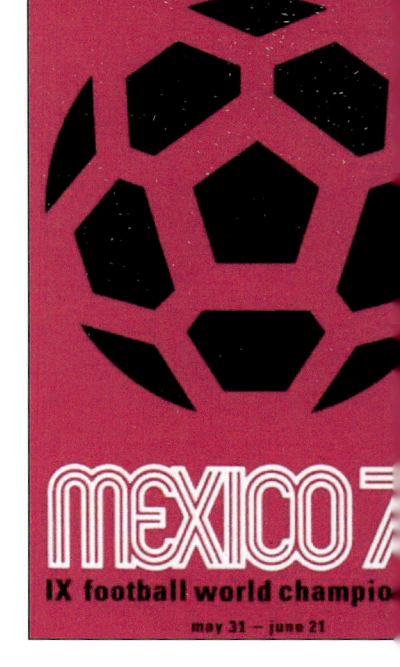

O interessante é que mesmo quando a Copa acabou as emissoras continuaram exibindo teipes dos jogos nos fins de noite.

As imagens vinham do México por meio do satélite Intelsat III-F-6. A Embratel afirmava que a confiança do telespectador no sistema seria de 99,99%. Se a imagem falhasse, estavam garantidos dois canais de telefone para transmissão de voz aos aparelhos de TV. O pool de televisão era dividido em:

Rede Associada de Televisão (TV Tupi): Walter Abrahão, Oduvaldo Cozzi e Fernando Sasso, narradores. Rui Porto e Geraldo Bretas eram os comentaristas.

Rede Globo de Televisão: Geraldo José de Almeida (narrador) e João Saldanha (comentarista).

Emissoras Independentes: Fernando Solera (narrador da Bandeirantes) e Leônidas da Silva (comentarista da Record).

A transmissão era dividida entre os narradores, normalmente por sorteio. A sorte ajudava. Walter Abrahão narrou os gols da seleção brasileira no segundo tempo contra o Uruguai, na semifinal. Já Fernando Solera deu voz aos três dos quatro gols do Brasil na finalíssima diante dos italianos.

QUEM NARROU CADA TEMPO DOS JOGOS DA SELEÇÃO:

Brasil 4 × 1 Tchecoslováquia – 03/06/70
Fernando Solera – primeiro tempo
Geraldo José de Almeida – segundo tempo

Brasil 1 × 0 Inglaterra – 07/06/70
Geraldo José de Almeida – primeiro tempo
Walter Abrahão – segundo tempo

Brasil 3 × 2 Romênia – 10/06/70
Oduvaldo Cozzi – primeiro tempo
Fernando Solera – segundo tempo

Brasil 4 × 2 Peru – 14/06/70
Fernando Solera – primeiro tempo
Geraldo José de Almeida – segundo tempo

Brasil 3 × 1 Uruguai – 17/06/70
Geraldo José de Almeida – primeiro tempo
Oduvaldo Cozzi/Walter Abrahão – segundo tempo

Brasil 4 × 1 Itália – 21/06/70
Oduvaldo Cozzi/Walter Abraão – primeiro tempo
Fernando Solera – segundo tempo

PREPARAÇÃO BRASILEIRA

Depois do fracasso de 1966, a seleção começou um trabalho de longo prazo. Aymoré Moreira, treinador de 1962, voltou ao comando da equipe e conquistou a Taça Rio Branco contra o Uruguai, em 1968. Já no ano seguinte, João Havelange, presidente da CBD, convidou o jornalista João Saldanha, comunista convicto, para a seleção. Uma surpresa! O treinador chegou e, de cara, anunciou os nomes dos titulares chamados de "feras". Eram as Feras de Saldanha. A seleção se classificou para a Copa com 6 vitórias:

> BRASIL 2 × 0 COLÔMBIA – BOGOTÁ
> BRASIL 5 × 0 VENEZUELA – CARACAS
> BRASIL 3 × 0 PARAGUAI – ASSUNÇÃO
> BRASIL 6 × 2 COLÔMBIA – RIO DE JANEIRO
> BRASIL 6 × 0 VENEZUELA – RIO DE JANEIRO
> BRASIL 1 × 0 PARAGUAI – RIO DE JANEIRO

Tostão foi o artilheiro do Brasil com dez gols. Os jogos contra o Paraguai foram os mais difíceis. Na partida de ida, a seleção enfrentou a pressão da torcida, mas conseguiu uma vitória histórica: 3 a 0. Na partida de volta, Pelé fez o gol salvador em um Maracanã lotado. Oficialmente o estádio recebeu mais de 180 mil torcedores.

Mas João Saldanha começou a incomodar os militares e sofria pressões por não ter diploma de educação física. Ele foi demitido em março de 1970 por João Havelange. A saída dele é até hoje cercada de especulações. A CBD tentou Dino Sani, mas foi Zagallo quem assumiu o comando.

A equipe saiu do Brasil desacreditada e com dúvidas sobre a escalação definitiva. O chefe da delegação, Jerônimo Baptista Bastos, era um militar. Apesar da presença do exército, o que muitos chamam de militarização da seleção de 1970, dentro de campo os militares não tiveram influência direta. Eles queriam sim aproveitar o momento positivo de eventual conquista, mas não interferiram nas escalações.

Uma polêmica que cerca a seleção de 1970 é a convocação de Dario pelo técnico Zagallo. O presidente Emílio Garrastazu Médici, gremista fanático, chegou a declarar que gostaria de ver o jogador na seleção. João Saldanha afirmou que quem escalava a seleção era ele, assim como o presidente escolhia o ministério. Zagallo chamou Dario para Copa, é verdade, mas o jogador ficou apenas no banco de reservas. Uma outra discussão era se Pelé e Tostão poderiam atuar juntos. O tempo mostrou que sim.

O DIA A DIA DA COPA DE 1970

A Copa de 1970 foi marcada por duas novidades em relação às regras do jogo: a introdução dos cartões amarelo e vermelho e as substituições de até dois jogadores durante as partidas.

A fórmula de disputa foi a mesma das três Copas anteriores: 16 seleções, divididas em 4 grupos. As duas primeiras de cada se classificavam para as quartas de final, disputadas no sistema de mata-mata.

Os jogos foram realizados na Cidade do México, em Guadalajara, em Puebla, em Toluca e em León.

> **GRUPO 1**: México, URSS, Bélgica e El Salvador
> **GRUPO 2**: Itália, Uruguai, Suécia e Israel
> **GRUPO 3**: Inglaterra, Brasil, Tchecoslováquia e Romênia
> **GRUPO 4**: Alemanha Ocidental, Bulgária, Peru e Marrocos.

A Argentina ficou de fora da Copa, desclassificada pelo Peru. Já El Salvador chegou ao mundial pela primeira vez após derrotar Honduras nas eliminatórias da Concacaf. A rivalidade no futebol fez reacender uma velha disputa de terras entre os dois países. De 14 a 18 de julho de 1969, dias depois das partidas decisivas envolvendo El Salvador e Honduras, teve início um conflito armado, conhecido como "A Guerra das Cem Horas". Ao menos 6 mil pessoas morreram. Na Europa, França, Espanha, Portugal e Hungria ficaram de fora da Copa.

> **GRADE DA TV DE 31 DE MAIO DE 1970**
> 15h: México vs. URSS
> (TV Cultura, Globo, Tupi, Record, Excelsior, Gazeta e Bandeirantes)

De acordo com a grade de programação das TVs, vemos que todas as emissoras transmitiram o jogo de abertura. O sinal era disponibilizado pela Embratel. A TV Cultura, alegando que não poderia veicular publicidade, oficialmente ficou de fora do pool, mas retransmitiu algumas partidas, principalmente as da seleção brasileira.

Abaixo, a chamada, publicada nos jornais, do jogo inaugural da Copa entre México e URSS, no dia 31 de maio de 1970.

Assista hoje à abertura oficial da Copa com o jôgo MÉXICO x RÚSSIA A PARTIR DE 15 HORAS
Transmissão direta do México pelo maior "pool" nacional de televisão:
RÊDE GLOBO DE TELEVISÃO
RÊDE DE EMISSORAS INDEPENDENTES
EMISSORAS ASSOCIADAS DE TELEVISÃO
PATROCÍNIO DE
Esso · Gillette · Souza Cruz

A cerimônia de abertura foi vista por 700 milhões de pessoas em todo mundo. O presidente do México, Gustavo Díaz Ordaz, declarou a Copa oficialmente aberta e deu o pontapé inicial. O papa Paulo VI mandou mensagem:

> *Nesta época de tantos conflitos e divisões em todo mundo, é desejo da Santa Sé que, neste acontecimento de que o México é anfitrião, exista harmonia e paz. Ao mesmo tempo faço um apelo, não somente aos 16 países aqui representados como também a toda a humanidade, para que, acima de todas as diferentes políticas, ideológicas e raciais, exista união e terminem os graves problemas que afligem o mundo.*

MÉXICO 0 × 0 URSS: o jogo não honrou a festa. México e Rússia empataram sem gols. O futebol não foi convidado para a abertura.

Depois da abertura, foi feita uma mudança em relação ao segundo jogo que seria transmitido ao vivo pelas emissoras de TV, em 2 de junho de 1970. Essa nota publicada no *Estadão* informava:

> *Ao contrário do que havia sido anunciado anteriormente, a televisão mostrará hoje o jogo entre Peru e Bulgária, a primeira partida do grupo de León, e não mais Romênia vs. Inglaterra que abre a disputa da chave do Brasil, em Guadalajara. E todas as transmissões continuarão a ser mostradas em cores no centro da Embratel, na avenida São Luís, a exemplo do que sucedeu no domingo, quando cerca de 200 convidados assistiram à primeira transmissão de um jogo de futebol em cores no Brasil, nos quatro receptores instalados no auditório do Circolo Italiano.*

Uma outra dúvida que a imprensa da época nos tira é sobre a transmissão em cores. Muita gente se pergunta: a Copa de 1970 foi transmitida em cores? Sim! As imagens do México chegavam ao Brasil em cores. O problema é que os aparelhos de TV e os equipamentos das emissoras ainda não tinham a tecnologia. A Embratel instalou postos pelo Brasil com televisores coloridos. Algo para privilegiados, principalmente militares e autoridades.

O jogo entre Peru e Bulgária, em León, substituiu Romênia e Inglaterra, no dia 2 de junho. Como a abertura foi 0 a 0, os brasileiros assistiram pela primeira vez, ao vivo, um gol de Copa do Mundo, que foi marcado pelo búlgaro Dermendjev aos 12 minutos do primeiro tempo. A seleção peruana era treinada pelo técnico brasileiro Didi, campeão mundial em 1958 e 1962.

PERU 3 × 2 BULGÁRIA: o Peru estava arrasado por causa de um terremoto que sacudiu o país no dia 31 de maio de 1970. Os jogadores prestaram homenagens antes da partida. Na estreia, o time saiu perdendo por 2 a 0, mas virou para 3 a 2, destaque para a atuação de Teófilo Cubillas. Ele, Gallardo e Chumpitaz marcaram os gols.

Ainda sobre o duelo entre Peru e Bulgária, uma história interessante. Léo Batista, uma das vozes mais marcantes do jornalismo esportivo do país, era recém-contratado da TV Globo. Mesmo tendo experiência com o esporte, cuidava de reportagens culturais. Em depoimento ao Sportv, ele conta:

> Eu estava na redação quando Walter Clark saiu desesperado da sala dele. O áudio da transmissão da partida entre Peru e Bulgária tinha caído. Walter Clark gritou para mim: 'Léo, vai para a cabine e segura a transmissão até o som do México voltar'. Eu olhei para a minha mesa e vi que tinha a edição do dia do Jornal do Brasil. Peguei o caderno de esportes, que trazia as escalações e os números dos jogadores, fui para o estúdio e comecei a fazer a transmissão. Foi quando saiu o gol de Dermendjev, da Bulgária. Ou seja, quem estava assistindo à transmissão da Globo naquele dia, viu o primeiro gol da Copa com a minha narração.

INGLATERRA 1 × 0 ROMÊNIA: ainda no dia 2 de junho, a Inglaterra, então última campeã do mundo, venceu a Romênia, em Guadalajara, gol de Hurst aos 20 minutos do segundo tempo. O técnico inglês ainda era Alf Ramsey, que manteve a base da conquista de 1966.

URUGUAI 2 × 0 ISRAEL: em Puebla, os uruguaios venceram a fraca seleção de Israel por 2 a 0, gols de Maneiro e Mujica.

A seleção estreou na Copa, no Estádio Jalisco, em Guadalajara, em 3 de junho de 1970, uma quarta-feira. O jogo começou efetivamente às 7 da noite. Todas as emissoras transmitiram o show da seleção brasileira:

BRASIL 4 × 1 TCHECOSLOVÁQUIA – GUADALAJARA – 03.06.70

BRASIL: Félix, Carlos Alberto, Brito, Piazza e Everaldo; Clodoaldo, Gérson (Paulo César), Jairzinho, Tostão, Pelé e Rivellino.

TCHECOSLOVÁQUIA: Victor, Dobias, Horvath, Migas e Hagara; Hrdlicka (Kvasnak), Kuna, Frantisek Vesely (Bohumil Vesely), Petras, Adamec e Jokl.

ÁRBITRO: Ramon Barreto (Uruguai).

GOLS: Petras (12) e Rivellino (25) no primeiro tempo. Pelé (15) e Jairzinho (19 e 38) na etapa final.

O treinador da Tchecoslováquia, Josef Marko, dizia que os tchecos venceriam o Brasil com facilidade e marcariam gols com chutes de longe, questionando a eficiência do goleiro Félix.

A Tchecoslováquia saiu na frente com gol de Petras. Na comemoração, ele se ajoelhou e fez o sinal da cruz, em um protesto contra o regime ateu e socialista em vigor em seu país. O time brasileiro empatou com Rivellino em uma cobrança de falta. O jogador ficou conhecido no México por ter um chute chamado de "patada atômica".

No segundo tempo, a equipe fez uma apresentação de gala. Aos 15 minutos, Gérson lançou para Pelé, que matou a bola no peito e chutou na saída do goleiro. Geraldo José de Almeida gritava: "*Olha lá, olha lá, olha lá no placar. Deus lhe pague Pelé.*" Aos 19, Jairzinho recebeu um lançamento de Gérson, deu um chapéu em Victor e marcou o terceiro: mais um golaço. Jair também fez o quarto gol da seleção brasileira aos 38 minutos. Uma das imagens mais célebres daquela Copa é a do goleiro Victor correndo desesperado de volta para a meta, depois de ser surpreendido por um chute de Pelé, a partir do campo de defesa do Brasil. A câmera postada atrás do gol mostra a bola passando a poucos centímetros da trave esquerda.

A *Folha de S.Paulo* trazia a seguinte manchete no dia seguinte: "*Reviravolta e arrancada triunfante*". O jornal destacava o gesto feito por Petras depois do gol: "*Um gesto inesperado: o tcheco Petras e mãos postas após fazer o sinal da cruz; ele acabava de marcar.*"

ITÁLIA 1 × 0 SUÉCIA: ainda no dia 3 de junho, a Itália passou pela Suécia, em Toluca. O único gol do jogo foi marcado por Domenghini aos 11 do primeiro tempo. O técnico italiano era Ferruccio Valcareggi, que tinha assumido o comando da equipe depois da eliminação vergonhosa em 1966. O treinador conquistou o Campeonato Europeu de Seleções de 1968.

BÉLGICA 3 × 0 EL SALVADOR: o Estádio Azteca, na Cidade do México, recebeu 92 mil pessoas. A Bélgica venceu El Salvador com dois gols de Van Moer e outro de Lambert.

ALEMANHA 2 × 1 MARROCOS: os alemães saíram perdendo para o Marrocos, em León, gol de Jarir aos 21 minutos da primeira etapa. No segundo tempo, a Alemanha virou o jogo: Seeler empatou aos 11 minutos, e Gerd Müller, que seria o artilheiro da Copa de 1970 com dez gols, fez aos 33 minutos.

URUGUAI 0 × 0 ITÁLIA: o quarto jogo transmitido ao vivo no mundial, em 6 de junho, foi a partida entre duas seleções campeãs do mundo, em Puebla. Mas, apesar das boas chances de gol, o placar ficou em branco.

URSS 4 × 1 BÉLGICA: no mesmo dia 6 de junho, a União Soviética goleou a Bélgica na Cidade do México. O Azteca recebeu 95 mil torcedores. Um dos destaques soviéticos era o atacante Anatoliy Byshovets, autor de dois gols. Ligado ao Dínamo de Kiev, ganhou destaque como treinador depois de abandonar os gramados.

ROMÊNIA 2 × 1 TCHECOSLOVÁQUIA: pelo grupo do Brasil, em Guadalajara, a Romênia surpreendeu a Tchecoslováquia, de virada. Petras abriu o placar, mas Neagu e Dumitrache garantiram a vitória. Os tchecos, que tanto falaram e provocaram os adversários, não tinham mais chances de classificação.

PERU 3 × 0 MARROCOS: o Peru conseguiu mais uma boa vitória na Copa do Mundo, em León. Os gols foram de Cubillas (dois) e outro de Challe.

GRADE DA TV DE 7 DE JUNHO DE 1970
15h: Brasil vs. Inglaterra (TV Cultura, Globo, Tupi, Record, Excelsior, Gazeta e Bandeirantes)

23h: Brasil vs. Inglaterra- VT (Globo)

A Copa de 1970 é considerada até hoje o melhor mundial da história. Foi esse o resultado de uma pesquisa feita com jornalistas de todo o mundo. O duelo entre Brasil e Inglaterra, no dia 7, chamado de "jogo do século", reuniu as duas seleções campeãs das três Copas anteriores: o Brasil, em 1958 e 1962, e a Inglaterra, em 1966.

BRASIL 1 × 0 INGLATERRA – GUADALAJARA – 07.06.70
BRASIL: Félix, Carlos Alberto, Brito, Piazza e Everaldo; Clodoaldo, Rivellino, Jairzinho, Tostão (Roberto Miranda), Pelé e Paulo César.

INGLATERRA: Banks, Wright, Labone, Bobby Moore e Cooper; Mullery e Charlton (Bell), Ball, Lee (Astle), Hurst e Peters.

ÁRBITRO: Abraham Klein (Israel).

GOL: Jairzinho (15) no segundo tempo.

Defesa milagrosa do goleiro inglês Banks na cabeçada de Pelé

O jogo foi nervoso e equilibrado. Aos dez minutos do primeiro tempo, Pelé cabeceou para uma defesa milagrosa de Gordon Banks, considerada a mais espetacular de todos os tempos. A seleção sentiu a falta de Gérson, contundido. Rivellino jogou pelo meio, e Paulo César entrou na esquerda. A Inglaterra tentou se impor na base da violência. Lee chutou o rosto do goleiro Félix em uma jogada na área. A bola foi defendida pelo goleiro brasileiro, mas não houve rebote. O jogador inglês, no entanto, tentou se aproveitar do lance. Na sequência, Carlos Alberto deu uma entrada violenta em Lee e foi advertido pelo árbitro israelense. O capitão mostrava que na pancada a Inglaterra não ganharia o jogo.

A torcida também era amplamente favorável à seleção brasileira. Os mexicanos tinham um carinho especial pelo futebol verde-amarelo. Já os ingleses despertaram a ira da torcida local ao levar da Europa um grande carregamento de água para o México. Uma atitude, no mínimo, antipática. De volta ao jogo, apesar do calor em Guadalajara, a seleção brasileira subiu de produção no segundo tempo. O gol salvador veio aos 15 minutos em uma jogada fantástica de Tostão e um passe milimétrico de Pelé para Jairzinho. Os brasileiros comemoraram o gol atrás do banco da Inglaterra, para o desespero do técnico Alf Ramsey. Os últimos 30 minutos foram de muita pressão dos ingleses. Astle perdeu um gol cara a cara com Félix, depois que Everaldo furou a bola. Ball ainda mandou uma bola no travessão do Brasil, mas a vitória estava consumada.

A *Folha* destacava: "As cinco faces de nosso triunfo". Um dos pontos positivos foi a apresentação de Félix, que garantiu a retaguarda da seleção brasileira.

MÉXICO 4 × 0 EL SALVADOR: ainda no dia 7, o México conseguiu a primeira vitória na Copa. Goleada sobre El Salvador, no Azteca. No total, 103.158 torcedores viram os gols de Valdivia (dois), Fragoso e Basaguren. Irritados com a marcação do árbitro em um lance que resultou no primeiro gol mexicano aos 45 minutos da etapa inicial, os jogadores de El Salvador se recusaram a dar a saída de bola. O juiz Aly Hussein Kandil, do Egito, foi obrigado a encerrar o primeiro tempo.

SUÉCIA 1 × 1 ISRAEL: a Suécia saiu na frente com Turesson, mas sofreu o empate em gol marcado por Spiegler. O jogo foi disputado no Estádio Nemesio Díez, em Toluca, conhecido popularmente como La Bombonera.

ALEMANHA 5 × 2 BULGÁRIA: a goleada praticamente garantiu os alemães na fase seguinte da Copa. Apesar de sair perdendo, a Alemanha conseguiu uma ampla vantagem com 3 gols de Müller, um de Libuda e outro de Seeler. O jogo foi disputado em León.

Pesquisando a programação das emissoras, vemos que as reprises eram exibidas à noite. A partida em que a Itália venceu a Suécia, por 1 a 0, em 3 de junho, foi levada ao ar em videoteipe pela TV Globo no dia 8, às 23h30.

GRADE DA TV DE 10 DE JUNHO DE 1970

19h: Brasil vs. Romênia (Cultura, Globo, Tupi, Record, Excelsior, Gazeta e Bandeirantes)

No dia 10 de junho, uma quarta-feira, a seleção brasileira enfrentou a Romênia, no sexto jogo transmitido ao vivo na Copa.

Mesmo sem Gérson e Rivellino, o Brasil venceu a partida por 3 a 2 e confirmou o primeiro lugar no grupo.

BRASIL 3 × 2 ROMÊNIA – GUADALAJARA – 10.06.70

BRASIL: Félix, Carlos Alberto, Brito, Fontana e Everaldo (Marco Antônio); Clodoaldo (Edu), Piazza, Jairzinho, Tostão, Pelé e Paulo César.

ROMÊNIA: Adamache (Raducanu), Satmareanu, Lupescu, Dinu e Mocanu; Neagu, Dumitru e Nunweiller, Dembrowski, Dumitrache (Tataru) e Lucescu.

ÁRBITRO: Ferdinand Marshall (Áustria).

GOLS: Pelé (19), Jairzinho (21) e Dumitrache (33) no primeiro tempo. Pelé (21) e Dembrowski (38) na etapa final.

A Romênia jogava um futebol rápido, com estilo sul-americano e deu muito trabalho para a seleção brasileira. Gérson já não tinha jogado contra a Inglaterra e continuou de fora. Rivellino, que sentiu uma contusão na partida diante dos ingleses, também desfalcou o time de Zagallo. O treinador manteve Paulo César na esquerda. Piazza, originalmente jogador do meio de campo e que jogava a Copa improvisado na zaga, voltou ao meio naquela partida. No lugar dele, atrás, entrou Fontana. No começo do jogo, o Brasil teve facilidade. Pelé fez o primeiro gol em uma cobrança de falta. Jairzinho marcou o segundo, e Dumitrache diminuiu. Na etapa final, Pelé marcou o terceiro da seleção depois de um toque de calcanhar de Tostão. Dembrowski fez mais um para a Romênia. Félix saiu mal em um cruzamento e o jogador adversário completou de cabeça. Apesar do aperto, a seleção ficou em primeiro na chave, com cem por cento de aproveitamento.

A *Folha de S.Paulo* falava sobre o placar apertado e as ausências de Gérson e Rivellino:

Este jogo serviu para mostrar que Zagallo está simultaneamente certo e errado. Certo quando armou a equipe brasileira com base no tripé Clodoaldo-Gérson-Rivellino, sabendo que nessa Copa o meio do campo será o fiel da balança. Errado quando, apegado ao 4-3-3, não previu o que poderia suceder quando a equipe adversária jogasse em um 4-2-4 e o Brasil, na circunstância, não pudesse contar com os seus melhores homens de meio de campo. Zagallo já perdeu, assim, um jogo da seleção carioca, por goleada, contra a seleção de Minas. E ontem o Brasil passou um mau bocado.

Mais três partidas foram disputadas no dia 10:

ALEMANHA 3 × 1 PERU: em León, Müller marcou três gols em um intervalo de 19 minutos na vitória alemã contra o Peru. Mas os peruanos não tinham do que reclamar, pois também estavam classificados.

SUÉCIA 1 × 0 URUGUAI: em Puebla, a Suécia surpreendeu o Uruguai com gol de Grahn aos 45 minutos do segundo tempo. O árbitro brasileiro Airton Vieira de Moraes, apelidado de Sansão, iria trabalhar na partida, mas a Fifa resolveu substituí-lo por Henry Landauer, dos Estados Unidos. A justificativa para a troca foi o rumor de um possível suborno oferecido pelos uruguaios ao árbitro brasileiro. Mas a própria Fifa depois desmentiu a história.

URSS 2 × 0 EL SALVADOR: na Cidade do México, a União Soviética garantiu a classificação ao derrotar El Salvador por 2 a 0, gols de Byshovets.

INGLATERRA 1 × 0 TCHECOSLOVÁQUIA: a última rodada ainda teve jogos em 11 de junho. A TV transmitiu a vitória apertada da Inglaterra sobre a Tchecoslováquia, gol de Clarke aos 4 minutos do segundo tempo. Era o sétimo jogo ao vivo da Copa de 1970. O English Team estava classificado.

MÉXICO 1 × 0 BÉLGICA: o México garantiu a passagem para as quartas de final com uma vitória sobre a Bélgica por 1 a 0, gol de Peña, em cobrança de pênalti aos 14 do primeiro tempo. Festa no Azteca, na Cidade do México, e em todo o país com a classificação. O jogo teve o maior público da Copa: 108.193 torcedores.

ITÁLIA 0 × 0 ISRAEL: a Itália apenas empatou com Israel, mas estava classificada para a fase seguinte. O árbitro brasileiro Ayrton Vieira de Morais anulou dois gols dos italianos e deixou de marcar um pênalti em favor da Azzurra. O jogo foi disputado em Toluca.

BULGÁRIA 1 × 1 MARROCOS: para cumprir tabela, pelo grupo da Alemanha, Bulgária e Marrocos ficaram no empate, em León.

As quartas de final da Copa tiveram os seguintes duelos, todos no dia 14 de junho:

> **BRASIL × PERU (GUADALAJARA)**
> **ITÁLIA × MÉXICO (TOLUCA)**
> **ALEMANHA OCIDENTAL × INGLATERRA (LEÓN)**
> **URUGUAI × URSS (AZTECA)**

GRADE DA TV DE 14 DE JUNHO DE 1970

15h: Brasil vs. Peru (Cultura, Globo, Tupi, Record, Excelsior, Gazeta e Bandeirantes)

23h30: Brasil vs. Peru- VT (Cultura, Globo, Tupi, Record, Excelsior, Gazeta e Bandeirantes)

O Brasil voltou a campo em Guadalajara, no dia 14, um domingo, em busca de uma vaga na semifinal da Copa. Gérson e Rivellino retornaram ao time. Já o Peru era treinado por Didi. O ex-jogador da seleção admite que as pernas dele tremeram durante a execução do hino nacional brasileiro.

BRASIL 4 × 2 PERU – GUADALAJARA – 14.06.70

BRASIL: Félix, Carlos Alberto, Brito, Piazza e Marco Antônio; Clodoaldo, Gérson (Paulo César), Jairzinho (Roberto Miranda), Tostão, Pelé e Rivellino.

PERU: Rubiños, Campos, Fernandez, Chumpitaz e Fuentes; Ramón Mifflin, Baylón (Sotil) e Cubillas; Gallardo, Challe e León (Eladio Reyes).

ÁRBITRO: Vital Loraux (Bélgica).

GOLS: Rivellino (11), Tostão (15) e Gallardo (28) no primeiro tempo. Tostão (7), Cubillas (24) e Jairzinho (31) na etapa final.

O resultado de 4 a 2 garantiu a classificação para a semifinal. Tostão, artilheiro do Brasil nas eliminatórias com dez gols, marcou nesse jogo os únicos dois gols dele na Copa. O "mineirinho de ouro", como era chamado por Geraldo José de Almeida, por pouco não ficou de fora do mundial. Em 1969, ele sofreu um deslocamento de retina do olho esquerdo durante um jogo do Cruzeiro contra o Corinthians.

Rivellino abriu o placar contra os peruanos. Tostão fez o segundo em uma falha do goleiro Rubiños. Gallardo diminuiu, ainda no primeiro tempo. Na etapa final, Tostão marcou o terceiro. Cubilla fez 3 a 2, e Jairzinho, que já tinha marcado em todos os jogos, fechou o placar: 4 a 2.

No dia seguinte, a *Folha de S.Paulo* trazia a manchete: "*A Copa cada vez mais perto*". A imprensa já tinha deixado o pessimismo para trás:

> *A vitória do Brasil foi fácil, mais fácil do que se esperava. Não obstante as falhas de nossa defesa, inclusive Félix, os homens do meio de campo e do ataque souberam derrotar os velozes mas nervosos peruanos. Rivellino e Tostão estiveram ótimos; sobretudo no segundo tempo. Tiveram de suprir a lacuna de Gerson, retirado de campo por Zagallo. "Ele deu uma aula de futebol", diziam de Rivellino, depois do jogo, os jornalistas estrangeiros em Jalisco.*

ALEMANHA 3 × 2 INGLATERRA: as duas seleções fizeram, em León, a reedição da final da Copa de 1966. Os ingleses estavam desfalcados do goleiro Banks, que tinha sido hospitalizado por contrair um vírus. A Inglaterra começou ganhando por 2 a 0, gols de Mullery e Peters, mas Beckenbauer e Seeler empataram o jogo. Na prorrogação, Gerd Müller fez 3 a 2 aos 3 minutos do segundo tempo. Os campeões do mundo estavam eliminados.

ITÁLIA 4 × 1 MÉXICO: em Toluca, a equipe italiana saiu perdendo para o México, gol de Gonzáles aos 13 minutos do primeiro tempo. Aos 26, a equipe europeia empatou com gol contra de Peña. Riva virou a partida aos 19 minutos da etapa final. Rivera fez 3 a 1 aos 24. Riva fechou a goleada, 4 a 1, aos 31 minutos. O goleiro mexicano Calderon, dublê de filmes de ação nas horas vagas (de acordo com o filme oficial da Copa de 1970, produzido pela Fifa), não pôde fazer nada. Com a desclassificação, os mexicanos já sabiam para quem iriam torcer: o Brasil.

URUGUAI 1 × 0 URSS: a outra vaga das semifinais foi definida no duelo disputado no Estádio Azteca. Depois de um empate no tempo normal por 0 a 0, o Uruguai fez o único gol do jogo aos 12 minutos do segundo tempo da prorrogação. Espárrago aproveitou um cruzamento da esquerda e marcou de cabeça. Os soviéticos protestaram e com razão. A bola tinha saído pela linha de fundo, no momento do cruzamento, mas o árbitro holandês Laurens Van Ravens não viu.

Os jogos das semifinais foram disputados em 17 de junho: Brasil × Uruguai (Guadalajara) e Itália × Alemanha (Cidade do México).

Nos dias 15 e 16 de junho, foram exibidas reprises de jogos da primeira fase.

No dia 15, a TV exibiu o teipe do jogo da primeira fase em que os alemães venceram a Bulgária por 5 a 2 (disputado em 7 de junho).

E no dia 16, ia ao ar a reprise de México e El Salvador (4 a 0), também de 7 de junho. E notem: os mexicanos já estavam eliminados da Copa, depois da derrota para a Itália por 4 a 1.

> **GRADE DA TV DE 17 DE JUNHO DE 1970**
>
> 19h: Brasil vs. Uruguai (Cultura, Globo, Tupi, Record, Excelsior, Gazeta e Bandeirantes)
>
> 23h30: Brasil vs. Uruguai- VT (Tupi, Globo, Record, Excelsior, Gazeta e Bandeirantes)

Quarta-feira, 7 horas da noite. Os torcedores ligaram a TV para assistir a um duelo histórico, uma espécie de revanche da Copa de 1950.

> **BRASIL 3 × 1 URUGUAI – GUADALAJARA – 17.06.70**
>
> **BRASIL**: Félix, Carlos Alberto, Brito, Piazza e Everaldo; Clodoaldo, Gérson, Jairzinho, Tostão, Pelé e Rivellino.
>
> **URUGUAI**: Mazurkiewicz, Ancheta, Matosas, Ubiñas, Julio Montero, Mujica, Luis Cubilla, Ildo Maneiro (Espárrago), Morales, Fontes e Julio Cortez.
>
> **ÁRBITRO**: José Maria Ortiz de Mendibíl (Espanha).
>
> **GOLS**: Cubilla (19) e Clodoaldo (45) no primeiro tempo. Jairzinho (31) e Rivellino (44) na etapa final.

Depois da vitória contra o Peru, os jornais destacavam que a semifinal entre Brasil e Uruguai estava inicialmente prevista para o Estádio Azteca. Mas a Fifa confirmou o duelo para o Estádio Jalisco. Os uruguaios protestaram. O lateral Ancheta reclamava: "*Foi uma injustiça conosco. Os brasileiros estavam praticamente em casa. Só saíram de Guadalajara para a final.*"

Os jogadores brasileiros demonstraram nervosismo no início do duelo contra o Uruguai. Cubilla abriu o placar em uma falha de Félix. O jogador uruguaio chutou "de canela", cruzado na área, enganando o goleiro brasileiro. Mas, aos poucos, os nervos foram se recompondo. O futebol brasileiro começou a se sobressair, e os adversários abusavam da violência. Como Gérson estava muito marcado, ele e Clodoaldo trocaram de posição, o que deu resultado. Clodoaldo empatou aos 45 do primeiro tempo, depois de um passe magistral de Tostão.

Na etapa final, a seleção, como de costume, subiu de produção. Jairzinho virou o jogo e Rivellino marcou o terceiro. Ainda teve o quase gol de Pelé que valeu por um gol. O Rei enganou Mazurkiewicz com um drible de corpo sensacional. A bola passou rente à trave direita. Festa em Guadalajara. A classificação estava garantida.

A prorrogação foi de perder o fôlego, com cinco gols! Gerd Müller virou o jogo aos 5 minutos da etapa inicial. Aos 8, Burgnich empatou: 2 a 2. Riva colocou a Itália na frente aos 14 minutos. No segundo tempo da prorrogação, Gerd Müller aos 5, deixou tudo igual de novo: 3 a 3. Os italianos deram a saída e já partiram para o ataque. Rivera marcou o quarto gol.

Ao que tudo indica, o jogo não foi exibido na íntegra no Brasil em reprises. A TV Cultura tem os gols dessa partida com a narração da época. Isso mostra que pelo menos os gols ou um compacto foram levados ao ar na programação da emissora.

Jogada histórica: drible de Pelé deixa o goleiro uruguaio atônito

O jogo contra o Uruguai foi exibido ao vivo, às 19h, e depois reprisado no fim da noite (23h30) daquela quarta-feira, dia 17 de junho.

ITÁLIA 4 × 3 ALEMANHA: no mesmo horário de Brasil e Uruguai, Itália e Alemanha travaram uma batalha histórica que só foi definida na prorrogação. A mesma eleição feita por jornalistas que indicou a Copa de 1970 como a melhor da história apontou esse duelo como um dos mais sensacionais de todos os tempos. Boninsegna abriu o placar aos 8 minutos do primeiro tempo. A Alemanha empatou com Schnellinger aos 47 do segundo tempo.

A manchete principal do *Estadão* do dia seguinte foi: "*3 a 1, final será Brasil vs. Itália.*" O jornal detalhava a classificação:

> Vencendo o Uruguai por 3 a 1, e fazendo o país explodir num alarido de alegria que demorou várias horas para cessar, o Brasil disputa domingo, na Cidade do México, com outra seleção bicampeã — a Itália, vencedora da Alemanha, 4 a 3 — a posse definitiva da Taça Jules Rimet. Não obstante a violência, a incerteza do juiz e um primeiro tempo de nervosismo e apatia do quadro nacional, aos 30 minutos da fase final, Jairzinho —

para os mexicanos "el huracan" - marcou o nosso segundo gol e definiu a partida.

No dia 18, às 23h30, foi exibida mais uma reprise de jogos da primeira fase: Alemanha 3x1 Peru (disputado no dia 10 de junho). Em 19 de junho, também às 11h30 da noite, foi ao ar a reprise do jogo em que a Suécia surpreendeu o Uruguai por 1 a 0 (dia 10 de junho).

No dia 20 de junho, sábado, foi disputada a decisão do terceiro lugar, na Cidade do México. O Azteca recebia 104.403 torcedores. A Alemanha venceu o Uruguai por 1 a 0, gol de Overath aos 27 minutos do segundo tempo. Era o décimo jogo ao vivo da Copa.

GRADE DA TV DE 21 DE JUNHO DE 1970

15h: Brasil vs. Itália – ao vivo (Tupi, Globo, Record, Excelsior, Gazeta e Bandeirantes)

23h30: Brasil vs. Itália – VT (Tupi, Globo, Record, Excelsior, Gazeta e Bandeirantes)

Dia 21 de junho de 1970: pela primeira vez os brasileiros assistiram a uma final de Copa do Mundo, ao vivo, via satélite. E foi um espetáculo.

BRASIL 4 × 1 ITÁLIA – CIDADE DO MÉXICO – 21.06.70

BRASIL: Félix, Carlos Alberto, Brito, Piazza e Everaldo; Clodoaldo, Gérson, Jairzinho, Tostão, Pelé e Rivellino.

ITÁLIA: Albertosi, Burgnich, Cera, Rosato e Facchetti; Bertini (Giuliano), Domenghini e De Sisti; Riva, Mazzola e Boninsegna (Rivera).

ÁRBITRO: Rudi Glökner (Alemanha Oriental).

GOLS: Pelé (17) e Boninsegna (37) no primeiro tempo. Gérson (21), Jairzinho (25) e Carlos Alberto (41) no segundo tempo.

PÚBLICO: 107 mil.

Duelo histórico em 21 de junho de 1970: Azteca lotado para Brasil x Itália

A caminho do estádio, Pelé teve uma descarga de emoção e chorou! Depois da derrota em 1966, ele cogitou não jogar a Copa de 1970. Pelé, pasmem, achava que não dava sorte em Copas. O Rei apareceu para o mundo em 1958. Em 1962, ele se machucou e jogou apenas dois jogos na campanha do bicampeonato. Na Inglaterra, em 1966, Pelé naufragou com a seleção brasileira em uma das piores campanhas da história. Felizmente, ele decidiu jogar em 1970. O título foi o coroamento do maior atleta de futebol em todos os tempos.

O campo do Azteca, na Cidade do México, estava molhado. Tinha chovido nas horas anteriores à partida, mas não durante o jogo. Pelé abriu o placar com um gol de cabeça aos 17 do primeiro tempo. Os supersticiosos ficaram preocupados. Desde 1950, a seleção que fazia o primeiro gol da decisão perdia a Copa. Mas tabus existem para ser quebrados. Boninsegna empatou aos 37 minutos em uma falha de Clodoaldo que tentou dar um passe de calcanhar no campo de defesa do Brasil. Antes do intervalo, Pelé recebeu uma bola dentro da área e chutou-a para o gol. O árbitro Rudi Glöckner invalidou o lance e alegou que tinha encerrado o primeiro tempo quando a bola ainda estava no ar, depois de um cruzamento da esquerda.

Na etapa final, o mundo assistiu a 45 minutos antológicos de futebol. Prevaleceram a técnica e o talento dos jogadores brasileiros. Aos 21 minutos, Gérson fez um gol magistral em um chute de fora da área. Era o "canhotinha de ouro" mostrando ao mundo a arte brasileira. Cinco minutos depois, Gérson fez um lançamento longo. Pelé, de cabeça, tocou para Jairzinho, que honrou o apelido

Jairzinho marca contra a Itália: era o sétimo gol dele na Copa

de "furacão da Copa". Foi o sétimo gol dele no mundial, tentos marcados em todas as partidas. Depois do gol contra a Itália, Jair repetiu o gesto do tcheco Petras: se ajoelhou e fez o sinal da cruz. Aos 41 minutos, uma das jogadas mais fantásticas em todos os tempos. Clodoaldo driblou três italianos ainda no campo de defesa do Brasil. Rivellino recebeu a bola e tocou para Jairzinho na esquerda. Ele levou a marcação de Fachetti e já na entrada da área tocou para Pelé, que rolou a bola para o chute certeiro e potente de Carlos Alberto Torres, capitão do tricampeonato. A fatura estava liquidada: 4 a 1, e o melhor futebol do mundo era coroado com a conquista definitiva da taça Jules Rimet.

A torcida invadiu o gramado, e Pelé, com um sombrero mexicano, foi carregado nos ombros. Ele é até hoje o único jogador da história a conquistar a Copa três vezes. Lembrando que o técnico Zagallo foi bicampeão como jogador, 1958 e 1962, venceu em 1970, como técnico, e em 1994 foi auxiliar de Carlos Alberto Parreira. Dentro de campo do Azteca, torcedores quase deixaram Tostão sem uniforme. Rivellino desmaiou e foi atendido pelo massagista Mário Américo. Félix, goleiro tão criticado pelos torcedores, chorava copiosamente e se negava a entregar a camisa dele para os que tinham invadido o gramado. Horas mais tarde, ficou emocionado ao falar com a filha pelo telefone. Brasileiros que no começo da Copa diziam que não iriam torcer pela seleção por causa da ditadura acabaram se rendendo ao futebol apresentado nos gramados mexicanos. A seleção era uma coisa e a ditadura outra, bem diferente.

Carlos Alberto Torres recebeu a Jules Rimet das mãos do presidente do México. Aqui no Brasil, a população foi às ruas para comemorar o tricampeonato. Antes do jogo, o presidente Emílio Médici, perguntado sobre o placar do jogo, disparou: 4 a 1! Acertou em cheio.

Os jornais, amordaçados pela ditadura, reproduziam declarações do presidente sobre a conquista do tricampeonato:

Como um homem comum, como um brasileiro que, acima de todas as coisas, tem um imenso amor no Brasil e uma crença inabalável neste país e neste povo. Sinto-me profundamente feliz pois nenhuma alegria é maior no meu coração que a alegria de ver a felicidade do nosso povo, no sentimento da mais pura exaltação patriótica.

Na noite daquele inesquecível 21 de junho de 1970, as emissoras exibiram o VT de Brasil e Itália.

Os jornais informavam sobre o roteiro da volta da seleção:

A chegada ao Rio de Janeiro está prevista para entre 16 e 17h de terça-feira (23) e os jogadores viajarão em um Boeing da Varig especialmente fretado que sairá hoje (22) da Cidade do

México, por volta das 23h locais. O voo será direto até Brasília, com almoço marcado entre 11 e 12h, e às 15h, a viagem prosseguirá com destino ao Rio".

A Copa já tinha terminado, mas para cumprir compromissos contratuais, as emissoras exibiram reprises pelos sete dias seguintes, sempre às 23h30: México 1 × 0 Bélgica (22/06), Itália 0 × 0 Israel (23/06) e Marrocos 1 × 1 Bulgária (23/06). Nos dias 25, 26, 27 e 28, a grade das emissoras de TV não informou os jogos que seriam levados ao ar.

Com a chegada da TV em cores ao Brasil, em 1972, emissoras como a Globo e a Bandeirantes receberam cópias em cores dos jogos da seleção brasileira. Isso explica o motivo para cada emissora hoje possuir as partidas com narrações diferentes. A Globo tem os jogos nas vozes originais em espanhol. O acervo da Bandeirantes possui as partidas em duas vozes: José Paulo de Andrade (Tchecoslováquia, Romênia, Uruguai e Itália) e Galvão Bueno (Inglaterra e Peru). Aliás, Galvão fez essas narrações em 1981 para um programa chamado *Revendo as Copas*. Naquele mesmo ano ele iria para a Globo. Já a TV Cultura tem as partidas com as narrações de Luiz Noriega e Orlando Duarte.

A Cinemateca Brasileira possui trechos das narrações originais com Geraldo José de Almeida, Fernando Solera, Walter Abrahão e Oduvaldo Cozzi. A TV Cultura fez nos anos 2000 um programa especial (*Grandes Momentos do Esporte*) em que mesclou essas gravações com as imagens em cores.

O RÁDIO DA COPA DE 1970

A música de Miguel Gustavo que virou hino da seleção começava assim: "Noventa milhões em ação, pra frente Brasil...." Eram 90 milhões de brasileiros torcendo pela seleção brasileira. Mas, de acordo com dados dos fabricantes de TV, o país tinha pouco mais de 4 milhões de aparelhos de televisão. Ou seja, mesmo com as transmissões ao vivo, a maioria da população ainda acompanhou a Copa pelo rádio. Assim como a TV, para o rádio também foi formado um pool de transmissões, já que foram abertos, a partir do México, apenas cinco canais de áudio. Cada emissora pagou 12 mil dólares de direitos de transmissão e mais 54 mil cruzeiros à Embratel.

Rede 1 – Emissoras Associadas: rádios Tupi, do Rio e de São Paulo, Guarani de Belo Horizonte e Rádio Clube de Pernambuco. Narradores: Doalcei Camargo (Tupi-RJ), Haroldo Fernandes (Tupi-SP), Jota Júnior (Guarani) e Ivã Lima (Pernambuco). Ruy Porto era o comentarista.

Rede 2 – Continental do Rio de Janeiro, Jornal do Brasil, Vera Cruz e Guaíba, de Porto Alegre. Narradores: Clóvis Filho (Continental), Pedro Pereira (Guaíba). Comentaristas: Carlos Mendes (Continental) e Ruy Ostermann (Guaíba).

Rede 3 – Globo, Nacional, do Rio, e Gaúcha de Porto Alegre. Narradores: Waldir Amaral, Jorge Curi. João Saldanha e Luiz Mendes (Globo). Zoulo Rabelo (Nacional) e Mário Viana eram os comentaristas.

Carlos Alberto Torres ergue a taça: o Brasil é o primeiro tricampeão

Rede 4 – Jovem Pan, Bandeirantes e Nacional. Joseval Peixoto (Jovem Pan), Pedro Luiz (Nacional) e Fiori Giglioti (Bandeirantes). Comentaristas: Leônidas e Randal Juliano (Jovem Pan), Mauro Pinheiro (Bandeirantes) e Mário Morais (Nacional).

Rede 5 – Mauá do Rio e Itatiaia de Belo Horizonte. Narradores: Orlando Batista (Mauá) e Vilibaldo Alves (Itatiaia). Ademir Menezes (Mauá) e Osvaldo Faria (Itatiaia).

Um dos destaques das transmissões pelo rádio foi Joseval Peixoto que, na época, tinha 31 anos. Coube a ele empunhar o microfone da Jovem Pan e narrar os momentos decisivos do tricampeonato. Em um relato feito à jornalista Ana Claudia Cichon para o site da Jovem Pan, Joseval Peixoto lembrou que, assim como na transmissão da TV, os radialistas também se revezavam nas transmissões:

"A deusa de ouro de braços erguidos. Essa deusa tão jovem com velhas histórias erguidas para o alto, para o céu do Brasil." Foi assim que, em 21 de junho de 1970, Joseval Peixoto descreveu a taça Jules Rimet, que Carlos Alberto Torres levantou após a conquista do tricampeonato da seleção brasileira. Um momento de inspiração – típico de locutores esportivos, segundo Joseval –, mas que foi possível por uma boa dose de sorte.

Com apenas uma linha física para transmissão da Copa do México, as rádios brasileiras separaram três equipes: Bandeirantes, com Fiori Giglioti, Nacional, com Pedro Luiz, e Jovem Pan (agregada à rádio Record), com Joseval Peixoto, que se dividiram para as transmissões.

"Nós éramos muito amigos, e separamos assim: um abria e fechava a transmissão, um narrava o primeiro tempo e outro o segundo, e assim iríamos revezando", conta. Mas e se a seleção brasileira fosse para a final? Brasil, Uruguai e Itália disputavam a posse definitiva da taça Jules Rimet, com 40 anos de história, que chegou a ficar enterrada em solo italiano durante a Segunda Guerra Mundial.

A solução encontrada foi dividir os 90 minutos de partida em três partes – sendo o final o "filé", imaginando que o Brasil estaria na disputa –, e coube a Paulo Machado de Carvalho realizar o sorteio. "Eu ganhei os últimos trinta minutos, e ainda tive a vantagem de receber o jogo em 1 a 1. Quem narrou os três gols do Brasil da vitória de 4 a 1 na final fui eu, e só eu, mais ninguém", relembra.

O momento, segundo Joseval, foi a sua consagração. "Em 50 eu era menino, interno em um colégio presbiteriano, que nem se falava em futebol. Vim a saber da grande derrota brasileira [na Copa de 1950, contra o Uruguai] tempos depois. E coube a mim, 20 anos depois, narrar a final da Copa do Mundo. Foi a realização máxima como narrador esportivo, sem dúvida", destaca, com emoção.

O Brasil vivia um período de militarismo durante a disputa da Copa de 1970, e o governo tomou conta da Seleção, com os jogadores "enclausurados" em um castelo medieval no México, e entrevistas permitidas apenas uma vez por semana.

A Jovem Pan, porém, contou mais uma vez com uma dose de sorte. O repórter Geraldo Blota era amigo de Rivellino, e usou a aproximação e a criatividade para conseguir materiais exclusivos da Seleção. "Tinha acabado de ser lançado o gravador a pilha, e o GB [como Geraldo Blota era chamado pelos companheiros] entregava para o Rivellino com as fitas, e ele entrevistava os jogadores na concentração e devolvia para a gente o material", explica Joseval.

Outro momento engraçado e curioso que o locutor relembra aconteceu durante a semifinal, contra o Uruguai. Leônidas da Silva era comentarista da Jovem Pan, e se envolveu em uma confusão com os jornalistas uruguaios durante a transmissão. Joseval conta que antes do confronto a imprensa mexicana relembrou a derrota brasileira para o Uruguai na Copa de 1950, o famoso "Maracanazo", e que todos tinham receio da partida, já que os vizinhos sul-americanos tinham um time muito aguerrido.

"A gente começou perdendo, eu narrando o primeiro tempo, e o Clodoaldo empatou aos 44 minutos. No primeiro tempo, os jornalistas uruguaios lá embaixo ficaram gozando, e quando houve o empate o Leônidas avançou nos caras, foi um 'quiproquó'", diverte-se.

(Ana Claudia Cichon/Jovem Pan Online)

TABELA DA COPA DE 1970

GRUPO 1
31/05/1970 Cid. do México: **México 0 x 0 URSS**
03/06/1970 Cid. do México: **Bélgica 3 x 0 El Salvador**
06/06/1970 Cid. do México: **URSS 4 x 1 Bélgica**
07/06/1970 Cid. do México: **México 4 x 0 El Salvador**
10/06/1970 Cid. do México: **URSS 2 x 0 El Salvador**
11/06/1970 Cid. do México: **México 1 x 0 Bélgica**

GRUPO 2
02/06/1970 Puebla: **Uruguai 2 x 0 Israel**
03/06/1970 Toluca: **Itália 1 x 0 Suécia**
06/06/1970 Puebla: **Itália 0 x 0 Uruguai**
07/06/1970 Toluca: **Suécia 1 x 1 Israel**
10/06/1970 Puebla: **Suécia 1 x 0 Uruguai**
11/06/1970 Toluca: **Itália 0 x 0 Israel**

GRUPO 3
02/06/1970 Guadalajara: **Inglaterra 1 x 0 Romênia**
03/06/1970 Guadalajara: **Brasil 4 x 1 Tchecoslováquia**
06/06/1970 Guadalajara: **Romênia 2 x 1 Tchecoslováquia**
07/06/1970 Guadalajara: **Brasil 1 x 0 Inglaterra**
10/06/1970 Guadalajara: **Brasil 3 x 2 Romênia**
11/06/1970 Guadalajara: **Inglaterra 1 x 0 Tchecoslováquia**

GRUPO 4
02/06/1970 León: **Peru 3 x 2 Bulgária**
03/06/1970 León: **Alemanha Oc. 2 x 1 Marrocos**
06/06/1970 León: **Peru 3 x 0 Marrocos**
07/06/1970 León: **Alemanha Oc. 5 x 2 Bulgária**
10/06/1970 León: **Alemanha Oc. 3 x 1 Peru**
11/06/1970 León: **Bulgária 1 x 1 Marrocos**

QUARTAS
14/06/1970 León: **Alemanha Oc. 3 x 2 Inglaterra**
14/06/1970 Guadalajara: **Brasil 4 x 2 Peru**
14/06/1970 Toluca: **Itália 4 x 1 México**
14/06/1970 Cid. do México: **Uruguai 1 x 0 URSS**

SEMIFINAIS
17/06/1970 Guadalajara: **Brasil 3 x 1 Uruguai**
17/06/1970 Cid. do México: **Itália 4 x 3 Alemanha Oc.**

3º LUGAR
20/06/1970 Cid. do México: **Alemanha Oc. 1 x 0 Uruguai**

FINAL
21/06/1970 Cid. do México: **Brasil 4 x 1 Itália**

Escaneie o QR Code ao lado e ouça as transmissões de rádio na Copa de 1970.

ALEM 10

ANHA 74

CARROSSEL EM CORES

Mundial de 1974: cores mais vivas na TV

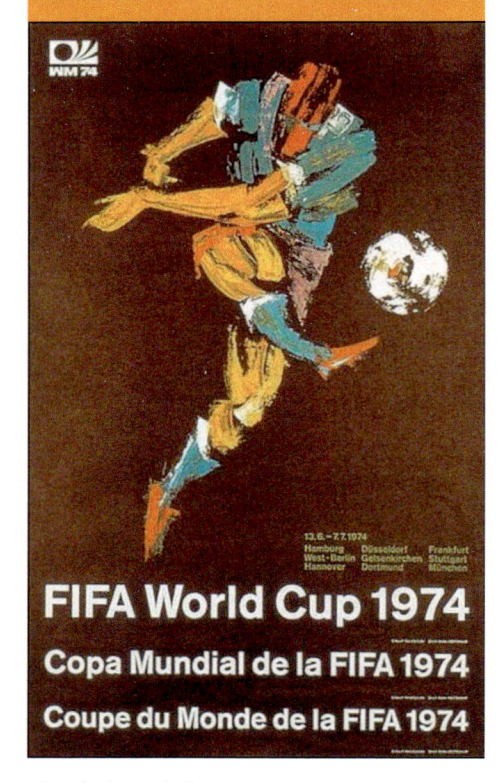

1974 foi o ano em que o mundo conheceu o futebol total do "carrossel holandês", responsável por uma revolução na forma de praticar o esporte mais popular do planeta. A seleção brasileira, depois da euforia da conquista de 1970, desembarcou na Alemanha Ocidental em busca do tetracampeonato, mas não foi nem a sombra do time de quatro anos antes. Com um futebol defensivo, feio e sem brilho, a seleção, ainda comandada por Zagallo, ficou em quarto lugar. Já os alemães, donos da casa, tinham uma boa geração, jogaram um futebol muito pragmático e surpreenderam a Holanda na decisão da Copa.

As transmissões ao vivo pela TV não eram mais novidade e as cores tinham chegado oficialmente à telinha em 1972. Como vimos no capítulo anterior, na Copa de 1970 só privilegiados assistiram aos jogos em cores. Quatro anos depois, os aparelhos de televisão se popularizavam, apesar de ainda serem um artigo de luxo. O *Estadão* destacava:

O público, acredita o IBGE, preferirá ficar em casa e ligar, segundo os cálculos de Milton Varanda, gerente do Instituto, aproximadamente 1,5 milhão a 1,7 milhão de televisores na Grande São Paulo. Para o rádio, a previsão do Ibope é de 1 milhão e 400 mil aparelhos ligados, dos 2 milhões existentes na mesma área (Segundo o Ibope, 35% das pessoas que veem o jogo pela TV ouvem simultaneamente o rádio). Tudo isso porque vai começar o maior espetáculo que a televisão é capaz de apresentar para os brasileiros: a Copa do Mundo, ao vivo, em cores para poucos e em branco e preto para muitos.

A Holanda surpreende o mundo, mas perde a final da Copa

De acordo com o Ibope, 6.313.500 televisores estavam ligados durante a abertura da Copa do Mundo. O público, no entanto, era muito maior. As pessoas se reuniam para assistir televisão. Era a época dos televizinhos.

Em 1970, 11 dos 32 jogos foram transmitidos ao vivo. Em 1974, o número chegou a 20, de um total de 38 duelos. A Copa na Alemanha teve cobertura bem mais ampla do que a de quatro anos antes, no México. Normalmente eram exibidos dois jogos ao vivo por dia mais uma reprise à noite.

A Copa do Mundo teve segurança reforçada. Em 1972, durante a Olimpíada de Munique, onze atletas israelenses foram mortos em um ataque terrorista, no pior atentado da história dos Jogos Olímpicos.

A PREPARAÇÃO BRASILEIRA

Com a conquista do tricampeonato, em 1970, o Brasil estava classificado automaticamente para o mundial. Pelé se despediu da seleção em 1971. Em 1974, aos 33 anos, teria condições físicas de jogar a Copa. Em 2013, o ex-atleta revelou ter recebido um convite para defender a equipe no mundial, mas rejeitou em sinal de protesto contra a ditadura. Ele contou inclusive que a filha do presidente Ernesto Geisel pediu a ele para que voltasse à seleção, mas Pelé não cedeu.

Além do desfalque do eterno camisa 10 do Santos, o Brasil também não contou com dois astros de primeira grandeza: Gérson e Tostão. Os jogadores tinham participado da Minicopa que o país organizou e conquistou em 1972. A final foi disputada contra Portugal, no Maracanã, com vitória da seleção por 1 a 0, gol de Jairzinho. O "furacão" da Copa de 1970 e Rivellino estavam garantidos na Alemanha.

Em 1973, o time nacional fez uma extensa excursão à Europa e foi muito criticado. Em 21 de junho daquele ano, o Brasil perdeu por 1 a 0 para a Suécia. A imprensa não perdoou o time de Zagallo pela má atuação. O amistoso seguinte foi contra a Escócia, onde os atletas assinaram um documento que ficou conhecido como "manifesto de Glasgow", em que cortavam relações com a imprensa. Ou seja, a preparação foi muito conturbada.

O DIA A DIA DA COPA

O número de participantes da Copa continuava o mesmo: 16. Mas a fórmula de disputa foi alterada em relação aos quatro torneios anteriores. A Fifa acabou com as fases de quartas de final e semifinais. A primeira fase continuava igual: eram quatro grupos com quatro seleções cada. As oito classificadas seriam reagrupadas em duas novas chaves. A primeira de cada faria a final e a segunda disputaria o terceiro lugar. O mundial teve jogos em Hamburgo, Hannover, Gelsenkirchen, Dortmund, Düsseldorf, Frankfurt, Berlim Ocidental, Munique e Stuttgart.

> **GRUPO 1**: Alemanha Ocidental, Chile, Alemanha Oriental e Austrália
>
> **GRUPO 2**: Brasil, Iugoslávia, Escócia e Zaire
>
> **GRUPO 3**: Uruguai, Holanda, Suécia e Bulgária
>
> **GRUPO 4**: Itália, Argentina, Polônia e Haiti

A Inglaterra ficou de fora da Copa ao ser derrotada pela Polônia nas eliminatórias. A geração polonesa era muito boa. Os destaques eram Tomaszewski (goleiro), Władysław Zmuda, Kazimierz Deyna, Henryk Kasperczak — que depois seria treinador — Andrzej Szarmach e Grzegorz Lato, que foi o artilheiro do mundial de 74 com sete gols. França e Espanha foram outras ausentes. O Chile conseguiu a classificação depois que a URSS desistiu de disputar a repescagem em sinal de protesto contra a ditadura de Augusto Pinochet. Haiti e Zaire eram as novidades, assim como a Alemanha Oriental.

A Copa começou no dia 13 de junho. A grade de programação da TV informava a transmissão do jogo do Brasil, em Frankfurt, por todas as emissoras.

> **GRADE DA TV DE 13 DE JUNHO DE 1974**
>
> 11h: Solenidade de abertura da Copa
>
> 13h: Brasil vs. Iugoslávia (Cultura, Globo, Tupi, Record, Gazeta e Bandeirantes)
>
> 23h: Brasil vs. Iugoslávia – VT (Cultura, Globo, Tupi, Record, Gazeta e Bandeirantes)

A Bandeirantes e a Record fizeram transmissões em conjunto ao longo da competição. A TV Gazeta também integrou o Sibratel,

Sistema Brasileiro de Televisão (que nada tem a ver com o SBT de Silvio Santos):

AS IMAGENS DA COPA SEM DISTORÇÕES
Hoje, 11 da manhã, direto de Frankfurt, via Satélite, ao vivo e em cores:
BRASIL x IUGOSLÁVIA
Narração: Fernando Solera e Peirão de Castro
Comentários: Blota Jr. e Roberto Petri
Reportagens: Chico de Assis e Silvio Luiz
TV BANDEIRANTES · TV RECORD
SISTEMA BRASILEIRO DE TELEVISÃO · SIBRATEL

Fernando Solera e Peirão de Castro dividiram a transmissão única de Record, Bandeirantes e Gazeta. A Globo contou mais uma vez com Geraldo José de Almeida. Praticamente não existem registros dessas narrações. Um incêndio na TV Globo, em 1976, destruiu parte do acervo da emissora, incluindo jogos da Copa de 1974. Pela TV Cultura, narraram Luiz Noriega, José Carlos Cicarelli e Carlos Eduardo Leite. Walter Abrahão e Fernando Sasso foram destacados pela Tupi.

BRASIL 0 × 0 IUGOSLÁVIA – FRANKFURT – 13.06.74

BRASIL: Leão, Nelinho, Luís Pereira, Marinho Perez e Marinho Chagas; Piazza, Leivinha e Rivellino; Valdomiro, Jairzinho e Paulo Cesar.

IUGOSLÁVIA: Enver Maric; Bujan, Hadziabdic, Katalinski e Bogicevic; Muznic, Oblak e Acimovic, Petkovic, Surjak e Dzajic.

ÁRBITRO: Rudolf Scheurer (Suíça).

Brasil e Iugoslávia mantiveram a tradição dos jogos de abertura. Desde 1966, as partidas inaugurais terminavam empatadas por 0 a 0. No papel, a seleção brasileira de 1974 era excelente. Mas, na prática, o time não criava jogadas. Os atletas limitavam-se a cavar faltas na entrada da grande área para que Rivellino aproveitasse as cobranças. O time era muito defensivo. Tanto é que só sofreu gol no quinto jogo, contra a Argentina, pela segunda fase. Dois anos antes, na Minicopa, a seleção tinha vencido a Iugoslávia por 3 a 0, no Morumbi, com 2 gols de Leivinha e outro de Jairzinho. Dessa vez, na abertura da Copa, o placar ficou em branco. Decepção para a torcida brasileira, que se perguntava: como um time com excelentes valores individuais fazia apresentações tão ruins? A fama de retranqueiro do técnico Zagallo vem principalmente do mundial disputado na Alemanha.

A burocrática seleção de 74 era econômica nos gols e perdeu a disputa do terceiro lugar

A capa da *Folha de S.Paulo* do dia seguinte trazia a manchete: *"Zagallo vai manter o quadro e prevê outro empate com a Escócia"*. O treinador declarou:

> *O time jogou bem. Contra a Escócia vamos usar os mesmos jogadores, mais o Zé Maria, se ele for liberado. Vamos entrar em campo com a mesma tática e a mesma intenção de empatar, se não pudermos vencer. O empate, 1 a 1, será ótimo para o Brasil, que continuará invicto e manterá as possibilidades de classificação.*

No dia 14 de junho, foram disputadas três partidas:

ALEMANHA OCIDENTAL 1 × 0 CHILE: os donos da casa estrearam na Copa jogando no Olympiastadion, em Berlim, com uma vitória magra contra o Chile, gol de Breitner aos 18 da etapa inicial, o primeiro do mundial. A Alemanha era treinada desde 1966 por Helmut Schön. A equipe contava com grandes nomes, como o goleiro Sepp Maier, o capitão Beckenbauer, Breitner, Vogts, Overath e Gerd Müller, artilheiro da Copa de 1970, com dez gols.

ALEMANHA ORIENTAL 2 × 0 AUSTRÁLIA: pelo mesmo grupo, a Alemanha Oriental venceu a Austrália, em Hamburgo, e assumiu provisoriamente a liderança da chave pelo critério do saldo de gols.

ESCÓCIA 2 × 0 ZAIRE: pelo grupo do Brasil, a Escócia venceu a fraca seleção do Zaire, em Dortmund.

HOLANDA 2 × 0 URUGUAI: era um sábado, 11h30 da manhã de 15 de junho. Dia em que o mundo conheceu a "laranja mecânica", como a Holanda passou a ser chamada, em referência ao título do filme de Stanley Kubrick. As peças do time treinado por Rinus Michels não guardavam posição fixa e confundiam a marcação. Os jogadores se movimentavam como um carrossel. Johan Cruyff era o cérebro da equipe. Neeskens, Van Hanegem, Krol e Rensenbrink deixaram os uruguaios atordoados naquele dia em Hannover. A "Celeste" tinha Pedro Rocha, Pablo Forlán, Luis Cubilla, Fernando Morena e o goleiro Ladislao Mazurkiewicz. Rep foi o autor dos gols: aos 16 do primeiro tempo e aos 41 da etapa final.

SUÉCIA 0 × 0 BULGÁRIA: pelo grupo da Holanda, Suécia e Bulgária fizeram um jogo sem brilho, em Düsseldorf.

ITÁLIA 3 × 1 HAITI: na estreia do grupo 4, a Itália derrotou a fraca seleção do Haiti, em Munique, com gols de Rivera, Benetti e Anastasi. Foi a primeira Copa como titular do goleiro Dino Zoff, campeão mundial em 1982. Faziam parte da Squadra Azzurra, em 1974, Giacinto Facchetti, Sandro Mazzola, Fabio Capello, Giorgio Chinaglia, Gianni Rivera e Luigi Riva.

POLÔNIA 3 × 2 ARGENTINA: em Stuttgart, o polonês Lato abriu o placar e Szarmach ampliou. Na etapa final, a Argentina diminuiu com Herédia, mas Lato fez o terceiro. O segundo gol argentino foi marcado por Babington. Brindisi, Houseman, Mario Kempes, Perfumo e o goleiro Carnevali eram outros destaques daquela boa geração da Argentina.

GRADE DA TV DE 18 DE JUNHO DE 1974

11h30: Alemanha Oc. vs. Austrália (Cultura, Tupi, Globo, Gazeta e Bandeirantes)

15h: Brasil vs. Escócia (Cultura, Tupi, Globo, Gazeta e Bandeirantes)

22h55: Brasil vs. Escócia – VT (Cultura, Tupi, Globo, Gazeta e Bandeirantes)

A segunda rodada da Copa começou no dia 18 com mais um desempenho pífio da seleção brasileira. O time de Zagallo jogou de novo em Frankfurt. Uma única alteração foi feita em relação à estreia. Mirandinha foi escalado no lugar de Valdomiro. Durante a partida, saiu Leivinha para a entrada de Paulo César Carpegiani.

BRASIL 0 × 0 ESCÓCIA – FRANKFURT – 18.06.74

BRASIL: Leão, Nelinho, Luís Pereira, Marinho Peres e Marinho Chagas, Piazza, Leivinha (Carpegiani), Rivellino, Mirandinha, Jairzinho e Paulo César.

ESCÓCIA: Harvey, Jardine, McGrain, Bremner e Holton; Buchan e Dalglish; Hay, Lorimer, Jordan e Morgan.

ÁRBITRO: Vital Loraux (Bélgica).

Mais uma vez a apresentação do time brasileiro foi decepcionante. Ao contrário do jogo contra a Iugoslávia, dessa vez a seleção foi mais ameaçada e, por pouco, não perdeu para a Escócia. De novo faltaram criatividade e jogadas de brilho. A imprensa e a torcida começavam a se impacientar. O futebol pobre apresentado pela seleção era realmente decepcionante. O caderno de esportes da *Folha de S.Paulo* dizia:

> Temos chances, menos time. Apesar de continuar jogando mal e ter empatado mais uma vez, contra a Escócia, ontem, em Frankfurt (0 a 0), o Brasil ainda tem muitas chances de se classificar para as quartas de final da X Copa do Mundo. Para isso, basta ganhar de três a zero do Zaire, sábado, em Gelsenkirchen, independente do resultado do jogo Iugoslávia e Escócia, em Frankfurt, também no sábado. No entanto, a seleção brasileira está sendo encarada com muito ceticismo, principalmente porque o time continua apático e tímido, com um ataque inofensivo

e uma defesa irregular, ligados por um meio de campo confuso e sem menor criatividade. Hoje, certamente, os jornais europeus noticiarão a morte do futebol brasileiro.

O jogo da seleção foi disputado às 15 horas. Mais cedo, as TVs transmitiram o segundo jogo dos alemães ocidentais:

ALEMANHA OCIDENTAL 3 × 0 AUSTRÁLIA: os alemães ocidentais conseguiram o segundo resultado positivo na Copa ao vencer a Austrália, em Hamburgo, com gols de Overath, Cullman e Müller. O resultado fez a Alemanha assumir o primeiro lugar do grupo.

ALEMANHA ORIENTAL 1 × 1 CHILE: Chile e Alemanha Oriental ficaram no empate, em Berlim. O resultado dificultou a vida dos chilenos na Copa.

IUGOSLÁVIA 9 × 0 ZAIRE: foi a maior goleada da Copa. A Iugoslávia arrasou o Zaire, em Gelsenkirchen, e se isolou na liderança da chave da seleção brasileira. A equipe africana era muito ingênua, e Iugoslávia já vencia por 6 a 0 no primeiro tempo. A sequência dos gols: Bajevic, Dzajic, Surjak, Katalinski, Bajevic, Bogicevic, Oblak, Petkovic e Bajevic.

No dia 19, a TV transmitiu, ao vivo, apenas o clássico entre Itália e Argentina, de um total de quatro jogos. À noite, foi exibido o VT da goleada da Iugoslávia sobre o Zaire por 9 a 0, do dia anterior.

ITÁLIA 1 × 1 ARGENTINA: o duelo foi disputado em Stuttgart. Houseman abriu o placar aos 19 do segundo tempo, mas os italianos empataram com um gol contra de Perfumo aos 35 minutos.

POLÔNIA 7 × 0 HAITI: pelo mesmo grupo, os poloneses golearam o Haiti, em Munique. Foram três gols de Szarmach, dois de Lato, um de Gorgon e outro de Deyna.

HOLANDA 0 × 0 SUÉCIA: os holandeses voltaram a campo em Dortmund e só empataram com a Suécia por 0 a 0. O "futebol total" não se apresentou bem, depois de surpreender o mundo na estreia contra os uruguaios.

URUGUAI 1 × 1 BULGÁRIA: em Hannover, o Uruguai saiu perdendo da Bulgária, que marcou com Bonev aos 32 minutos do segundo tempo. Pavoni empatou aos 42 minutos.

GRADE DA TV DE 22 DE JUNHO DE 1974

12h: Brasil vs. Zaire (Cultura, Tupi, Globo, Gazeta e Bandeirantes)

15h30: Alemanha Ocidental vs. Alemanha Oriental (Cultura, Tupi, Globo, Gazeta e Bandeirantes)

23h: VT- Brasil vs. Zaire (Cultura, Tupi, Globo, Gazeta e Bandeirantes)

A terceira rodada da primeira fase foi aberta no dia 22 de junho. Os brasileiros estavam apreensivos para o duelo contra a fraca seleção do Zaire!

A seleção brasileira viajou para Gelsenkirchen. O técnico Zagallo tirou Paulo César Caju e Mirandinha e escalou Edu e Carpegiani. O Brasil precisava de três gols para garantir a classificação e, no sufoco, conseguiu!

BRASIL 3 × 0 ZAIRE — GELSENKIRCHEN — 22.06.74

BRASIL: Leão, Nelinho, Luís Pereira, Marinho Peres, Marinho Chagas, Piazza (Mirandinha), Carpegiani, Leivinha (Valdomiro), Rivellino, Jairzinho e Edu.

ZAIRE: Kazadi, Mwepu, Mwanza, Bwanga, Lobilo, Tshimabu (Kilasu), Mana, Kidumu (Kembo), Kibonge; Mayanga e Ntumba.

ÁRBITRO: Nicolae Rainea (Romênia).

GOLS: Jairzinho (12) no primeiro tempo. Rivellino (22) e Valdomiro (34) na etapa final.

Jairzinho em ação no duelo contra o Zaire

Os estádios da Alemanha eram modernos. O acesso para o campo, a partir dos vestiários do Waldstadion, em Gelsenkirchen, era feito por escadas rolantes. Os jogadores do Zaire estavam na escada quando César Maluco, centroavante do Palmeiras, apertou um botão para a escada mudar de sentido. Consequência: os atletas do Zaire levaram um baita tombo e entraram em campo irritados com os brasileiros. Jairzinho, com cabelo "black power", fez o primeiro da seleção na Copa aos 12 do primeiro tempo. Zagallo foi flagrado pelas câmeras de TV soltando um palavrão. Era uma espécie de desabafo, depois de duas partidas sem um golzinho sequer.

Na etapa final, Rivellino fez o segundo aos 22. Zagallo tirou Leivinha e colocou Valdomiro, que marcou o gol salvador aos 34 minutos. Ele chutou da ponta direita e o goleiro Kazadi, que não jogava de luvas, levou um frango. A bola entrou rasteira no canto esquerdo dele. O supersticioso Zagallo gostou, claro. Valdomiro era camisa 13. Cada jogador brasileiro ganhou 6 mil dólares pela classificação nacional. A *Folha de S.Paulo* publicou declarações do treinador:

> O Brasil não está mal – disse – e de agora em diante o público conhecerá o verdadeiro Brasil. Sei que não fomos bem, mas vocês devem compreender que estamos nervosos. Tínhamos muita responsabilidade sobre nossas costas.

IUGOSLÁVIA 1 × 1 ESCÓCIA: na outra partida do grupo, a Iugoslávia empatou com a Escócia, em Frankfurt, e terminou na primeira colocação. O Brasil se classificou em segundo.

ALEMANHA ORIENTAL 1 × 0 ALEMANHA OCIDENTAL: à tarde, a TV exibiu um duelo histórico, em Hamburgo. A Alemanha Oriental venceu os alemães ocidentais por 1 a 0, gol de Sparwasser aos 32 minutos do segundo tempo. Até hoje se comenta que a Alemanha Ocidental facilitou o jogo. A derrota ajudou a seleção anfitriã a ficar em uma chave mais fraca na fase seguinte e escapar dos confrontos com Brasil e Holanda.

CHILE 0 × 0 AUSTRÁLIA: na partida dos desclassificados, em Berlim, as duas seleções empataram sem gols.

A primeira fase da Copa do Mundo terminou em 23 de junho.

ARGENTINA 4 × 1 HAITI: os argentinos ficaram em segundo lugar no grupo com a goleada diante do Haiti, em Munique. Os gols foram de Yazalde (dois), Houseman e Ayala. O gol do Haiti foi marcado por Sanon.

POLÔNIA 2 × 1 ITÁLIA: os poloneses garantiram a primeira colocação na chave com a vitória sobre a Itália. Szarmach, aos 38, e Deyna, aos 45, fizeram os gols no primeiro tempo. Fabio Capello diminuiu aos 41 minutos da etapa final. A Itália deu adeus à Copa.

Ainda no dia 23, foram disputadas mais duas partidas que definiram as posições do Grupo 3.

HOLANDA 4 × 1 BULGÁRIA: depois do empate contra a Suécia, a Holanda voltou a vencer. Em Dortmund, a equipe goleou a Bulgária com dois gols de Neeskens, um de Rep e outro de Krol. O time de Rinus Michels ficou em primeiro lugar.

SUÉCIA 3 × 0 URUGUAI: a Suécia garantiu a segunda colocação ao vencer o Uruguai, em Düsseldorf. Os gols foram de Edström (dois) e Sandberg. Os uruguaios estavam fora da Copa de forma vergonhosa.

As oito seleções classificadas foram divididas em dois grupos. Quem ficasse em primeiro iria à final. Já os segundos colocados disputariam o terceiro lugar.

Grupo A: Brasil, Argentina, Holanda e Alemanha Oriental.

Grupo B: Alemanha Ocidental, Polônia, Suécia e Iugoslávia.

GRADE DA TV DE 26 DE JUNHO DE 1974

11h30: Alemanha vs. Iugoslávia (Cultura, Tupi, Globo, Gazeta e Bandeirantes)

15h: Brasil vs. Alemanha Oriental (Cultura, Tupi, Globo, Gazeta e Bandeirantes)

23h: Brasil vs. Alemanha Oriental - VT (Cultura, Tupi, Globo, Gazeta e Bandeirantes)

Na primeira rodada, em 26 de junho, a seleção brasileira foi para Hannover enfrentar a Alemanha Oriental. O jogo, disputado às 15 horas, teve ampla cobertura da televisão.

Zagallo fazia mistério: "*Não se sabe quem jogará na lateral direita. Até a noite de ontem, nem Zé Maria nem Nelinho sabiam qual dos dois vai jogar hoje. Mas os repórteres veem como certa a volta de Zé Maria*", disse para a *Folha de S.Paulo*. O jornal relatava:

> Zagallo, esquivo e nervoso, respondeu, com mau humor, as seis perguntas de um repórter alemão, discutiu rapidamente com um brasileiro e voltou a repetir algumas frases desgastadas. "Jogamos de acordo com o adversário. Agora mudei o meu modo de pensar. Preferia manter um time apenas, mas se for preciso, mudo o time a cada jogo, por causa do estilo dos adversários. Esta é a Copa do preparo físico, por causa disso é que o nível técnico caiu em relação à Copa do México."

BRASIL 1 × 0 ALEMANHA ORIENTAL – HANNOVER – 26.06.74

BRASIL: Leão, Zé Maria, Luís Pereira, Marinho Peres, Marinho Chagas, Jairzinho, Rivellino, Paulo César, Valdomiro e Carpegiani e Dirceu.

ALEMANHA ORIENTAL: Croy, Kische, Wätzlich, Weise, Bransch, Lauk (Lowe), Kurbjuweit, Sparwasser e Hamann (Irmscher), Streich e Hoffmann.

ÁRBITRO: John Thomas (País de Gales).

GOL: Rivellino (15) no segundo tempo.

A imprensa estava certa. Zé Maria enfrentou os alemães orientais e Dirceu também foi escalado. Zagallo manteve Valdomiro no lugar de Leivinha. A seleção venceu por 1 a 0, gol de Rivellino em uma cobrança de falta aos 15 minutos do segundo tempo. Jairzinho estava postado na barreira e se abaixou. A bola passou justamente pelo buraco deixado pelo camisa 7 do Brasil e o goleiro Croy ficou imóvel.

O caderno de esportes da *Folha* trazia a notícia:

> Um a zero com dignidade. A defesa cumpriu o que prometeu, continua sem sofrer um gol nesta Copa, e o Brasil venceu a Alemanha Oriental por 1 a 0, ontem em Hannover, nesta indecisa caminhada em busca de mais um título mundial. Só que mais uma vez o medo e a expectativa de uma surpresa permaneceram no ar até o último segundo, mantendo os nervos de todos, quase no limite da neurose.

Em São Paulo, torcedores se aglomeraram em bares e restaurantes para assistir à partida. Foram registradas ocorrências como furtos e roubos durante o jogo da seleção.

HOLANDA 4 × 0 ARGENTINA: os argentinos foram vítimas da "laranja mecânica", em Gelsenkirchen. A Holanda fez uma das maiores exibições na Copa. Cruyff, aos 10 minutos, e Krol, aos 25, marcaram no primeiro tempo. Nem a chuva durante a etapa final prejudicou o espetáculo. Rep, aos 28 minutos, e Cruyff novamente, aos 45 minutos, fecharam a goleada.

ALEMANHA OCIDENTAL 2 × 0 IUGOSLÁVIA: a Alemanha entrou em campo em Düsseldorf e confirmou o favoritismo sobre a boa equipe da Iugoslávia, gols de Breitner e Müller, um em cada tempo. O brasileiro Armando Marques apitou a partida.

POLÔNIA 1 × 0 SUÉCIA: pela mesma chave, em Stuttgart, Lato garantiu a vitória da Polônia sobre a Suécia. Os poloneses, assim como o Brasil, continuavam sem sofrer gols.

GRADE DA TV DE 30 DE JUNHO DE 1974

11h30: Brasil vs. Argentina (Cultura, Tupi, Globo, Gazeta e Bandeirantes)

15h: Alemanha vs. Suécia (Cultura, Tupi, Globo, Gazeta e Bandeirantes)

23h: Brasil vs. Argentina – VT (Cultura, Tupi, Globo, Gazeta e Bandeirantes)

Na segunda rodada, Brasil e Argentina fizeram o duelo sul-americano, em Hannover. Foi o primeiro confronto entre as duas seleções em Copas do Mundo.

BRASIL 2 × 1 ARGENTINA – HANNOVER – 30.06.74

BRASIL: Leão, Zé Maria, Luís Pereira, Marinho Peres, Marinho Chagas, Jairzinho, Rivellino, Paulo César, Valdomiro, Carpegiani e Dirceu.

ARGENTINA: Carnevali, Heredia, Bargas, Pedro Sa (Carrascosa), Glaria, Babington, Brindisi, Squeo, Ayala, Balbuena e Kempes (Houseman).

ÁRBITRO: Vital Loraux (Bélgica).

GOLS: Rivellino (32) e Brindisi (35) no primeiro tempo. Jairzinho (4) na segunda etapa.

Pela primeira vez, Zagallo repetiu uma formação na Copa do Mundo: "*Hoje joga o mesmo time*", era a manchete da *Folha de S.Paulo,* que destacava:

> *Hoje, o Brasil volta a vestir camisas azuis, contra uma seleção que tradicionalmente é sempre um espinho atravessado na sua garganta: a imprevisível, voluntariosa e irregular Argentina. Esse jogo tem uma importância fundamental na campanha da seleção brasileira na atual Copa: se ganhar, jogará em igualdade de condições com a Holanda, quarta-feira, em Dortmund, para decidir o vencedor do Grupo A.*

A seleção brasileira saiu na frente com um chute de Rivellino de fora da área aos 32 do primeiro tempo. Brindisi cobrou falta aos 35 minutos e quebrou a invencibilidade do goleiro Leão. Mas a seleção vinha subindo de produção na Copa. Aos 4 minutos do segundo tempo, Zé Maria cruzou da linha de fundo, na direita, para a cabeça da certeira de Jairzinho. Finalmente duas vitórias seguidas. Na análise da imprensa, a seleção sentia a ausência de Clodoaldo, cortado por causa de uma contusão ainda na fase preparatória:

> "*Ontem, na vitória contra a Argentina, os brasileiros demonstraram ter resolvido o problema do meio do campo, criado pela saída de Clodoaldo: Paulo César, do Internacional, guarneceu com perfeição o setor, cobrindo as descidas dos laterais e dando condições para Rivellino jogar mais à frente*", destacava a Folha.

Já no caderno de esportes do mesmo jornal, uma manchete ufanista: "*Nossa seleção é incrível*". Incrível, na verdade, era a possibilidade da equipe de Zagallo chegar à final da Copa.

HOLANDA 2 × 0 ALEMANHA ORIENTAL: com gols de Neeskens e Rensenbrink, a Holanda venceu mais um jogo na segunda fase. A partida foi disputada em Gelsenkirchen. Os holandeses tinham melhor saldo do que a seleção brasileira.

ALEMANHA OCIDENTAL 4 × 2 SUÉCIA: ainda naquele dia 30 de junho, os donos da casa fizeram uma boa apresentação, em Düsseldorf. A Suécia abriu o placar com Edström aos 24 minutos do primeiro tempo. Overath empatou aos 6 minutos da etapa final. Bonhof fez 2 a 1 aos 7 minutos. O sueco Sandberg deixou tudo igual aos 8 minutos. Mas a Alemanha confirmaria a superioridade. Grabowski desempatou aos 31 minutos e Hoeness marcou o quarto gol aos 44 minutos. O goleiro alemão era um dos melhores do mundo e fez grandes defesas. Sepp Maier foi decisivo para a conquista do bicampeonato.

POLÔNIA 2 × 1 IUGOSLÁVIA: em Frankfurt, a equipe polonesa confirmou a boa campanha e chegou a quinta vitória na Copa. Deyna e Lato balançaram as redes da Iugoslávia.

Rivellino balança as redes contra a Argentina

3 de julho de 1974: dia de jogos decisivos na TV.

> **GRADE DA TV DE 3 DE JULHO DE 1974**
>
> 12h: Alemanha vs. Polônia (Cultura, Tupi, Globo, Gazeta e Bandeirantes)
>
> 15h: Brasil vs. Holanda (Cultura, Tupi, Globo, Gazeta e Bandeirantes)
>
> 23h: Brasil vs. Holanda – VT (Cultura, Tupi, Globo, Gazeta e Bandeirantes)

ALEMANHA OCIDENTAL 1 × 0 POLÔNIA: os alemães enfrentaram dificuldades para passar pela Polônia. Choveu muito em Frankfurt e o gramado estava encharcado. A Alemanha perdeu um pênalti, defendido pelo bom goleiro Tomaszewski. Mas o artilheiro Gerd Müller fez o gol salvador aos 21 minutos do segundo tempo. Depois de oito anos, os alemães estavam novamente na final da Copa do Mundo.

SUÉCIA 2 × 1 IUGOSLÁVIA: as duas seleções entraram em campo apenas para cumprir tabela, em Düsseldorf. Surjak abriu o placar para os iugoslavos, mas Edstrom e Torstensson viraram o jogo.

ARGENTINA 1 × 1 ALEMANHA ORIENTAL: pela chave do Brasil, Argentina e Alemanha Oriental não tinham mais chances de classificação e ficaram no empate, em Gelsenkirchen. Streich marcou para os alemães e Houseman foi o autor do gol da Argentina.

> **HOLANDA 2 × 0 BRASIL – DORTMUND – 03.07.74**
>
> **BRASIL**: Leão, Zé Maria, Luís Pereira, Marinho Peres, Marinho Chagas, Jairzinho, Rivellino, Paulo César (Mirandinha), Valdomiro, Carpeggiani e Dirceu.
>
> **HOLANDA**: Jongbloed, Suurbier, Haan, Rijsbergen, Krol, Jansen, Neeskens (Israel), Van Hanegem, Rep, Cruyff e Rensenbrink.
>
> **ÁRBITRO**: Tschenscher (Alemanha).
>
> **GOLS**: Neeskens (5) e Cruyff (20) no segundo tempo.

O mundo assistiu ao duelo entre o futebol tricampeão e a sensação da Copa de 1974. A partida foi disputada no acanhado Westfalenstadion, em Dortmund. Apesar de ser uma realidade, o futebol holandês ainda era desconhecido de muita gente. O próprio Zagallo sabia pouco sobre os jogadores adversários. Quando questionado

Brasil e Holanda duelam por vaga na final da Copa

sobre as qualidades de Cruyff, o treinador brasileiro perguntava: "Quem, o Crush?" Crush era um refrigerante de laranja da época. Hoje sabemos como se pronuncia o nome do lendário jogador e treinador holandês (*Cróif*). Mas, os próprios narradores, como Luiz Noriega, da TV Cultura, falavam "Cruifi".

Zagallo mais uma vez repetiu a escalação da equipe. O primeiro tempo foi equilibrado. Leão fez uma defesa milagrosa em um chute de Cruyff. Jairzinho e Paulo César perderam chances de colocar a bola nas redes de Jan Jongbloed, goleiro que usava lentes de contato. Mas, no segundo tempo, a Holanda dominou o Brasil. Aos 4 minutos, Neeskens acertou um chute e a bola encobriu Leão. Marinho Peres, que depois foi colega de Neeskens no Barcelona, lembra que o jogador holandês confessou ter errado o chute e pegou na bola "de canela". Aos 20 minutos, em uma jogada que começou irregular por causa de um impedimento, Cruyff aproveitou um cruzamento da esquerda e marcou o segundo gol. Os brasileiros perderam o controle do jogo. Luís Pereira foi expulso por causa de uma entrada violenta em Neeskens. Na saída, ele ainda bateu boca com torcedores que estavam na arquibancada. O Brasil não perdia um jogo de Copa desde o confronto com Portugal, em 1966. Eram 11 jogos de invencibilidade: seis em 1970 e cinco em 1974. O time de Zagallo teve de se contentar com a disputa pelo terceiro lugar contra a Polônia, em 6 de julho. Alemanha e Holanda fariam a final da Copa, no dia 7.

A *Folha de S.Paulo* trouxe a seguinte manchete em 4 de julho de 74: "*O futebol sem gols morreu ontem*". Na sequência, a análise:

A queda do Brasil diante da Holanda foi a confirmação da morte e fragilidade de um futebol defensivo, medroso e preso, armado pelo técnico Zagallo para tentar a conquista de mais uma Copa. O maior vencedor foi o gol, objetivo final da nova mentalidade de jogo da Europa, onde o futebol conjunto e ofensivo substituiu a habilidade e o gênio individual. A derrota fez com que os jogadores ficassem fechados no vestiário chorando, enquanto o técnico Zagallo explicava: "Perdemos para uma seleção que provou ser melhor do que a nossa. Desejo que todos os técnicos brasileiros vejam como joga a Holanda e façam seus times usarem essa nova fórmula."

Rivellino foi seco: *"Não me perguntem nada. Não sei o que dizer."*

GRADE DA TV DE 6 DE JULHO DE 1974

12h: Brasil vs. Polônia (Cultura, Tupi, Globo, Gazeta e Bandeirantes)

23h: Brasil vs. Polônia – VT (Cultura, Tupi, Globo, Gazeta e Bandeirantes)

O jogo contra a Polônia foi transmitido às 12h e reprisado à noite, às 23h, pela Cultura, Globo, Tupi, Record, Gazeta e Bandeirantes. Mais uma decepção:

POLÔNIA 1 × 0 BRASIL – MUNIQUE – 06.07.74

BRASIL: Leão, Zé Maria, Alfredo, Marinho Peres, Marinho Chagas, Carpegiani, Ademir da Guia (Mirandinha), Rivellino, Valdomiro, Jairzinho e Dirceu.

POLÔNIA: Tomaszewski; Szymanowski, Zmuda, Gorgon, Adam Musial; Maszczyk, Deyna, Kasperczak; Lato, Szarmach (Kapka) e Gadocha.

ÁRBITRO: Aurelio Angonese (Itália).

GOL: Lato (30) no segundo tempo.

Zagallo foi muito criticado depois da Copa. Os critérios de escalação e o defensivismo do time irritaram os torcedores e a imprensa. Contra a Polônia, Ademir da Guia jogou apenas um tempo. Muito se questionou por que o camisa 10 do Palmeiras só foi escalado na decisão do terceiro lugar.

Aos 30 do segundo tempo, Marinho Chagas deu um passe errado e, no contra-ataque, Lato marcou o sétimo gol dele na Copa. A história que ganhou fama foi a de um soco ou tapa que o goleiro Leão, irritado com o lance que resultou no gol polonês, teria dado em Marinho, já nos vestiários, depois da derrota. O lateral esquerdo, que morreu em 2014, aos 62 anos, foi eleito pela Fifa como o melhor lateral esquerdo da Copa de 1974. Ele sempre negou ter sofrido agressão. Alfredo, que começou jogando, revelou à *Folha de S.Paulo*:

No fim da partida, denunciou tudo o que – em sua opinião – houve de errado desde a convocação dos jogadores até a melancolia da derrota de ontem, quando o Brasil perdeu até mesmo o terceiro lugar. Segundo o jogador, a Comissão Técnica não teve pulso em relação aos astros do time (especialmente Jairzinho e Paulo César, do Flamengo) ao mesmo tempo em que maltratava os reservas e mesmo os titulares de menos fama. As declarações do jogador palmeirense são o estopim de uma crise cada vez mais patente na seleção brasileira, desde a derrota para a Holanda, na quarta-feira passada. Essa crise, acirrada pela forma antidesportiva e indisciplinada como reagiram os jogadores no segundo tempo daquele jogo, eclodiu ontem, nos vestiários, quando alguns atletas se recusaram a entrar em campo e Paulo César, do Flamengo, foi barrado, até agora não se sabe por quem.

Os jornais também faziam intriga. Quem teria barrado Paulo César no jogo contra a Polônia?

Abatido, encontrando dificuldade para falar, cabeça sempre baixa, trazendo na mão esquerda dois bonequinhos Tip-Tap (símbolos da Copa) e uma camisa da Polônia, Paulo César, do Flamengo, era a própria imagem dos jogadores da seleção brasileira após a partida de ontem: totalmente arrasados e sem a mínima condição de conversar.

TRISTE FIM DO BRASIL NA COPA: APENAS O 4.º LUGAR.
1 x 0
POR QUE? O BRASIL SAI DA COPA MELANCOLICAMENTE

Aos microfones das emissoras de rádio, Paulo César dizia estar chateado por ter ficado de fora. O presidente da comissão técnica, Antônio do Passo, teria barrado o jogador por não ter feito um tratamento médico na véspera da partida contra os poloneses.

Zagallo não ficou na seleção. O término da Copa de 1974 e a preparação para 1978 foram marcados por um processo de renovação do futebol brasileiro. Apenas Rivellino, da conquista do tri, estaria na Argentina.

GRADE DA TV DE 7 DE JULHO DE 1974

12h: Alemanha Ocidental vs. Holanda (Cultura, Tupi, Globo, Gazeta e Bandeirantes)

A decisão da Copa foi disputada em Munique no dia 7 de julho de 1974. Lado a lado, a Holanda, sensação da Copa, cinco vitórias e um empate, e os alemães, donos da casa, com cinco vitórias e uma derrota.

ALEMANHA 2 × 1 HOLANDA – MUNIQUE – 07.07.74

ALEMANHA: Maier; Vogts, Schwarzenbeck, Beckenbauer, Breitner; Bonhof, Overath, Hoeness; Grabowski, Gerd Müller e Hölzenbein.

HOLANDA: Jongbloed; Suurbier, Rijsbergen (De Jong), Wim Jansen, Krol; Haan, Van Hanegem, Neeskens; Rep, Cruyff e Rensenbrink (René Van der Kerkhof).

ÁRBITRO: John Taylor (Inglaterra).

GOLS: Neeskens (2), Breitner (25) e Gerd Müller (43) no primeiro tempo.

Gerd Müller (camisa 13) marca o gol da virada sobre os holandeses

Assim como em 1954, contra a Hungria, a Alemanha surpreendeu a seleção favorita. No total, 75 mil torcedores compareceram ao magnífico Olympiastadion. Aos 2 minutos de jogo, o árbitro John Taylor, da Inglaterra, marcou um pênalti para a Holanda, e Neeskens converteu. As esposas dos jogadores holandeses, que estavam nas arquibancadas, ficaram de costas para não ver a cobrança. Mas depois explodiram de alegria com a bola no fundo das redes. Essa cena está registrada no filme oficial da Fifa. No entanto, a Holanda não conseguiu apresentar o mesmo futebol das outras partidas, e a Alemanha passou a dominar o adversário. Aos 25 minutos, foi marcado pênalti para os alemães. Breitner empatou. Aos

43 minutos, Gerd Müller fez o segundo, depois de uma jogada pela direita. Müller chegava ao 14º gol em Copas, somando os dez de 1970 e os quatro de 1974. O juiz já tinha encerrado o primeiro tempo quando deu cartão amarelo para Cruyff por reclamação.

Na etapa final, os alemães apenas administraram o resultado. O goleiro Maier fez grandes defesas. O placar de 2 a 1 coroou a disciplina alemã e o trabalho do técnico Helmut Schön. O Kaiser (imperador, em alemão) Franz Beckenbauer ergueu a taça. Depois da conquista definitiva da Jules Rimet pelo Brasil, a Fifa encomendou ao escultor italiano Silvio Gazzaniga um novo troféu. Ao contrário da taça anterior, que ficou nas mãos do Brasil, dessa vez não haveria posse definitiva.

A *Folha de S.Paulo* trazia na manchete principal: "*Alemães são reis até 1978*", "*A Alemanha vence a lógica mais uma vez.*" O técnico Helmut Schön foi muito criticado e questionado pela imprensa alemã e, depois da conquista, desabafou: "*Hoje sou um homem feliz, muito feliz. Tínhamos uma obrigação a cumprir e conseguimos.*" Sobre a derrota para a Alemanha Oriental na primeira fase, o treinador salientou:

No fim, até essa derrota foi importante. Abrimos nossos olhos, pudemos conscientizar todos de que conquistar o título não seria nada fácil. Após a derrota para a DDR, fiz uma reunião com os jogadores. Discutimos nossos problemas, traçamos nossos planos e falamos de nossas responsabilidades. A reação dos jogadores foi a melhor possível. Eles prometeram dedicação total e esforço imenso.

Franz Beckenbauer ergue a taça para o delírio dos torcedores alemães

Mas a sensação daquela Copa sempre será o futebol holandês: "*A Holanda, vice-campeã, mostrou um futebol alegre, solto e ofensivo, que deixará marca profunda na história do futebol*", destacava a imprensa.

O RÁDIO NA COPA DE 1974

A Copa de 1974 teve ampla cobertura pelo rádio. Abaixo as chamadas publicadas nos jornais pela Jovem Pan e Bandeirantes. O locutor principal da Pan era Osmar Santos. E da Band, o veterano Fiori Gigliotti.

TABELA DA COPA DE 1974

GRUPO 1

14/06/1974 Berlim: **Alemanha Oc. 1 × 0 Chile**
14/06/1974 Hamburgo: **Alemanha Or. 2 × 0 Austrália**
18/06/1974 Hamburgo: **Alemanha Oc. 3 × 0 Austrália**
18/06/1974 Berlim: **Chile 1 × 1 Alemanha Or.**
22/06/1974 Berlim: **Austrália 0 × 0 Chile**
22/06/1974 Hamburgo: **Alemanha Or. 1 × 0 Alemanha Oc.**

GRUPO 2

13/06/1974 Frankfurt: **Brasil 0 × 0 Iugoslávia**
14/06/1974 Dortmund: **Zaire 0 × 2 Escócia**
18/06/1974 Gelsenkirchen: **Iugoslávia 9 × 0 Zaire**
18/06/1974 Frankfurt: **Escócia 0 × 0 Brasil**
22/06/1974 Frankfurt: **Escócia 1 × 1 Iugoslávia**
22/06/1974 Gelsenkirchen: **Zaire 0 × 3 Brasil**

GRUPO 3

15/06/1974 Hannover: **Uruguai 0 × 2 Holanda**
15/06/1974 Düsseldorf: **Suécia 0 × 0 Bulgária**
19/06/1974 Hannover: **Bulgária 1 × 1 Uruguai**
19/06/1974 Dortmund: **Holanda 0 × 0 Suécia**
23/06/1974 Dortmund: **Bulgária 1 × 4 Holanda**
23/06/1974 Düsseldorf: **Suécia 3 × 0 Uruguai**

GRUPO 4

15/06/1974 Munique: **Itália 3 × 1 Haiti**
15/06/1974 Stuttgart: **Polônia 3 × 2 Argentina**
19/06/1974 Stuttgart: **Argentina 1 × 1 Itália**
19/06/1974 Munique: **Haiti 0 × 7 Polônia**
23/06/1974 Munique: **Argentina 4 × 1 Haiti**
23/06/1974 Stuttgart: **Polônia 2 × 1 Itália**

SEGUNDA FASE

GRUPO A

26/06/1974 Gelsenkirchen: **Holanda 4 × 0 Argentina**
26/06/1974 Hannover: **Brasil 1 × 0 Alemanha Or.**
30/06/1974 Hannover: **Argentina 1 × 2 Brasil**
30/06/1974 Gelsenkirchen: **Alemanha Or. 0 × 2 Holanda**
03/07/1974 Gelsenkirchen: **Argentina 1 × 1 Alemanha Or.**
03/07/1974 Dortmund: **Holanda 2 × 0 Brasil**

GRUPO B

26/06/1974 Düsseldorf: **Iugoslávia 0 × 2 Alemanha Oc.**
26/06/1974 Stuttgart: **Suécia 0 × 1 Polônia**
30/06/1974 Frankfurt: **Polônia 2 × 1 Iugoslávia**
30/06/1974 Düsseldorf: **Alemanha Oc. 4 × 2 Suécia**
03/07/1974 Frankfurt: **Polônia 0 × 1 Alemanha Oc.**
03/07/1974 Düsseldorf: **Suécia 2 × 1 Iugoslávia**

TERCEIRO LUGAR

06/07/1974 Munique: **Brasil 0 × 1 Polônia**

FINAL

07/07/1974 Munique: **Holanda 1 × 2 Alemanha Oc.**

Escaneie o QR Code ao lado e ouça as transmissões de rádio na Copa de 1974.

ARGE 19

NTINA 78

FUTEBOL SEM CORES

Branco e preto nas TVs argentinas

A Argentina vivia uma das ditaduras mais ferrenhas da história da América Latina. O presidente era Jorge Rafael Videla. A Copa ajudaria a projetar a imagem do país para o exterior e mexeria com o moral da população. Mas tem um fato interessante: o mundo inteiro assistiu aos jogos em transmissões em cores pela TV. Já os argentinos viram a conquista inédita da seleção nacional, comandada por César Menotti, em precárias imagens em preto em branco!

O Brasil tinha 11 milhões de aparelhos de televisão. Uma reportagem da revista *Veja* dizia:

> Desde o dia primeiro de junho, todas as emissoras das grandes cidades do país colocaram uma única atração nos 11 milhões de aparelhos de televisão que se calcula existirem no Brasil: a Copa do Mundo. Um espetáculo que impressiona pelo exagero – em todos os sentidos. Desanimada com o alto custo dos direitos de transmissão – 7 milhões de cruzeiros –, a TV Cultura de São Paulo já estava, até, preparando uma programação especial com concertos, debates sobre filmes e peças de teatro. Faltando três dias para a primeira partida, porém, o Ministério da Educação liberou uma verba especial de 3,2 milhões de cruzeiros. Com esse dinheiro – e mais um acordo pela preparação de numerosos serviços das emissoras comerciais – a Cultura e nove emissoras da Rede Educativa do MEC passaram a formar uma sexta rede brasileira a mostrar a Copa. Se as imagens e o som ambiente são legítimos da Argentina, a narração é feita diretamente da Freguesia do Ó em São Paulo, onde funcionam os estúdios da emissora. Assistindo imagens da própria televisão, Luiz Noriega – profissional já testado por diversas competições – se esforça, ao menos, para identificar os jogadores. Mais modesta em recursos, a Rede Bandeirantes não apresenta atrações tão famosas. Mesmo assim, o "Boletim da Copa" – diariamente às 23h45, já conseguiu realizar façanhas divertidas – como entrevistar, com risos e muita ironia, um carrancudo almirante Heleno Nunes, presidente da CBD, perguntando sobre a mordomia, a escalação de Roberto e os reais poderes do técnico Cláudio Coutinho. Tempos atrás a Bandeirantes chegou a pensar em desistir da Copa.

As transmissões esportivas internacionais evoluíam. Em 1970 foram 11 jogos ao vivo, de um total de 32 disputados. Em 1974, a Copa teve 38 jogos, sendo 20 ao vivo para o Brasil. Já em 1978, a TV brasileira transmitiu 26 (também de 38 jogos disputados).

Além das partidas, as emissoras apostaram em uma forte cobertura fora dos gramados: os bastidores das seleções e entrevistas exclusivas com jogadores. O site Memória, da Rede Globo, informa que, em 1978, a emissora teve à disposição um canal exclusivo de satélite da Embratel para gerar as próprias reportagens, algo inédito. Luciano do Valle, então com 30 anos de idade, era o narrador principal.

A Tupi contou de novo com Walter Abrahão. Pela Bandeirantes, com uma cobertura mais modesta do que a da Globo, Fernando Solera e Galvão Bueno transmitiram as partidas. A Record apostou em Silvio Luiz, em sua primeira Copa como narrador. A Cultura, como vimos na reportagem da *Veja*, fechou o contrato de transmissão em cima da hora. Luiz Noriega e José Carlos Cicarelli ficaram no Brasil e faziam a narração das partidas a partir dos estúdios da emissora na zona oeste de São Paulo. A Gazeta também transmitiu o mundial, com Peirão de Castro.

De acordo com os guias de programação e as chamadas de transmissões da TV, publicadas nos jornais, as emissoras exibiram, ao vivo, até três jogos por dia, além de uma reprise à noite.

A COPA E OS PARTICIPANTES: MANTIDA A FÓRMULA DE DISPUTA

Entre os campeões do mundo, a Inglaterra ficou fora da Copa pela segunda vez consecutiva. Já o Uruguai foi ausência sentida em um mundial disputado em plena América do Sul. O Chile também não conseguiu vaga.

Além da Argentina, classificada automaticamente por ser o país sede, Brasil e Peru passaram pelas eliminatórias.

Assim como em 1974, o mundial teve 16 seleções e foi mantida a fórmula de disputa. Na primeira fase, eram quatro grupos com quatro seleções cada. As oito classificadas seriam reagrupadas em duas novas chaves. A primeira de cada faria a final, e a segunda disputaria o terceiro lugar.

> **GRUPO 1**: Argentina, Itália, França e Hungria
>
> **GRUPO 2**: Alemanha, Polônia, Tunísia e México
>
> **GRUPO 3**: Brasil, Áustria, Suécia e Espanha
>
> **GRUPO 4**: Peru, Escócia, Holanda e Irã

A Copa teve jogos em Buenos Aires, Mar del Plata, Rosário, Córdoba e Mendoza. A distribuição das partidas pelas cidades foi muito irregular. A Argentina jogou apenas em Buenos Aires e Rosário. Já o Brasil fez apresentações em Mar del Plata, Mendoza, Rosário e Buenos Aires.

O mundial de 1978 é considerado a versão sul-americana da Copa de 1966. De novo houve suspeita de que os donos da casa foram beneficiados. O caso mais célebre envolveu a seleção peruana, acusada de facilitar o jogo para a Argentina.

A PREPARAÇÃO BRASILEIRA

O futebol brasileiro viveu uma fase de renovação entre 1974 e 1978. A Copa, na Argentina, foi a transição entre a geração de 1970 e a de 1982. O time apresentou melhor futebol na comparação com o mundial anterior e ficou em terceiro lugar de forma invicta. O técnico Cláudio Coutinho, muito criticado, declarou que o Brasil tinha sido "campeão moral". De fato, a seleção não chegou à final por causa da polêmica derrota do Peru para a Argentina.

O Brasil ainda vivia uma ditadura. Eram outros tempos em relação a 1970, mas os militares continuavam tomando conta da seleção e da CBD (a CBF seria criada apenas em 1979). O presidente da Confederação era o almirante Heleno Nunes, que interferiu na escalação de Roberto Dinamite para o terceiro jogo, contra a Áustria.

O time brasileiro fica em terceiro lugar na Copa e com o título de "campeão moral"

Uma ausência sentida foi a de Falcão. O jogador do Internacional de Porto Alegre estava com 24 anos. No entanto, ele fez críticas à preparação brasileira. Anos depois, o ex-jogador culpou a ditadura por ter ficado de fora. O treinador Cláudio Coutinho também era militar, e tinha sido preparador físico da seleção de 70.

Até Coutinho ser convidado a treinar a seleção, a equipe brasileira era comandada por Osvaldo Brandão. Em 1976, o Brasil conquistou o Torneio Bicentenário dos Estados Unidos, derrotando a Itália na final por 4 a 1, em New Haven, com um show de Roberto Dinamite e Gil. Naquele ano, a seleção também venceu a Taça do Atlântico. A decisão contra o Uruguai, vencida pelo Brasil por 2 a 1, no Maracanã, acabou em uma briga generalizada. Rivellino caiu no fosso do estádio ao tentar fugir da perseguição de Ramirez. Apesar dos resultados positivos, o técnico Brandão não resistiu no cargo. A direção da CBD, sediada no Rio de Janeiro, o questionava constantemente sobre a convocação de jogadores paulistas.

Cláudio Coutinho foi anunciado em fevereiro de 1977 e era considerado inexperiente. Tido como teórico, gostava de usar termos como "overlapping", "ponto futuro" e jogador "polivalente". Ele classificou a seleção brasileira para a Copa, passando por Paraguai, Colômbia, Peru e Bolívia. A seleção foi ao mundial com excelentes jogadores: Oscar, Jorge Mendonça, Toninho Cerezo, Edinho, Zico, Reinaldo, Rivellino, Gil, Dirceu, Nelinho e Roberto.

A Copa começou em primeiro de junho com um empate sem gols entre a Alemanha Ocidental, campeã em 1974, e a Polônia.

> **GRADE DA TV DE 1º DE JUNHO DE 1978**
>
> 14h: Cerimônia de abertura (Tupi, Globo, Record, Gazeta e Bandeirantes)
>
> 15h: Alemanha vs. Polônia (Tupi, Globo, Record, Gazeta e Bandeirantes)
>
> 23hs: Alemanha vs. Polônia – VT (Globo, Gazeta e Bandeirantes)

A Bandeirantes publicava anúncios nos jornais destacando a cobertura que faria na Copa. A narração era de Fernando Solera, com comentários de Alberto Helena Júnior e reportagens de Paulo Stein, que depois se destacaria como narrador pela Manchete.

ALEMANHA 0 × 0 POLÔNIA: a Alemanha já não tinha as mesmas peças do time campeão em 1974. Helmut Schön ainda comandava a seleção, mas não contava mais com Beckenbauer e nem com o artilheiro Gerd Müller. A Polônia, terceira colocada da Copa anterior, foi ao mundial com grandes nomes: Lato, artilheiro de 1974, Władysław Zmuda, Deyna, Szarmach, Lubanski e Boniek. Mesmo com atletas de destaque, Alemanha e Polônia empataram por 0 a 0. De novo, a abertura de Copa não teve gols.

O segundo dia de Copa, em 2 de junho, foi marcado por uma maratona de futebol na televisão. A *Folha de S. Paulo* destacava:

> *550 minutos de futebol pela TV: Nunca a televisão brasileira dedicou tanto tempo ao futebol quanto hoje. O espectador poderá assistir a bem mais de 550 minutos de programação relacionada à Copa do Mundo. Esse é o tempo que está reservado aos três jogos de hoje, um videoteipe à noite e mais noticiários sobre futebol que mostrarão a seleção brasileira que estreia amanhã. Todas as emissoras de televisão vão transmitir, ao vivo, os três jogos da rodada às 13:45, França e Itália; às 16h45, Tunísia e México e às 19:15, Hungria e Argentina, voltando a exibir às 23 horas o VT de França e Itália, com exceção dos canais 2 e 7 (TV Cultura e Record).*

ITÁLIA 2 × 1 FRANÇA: no primeiro jogo do dia, em Mar del Plata, as duas seleções fizeram uma boa partida. A estrela da França era Michel Platini. Os italianos tinham uma boa seleção e já contavam com nomes que iriam conquistar a Copa de 1982, como o goleiro

Dino Zoff, Cabrini, Gentile, Scirea, Antognoni e Paolo Rossi. O técnico era Enzo Bearzot. Lacombe abriu o placar para os franceses aos 37 segundos de partida: era o primeiro gol do mundial. Aos 29 minutos, Rossi empatou o jogo, e Zaccarelli virou o placar com um gol aos 7 minutos da etapa final.

ARGENTINA 2 × 1 HUNGRIA: pelo mesmo grupo, a Argentina, treinada por César Luis Menotti, estreou com muita festa no Monumental de Nuñes, em Buenos Aires, com direito a chuva de papel picado. Fillol, Ardiles, Gallego, Galvan, Houseman, Kempes, Luque, Olguin, Passarella (capitão), Tarantini e Valencia formavam um time aguerrido e disposto a dar a própria vida para conquistar a Copa. A Hungria abriu o placar com Csapo aos 10 do primeiro, mas Luque empatou cinco minutos depois. Na etapa final, Bertoni, aos 38 minutos, garantiu a primeira vitória dos donos da casa na competição.

TUNÍSIA 3 × 1 MÉXICO: fechando a primeira rodada pelo grupo da Alemanha, a Tunísia surpreendeu o México por 3 a 1, em Rosário. Os mexicanos terminaram o primeiro tempo em vantagem. Mas os tunisianos viraram e venceram a partida. Foi a primeira vitória de uma seleção africana em Copas.

GRADE DA TV DE 3 DE JUNHO DE 1978

13h30: Brasil vs. Suécia (Cultura, Tupi, Globo, Record, Gazeta e Bandeirantes)

16h30: Irã vs. Holanda (Tupi, Globo, Record, Gazeta e Bandeirantes)

23h: Brasil vs. Suécia – VT (Tupi, Gazeta e Bandeirantes)

A seleção brasileira estreou no dia 3 de junho com transmissão pela TV às 13h30.

BRASIL 1 × 1 SUÉCIA – MAR DEL PLATA – 03.06.78

BRASIL: Leão, Toninho, Oscar, Amaral, Edinho, Cerezo (Dirceu), Batista e Rivellino, Gil (Nelinho), Reinaldo e Zico.

SUÉCIA: Hellström, Borg, Roy Andersson, Nordqvist, Erlandsson, Tapper, Lennart Larsson (Edstrom), Linderoth, Bo Larsson, Sjoberg e Wendt.

ÁRBITRO: Clive Thomas (País de Gales).

GOLS: Sjoberg (38) e Reinaldo (45) no primeiro tempo.

O gramado do estádio de Mar del Plata era muito ruim; blocos de grama se soltavam durante as partidas. As más condições dificultavam a recuperação do atacante Reinaldo. O jogador do Atlético Mineiro não estava bem fisicamente e tinha à disposição equipamentos específicos para musculação e fisioterapia. Artilheiro do Campeonato Brasileiro de 1977 com 28 gols, Reinaldo jogou a Copa longe da grande capacidade que tinha. O único gol dele no mundial foi justamente marcado na estreia.

Os suecos abriram o placar aos 38 minutos do primeiro tempo com Sjoberg. O empate veio aos 45 minutos da etapa inicial. Aos 45 minutos do segundo tempo, depois de um escanteio da direita, Zico cabeceou e fez o gol. De forma absurda, o juiz Clive Thomas, do País de Gales, anulou a jogada e encerrou a partida com a bola no ar. Nada adiantaram os protestos dos brasileiros. Rivellino se contundiu e só voltaria a entrar em campo na sexta partida da seleção, contra a Polônia.

De acordo com a *Folha de S.Paulo*:

> O técnico Cláudio Coutinho culpou a inexperiência e o nervosismo dos jogadores pela má atuação da seleção brasileira. O treinador não fez críticas ao árbitro da partida. O lateral Nelinho responsabilizou o bandeirinha polonês Alojzy Jarguz pela anulação do gol: "Ele tirou a bola do local e eu tive de ajeitá-la novamente, perdendo tempo nessa operação."

ÁUSTRIA 2 × 1 ESPANHA: ainda no dia 3, pelo grupo do Brasil, a Áustria assumiu a liderança com uma vitória sobre a Espanha. O jogo foi disputado no Estádio José Amalfitani, casa do Vélez Sarsfield, em Buenos Aires. Os espanhóis eram treinados pelo ex-jogador húngaro Ladislao Kubala.

PERU 3 × 1 ESCÓCIA: pelo grupo 4, o Peru estreou no mundial com uma vitória diante da seleção escocesa. Teófilo Cubillas, destaque na Copa de 1970, estava em boa forma oito anos depois e marcou dois gols no jogo. O goleiro era o argentino naturalizado Ramon Quiroga. A Escócia saiu na frente com Jordan aos 14 minutos do primeiro tempo. Cueto empatou aos 43. Na etapa final, Cubillas balançou as redes aos 27 e aos 32 minutos.

HOLANDA 3 × 0 IRÃ: a Holanda não era mais o time brilhante de 1974. O técnico Rinus Michels tinha sido substituído por Ernst Happel. Neeskens ainda estava na equipe, mas Cruyff não foi a Copa. A versão sempre apresentada é a de que ele não esteve no mundial em sinal de protesto contra a ditadura na Argentina. Mas, em 2010, o ex-craque (morto em 2016) contou que, às vésperas da viagem para a Copa, a casa dele em Barcelona foi invadida por um sequestrador armado. Cruyff passou então a temer que a mulher e os filhos ficassem sozinhos no período do mundial e resolveu não defender a Holanda. Diante do Irã, os três gols foram marcados por Rensenbrink. O jogo foi transmitido ao vivo para o Brasil. Alexandre Santos narrou a partida pela Bandeirantes, e Tércio de Lima fez a transmissão da Globo.

A Copa não teve jogo no dia 4. Todas as emissoras, exceto a TV Cultura, exibiram a reprise da partida da véspera: vitória da Áustria sobre a Espanha por 2 a 1, pelo grupo do Brasil.

No dia 5 de junho, também sem partidas na Copa, mais uma reprise. Vitória do Peru sobre a Escócia por 3 a 1 (jogo do dia 3).

A segunda rodada da primeira fase começou no dia 6, e os telespectadores acompanharam mais uma maratona de jogos.

ITÁLIA 3 × 1 HUNGRIA: a seleção italiana voltou a campo, em Mar del Plata, e conseguiu a segunda vitória na Copa. Os gols foram de Rossi, Bettega e Benetti. Os húngaros marcam no final da partida com Toth, em cobrança de pênalti.

ARGENTINA 2 × 1 FRANÇA: pelo mesmo grupo, 71 mil torcedores foram assistir à exibição da Argentina contra a França, em Buenos Aires. O capitão Passarella abriu o placar aos 45 minutos do primeiro tempo, cobrando pênalti. Platini empatou aos 15 da etapa final, mas Luque fez o gol da vitória aos 28 minutos. Argentina e Itália já estavam classificadas. O confronto entre as duas seleções pela terceira rodada iria definir as posições no grupo.

ALEMANHA 6 × 0 MÉXICO: depois do empate na estreia, os alemães golearam o México com gols de Rummenigge (dois), Flohe (dois), Dieter Mueller e Hansi Mueller. O jogo foi disputado em Córdoba.

POLÔNIA 1 × 0 TUNÍSIA: em Rosário, a Polônia sofreu para vencer a partida contra a Tunísia. O gol foi marcado por Lato aos 43 minutos do primeiro tempo.

GRADE DA TV DE 7 DE JUNHO DE 1978

13h30: Brasil vs. Espanha (Cultura, Tupi, Globo, Record, Gazeta e Bandeirantes)

16h30: Holanda vs. Peru (Tupi, Globo, Record, Gazeta e Bandeirantes)

23h: Brasil vs. Espanha – VT (Cultura, Tupi, Globo, Record, Gazeta e Bandeirantes)

No dia 7, uma quarta-feira, a seleção brasileira voltou a campo para enfrentar a Espanha.

BRASIL 0 × 0 ESPANHA – MAR DEL PLATA – 07.06.78

BRASIL: Leão, Nelinho (Gil), Oscar, Amaral e Edinho; Cerezo, Batista e Zico (Jorge Mendonça); Toninho, Reinaldo e Dirceu.

ESPANHA: Miguel Angel, Perez, Migueli (Biosca), Olmo, Uria (Guzmán), San José, Leal, Asensi, Juanito, Santillana e Cardeñosa.

ÁRBITRO: Sergio Gonella (Itália).

O técnico Cláudio Coutinho saiu jogando com Dirceu e Nelinho. Rivellino estava machucado, e Gil só entrou durante a partida. Mais uma vez a seleção decepcionou e, por pouco, não perdeu o jogo. Amaral foi o destaque ao salvar uma bola em cima da linha. Leão já estava batido. Foi um milagre!

O treinador brasileiro parecia não saber o que estava fazendo ao deixar o atacante Jorge Mendonça se aquecendo por quase 40 minutos, ao longo do segundo tempo. Ele entrou no lugar de Zico.

Depois do 0 a 0, o Brasil teria de vencer a Áustria para se classificar. Seria uma missão difícil, segundo a *Folha de S.Paulo*:

> *A seleção brasileira mais uma vez não mostrou competência para vencer a Áustria[2], que ontem derrotou a Suécia por 1 a 0 e já está classificada. "Jogamos contra os dois e posso dizer: a Áustria é melhor do que o Brasil", afirmou o técnico sueco, Georg Ericsson. Na imprensa internacional e nacional e na opinião do povo, a impressão que se recolhe é a mesma: esta seleção não representa o verdadeiro futebol brasileiro, e a maior culpa se atribui ao técnico Cláudio Coutinho, um teórico estudioso porém inexperiente e inseguro. (Ontem surgiu em São Paulo uma campanha para substituí-lo imediatamente por Osvaldo Brandão.)*

---

[2] O jornal avaliava que o futebol apresentado contra a Espanha seria insuficiente para a seleção brasileira vencer a Áustria.

ÁUSTRIA 1 × 0 SUÉCIA: como vimos, a Áustria venceu a Suécia, em Buenos Aires, e chegou a 4 pontos no grupo. O Brasil tinha apenas 2.

HOLANDA 0 × 0 PERU: ainda no dia 7, as duas seleções não marcaram gols, em jogo disputado em Mendoza, mas o empate deixou as equipes perto da classificação.

ESCÓCIA 1 × 1 IRÃ: pelo mesmo grupo, Escócia e Irã também ficaram no empate, em Córdoba.

A terceira e última rodada da primeira fase começou em 10 de junho. Mais uma maratona de jogos na TV.

FRANÇA 3 × 1 HUNGRIA: no primeiro jogo do dia, a França venceu a Hungria em Mar del Plata. Os gols foram marcados na etapa inicial. Lopez fez aos 22 minutos. Berdoll ampliou aos 37 minutos. Zombori diminuiu para a Hungria aos 41 minutos, mas Rocheteau fechou o placar, um minuto depois. As duas seleções estavam eliminadas da Copa. A partida, entretanto, entrou para a história dos mundiais por um fato inusitado: a equipe francesa teve de jogar com a camisa do Kimberley, um pequeno time de Mar del Plata. A camisa era branca com listras verticais verdes. Isso aconteceu porque a França entrou em campo com o uniforme reserva (camisa branca). A Hungria também tinha levado para o estádio apenas camisas brancas e não o uniforme principal de cor vermelha. Um sorteio foi feito e os franceses tiveram de trocar uniforme. No improviso, arrumaram um conjunto do Kimberley. O árbitro do jogo foi o brasileiro Arnaldo César Coelho.

ITÁLIA 1 × 0 ARGENTINA: na definição do grupo 1, 71 mil torcedores assistiram à derrota da Argentina para a Itália no Monumental de Nuñes. O gol foi marcado por Bettega aos 22 minutos do segundo tempo. A Itália ficou em primeiro lugar com três vitórias. Para decepção da torcida argentina, a seleção da casa terminou em segundo.

ALEMANHA 0 × 0 TUNÍSIA: na definição do grupo 2, uma surpresa! A Alemanha só empatou com a Tunísia, em Córdoba. Os campeões do mundo não estavam bem e terminaram em segundo lugar.

POLÔNIA 3 × 1 MÉXICO: os poloneses ficaram em primeiro na chave, depois da vitória contra o México por 3 a 1, gols de Boniek (dois) e Deyna. O jogo foi disputado em Rosário para um público de 22 mil torcedores.

GRADE DA TV DE 11 DE JUNHO DE 1978

13h30: Brasil vs. Áustria (Cultura, Tupi, Globo, Record, Gazeta e Bandeirantes).

16h30: Escócia vs. Holanda (Tupi, Globo, Record, e Bandeirantes)

23h: Brasil vs. Áustria – VT (Tupi, Record, Gazeta e Bandeirantes)

A seleção brasileira precisava vencer a Áustria para garantir vaga na fase seguinte da Copa. O time de Coutinho entrou em campo em Mar del Plata no dia 11 de junho, um domingo.

BRASIL 1 × 0 ÁUSTRIA – MAR DEL PLATA – 11.06.78

BRASIL: Leão, Toninho, Oscar, Amaral e Rodrigues Neto; Cerezo (Chicão), Batista, Jorge Mendonça (Zico) e Roberto Dinamite, Gil e Dirceu.

ÁUSTRIA: Koncilia, Sara, Pezzey, Obermayer, Breitenberger, Prohaska, Hickersberger (Weber), Kreuz, Krieger (Günther Happich), Krankl e Jara.

ÁRBITRO: Robert Wurtz (França).

GOL: Roberto Dinamite (40) no primeiro tempo.

O técnico Cláudio Coutinho fez mudanças na equipe, tirando Edinho e Zico (que só entrou no segundo tempo). Foram escalados Rodrigues Neto e Roberto Dinamite, este depois da interferência do almirante Heleno Nunes. No fim das contas, Roberto foi o autor do gol salvador que garantiu a classificação do Brasil. A seleção finalmente fez uma boa partida na Copa. Jorge Mendonça também jogou bem.

A Áustria, mesmo com a derrota, ficou em primeiro lugar e o Brasil em segundo. A *Folha* informava:

> *Na parte que fala de desempate (Brasil e Áustria terminaram com o mesmo número de pontos e o mesmo saldo de gols), a Fifa resolveu fazer uma reunião hoje para decidir se vale o ataque mais positivo – caso em que a Áustria vence – ou se a indicação do primeiro colocado será feita por sorteio.*

Prevaleceu o ataque mais positivo. O treinador brasileiro ponderava:

Num jogo nervoso e de má qualidade técnica, Brasil e Argentina empataram, ontem, nesta cidade, por 0 a 0. Com este resultado, a definição do grupo B da Copa do Mundo foi adiada para quarta-feira, quando jogam Brasil × Polônia, em Mendoza, e Argentina × Peru, em Rosário. Para obter a vaga de finalista, a equipe brasileira vai depender de si própria e do Peru, pois, momentaneamente, seu saldo de gols é superior ao dos argentinos por 3 a 2.

GRADE DA TV DE 21 DE JUNHO DE 1978

13h30: Holanda vs. Itália (Tupi, Globo, Record, Gazeta e Bandeirantes)

16h30: Brasil vs. Polônia (Cultura, Tupi, Globo, Record, e Bandeirantes)

19h: Peru vs. Argentina (Tupi, Globo, Record, Gazeta e Bandeirantes)

23h: Brasil vs. Polônia – VT (Tupi, Record, Gazeta e Bandeirantes)

Os acontecimentos do dia 21 de junho de 1978 são lembrados até hoje pelos torcedores brasileiros. A seleção, com camisa azul, entrou em campo para enfrentar a Polônia, em Mendoza, às 16h30. A Argentina jogaria às 19h, sabendo quantos gols precisaria marcar contra o Peru.

BRASIL 3 × 1 POLÔNIA – MENDOZA – 21.06.78

BRASIL: Leão, Toninho, Oscar, Amaral, Nelinho, Cerezo (Rivellino), Batista, Zico (Jorge Mendonça), Gil, Roberto Dinamite e Dirceu.

POLÔNIA: Kukula, Szymanowski, Gorgon, Zmuda, Maculewicz, Deyna, Nawalka, Kasperczak (Lubanski), Lato, Szarmach e Boniek.

ÁRBITRO: Juan Silvagno (Chile).

GOLS: Nelinho (12) e Lato (45) no primeiro tempo. Roberto (12 e 18) na segunda etapa.

Além da vitória, o saldo de gols seria importante para a seleção brasileira. O time de Cláudio Coutinho saiu na frente aos 12 minutos com um golaço de falta de Nelinho. Lato, autor do gol contra o Brasil em 1974, empatou o jogo aos 45 minutos, depois de um bate-rebate na área brasileira. Na etapa final, o Brasil fez uma boa apresentação. Roberto Dinamite marcou duas vezes. O último gol saiu depois de três bolas na trave da Polônia.

ARGENTINA 6 × 0 PERU: a Argentina entrou em campo em Rosário sabendo que precisaria ganhar do Peru por uma diferença de quatro gols para a chegar à final da Copa. Fez mais do que o necessário: 6 a 0, em um jogo até hoje suspeito.

Kempes e Tarantini fizeram os gols no primeiro tempo (aos 21 e 43 minutos). Kempes marcou o terceiro no primeiro minuto da etapa final. Luque fez o quarto gol aos 5 minutos. Houseman ampliou para 5 a 0 aos 22 minutos. Luque, novamente, fechou a goleada aos 27 minutos. A *Folha de S.Paulo* citava: "*Ninguém tinha dúvidas de que nos 45 minutos finais, a Argentina marcaria os gols que necessitava para a sua classificação. Entretanto esperava-se, pelo menos, que eles demorassem um pouco mais para serem obtidos.*"

O colunista esportivo Ricardo Gotta, autor de *Fomos campeões*, que analisa a Copa de 1978, afirma que o ditador argentino Jorge Videla entrou no vestiário do Peru antes da partida e fez um discurso sobre a solidariedade entre argentinos e peruanos. Ou seja, houve uma tentativa de intimidar os atletas adversários. O jornalista, em entrevista ao *Estadão*, ressaltou que os jogadores do Peru sabiam que poderiam sofrer retaliações dos militares argentinos.

O ex-senador peruano Genaro Ledesma declarou anos depois que o resultado do jogo foi combinado por Jorge Videla com o ditador peruano, Francisco Morales Bermúdez. O argentino teria aceitado receber 13 prisioneiros peruanos que tentavam derrubar o regime no país. E ainda enviou um carregamento de 14 mil toneladas de trigo ao Peru, no valor de 100 milhões de dólares. Em troca, pediu que os peruanos deixassem a Argentina vencer.

O goleiro Quiroga afirmou nos anos 1990 que alguém ganhou dinheiro com a goleada. Outros jogadores, como o zagueiro Héctor Chumpitaz, sempre negaram qualquer acerto. De qualquer forma, se os jogos fossem disputados no mesmo horário, o desfecho poderia ter sido outro. Os argentinos estavam classificados para a final.

Destaque da *Folha*:

Para o Brasil, resta o consolo de estar ainda invicto, perdendo para a Argentina no saldo de gols. E resta também a esperança de, no sábado, também em Buenos Aires, superar a Itália e conseguir o terceiro lugar (em 1974, o Brasil ficou com o quarto lugar, perdendo para a Polônia por 1 a 0). A impressão quase geral é a de que o Brasil não merecia mesmo, com um time tão indefinido, ir à final da Copa.

Rivellino observa Paolo Rossi na disputa pelo terceiro lugar contra a Itália

HOLANDA 2 × 1 ITÁLIA: na definição do grupo A, a Holanda derrotou a Itália e estava na final pela segunda vez consecutiva. O resultado não deixou de ser uma surpresa, pois os italianos vinham fazendo uma boa campanha. A Azzurra saiu na frente no jogo disputado no Estádio Monumental, em Buenos Aires, com um gol contra de Ernie Brandts aos 18 do primeiro tempo. O próprio zagueiro Brants empatou o jogo aos 5 minutos da etapa final. Haan fechou o placar aos 30 minutos com um chute de fora da área, sem chances para Zoff.

ÁUSTRIA 3 × 2 ALEMANHA: na outra partida do grupo, a Alemanha perdeu para a Áustria em um bom jogo em Córdoba. Rummenigge abriu o placar aos 19 minutos do primeiro tempo. A Áustria empatou os 14 da etapa final com um gol contra de Vogts. Krankl virou o jogo para os austríacos aos 21 minutos. Holzenbein deixou tudo igual aos 27 minutos. Mas Krankl, de novo, fez o gol da vitória da Áustria aos 42 minutos.

Em 24 de junho, Brasil e Itália entraram em campo para a disputa do terceiro lugar.

GRADE DA TV DE 24 DE JUNHO DE 1978

15h: Brasil vs. Itália (Cultura, Tupi, Globo, Record, Gazeta e Bandeirantes)

23h: Brasil vs. Itália – VT (Tupi, Globo, Record, Gazeta e Bandeirantes)

BRASIL 2 × 1 ITÁLIA – BUENOS AIRES – 24.06.78

BRASIL: Leão, Nelinho, Oscar, Amaral, Rodrigues Neto, Toninho Cerezo (Rivellino), Batista, Jorge Mendonça, Gil (Reinaldo), Roberto Dinamite e Dirceu.

ITÁLIA: Zoff, Gentile, Scirea, Cuccureddu, Cabrini, Maldera, Antognioni (Cláudio Sala), Patrizio Sala, Causio, Paolo Rossi e Bettega.

ÁRBITRO: Abraham Klein (Israel).

GOLS: Causio (38) no primeiro tempo. Nelinho (19) e Dirceu (25) na etapa final.

A seleção brasileira poderia ter feito uma Copa melhor, e a vitória contra a Itália mostra bem isso. A equipe de Cláudio Coutinho contava com bons valores individuais, mas que ficavam presos a um esquema tático medroso. O time também sofria com as mudanças constantes na escalação.

Causio abriu o placar aos 38 do primeiro tempo. Aos 19 minutos da etapa final, Nelinho marcou um gol antológico. Ele chutou longe, da direita, a bola fez uma curva espetacular e entrou no canto direito do goleiro Zoff. Aos 25, Dirceu, em um chute de fora da área, marcou o segundo. Mais um golaço: 2 a 1. O Brasil era "campeão moral", expressão criada por Cláudio Coutinho.

A *Folha* informava: "A vitória foi assistida por 77 mil pessoas e, ao final, o atacante Dirceu, considerado o melhor jogador brasileiro nesta Copa pela imprensa internacional, aproveitou para responder às críticas: 'agora vão ter de me engolir.'"

Capa de A Gazeta Esportiva de 25.06.1978

Os jogadores brasileiros nunca receberam as medalhas de bronze pela conquista do terceiro lugar. O fato é até hoje cercado de mistério. Por questões de segurança, os atletas e a comissão técnica foram orientados a permanecer no hotel no dia da cerimônia de premiação. A Fifa e a AFA (Federação Argentina) não sabem do paradeiro das medalhas.

O mundo iria conhecer um campeão mundial inédito no dia 25 de junho de 1978. TV Cultura, Tupi, Globo, Record, Gazeta e Bandeirantes transmitiram o jogo às 15h. A partida foi reprisada às 23h daquele domingo.

A conquista da Copa pela Argentina era um projeto da ditadura do país. Os jogadores ajudaram a reforçar o discurso de que a conquista esportiva elevaria o moral dos argentinos. Luque, por exemplo, prometia dar a própria vida para garantir o título.

ARGENTINA 3 × 1 HOLANDA – BUENOS AIRES – 25.06.78

ARGENTINA: Fillol; Olguin, Luis Galvan, Passarella, Tarantini; Gallego, Ardiles (Larrosa), Kempes; Bertoni, Luque e Ortiz (Houseman).

HOLANDA: Jongbloed; Brandts, Krol, Jansen (Suurbier), Poortvliet; Haan, René Van der Kerkhof, Willy Van der Kerkhof; Rep (Nanninga), Neeskens e Rensenbrink.

ÁRBITRO: Sergio Gonella (Itália).

GOLS: Kempes (38) no primeiro tempo. Nanninga (37) na etapa final.

PRORROGAÇÃO: Kempes (15) no primeiro tempo. Bertoni (11) na etapa final.

O italiano Sergio Gonella apitou o início do jogo no Estádio Monumental de Nuñes, tomado por 71 mil torcedores. A partida começou equilibrada. Aos 38 minutos do primeiro tempo, delírio dos argentinos com o gol de Mario Kempes, o quinto dele na Copa. Aos 37 minutos da etapa final, Nanninga empatou para a Holanda.

O desfecho do mundial de 1978 poderia ter sido diferente: aos 45 minutos, Resenbrink chutou da esquerda, quase da linha de fundo e já da pequena área da Argentina. A bola caprichosamente bateu na trave do goleiro Fillol. Depois do susto, os donos da casa dominaram a prorrogação. Kempes marcou pela segunda vez na decisão, aos 15 do primeiro tempo. Era o sexto gol dele no mundial, que lhe garantiu a artilharia. Bertoni fechou o placar aos 11 da etapa final da prorrogação. Daniel Passarella ergueu a taça para delírio dos argentinos e da ditadura de Videla.

Com uma foto de Mario Kempes de braços abertos, a capa da *Folha de S.Paulo* chegava às bancas do dia seguinte com a manchete: "*Argentina, anfitriã campeã*": "*Numa Copa de baixo nível técnico, o futebol ofensivo e de muita garra dos argentinos acabou prevalecendo. A vitória levou o povo a comemorar, enquanto o governo do general Videla se aproveita para fazer propaganda política*". A reportagem chamava a atenção: "*O som das emissoras de televisão foi cortado duas vezes, no início e no final das transmissões para que o locutor oficial da cerimônia de encerramento lesse um comunicado de cunho político elogiando o regime. Nas arquibancadas, foram notadas várias faixas com os dizeres: 'Campeões da paz'.*"

No entanto, nos porões da ditadura argentina, paz era o que não existia.

Argentino Kempes marca contra a Holanda na decisão da Copa em Buenos Aires

O RÁDIO NA COPA DE 1978

O rádio também fez uma cobertura mais ampla em 1978, na comparação com as duas Copas anteriores. Para driblar a concorrência da TV, em muitos anúncios retirados dos jornais, que veremos abaixo, as emissoras sugeriam ao ouvinte tirar o som da TV e ouvir a transmissão pelo rádio.

O principal narrador da Jovem Pan, em 1978, era José Silvério. Já a equipe da Rádio Bandeirantes era composta por Ênnio Rodrigues, Flávio Araújo, Fiori Giglioti e Roberto Silva.

Abaixo, o fatídico 21 de junho. Jogos em horários diferentes:

O capitão Passarella era o símbolo da raça argentina

TABELA DA COPA DE 1978

GRUPO 1

02/06/1978 Mar del Plata: **Itália 2 × 1 França**
02/06/1978 Buenos Aires: **Argentina 2 × 1 Hungria**
06/06/1978 Mar del Plata: **Itália 3 × 1 Hungria**
06/06/1978 Buenos Aires: **Argentina 2 × 1 França**
10/06/1978 Mar del Plata: **França 3 × 1 Hungria**
10/06/1978 Buenos Aires: **Itália 1 × 0 Argentina**

GRUPO 2

01/06/1978 Buenos Aires: **Alemanha Oc. 0 × 0 Polônia**
02/06/1978 Rosário: **Tunísia 3 × 1 México**
06/06/1978 Córdoba: **Alemanha Oc. 6 × 0 México**
06/06/1978 Rosário: **Polônia 1 × 0 Tunísia**
10/06/1978 Córdoba: **Alemanha Oc. 0 × 0 Tunísia**
10/06/1978 Rosário: **Polônia 3 × 1 México**

GRUPO 3

03/06/1978 Buenos Aires: **Áustria 2 × 1 Espanha**
03/06/1978 Mar del Plata: **Suécia 1 × 1 Brasil**
07/06/1978 Buenos Aires: **Áustria 1 × 0 Suécia**
07/06/1978 Mar del Plata: **Brasil 0 × 0 Espanha**
11/06/1978 Buenos Aires: **Espanha 1 × 0 Suécia**
11/06/1978 Mar del Plata: **Brasil 1 × 0 Áustria**

GRUPO 4

03/06/1978 Córdoba: **Peru 3 × 1 Escócia**
03/06/1978 Mendoza: **Holanda 3 × 0 Irã**
07/06/1978 Córdoba: **Escócia 1 × 1 Irã**
07/06/1978 Mendoza: **Holanda 0 × 0 Peru**
11/06/1978 Córdoba: **Peru 4 × 1 Irã**
11/06/1978 Mendoza: **Escócia 3 × 2 Holanda**

SEGUNDA FASE

GRUPO A

14/06/1978 Córdoba: **Holanda 5 × 1 Áustria**
14/06/1978 Buenos Aires: **Alemanha Oc. 0 × 0 Itália**
18/06/1978 Córdoba: **Alemanha Oc. 2 × 2 Holanda**
18/06/1978 Buenos Aires: **Itália 1 × 0 Áustria**
21/06/1978 Córdoba: **Áustria 3 × 2 Alemanha Oc.**
21/06/1978 Buenos Aires: **Holanda 2 × 1 Itália**

GRUPO B

14/06/1978 Mendoza: **Brasil 3 × 0 Peru**
14/06/1978 Rosário: **Argentina 2 × 0 Polônia**
18/06/1978 Mendoza: **Polônia 1 × 0 Peru**
18/06/1978 Rosário: **Argentina 0 × 0 Brasil**
21/06/1978 Mendoza: **Brasil 3 × 1 Polônia**
21/06/1978 Rosário: **Argentina 6 × 0 Peru**

TERCEIRO LUGAR

24/06/1978 Buenos Aires: **Brasil 2 × 1 Itália**

FINAL

25/06/1978 Buenos Aires: **Argentina 3 × 1 Holanda**

Escaneie o QR Code ao lado e ouça as transmissões de rádio na Copa de 1978.

DRAMA DA BOLA

A Globo consegue exclusividade nas transmissões

Quem gosta de futebol e viveu as emoções do mundial de 1982 concorda que a seleção brasileira daquele ano faz parte de nossa memória afetiva. A derrota para a Itália não tirou o brilho da equipe comandada por Telê Santana. O país ainda vivia a ditadura, mas os tempos eram outros. Naquele ano, a população iria às urnas escolher os governadores e, dois anos depois, participaria da campanha das "Diretas Já". Em meio à grave crise econômica, a Copa disputada na Espanha gerou um clima de euforia, principalmente pelas exibições de gala da seleção canarinho. Depois de dois mundiais com desempenho decepcionante, finalmente o Brasil voltou a jogar bem. Até hoje, aquela equipe é reverenciada e lembrada pelo futebol arte apresentado. Zico, Falcão, Sócrates, Éder, Júnior, Cerezo e outros craques faziam parte da melhor geração desde 1970.

O número de seleções participantes saltou de 16 para 24. O futebol se tornava cada vez mais um negócio bilionário. Dos 52 jogos disputados, 41 foram transmitidos ao vivo pela TV brasileira. Pela primeira vez, uma emissora de televisão do país teve exclusividade nas transmissões da Copa, como explicou essa reportagem do *Estadão*:

> *A exclusividade de transmissão de jogos pela TV Globo fará com que parte da população de pelo menos quatro estados – Bahia, Mato Grosso do Sul, Rio Grande do Norte e Pará – fique sem assistir à Copa do Mundo. Muitos municípios desses Estados não têm como receber as imagens da emissora por falta de estações de retransmissão, enquanto outros não dispõem de condições técnicas para isso, apesar do esforço de última hora feito pelas autoridades. Há casos ainda de municípios do interior que sequer recebem a imagem da televisão. Nas demais regiões do país, ao que tudo indica, não haverá problemas durante o mundial.*

Em dias de jogos do Brasil, a audiência da Globo chegava a quase 100%.

A emissora que quisesse transmitir o mundial deveria ser filiada a OTI (Organização da Televisão Ibero-Americana). Globo, Record, Cultura, Bandeirantes e Tupi – falida em 1980 – eram associadas. SBT, Bandeirantes e Cultura tentaram os direitos de transmissão, mas não fecharam acordo.

No fim das contas, a Globo adquiriu os direitos sozinha, mas foi obrigada a ceder gratuitamente as imagens para as emissoras educativas, como a própria TV Cultura de São Paulo. Era uma forma de atingir o público de estados onde a Globo não chegava.

Abaixo, uma chamada da TV Cultura. A emissora na época usava a sigla RTC (Rádio e Televisão Cultura).

Mas as emissoras educativas não poderiam escalar narradores e comentaristas próprios; deveriam simplesmente retransmitir o conteúdo da Globo.

O narrador principal era Luciano do Valle. Galvão Bueno, que um ano antes tinha saído da Bandeirantes, e Carlos Valadares também foram escalados e viajaram para a Espanha. Oliveira Andrade ficava nos estúdios da Globo no Rio, caso o áudio de alguma transmissão falhasse.

Entre os comentaristas, destaque para Márcio Guedes e Sérgio Noronha. Léo Batista e Fernando Vanucci apresentavam o show do intervalo direto do centro de imprensa, em Madri. Pela primeira vez, uma emissora brasileira teve uma câmera exclusiva durante os jogos.

A PREPARAÇÃO BRASILEIRA

Depois do mundial de 1978, Cláudio Coutinho foi mantido no comando da seleção. No entanto, o treinador foi demitido após o Brasil ficar em segundo lugar na Copa América de 1979. Telê Santana, o "fio de esperança", apelido dos tempos de jogador do Fluminense, foi convidado e assumiu o cargo no começo de 1980.

"Bota ponta, Telê". O bordão do personagem Zé da Galera, de Jô Soares, muito usado na época da Copa, mostra que a seleção não tinha a unanimidade da torcida e da imprensa. O jornalista Márcio Guedes, comentarista principal da Globo, dizia durante as transmissões que a seleção tinha problemas táticos. No entanto, era um time com excelentes valores individuais. Telê gostava de fazer um rodízio entre eles durante as partidas para suprir exatamente a falta de pontas.

Como técnico, Telê tinha conquistado o Campeonato Brasileiro de 1971 pelo Atlético Mineiro. O treinador era muito questionado pela imprensa sobre convocações e escalações. No gol, por exemplo, Telê ignorava Emerson Leão. Chegou a chamar João Leite, do Atlético Mineiro, mas quem ganhou a vaga foi Waldir Peres. No fim de 1980 e começo de 1981, a seleção disputou o Mundialito do Uruguai. Apesar de uma boa vitória sobre a Alemanha por 4 a 1, o Brasil perdeu a decisão para os donos da casa por 2 a 1, em Montevidéu. Entre fevereiro e março de 1981, a seleção disputou as eliminatórias e passou por Venezuela e Bolívia.

Uma polêmica que cercava a escalação da seleção de 1982 era sobre a definição do centroavante. Reinaldo, do Atlético Mineiro, foi ignorado. Ele atribuiu sua ausência na Copa às posições políticas que tinha. Careca, campeão brasileiro em 1979 pelo Guarani, se machucou e acabou cortado. Roberto Dinamite, apesar de convocado para a Copa, não jogou. O titular foi Serginho Chulapa.

O DIA A DIA DA COPA DE 1982

O presidente da Fifa, João Havelange, conseguiu ampliar o número de participantes na Copa de 16 para 24 seleções. Com oito vagas a mais, a África, a Oceania e a Concacaf passaram a ter cada vez mais representantes. Em 1982, Camarões, Kuwait, Nova Zelândia e Honduras eram estreantes. A Inglaterra voltava ao mundial depois de 12 anos. Já a Holanda, vice-campeão das duas competições anteriores, estava fora. Na América do Sul, Brasil, Argentina, Chile e Peru se classificaram. O Uruguai ficou de fora pela segunda vez seguida.

As 24 seleções foram divididas em seis grupos, sendo que as duas primeiras de cada garantiam a classificação para a fase seguinte. Hoje estamos acostumados com jogos eliminatórios: oitavas, quartas, semifinal e final. No entanto, em 1982, a Fifa adotou um regulamento diferente: dividiu as 12 classificadas em quatro triangulares. A primeira de cada iria para o mata-mata das semifinais.

> **GRUPO A**: Itália, Peru, Polônia e Camarões
>
> **GRUPO B**: Alemanha, Argélia, Chile e Áustria
>
> **GRUPO C**: Argentina, Bélgica, Hungria e El Salvador
>
> **GRUPO D**: França, Inglaterra, Tchecoslováquia e Kwait
>
> **GRUPO E**: Espanha, Honduras, Iugoslávia e Irlanda do Norte
>
> **GRUPO F**: Brasil, URSS, Escócia e Nova Zelândia

O mundial, durante o alto verão europeu, atraiu milhares de turistas para a Espanha. As partidas foram disputadas em Madri, Barcelona, Vigo, La Coruña, Gijón, Oviedo, Alicante, Elche, Bilbao, Valladolid, Valência, Zaragoza, Sevilha e Málaga.

A Copa começou em 13 de junho, um domingo, com o duelo entre a campeã do mundo, a Argentina, e a Bélgica:

> **GRADE DA TV DE 13 DE JUNHO DE 1982**
>
> 15h: Cerimônia de abertura
>
> 15h50: Argentina vs. Bélgica (Globo e RTC)
>
> 23h: Argentina vs. Bélgica – VT (Globo)

BÉLGICA 1 × 0 ARGENTINA: foi a primeira Copa de Maradona, jogador mais badalado do mundo na época. O atleta do Boca Juniors estava vendido para o Barcelona, e o jogo de estreia foi justamente disputado no Camp Nou, estádio da equipe da Catalunha. A seleção argentina ainda era treinada por César Luis Menotti e contava com Fillol, Bertoni, Kempes e Passarella, remanescentes do título de 1978. Apesar de toda a expectativa, a Argentina foi surpreendida pela Bélgica, que venceu a partida por 1 a 0, gol de Vandenbergh aos 17 minutos do segundo tempo. Pela primeira vez, desde 1966, um jogador balançou as redes em uma partida de abertura de mundial.

A seleção brasileira estreou na Copa no dia seguinte:

GRADE DA TV DE 14 DE JUNHO DE 1982

12h: Itália vs. Polônia (Globo e RTC)

16h: Brasil vs. URSS (Globo e RTC)

23h15: Brasil vs. URSS – compacto (Globo)

A seleção brasileira jogou a primeira fase em Sevilha. Inúmeras fontes confundem os estádios em que o Brasil disputou as partidas na cidade da Andaluzia. Contra a URSS, na estreia, o palco foi o Estádio Ramón Sánchez Pizjuán, pertencente ao Sevilha. Já nos jogos seguintes, contra Escócia e Nova Zelândia, o time de Telê Santana entrou em campo no Estádio Benito Villamarin, do Real Bétis.

BRASIL 2 × 1 UNIÃO SOVIÉTICA – SEVILHA – 14.06.82

BRASIL: Valdir Peres, Leandro, Oscar, Luisinho, Júnior, Sócrates, Zico, Falcão, Serginho, Dirceu (Paulo Isidoro) e Éder.

URSS: Dasayev; Sulakvelidze, Chivadze, Baltacha, Demyanenko; Bessonov, Bal, Daraselia (Andreiev), Gavrilov (Susloparov); Shengelia e Blokhin.

ÁRBITRO: Lamo Castillo (Espanha).

GOLS: Bal (34) no primeiro tempo; Sócrates (29) e Éder (43) na etapa final.

Como em qualquer estreia, os jogadores brasileiros estavam nervosos. O goleiro Dasayev era um dos destaques do time soviético, muito bem armado pelo técnico Konstantin Beskov. O jogo estava equilibrado no primeiro tempo quando Bal chutou de fora da área de maneira despretensiosa e o goleiro Valdir Peres falhou de forma imperdoável aos 34 minutos: 1 a 0. Os soviéticos reclamaram

A seleção brasileira que encantou o mundo em 1982, mas não conquistou o título

muito da arbitragem do espanhol Lamo Castillo. Ele anulou um gol do adversário, ao marcar impedimento, e ignorou um pênalti cometido por Luisinho.

No segundo tempo a seleção melhorou, se movimentou mais. A equipe de 1982 era formada por jogadores cerebrais e geniais. Sócrates chutou de fora da área e acertou o ângulo direito de Dasayev aos 29 da etapa final. Quando a torcida já estava conformada com o empate, Éder marcou um golaço de fora da área aos 43 minutos. Falcão deixou passar uma bola vinda da direita para a chegada do jogador do Atlético Mineiro. Ele chutou com o pé esquerdo. Dasayev ficou imóvel: gol espetacular!

A imprensa brasileira elogiou Telê Santana: *"No intervalo do jogo, Telê Santana resolveu assumir riscos. Substituiu Dirceu por Paulo Isidoro e determinou que o time fosse ao ataque, mesmo sabendo da ameaça dos contra-ataques dos soviéticos. Isidoro, descansado e muito mais habituado à ponta direita, deu outra movimentação ao time"*, destacou a *Folha de S.Paulo*. A seleção não vencia um jogo de estreia desde a Copa de 1970.

A audiência da TV Globo era massacrante. A emissora readaptou a música "Pra frente, Brasil", de Miguel Gustavo: em 1970, a canção começava com "90 milhões em ação"; pela nova versão, eram "120 milhões em ação", uma referência ao número de habitantes no Brasil.

A cada gol da seleção, a Globo exibia na tela a assinatura do jogador responsável pelo tento.

ITÁLIA 0 × 0 POLÔNIA: no outro jogo do dia 14 de junho, a Itália estreou com um empate, em Vigo. A seleção italiana, comandada por Enzo Bearzot, e a imprensa do país estavam em pé de guerra. A equipe não vinha bem e, irritados com as críticas, os jogadores não falavam com os jornalistas. O futebol da Itália também vinha de um escândalo de acerto de resultados, conhecido como Totonero, envolvendo arbitragens e a loteria esportiva. Paolo Rossi, que seria o carrasco do Brasil na Copa, estava entre os envolvidos e foi punido. Inicialmente, o jogador ficaria três anos sem atuar, mas a pena foi reduzida para dois anos, o que permitiu a participação no mundial da Espanha. Além do tricampeonato, Rossi foi o artilheiro da Copa, com seis gols.

PERU 0 × 0 CAMARÕES: o goleiro do Peru ainda era o argentino naturalizado Ramon Quiroga e o goleador continuava sendo Teófilo Cubillas. A equipe só empatou com Camarões, em La Coruña. O goleiro N'kono e a estrela Roger Milla, que se destacariam oito anos depois na Copa de 1990, na Itália, já faziam parte da seleção camaronesa que foi à Espanha.

ESCÓCIA 5 × 2 NOVA ZELÂNDIA: pelo grupo do Brasil, a Escócia goleou a fraca Nova Zelândia, em Málaga, e assumiu a liderança provisória da chave. Dalglish, Wark (dois), Robertson e Archibald marcaram os gols.

HUNGRIA 10 × 1 EL SALVADOR: no outro jogo do dia 15, em Elche, a Hungria enfrentou El Salvador e conseguiu a maior goleada da história das Copas. Nem a fantástica seleção da Hungria de 1954 tinha feito dez gols em um jogo daquele mundial. Nyilasi (dois), Pölöskei, Tóth, Fazekas (dois), Kiss (três) e Szentes balançaram as redes. O primeiro tempo terminou 3 a 0 para os húngaros.

INGLATERRA 3 × 1 FRANÇA: os ingleses estavam de volta a um mundial depois de 12 anos e estrearam com vitória em Bilbao. O goleiro era Peter Shilton. Outro destaque, Bryan Robson, que depois viraria treinador, marcou dois gols. A França tinha grandes jogadores, mas foi surpreendida na estreia. Michel Platini, Alain Giresse, Jean Tigana e Rocheteau eram comandados por Michel Hidalgo e foram mais longe na Copa do que os ingleses.

ESPANHA 1 × 1 HONDURAS: a Espanha estreou no mundial jogando em Valência, no dia 16. A equipe era treinada por José Santamaría, um dos grandes nomes da história do Real Madrid. No entanto, a dona da casa fez uma campanha irregular na Copa.

Héctor Ramón *Pecho de* Águila Zelaya abriu o placar para Honduras aos 7 minutos da etapa inicial. O jogador virou astro no país e, em 2014, passou a trabalhar na Unicef. López Ufarte empatou aos 20 minutos do segundo tempo para alívio da torcida espanhola. Mas um resultado igual, dentro de casa, contra Honduras, era frustrante.

ARGÉLIA 2 × 1 ALEMANHA: ainda no dia 16, a Alemanha do técnico Jupp Derwall foi surpreendida pela Argélia, em Gijón. Deu zebra: 2 a 1. Madjer abriu o placar aos 9 minutos do segundo tempo, surpreendendo o goleiro Schumacher. Os alemães tinham ainda Briegel, Littbarski, Hrubesch, Breitner (campeão em 1974), Uli Stielike, Manfred Kaltz e Karl-Heinz Rummenigge, autor do gol de empate aos 22 minutos. Apenas um minuto depois, Belloumi confirmou a zebra argelina para o espanto da torcida alemã.

ÁUSTRIA 1 × 0 CHILE: os chilenos perderam para a Áustria, em Oviedo, partida do grupo da Alemanha. O gol foi de Schachner aos 21 minutos do primeiro tempo.

IUGOSLÁVIA 0 × 0 IRLANDA DO NORTE: em Zaragoza, pela chave da Espanha, Iugoslávia e Irlanda do Norte ficaram no empate. Um dos destaques da equipe irlandesa era Norman Whiteside. Ele bateu recorde como jogador mais novo a ser escalado em uma partida de Copa: 17 anos e 41 dias de idade. Em 58, Pelé tinha 17 anos, mas estava a quatro meses de completar 18.

TCHECOSLOVÁQUIA 1 × 1 KUWAIT: pelo grupo de Inglaterra e da França, a Tchecoslováquia empatou com o Kuwait por 1 a 1, em Valladolid. Os tchecos tinham um bom jogador: Panenka, autor do gol aos 21 minutos do primeiro tempo em cobrança de pênalti. Dakheel deixou tudo igual aos 12 minutos da etapa final. O Kwait era treinado por Carlos Alberto Parreira, técnico do tetra, em 1994.

GRADE DA TV DE 18 DE JUNHO DE 1982

12h15: Itália vs. Peru (Globo e RTC)

15h50: Brasil vs. Escócia (Globo e RTC)

22h15: Brasil vs. Escócia - compacto (Globo)

ITÁLIA 1 × 1 PERU: no dia 18 de junho, a Itália teve mais um empate frustrante na Copa: 1 a 1 contra o Peru, em Vigo. Conti abriu o placar aos 18 do primeiro tempo, e Toribio Díaz fez o gol peruano aos 38 da etapa final.

ARGENTINA 4 × 1 HUNGRIA: em Alicante, finalmente brilhou a estrela de Maradona. Ele marcou dois gols na vitória da Argentina sobre a Hungria. Bertoni e Ardiles também balançaram as redes.

Depois do sufoco contra a URSS, o Brasil voltou a campo para o duelo contra a Escócia.

BRASIL 4 × 1 ESCÓCIA – SEVILHA – 18.06.82

BRASIL: Valdir Peres, Leandro, Oscar, Luizinho, Júnior, Cerezo, Falcão, Sócrates, Zico, Serginho (Paulo Isidoro) e Éder.

ESCÓCIA: Rough; Narey, Miller, Hansen, Grey; Hartford (McLeish), Souness, Robertson; Strachan (Dalglish), Wark e Archibald.

ÁRBITRO: Luis Silles Calderón (Costa Rica).

GOLS: Narey (18) e Zico (33) no primeiro tempo; Oscar (4), Éder (19) e Falcão (42) na segunda etapa.

Telê Santana tirou Dirceu e escalou Toninho Cerezo. Apesar da vitória na estreia, a torcida ainda tinha dúvidas sobre a regularidade daquele time. Em uma falha da defesa brasileira, Narey abriu o placar aos 18 minutos do primeiro tempo. Mais uma vez a seleção começava em desvantagem. No entanto, o time de Telê dominava o jogo e usava e abusava do toque de bola. Zico empatou com um golaço de falta aos 33 minutos.

O segundo tempo foi um espetáculo. Aos 4 minutos, Oscar aproveitou um escanteio cobrado pela esquerda e fez de cabeça. A jogada era treinada exaustivamente por Telê Santana. O terceiro gol, aos 19 minutos, foi uma pintura. Em um contra-ataque, Serginho rolou para Éder. Com muita categoria, ele encobriu o goleiro Rough, que ficou parado no meio da pequena área. Luciano do Valle gritava: "*Gol de gênio, de gênio, de gênio de Éder. Que gol maravilhoso. Ele não bateu, encobriu.*" Aos 42 minutos, Falcão chutou de fora da área no canto direito do goleiro escocês: 4 a 1. O time de Telê Santana começava a encantar o mundo com o futebol arte.

Para a *Folha de S.Paulo*, Éder foi o melhor em campo:

No primeiro tempo a seleção não esteve bem. Na segunda etapa, o rodízio dos quatro jogadores de meio de campo foi mais organizado. Porém, quem desarticulou de vez o adversário foi Éder, que fez grande partida. A seleção brasileira teve sorte porque o gol de desempate foi logo aos 4 minutos: Oscar, de cabeça, concluindo cobrança de escanteio de Júnior. Aos 19 minutos, Éder fez o gol mais bonito. Recebeu o passe de Serginho, ameaçou chutar forte, o goleiro saiu para fechar o ângulo e foi encoberto. Falcão completou a goleada, aos 42, chutando de fora da área. Apesar dos 4 a 1, o próprio técnico Telê Santana admitiu que a seleção não esteve bem, como ele quer.

Depois de duas Copas em que o Brasil foi econômico nos gols, a seleção já tinha marcado seis em dois jogos. O time canarinho não balançava as redes adversárias quatro vezes em uma mesma partida de mundial desde a decisão da Copa de 1970.

POLÔNIA 0 × 0 CAMARÕES: no dia 19, mais um resultado igual no grupo A, agora entre Polônia e Camarões, em La Coruña. As duas seleções estavam empatadas com Itália e Peru.

URSS 3 × 0 NOVA ZELÂNDIA: pela chave do Brasil, a União Soviética venceu a primeira partida na Copa, diante da fraca Nova Zelândia, em Málaga. Gavrilov, Blokhin e Baltacha marcaram os gols.

BÉLGICA 1 × 0 EL SALVADOR: os belgas conseguiram o segundo resultado positivo no mundial, ao derrotar El Salvador por 1 a 0, em Elche. O gol foi de Coeck aos 19 minutos do primeiro tempo.

INGLATERRA 2 × 0 TCHECOSLOVÁQUIA: o primeiro jogo do dia 20 foi disputado em Bilbao e a Inglaterra derrotou os tchecos. Francis marcou aos 17 minutos do segundo tempo. Barmos fez contra aos 21 minutos.

ESPANHA 2 × 1 IUGOSLÁVIA: em Valência, 48 mil torcedores assistiram à primeira vitória da seleção da casa na Copa. A Iugoslávia saiu na frente com gol de Gudelj aos 10 do primeiro tempo, mas Juanito empatou de pênalti aos 14 minutos. Inicialmente o jogador tinha chutado para fora, mas o árbitro Henning Sorensen, da Dinamarca, mandou repetir a cobrança. Saura fez o gol da vitória aos 21 minutos da etapa final.

ALEMANHA 4 × 1 CHILE: em Gijon, Rumenigue marcou três vezes na goleada da Alemanha sobre o Chile. O outro gol foi de Renders. Moscoso diminuiu para os chilenos. Era a primeira vitória da equipe de Jupp Derwall na Copa.

FRANÇA 4 × 1 KUWAIT: nos jogos de 21 de junho, destaque para a vitória da França sobre o Kuwait, em Valladolid. Os gols foram de Genghini, aos 31 minutos, Platini, aos 43 do primeiro tempo, Six, aos 5 da etapa final, e Bossis, aos 44. O gol do Kuwait foi marcado por Al-Buloushi aos 30 do segundo tempo.

A partida entrou para a história por um caso inusitado. O xeque Fahid Sabah, que chefiava a delegação do Kuwait, invadiu o gramado para reclamar de um gol marcado pelos franceses. O árbitro Miroslav Stupar, da União Soviética, acabou anulando a jogada. Uma desmoralização para a Fifa.

IRLANDA DO NORTE 1 × 1 HONDURAS: o jogo, disputado em Zaragoza, era válido pelo grupo da Espanha. As duas seleções continuavam emboladas e com chances de se classificar.

ÁUSTRIA 2 × 0 ARGÉLIA: em Oviedo, no jogo que foi exibido em compacto pela TV brasileira, a Áustria venceu mais uma partida na Copa.

POLÔNIA 5 × 1 PERU: no dia 22, finalmente alguém venceu pela chave da Itália. A Polônia goleou o Peru, em La Coruña. Destaque para a atuação de Boniek, autor de um dos gols. Os outros foram marcados por Smolarek, Lato, Buncol e Ciolek.

URSS 2 × 2 ESCÓCIA: pelo grupo do Brasil, a União Soviética só empatou com a Escócia, em Málaga. Jordan surpreendeu os soviéticos e abriu o placar aos 15 minutos do primeiro tempo. Chivadze, aos 14 minutos, e Shengelia, aos 39 minutos da etapa final, viraram o jogo. Mas Souness, aos 41 minutos, deixou tudo igual. O resultado já garantia a seleção brasileira em primeiro lugar.

BÉLGICA 1 × 1 HUNGRIA: no terceiro jogo do dia, as duas seleções ficaram no empate, em Elche. A Bélgica terminou a primeira fase na liderança da chave.

GRADE DA TV DE 23 DE JUNHO DE 1982

12h05: Itália vs. Camarões (Globo e RTC)

15h50: Brasil vs. Nova Zelândia (Globo e RTC)

22h15: Brasil vs. Nova Zelândia – compacto (Globo)

ITÁLIA 1 × 1 CAMARÕES: em Vigo, mais um empate dos italianos. Graziani abriu o placar aos 15 do segundo tempo, mas, um minuto depois, Mbida deixou tudo igual. Outro mau resultado para o time de Enzo Bearzot. A imprensa não perdoou o péssimo desempenho na primeira fase da Copa: três jogos e três empates. De qualquer forma, a Azzurra se classificou na segunda posição do grupo, atrás da Polônia.

ARGENTINA 2 × 0 EL SALVADOR: em Alicante, o time de Maradona venceu El Salvador, gols de Passarella e Bertoni. A Argentina ficou em segundo lugar na chave, atrás da Bélgica.

Já classificada, a seleção brasileira voltou a campo para enfrentar a fraca equipe da Nova Zelândia.

BRASIL 4 × 0 NOVA ZELÂNDIA – SEVILHA – 23.06.82

BRASIL: Valdir Peres, Leandro, Oscar (Edevaldo), Luizinho, Júnior, Cerezo, Falcão, Sócrates, Zico, Serginho (Edinho) e Éder.

NOVA ZELÂNDIA: Van Hatum; Dodds, McClure, Herbert, Elrick; Mckay, Boath, Creswell (B. Turner), Summer; Rufer (Cole) e Woodlin.

ÁRBITRO: Damir Matovinovic (Iugoslávia).

GOLS: Zico (28 e 31) no primeiro tempo; Falcão (19) e Serginho (25) na etapa final.

A seleção entrou em campo contra a Nova Zelândia já com o primeiro lugar garantido. Telê Santana manteve a equipe que venceu a Escócia. Mais uma vez a seleção deu um show, e o fraco adversário não apresentou resistência. Zico abriu o placar com uma meia bicicleta aos 28 minutos. Aos 31, Zico, de novo, fez 2 a 0, resultado de um excepcional toque de bola. No segundo tempo, Falcão foi conduzindo a bola e chutou no canto esquerdo do goleiro Frank van Hattum aos 19 minutos. Aos 25, Serginho Chulapa finalmente desencantou na Copa, ao aproveitar um cruzamento rasteiro da esquerda.

A seleção encerrou a primeira fase com três vitórias, dez gols marcados e dois sofridos. Serginho era dúvida para o jogo seguinte, de acordo com a *Folha de S.Paulo*:

> *Serginho, ao fazer o gol, sentiu forte dor na coxa esquerda. Depois da partida, os médicos Ricardo Vivacqua e Neylor Lasmar não quiseram fazer qualquer prognóstico, dizendo que isso só seria possível dentro de 24 ou 48 horas. A seleção brasileira deverá viajar para Barcelona amanhã, onde ficará hospedada no Hotel Mas Prado, realizando apenas treinos até o dia 2 de julho, quando fará a primeira partida da segunda fase.*

FRANÇA 1 × 1 TCHECOSLOVÁQUIA: a França só empatou na última rodada, em Valladolid, e ficou em segundo lugar do grupo D. Six marcou para os franceses aos 21 minutos do segundo tempo. O tcheco Panenka deixou tudo igual em cobrança de pênalti aos 39 minutos.

IUGOSLÁVIA 1 × 0 HONDURAS: o dia 24 ainda teve a vitória da Iugoslávia sobre Honduras, em Zaragoza. As posições do grupo seriam definidas no dia seguinte.

ARGÉLIA 3 × 2 CHILE: em Oviedo, a Argélia voltou a vencer na Copa. Apesar do bom resultado, os argelinos ficaram de fora da segunda fase. A chave que tinha ainda Áustria e Alemanha também foi definida no dia seguinte.

ALEMANHA 1 × 0 ÁUSTRIA: as duas seleções fizeram um jogo de compadres em Gijon. Hrubesch marcou o gol da vitória aos 10 do primeiro tempo. Como o resultado classificava alemães e austríacos e eliminava a Argélia, os jogadores ficaram simplesmente tocando bola, esperando o tempo passar. Um espetáculo vergonhoso. A Alemanha ficou em primeiro e a Áustria na segunda colocação.

IRLANDA DO NORTE 1 × 0 ESPANHA: em Valência, os espanhóis mostraram que estavam mesmo mal das pernas e perderam para a Irlanda, gol de Armstrong aos 2 minutos do segundo tempo. O goleiro Arconada falhou ao rebater a bola nos pés do jogador irlandês. A Irlanda ficou em primeiro e a Espanha em segundo.

INGLATERRA 1 × 0 KWAIT: a Inglaterra derrotou o Kuwait por 1 a 0, em Bilbao, gol de Francis, e garantiu a liderança do grupo D.

Os grupos da segunda fase estavam definidos:

GRUPO 1: Polônia, União Soviética e Bélgica

GRUPO 2: Alemanha, Inglaterra e Espanha

GRUPO 3: Itália, Brasil e Argentina

GRUPO 4: França, Áustria e Irlanda

A fase seguinte da Copa começou no dia 28 de junho, com jogos dos grupos 1 e 4.

FRANÇA 1 × 0 ÁUSTRIA: a França venceu o jogo no Vicente Calderón, em Madri. O gol foi de Genghini aos 39 minutos do primeiro tempo.

POLÔNIA 3 × 0 BÉLGICA: em Barcelona, Boniek marcou os três gols diante da Bélgica: aos 4 minutos e aos 26 minutos do primeiro tempo, e aos 8 minutos da etapa final.

Um prato cheio para quem gosta de futebol, o dia 29 de junho de 1982 teve 4 campeões mundiais em campo:

ITÁLIA 2 × 1 ARGENTINA: pela chave do Brasil, Itália e Argentina se enfrentaram no Estádio Sarriá, em Barcelona, campo do Espanhol. Depois de 3 empates na primeira fase, os italianos finalmente venceram. Os gols foram marcados no segundo tempo. Tardelli fez aos 10 minutos e Cabrini aos 22. O gol da Argentina foi de Passarella aos 38 minutos.

ALEMANHA 0 × 0 INGLATERRA: em Madri, três títulos mundiais em campo, mas, apesar das expectativas, alemães e ingleses empataram sem gols. O resultado frustrou os 75 mil torcedores presentes no Santiago Bernabéu.

Depois de um dia de descanso, a Copa avançou o mês de julho.

ÁUSTRIA 2 × 2 IRLANDA: Áustria e Irlanda do Norte empataram em um jogo movimentado no Estádio Vicente Calderón, em Madri. Os irlandeses saíram na frente com Hamilton, mas a Áustria virou o jogo com Pezzey e Hintermaier. Hamilton, de novo, empatou a partida.

URSS 1 × 0 BÉLGICA: no duelo da tarde do dia 1º, a União Soviética derrotou a Bélgica, em Barcelona, gol de Oganesian aos 4 minutos do segundo tempo.

GRADE DA TV DE 2 DE JULHO DE 1982

12h15: Brasil vs. Argentina (Globo e RTC)

16h: Alemanha vs. Espanha (Globo e RTC)

23h05: Compactos Copa do Mundo (Globo)

A seleção brasileira de 1982 é lembrada até hoje pelo futebol espetáculo. O jogo contra a Argentina é um exemplo disso.

Sócrates era o cérebro da seleção de 1982

BRASIL 3 × 1 ARGENTINA — BARCELONA — 02.07.82

BRASIL: Valdir Peres, Leandro, Oscar, Luizinho, Júnior, Cerezo, Falcão, Sócrates, Zico (Edevaldo), Serginho e Éder.

ARGENTINA: Fillol; Olguín, Galván, Passarella, Tarantini; Barbas, Ardiles, Maradona; Bertoni (Santamaria), Kempes (Ramón Díaz) e Calderón.

ÁRBITRO: Mario Rubio Vazquez (México).

GOLS: Zico (11) no primeiro tempo; Serginho (21), Júnior (30) e Ramón Diaz (44) na etapa final.

O Estádio Sarriá, em Barcelona, recebeu 44 mil torcedores que viram um show da seleção brasileira. A Argentina, campeã mundial, foi envolvida pelo futebol da equipe de Telê Santana. Aos 11 minutos, Éder cobrou falta, a bola bateu no travessão e sobrou para Zico abrir o placar. O Brasil poderia ter feito mais gols no primeiro tempo se não pecasse pelo individualismo. O próprio Zico perdeu boas oportunidades. Falcão fez uma partida brilhante. Aos 21 minutos do segundo tempo, Serginho aproveitou um cruzamento da direita e, de cabeça, venceu o goleiro Fillol. Aos 30, Zico deu um passe magistral para Júnior, que chutou na saída do goleiro argentino: 3 a 0. Valdir Peres fez grandes defesas na partida, mas não evitou o gol de

Ramon Diaz aos 44 da etapa final. A nota negativa do jogo foi a expulsão de Maradona, que deu uma entrada violenta em Batista. Aos 21 anos, apesar da genialidade, o camisa 10 argentino se mostrava imaturo. A Copa dele seria a de 1986.

A *Folha de S.Paulo* mencionava o técnico do Brasil:

> '*Vamos salir a ganar*': a declaração foi feita pelo técnico Telê Santana, na entrevista coletiva, depois da partida de ontem, na qual o Brasil venceu a Argentina por 3 a 1, eliminando a seleção de César Luis Menotti do Mundial da Espanha e ganhando a vantagem de jogar pelo empate na próxima segunda-feira, contra a Itália. Telê disse que quer ver seu time mais uma vez no ataque, mas jogando melhor do que ontem, porque ele não gostou do futebol apresentado pela equipe.

Como destaca a reportagem, Telê usou a expressão em espanhol "salir a ganar". Ou seja, a seleção brasileira precisaria de apenas um empate contra a Itália, mas Telê prometia partir para o ataque.

ALEMANHA 2 × 1 ESPANHA: depois da vitória do Brasil, os torcedores ligaram a TV às 16h para mais uma transmissão ao vivo da Copa. O Santiago Bernabéu recebeu 90 mil torcedores. A Alemanha confirmou a superioridade diante dos donos da casa. Os gols foram marcados no segundo tempo. Os alemães balançaram as redes com Littbarski, aos 5 minutos, e Fischer, aos 30. Mais uma vez o goleiro espanhol Arconada não foi bem e falhou em um momento decisivo. A Espanha diminuiu com Zamora aos 37 minutos. A Alemanha dava um passo importante para as semifinais.

FRANÇA 4 × 1 IRLANDA DO NORTE: a França garantiu vaga nas semifinais da Copa do Mundo ao golear a Irlanda do Norte no Estádio Vicente Calderón, em Madri. Foram dois gols de Giresse e dois de Rocheteau.

POLÔNIA 0 × 0 URSS: no Camp Nou, em Barcelona, a Polônia empatou com a União Soviética e também se classificou.

GRADE DA TV DE 5 DE JULHO DE 1982
12h15: Brasil vs. Itália (Globo e RTC)
16h: Polônia vs. URSS (Globo e RTC)
23h15: Compactos Copa do Mundo (Globo)

5 de julho de 1982. Os brasileiros acordaram naquela segunda-feira em meio a faixas e bandeiras coloridas. O duelo contra os italianos começaria às 12h15. Um simples empate garantiria o time de Telê na semifinal da Copa.

ITÁLIA 3 × 2 BRASIL – BARCELONA – 05.07.82
BRASIL: Valdir Peres, Leandro, Oscar, Luizinho, Júnior, Cerezo, Falcão, Sócrates, Zico, Serginho (Paulo Isidoro) e Éder.

ITÁLIA: Zoff; Gentile, Scirea, Colovatti (Bergomi), Cabrini; Tardelli (Marini), Oriali, Antognoni, Graziani; Conti e Rossi.

ÁRBITRO: Abraham Klein (Israel).

GOLS: Rossi (5), Sócrates (12) e Rossi (25) no primeiro tempo; Falcão (27) e Rossi (29) na etapa final.

Se fizermos uma lista dos dez maiores jogos da história das Copas, o duelo entre Brasil e Itália não pode ficar de fora. Todos se perguntam: por que o Brasil perdeu para a Itália naquele dia? O jogo foi dramático, épico. Teve dois golaços da seleção de Telê Santana, mas três de Paolo Rossi. O camisa 20 entrou para a história das Copas do Mundo como herói da Itália e carrasco do Brasil.

O Estádio Sarriá, que hoje não existe mais, recebeu 44 mil torcedores que viram o jogador da Azzurra marcar, de cabeça, o primeiro gol aos 5 minutos. Aos 12, uma jogada magistral de Zico e Sócrates resultou no empate. O "Doutor" invadiu a área pela direita e chutou rasteiro entre a trave, deixando o grande goleiro Zoff, que ficou sentado no chão, atônito! Aos 25, Toninho Cerezo tocou mal a bola na zaga brasileira e deu de presente nos pés de Paolo Rossi: 2 a 1. Inacreditável. Ainda no primeiro tempo, Zico invadiu a área italiana e caiu ao ser puxado por Gentile. O craque brasileiro mostrou a camisa rasgada ao árbitro Abraham Klein, de Israel, mas não adiantou. O juiz (que em 1970 apitou Brasil e Inglaterra) não marcou pênalti.

O segundo tempo foi um teste para cardíacos. Aos 27 minutos, Falcão fez um gol magistral, resultado de um chute fantástico de fora da área. Mas o dia era da Itália. Aos 29 minutos, a zaga brasileira falhou e Paolo Rossi sacramentou a vitória por 3 a 2. O goleiro Zoff ainda fez uma defesa milagrosa em uma cabeçada de Oscar.

A imprensa não perdoou Telê Santana por não ter retrancado o time. O técnico, um dos maiores do futebol mundial, gostava de dizer: "*Prefiro perder uma partida jogando bem, a ganhar jogando mal.*" A capa principal da *Folha de S.Paulo* trouxe a seguinte manchete: "*Desastre. Três erros derrotaram a seleção de Telê Santana.*" O jornal não se referia aos três gols sofridos, mas

Sangue, suor e veias saltadas: Falcão comemora o gol de empate contra a Itália

aos seguintes erros: *"Achar que se ganha uma partida antes de disputá-la; confundir jogar na defesa com covardia; acreditar que o talento individual pode superar a falta de esquema."*

O técnico Enzo Bearzot declarou que o Brasil não merecia ganhar o jogo porque a Itália foi superior e destacou que os brasileiros tiveram a presunção de que poderiam vencer com facilidade. Telê Santana reconheceu que a seleção teve falhas individuais, apesar do equilíbrio na partida. No calor da derrota, o lateral Júnior afirmou que tinha a convicção de que o melhor time da Copa foi eliminado por obra do destino.

Anos depois, personagens daquela partida começaram a revelar detalhes de bastidores. Em uma edição histórica da revista *Placar*, com o título "Histórias secretas da Copa de 1982", publicada em 7 de abril de 1986, Edinho criticou o excesso de individualismo dos colegas de seleção e que não adianta atribuir a derrota à falta de sorte ou ao azar.

Falando ao então repórter Marcelo Rezende, Edinho revelou que o então presidente da CBF, Giulite Coutinho, anunciou, durante uma reunião com os jogadores, um pomposo prêmio, caso vencessem a Itália. Sem dar valores, Edinho afirmou que os atletas passaram a falar apenas sobre dinheiro. Ele acusou ainda Éder e Serginho de receber mil dólares para comemorar gols perto de uma determinada placa de propaganda, citando inclusive o gol de Zico contra a Argentina. O "Galinho" foi para um lado e Éder para outro.

Serginho Chulapa também deu entrevistas criticando o ambiente da seleção. Faltava união, segundo ele. Em 2015, falando ao BandSports, o centroavante citou que os reservas faziam pressão para jogar: *"O time era brilhante individualmente, mas uma desgraça, coletivamente."*

A capa de jornal que simboliza a "tragédia de Sarriá" é a do *Jornal da Tarde*. O carioca

Barcelona, 5 de julho de 1982.

José Carlos Vilella Rabello Júnior tinha 10 anos e foi clicado pelo fotógrafo Reginaldo Manente. A foto mostra o garoto com cara de choro e vestido com a camisa da seleção.

O mundo do futebol não acreditava e até hoje não acredita. A discussão sobre a derrota em 1982 nunca vai ter fim. Aquela seleção, no entanto, entrou para a história como sinônimo de bom futebol. E como se convencionou dizer: azar da galeria de campeões da Copa do Mundo não ter jogadores como Zico, Sócrates e Falcão.

ESPANHA 0 × 0 INGLATERRA: no outro jogo do dia 5, Espanha e Inglaterra empataram sem gols no Santiago Bernabéu. O resultado garantiu a classificação da Alemanha.

Os jogos das semifinais foram os seguintes: Itália × Polônia e Alemanha × França.

ITÁLIA 2 × 0 POLÔNIA: as partidas das semifinais do dia 8 de julho foram exibidas ao vivo pela Globo e com transmissão simultânea pelas emissoras educativas. A Itália, que fez uma campanha pífia na primeira fase, chegou à final depois de uma vitória por 2 a 0 sobre a Polônia. O Camp Nou, em Barcelona, recebeu 50 mil torcedores que viram Paolo Rossi abrir o placar aos 22 minutos do primeiro tempo. Ele também fez o segundo gol, aos 28 da etapa final. A Itália tentaria acabar com o jejum de títulos em Copas que já durava 44 anos.

ALEMANHA 3 × 3 FRANÇA (PÊNALTIS 5 × 4): a outra semifinal é um daqueles jogos inesquecíveis. Alemanha e França duelaram em Sevilha, no Estádio Sanchez Pizjuan. No total, 70 mil pessoas assistiram ao espetáculo. Littbarski abriu o placar para a Alemanha aos 17 minutos do primeiro tempo e Platini empatou aos 26. O segundo tempo não teve gols. Na prorrogação, os franceses marcaram duas vezes praticamente na sequência: com Tressor, aos 2, e com Girresse, aos 8. Rummenigge diminuiu aos 12 minutos. Fischer empatou aos 3 minutos do segundo tempo: 3 a 3! Na disputa de pênaltis, a Alemanha levou a melhor: 5 a 4. Six e Bossis perderam para a França. Stielike desperdiçou para os alemães.

Alemanha e Itália fariam a final da Copa. Eram duas seleções bicampeãs. Quem vencesse iria se igualar ao Brasil. Antes, Polônia e França brigariam pelo terceiro lugar, em 10 de julho.

POLÔNIA 3 × 2 FRANÇA: a Polônia repetiu a boa campanha do mundial de 1974 e conquistou a terceira posição. Na partida disputada em Alicante, a França abriu o placar com Girard aos 13 do primeiro tempo. Szarmach, aos 40, e Majewski, aos 44, viraram o jogo.

Dupla de ouro da seleção: Zico e Sócrates

Logo no começo da etapa final, no primeiro minuto, Kupcewicz fez o terceiro. Couriol diminuiu aos 27 para a França: 3 a 2.

O árbitro brasileiro Arnaldo César Coelho trilou o apito e deu início ao duelo entre Itália e Alemanha.

ITÁLIA 3 × 1 ALEMANHA — MADRI — 11.07.82

ITÁLIA: Zoff; Collovati, Gentile, Scirea, Cabrini; Bergomi, Oriali, Tardelli; Conti, Graziani (Altobelli) e Paolo Rossi.

ALEMANHA: Schumacher; Briegel, Kaltz, Karl Forster, Bernd Forster; Stielike, Dremmler (Hrubesch), Breitner; Littbarski, Fischer e Rummenigge (Hansi Müller).

ÁRBITRO: Arnaldo César Coelho (Brasil).

GOLS: Rossi (12), Tardelli (24), Altobelli (36) e Breitner (38) no segundo tempo.

O Santiago Bernabéu, em Madri, estava lotado: 90 mil torcedores. O primeiro tempo foi equilibrado. Cabrini perdeu um pênalti ao chutar para fora da meta defendida por Harald Schumacher. No segundo tempo, a seleção italiana — que fez uma primeira fase pífia, com três empates, mas depois venceu Argentina, Brasil e Polônia — saiu na frente. Paolo Rossi abriu o placar aos 12 da etapa final.

Foi o sexto gol dele, artilheiro do mundial. As câmeras de TV focalizavam o presidente da Itália, Sandro Pertini, de 86 anos, comemorando efusivamente o gol. Aos 24, Tardelli marcou o segundo. Altobelli fez o terceiro aos 36 minutos. Breitner diminuiu dois minutos depois: 3 a 1. A Itália conquistou o tricampeonato e saiu de uma fila de 44 anos. O goleiro Dino Zoff, capitão da Azzurra, ergueu a taça.

A *Folha* destacava na capa do dia seguinte:

Paolo Rossi marca contra a Alemanha e chega ao sexto gol na Copa

O goleiro Zoff ergue a taça: fim do jejum italiano

O troféu aos vencedores foi entregue pelo rei Juan Carlos ao capitão Dino Zoff – aos 40 anos, o jogador mais velho desse mundial. Enquanto isso, eufórico na tribuna de honra, pouco se importando com o protocolo, Sandro Pertini, presidente da Itália, dava um efusivo abraço no técnico Enzo Bearzot. Em São Paulo, torcedores italianos e brasileiros uniram-se para festejar o título no bairro do Bexiga. E Armando Puglisi, diretor do Museu do Bixiga, comemorou exibindo um poster de Mussolini.

No caderno de esportes, uma outra manchete: "Conti, a alma do time tricampeão. Falcão já havia alertado para o futebol do seu amigo do Roma: 'Ele é um perigo, pois aproveita as hesitações da defesa.'"

O RÁDIO NA COPA DE 1982

Não tem como contar a história do rádio esportivo na Copa de 1982 sem começar pela Rádio Record. Como vimos, a Globo conseguiu exclusividade nas transmissões da TV. Já a Record, que tinha o direito de transmissão pelo rádio, fez uma jogada de marketing importante. Espalhou cartazes e chamadas nos jornais com a frase: *"Tire o som da sua TV e ligue na Record."* Até aí uma tática normal. Em outras Copas, com o espaço cada vez maior ocupado pela TV, as emissoras também incentivavam os ouvintes a assistir pela televisão, mas com o ouvido colado no rádio. No entanto, a estratégia da Record foi arrasadora. A emissora fez uma transmissão de TV no rádio e escalou Silvio Luiz. A ideia foi do jornalista Rui Viotti. As narrações irreverentes conquistaram o público que tinha uma alternativa ao formato da Globo. O comentarista era Pedro Luiz Paoliello, que marcou época na narração esportiva no rádio. Flávio Prado, hoje da Jovem Pan, fazia as reportagens.

Na sequência, as chamadas das emissoras de rádio durante a Copa de 1982: Jovem Pan (José Silvério), Bandeirantes (Fiori Gigliotti).

TABELA DA COPA DE 1982

GRUPO A

14/06/1982 Vigo: **Itália 0 × 0 Polônia**
15/06/1982 La Coruña: **Peru 0 × 0 Camarões**
18/06/1982 Vigo: **Itália 1 × 1 Peru**
19/06/1982 La Coruña: **Polônia 0 × 0 Camarões**
22/06/1982 La Coruña: **Polônia 5 × 1 Peru**
23/06/1982 Vigo: **Itália 1 × 1 Camarões**

GRUPO B

16/06/1982 Gijón: **Alemanha Ocidental 1 × 2 Argélia**
17/06/1982 Oviedo: **Chile 0 × 1 Áustria**
20/06/1982 Gijón: **Alemanha Ocidental 4 × 1 Chile**
21/06/1982 Oviedo: **Argélia 0 × 2 Áustria**
24/06/1982 Oviedo: **Argélia 3 × 2 Chile**
25/06/1982 Gijón: **Alemanha Ocidental 1 × 0 Áustria**

GRUPO C

13/06/1982 Barcelona: **Argentina 0 × 1 Bélgica**
15/06/1982 Elche: **Hungria 10 × 1 El Salvador**
18/06/1982 Alicante: **Argentina 4 × 1 Hungria**
19/06/1982 Elche: **Bélgica 1 × 0 El Salvador**
22/06/1982 Elche: **Bélgica 1 × 1 Hungria**
23/06/1982 Alicante: **Argentina 2 × 0 El Salvador**

GRUPO D

16/06/1982 Bilbao: **Inglaterra 3 × 1 França**
17/06/1982 Valladolid: **Tchecoslováquia 1 × 1 Kuwait**
20/06/1982 Bilbao: **Inglaterra 2 × 0 Tchecoslováquia**
21/06/1982 Valladolid: **França 4 × 1 Kuwait**
24/06/1982 Valladolid: **França 1 × 1 Tchecoslováquia**
25/06/1982 Bilbao: **Inglaterra 1 × 0 Kuwait**

GRUPO E

16/06/1982 Valência: **Espanha 1 x 1 Honduras**
17/06/1982 Zaragoza: **Iugoslávia 0 x 0 Irlanda do Norte**
20/06/1982 Valência: **Espanha 2 x 1 Iugoslávia**
21/06/1982 Zaragoza: **Honduras 1 x 1 Irlanda do Norte**
24/06/1982 Zaragoza: **Honduras 0 x 1 Iugoslávia**
25/06/1982 Valência: **Irlanda do Norte 1 x 0 Espanha**

GRUPO F

14/06/1982 Sevilha: **Brasil 2 x 1 URSS**
15/06/1982 Málaga: **Escócia 5 x 2 Nova Zelândia**
18/06/1982 Sevilha: **Brasil 4 x 1 Escócia**
19/06/1982 Málaga: **URSS 3 x 0 Nova Zelândia**
22/06/1982 Málaga: **URSS 2 x 2 Escócia**
23/06/1982 Sevilha: **Brasil 4 x 0 Nova Zelândia**

SEGUNDA FASE

GRUPO 1

28/06/1982 Barcelona: **Polônia 3 x 0 Bélgica**
01/07/1982 Barcelona: **Bélgica 0 x 1 URSS**
04/07/1982 Barcelona: **Polônia 0 x 0 URSS**

GRUPO 2

29/06/1982 Madri: **Alemanha Oc. 0 x 0 Inglaterra**
02/07/1982 Madri: **Alemanha Oc. 2 x 1 Espanha**
05/07/1982 Madri: **Espanha 0 x 0 Inglaterra**

GRUPO 3

29/06/1982 Barcelona: **Itália 2 x 1 Argentina**
02/07/1982 Barcelona: **Argentina 1 x 3 Brasil**
05/07/1982 Barcelona: **Itália 3 x 2 Brasil**

GRUPO 4

28/06/1982 Madri: **Áustria 0 x 1 França**
01/07/1982 Madri: **Áustria 2 x 2 Irlanda do Norte**
04/07/1982 Madri: **França 4 x 1 Irlanda do Norte**

SEMIFINAIS

08/07/1982 Barcelona: **Polônia 0 x 2 Itália**
08/07/1982 Sevilha: **Alemanha Oc. 3 (5) x (4) 3 França**

TERCEIRO LUGAR

10/07/1982 Alicante: **Polônia 3 x 2 França**

FINAL

11/07/1982 Madri: **Itália 3 x 1 Alemanha**

Escaneie o QR Code ao lado e ouça as transmissões de rádio na Copa de 1982.

MÉX 19

MÉXICO 86

CORES MEXICANAS

A briga pela audiência se acirra na TV

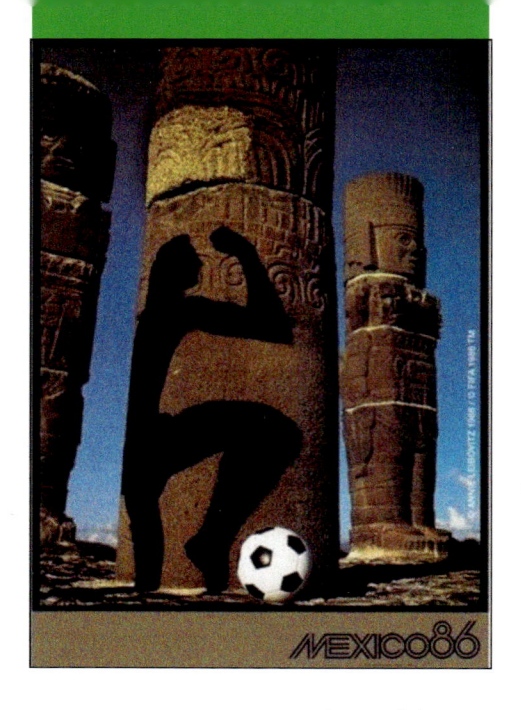

A Copa de 1986 deveria ter sido disputada na Colômbia, mas o país desistiu de organizar o mundial em razão de uma grave crise econômica. A segurança pública também era uma preocupação. Canadá e Estados Unidos foram consultados pela Fifa. O Brasil também, mas o então presidente João Batista Figueiredo, que deixaria o cargo em março de 1985 com o fim da ditadura, não aceitou a proposta para sediar a competição. Já o plano D foi o México, sede da Copa de 16 anos antes e que tinha uma boa infraestrutura. Mesmo com um forte terremoto que atingiu o país às vésperas do mundial, os mexicanos não fizeram feio.

Como vimos, em 1982 a Rede Globo teve exclusividade nas transmissões, o que gerou protestos dos concorrentes. Já em 1986, o cenário foi totalmente diferente. A Globo, o SBT, a Record, a Bandeirantes e a Manchete (inaugurada em 1983) transmitiram o mundial. Apesar da hegemonia da Globo, a concorrência foi intensa para cativar o torcedor. A Record e o SBT apostaram em um marketing agressivo nos jornais. O empresário Silvio Santos também era proprietário da Record junto à família Carvalho. As duas emissoras criaram o slogan *"Unidos venceremos"*. Silvio Luiz, que ganhou destaque em 1982 nas transmissões feitas pela Rádio Record, era o chamariz da audiência no SBT e na Record.

A Copa de 1986 foi a primeira de Luciano do Valle na Bandeirantes. Ele montou uma grande equipe que virou referência. Nasceu o "Canal do Esporte". Profissionais que trabalharam com ele na Globo migraram para Band, depois de uma rápida passagem pela TV Record. Luciano do Valle abriu espaço para ex-jogadores comentarem as partidas, como Pelé, Rivellino e Clodoaldo.

A briga pelo segundo lugar no Ibope era acirrada, como destacava a *Folha de S. Paulo*:

> *Ao contrário do Ibope, que divulga seus dados no dia seguinte ao evento que está sendo coberto, o Audi publica seus números semanalmente. Entre os dois institutos existem também diferenças metodológicas. Enquanto o Ibope utiliza a amostragem por pesquisa de campo, a Audi-TV faz seu levantamento por meio de um aparelho acoplado a determinado número de televisores.*

Os números apresentados pelo Ibope para o jogo Brasil e Espanha mostram a Globo com 23%, a Record com 12%, o SBT com 7% e a Bandeirantes com 6%.

A TV Globo trouxe Osmar Santos da Rádio Globo para narrar as partidas da seleção. A emissora fez uma música para marcar a cobertura do mundial: "Mexicoração". O tema ganhou até disco: *"Mexe, mexe, mexe, coração/Vamos que vamos que essa bola vai rolar/Mexe, mexe, mexe, coração/Tanta emoção vai ser difícil segurar/Vai mais, vai mais, Brasil/Povo guerreiro, mensageiro da esperança"*. Foi a Copa do Araken, o Showman, personagem interpretado pelo publicitário José Antônio de Barros Freire, o Barrinhos. Eram esquetes que brincavam com os países participantes do mundial.

A Globo também apostou na tecnologia durante as transmissões. Pela primeira vez, um recurso eletrônico ajudou a tirar as dúvidas das jogadas. Surgiu o "tira-teima".

A TV Manchete, inaugurada em 1983, tinha grande força, apesar do pouco tempo no ar. Paulo Stein era o narrador principal. A emissora contou ainda com os comentários de João Saldanha, técnico da seleção nas eliminatórias para a Copa de 1970. As emissoras brasileiras exibiram, ao vivo, 42 jogos de um total de 52.

PREPARAÇÃO BRASILEIRA

A preparação da seleção foi turbulenta. Aliás, quando a preparação do Brasil para uma Copa não é? Depois da derrota em 1982, era preciso juntar os cacos e começar a elaborar um novo plano de trabalho. O desafio não era fácil. O Brasil tinha excelentes valores individuais, mas o que precisava ser consertado? Telê Santana cometeu erros? O treinador deixou a seleção e foi atrás dos petrodólares, contratado pelo Al-Ahli, dos Emirados Árabes Unidos. A CBF convidou o técnico Carlos Alberto Parreira, preparador físico campeão mundial em 1970. Em 1983, ele perdeu a Copa América e foi demitido. Em 1984, Edu Antunes, irmão de Zico, comandou o time em três amistosos. Perdeu para a Inglaterra, 2 a 0, no Maracanã, empatou com a Argentina, 0 a 0, no Morumbi, e venceu o Uruguai, 1 a 0, no Couto Pereira.

Na sequência, quem assumiu a seleção foi Evaristo de Macedo, ex-atacante dos anos 1950 e 1960. No capítulo sobre a Copa de 1974, vimos que os jogadores cortaram relações com à imprensa durante a fase de preparação, o que ficou conhecido como "manifesto de Glasgow". Em 1985, a história se repetiu. Dessa vez, o episódio ficou conhecido como "manifesto de Santiago". A seleção perdeu para o Chile por 2 a 1 em um amistoso no Estádio Nacional, em 21 de maio. Era o último jogo antes das eliminatórias, e Evaristo foi demitido.

Ainda com vínculo com o Al-Ahli, Telê Santana foi chamado pela CBF. O contrato com o clube do Oriente Médio só foi rescindido em dezembro de 1985, mas Telê classificou a seleção, que passou por Bolívia e Paraguai nas eliminatórias. Um dos destaques negativos foi o corte de Renato Gaúcho, um dos maiores jogadores da história do Grêmio. Às vésperas do embarque para o México, a seleção estava concentrada na Toca da Raposa, em Belo Horizonte. O jogador e o lateral Leandro foram para uma noitada e não voltaram no horário combinado. O técnico Telê Santana resolveu cortar Renato Gaúcho, mas preferiu manter Leandro. No entanto, em solidariedade, o lateral direito não viajou ao México. Josimar, do Botafogo, foi convocado às pressas.

O DIA A DIA DO MUNDIAL DO MÉXICO

Assim como em 1982, o mundial de 1986 foi disputado por 24 seleções. A Fifa mudou o regulamento utilizado na Espanha, implantando mata-mata a partir da segunda fase. O formato utilizado no México é praticamente o mesmo até os dias de hoje (atualmente são 32 seleções, vale lembrar). As 24 equipes foram divididas em seis grupos de quatro. As duas primeiras seleções e as quatro melhores terceiras colocadas se classificavam para as oitavas.

Portugal voltou a disputar um mundial depois de 20 anos. Suécia, Tchecoslováquia, Iugoslávia, Holanda e Áustria não se classificaram. Na América do Sul, destaque para a classificação do Paraguai. Peru e Chile não foram.

União Soviética e Dinamarca foram as sensações da Copa. Ao longo da competição, parte dos jornalistas esportivos começou a apostar que as duas seleções fariam a final, mas o palpite não se confirmou.

Os jogos da Copa foram disputados na Cidade do México, Puebla, Toluca, León, Irapuato, Guadalajara, Monterrey, Querétaro e Nezahualcóyotl. Foi no México, em 1986, que uma coreografia feita por torcedores ganhou popularidade. A "ola" se espalhou pelos estádios do país. O movimento coordenado, feito nas arquibancadas até hoje, dá a impressão de uma onda gigante.

> **GRUPO A**: Itália, Argentina, Bulgária e Coreia do Sul
> **GRUPO B**: México, Bélgica, Paraguai e Iraque
> **GRUPO C**: França, URSS, Hungria e Canadá
> **GRUPO D**: Brasil, Espanha, Argélia e Irlanda do Norte
> **GRUPO E**: Alemanha, Uruguai, Dinamarca e Escócia
> **GRUPO F**: Inglaterra, Polônia, Portugal e Marrocos

A Copa começou em 31 de maio de 1986 com um empate por 1 a 1 entre a campeã do mundo, Itália, e a Bulgária. Silvio Luiz era a estrela da transmissão conjunta da Record e do SBT.

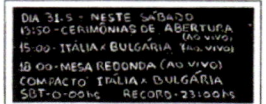

estavam na memória. Coincidência ou não, o time de Telê Santana mandaria os jogos em Guadalajara, cidade que recebeu tão bem as estrelas nacionais em 1970.

O Estádio Jalisco recebeu cerca de 60 mil torcedores para o duelo entre Brasil e Espanha. Antes da partida, o cerimonial cometeu uma gafe: foi tocado o *Hino à Bandeira* e não o *Hino Nacional*. Paulo Stein, que transmitia o jogo pela Manchete, dizia: "*Não é o Hino pátrio, mas o Hino à Bandeira. Vamos respeitar.*" As câmeras mostravam os jogadores brasileiros perfilados e Sócrates fazia sinal de desaprovação por causa do erro dos organizadores. O "Doutor" estava com uma faixa branca na cabeça, uma homenagem às vítimas do terremoto do México e pela paz mundial. Era um jogador diferenciado, dentro e fora do campo: liderou a "Democracia Corinthiana" no início dos anos 1980.

GRADE DE PROGRAMAÇÃO DA TV DE 31 DE MAIO DE 1986

13h – Cerimônia de abertura (SBT, Globo, Record, Manchete e Bandeirantes)

15h – Itália vs. Bulgária (SBT, Globo, Record, Manchete e Bandeirantes)

ITÁLIA 1 × 1 BULGÁRIA: cerca de 95 mil torcedores acompanharam a festa de abertura no Estádio Azteca, na Cidade do México. O palco principal era o mesmo do mundial de 1970. A Itália, campeã em 1982, iria defender o título, e o técnico Enzo Bearzot foi mantido. Altobelli abriu o placar aos 43 minutos do primeiro tempo. Sirakov venceu o goleiro Gali e deixou tudo igual aos 40 minutos da etapa final.

GRADE DE PROGRAMAÇÃO DA TV DE 1º DE JUNHO DE 1986

15h – Brasil vs. Espanha (SBT, Globo, Record, Manchete e Bandeirantes)

19h – França vs. Canadá (SBT, Globo, Record, Manchete e Bandeirantes)

A seleção brasileira estreou em 1º de junho. A Espanha era o adversário mais difícil do grupo, mas o Brasil tinha apoio total da torcida mexicana. As lembranças da conquista do tricampeonato ainda

BRASIL 1 × 0 ESPANHA – GUADALAJARA – 01.06.86

BRASIL: Carlos, Edson, Edinho, Júnior (Falcão), Júlio César, Alemão, Branco, Sócrates, Elzo, Casagrande (Müller) e Careca.

ESPANHA: Zubizarreta; Tomás, Camacho, Maceda e Victor; Goicoechea, Julio Alberto, Francisco (Señor) e Michel; Julio Salinas e Butragueño.

ÁRBITRO: Christopher Bambridge (Austrália).

GOL: Sócrates (16) no segundo tempo.

Palco de boas lembranças de 1970, a seleção volta ao Jalisco, em Guadalajara

Dentro de campo, a seleção encontrou dificuldades. O time não era mais o mesmo de 1982, mas ainda contava com Júnior, Falcão e Sócrates. Zico, que se recuperava da mais grave contusão da carreira dele, quando sofreu uma entrada criminosa de Márcio Nunes, do Bangu, em 1985, só iria estrear na terceira partida, contra a Irlanda. Careca, ausente em 1982, era a esperança de gols. Mas quem marcou contra a Espanha foi Sócrates, de cabeça, aos 16 minutos do segundo tempo. Os espanhóis reclamaram, e com razão, do árbitro australiano Christopher Bambridge, que não deu um gol de Michel. O jogador aproveitou uma sobra e chutou de longe, a bola bateu no travessão do gol de Carlos, quicou dentro e voltou ao campo. O tira-teima da TV Globo mostrou que a bola passou da linha. No dia seguinte, os números da partida estavam na *Folha de S.Paulo*: "*O jogo foi truncado por 26 faltas (catorze brasileiras e doze espanholas). Dos noventa minutos de jogo, 34m55 (mais de um terço) foram de bola parada. O primeiro tempo terminou sob vaias dos 62.800 espectadores*". Sobre o árbitro:

> *O juiz australiano Christopher Bambridge, 39, foi um dos principais personagens do jogo de ontem. Aos 7, deixou de assinalar um gol para a Espanha, de Michel, que chutou de fora da área e venceu o goleiro Carlos. A bola bateu contra o travessão, caiu 20 cm além da linha do gol (como comprovam as fotografias e o computador da Rede Globo), bateu no chão e voltou para fora do gol. Três minutos depois, Bambridge anulou corretamente um gol de Edinho para o Brasil, feito com a mão.*

Uma estreia modesta e cheia de polêmicas.

FRANÇA 1 × 0 CANADÁ: no outro jogo daquele domingo, a França venceu o Canadá, em León, gol de Papin aos 34 minutos do segundo tempo. Os franceses, que perderam a disputa pelo terceiro lugar em 1982, foram para o México com uma seleção mais madura. Os destaques eram Platini, Amoros, Luis Fernandez, Giresse, Tigana e Rocheteau.

O terceiro dia de Copa, 2 de junho, teve três partidas. Interessante notar na programação das TVs que a Globo transmitiu às 15h o jogo entre URSS e Hungria, enquanto SBT, Record, Manchete e Bandeirantes exibiram a estreia da Argentina contra a Coreia do Sul.

ARGENTINA 3 × 1 COREIA DO SUL: Maradona, capitão argentino, estava em sua melhor forma. A equipe, treinada por Carlos Bilardo, contava ainda com Batista, Ruggeri, Burruchaga, Valdano e Giusti. A Argentina venceu a Coreia do Sul por 3 a 1, com dois gols de Valdano e outro de Ruggeri. A partida foi disputada na Cidade do México, não no Azteca, mas no Olímpico.

URSS 6 × 0 HUNGRIA: em Irapuato, a União Soviética arrasou a Hungria. O goleiro da URSS ainda era Dassaiev. O placar dilatado chamou atenção da imprensa internacional, que começou a colocar os soviéticos entre os favoritos ao título. Yakovenko, Aleinikov, Belanov, Yaremchuk (dois) e Rodionov marcaram os gols. Foram três em cada tempo.

MARROCOS 0 × 0 POLÔNIA: em Monterrey, Marrocos e Polônia não balançaram as redes. Os poloneses, que quatro anos antes ficaram em terceiro lugar, estavam com um time renovado.

ARGÉLIA 1 × 1 IRLANDA DO NORTE: pelo grupo do Brasil, Argélia e Irlanda jogaram no Estádio Tres de Marzo, em Guadalajara. O irlandês Whiteside marcou aos 6 minutos do primeiro tempo. Zidane deixou tudo igual aos 14 da etapa final.

MÉXICO 2 × 1 BÉLGICA: no Azteca, os mexicanos estavam em festa para a estreia da seleção nacional. No total, 110 mil pessoas assistiram à vitória sobre a Bélgica. Quitarte abriu o placar aos 3 minutos do primeiro tempo. Hugo Sanchez, estrela mexicana, fez o segundo aos 39 minutos. A Bélgica, do excelente goleiro Pfaff, diminuiu aos 45 da etapa inicial com Vandenbergh.

PORTUGAL 1 × 0 INGLATERRA: os ingleses perderam na estreia para Portugal, em Monterrey. A Inglaterra, comandada por Bobby Robson, contava com o excelente goleiro Shilton e o goleador Gary Lineker, que seria o artilheiro do mundial com seis gols. Já os portugueses eram treinados por Torres, que 20 anos antes jogou a Copa de 1966 e perdeu as semifinais justamente para os ingleses, em Wembley.

URUGUAI 1 × 1 ALEMANHA: as duas seleções empataram em Queretaro. Alzamendi abriu o placar para o Uruguai aos 4 do primeiro tempo, mas Allofs deixou tudo igual para os alemães, comandados por Franz Beckenbauer.

DINAMARCA 1 × 0 ESCÓCIA: a Dinamarca, treinada por Sepp Piontek, trouxe para o mundo do futebol o esquema 3-5-2. Um dos destaques do time era Michael Laudrup. Em Nezahualcóyotl, a equipe venceu a Escócia por 1 a 0, gol de Preben Elkjaer-Larsen aos 12 minutos do primeiro tempo.

PARAGUAI 1 × 0 IRAQUE: pelo grupo do México, em Toluca, o Paraguai derrotou o Iraque. Romerito, o craque da equipe, fez o gol aos 35 minutos do primeiro tempo. O time do Iraque era comandado pelo brasileiro Evaristo de Macedo. O ditador Saddam Hussein chegou a interferir na escalação: Mohammed Hussein era parente do ditador e esteve em campo naquela partida.

Os jornais destacavam a irreverência e o bom humor do narrador Silvio Luiz. Os bordões como *"pelo amor dos meus filhinhos"*, *"no pau"*, quando a bola batia na trave, e o próprio grito de gol: *"ééééééééé mais um gol brasileiro, meu povo"*, chamavam a atenção dos torcedores.

ITÁLIA 1 × 1 ARGENTINA: as duas seleções campeãs do mundo fizeram um duelo abaixo das expectativas, no dia 5, em Puebla. Altobelli abriu o placar aos 6 minutos do primeiro tempo. Maradona empatou aos 34 minutos.

BULGÁRIA 1 × 1 COREIA DO SUL: pelo mesmo grupo, Bulgária e Coreia do Sul também empataram no Estádio Olímpico, na Cidade do México.

FRANÇA 1 × 1 URSS: o placar de 1 a 1 foi o mesmo do outro jogo do dia entre França e URSS, em Leon. Os soviéticos abriram o placar com Rats aos 8 do segundo tempo, e os franceses marcaram com Fernandez, 7 minutos depois.

No dia seguinte, em 6 de junho, a seleção brasileira enfrentou a fraca Argélia. O palco foi o Estádio Jalisco, em Guadalajara. Abaixo, a grade de programação:

> **GRADE DE PROGRAMAÇÃO DA TV DE 6 DE JUNHO DE 1986**
>
> 15h – Brasil vs. Argélia (SBT, Record, Globo, Manchete e Bandeirantes)
>
> 17h – Canadá vs. Hungria – VT (Bandeirantes)
>
> 19h – Inglaterra vs. Marrocos (SBT, Record, Manchete e Bandeirantes)
>
> 23h – França vs. URSS – VT (Manchete)
>
> 00h30- Brasil vs Argélia – compacto (SBT-Record)

Galvão Bueno, da Globo, narrou pela primeira vez uma partida da seleção em mundiais. Osmar Santos estava doente, mas ele voltaria aos microfones no jogo seguinte contra a Irlanda.

> **BRASIL 1 × 0 ARGÉLIA – GUADALAJARA – 06.06.86**
>
> **BRASIL**: Carlos, Edson (Falcão), Edinho, Júnior, Júlio César, Alemão, Branco, Sócrates, Elzo, Casagrande (Müller) e Careca.
>
> **ARGÉLIA**: Drid; Liegeon, Megharia, Guendouz e Mansouri; Kaci-Said, Ben Mabrouk, Madjer e Menad; Belloumi (Djamel Zidane) e Assad (Bensaoula)
>
> **ÁRBITRO**: Rómulo Molina (Guatemala).
>
> **GOL**: Careca (21) no segundo tempo.

A seleção brasileira pressionou, pressionou, pressionou, mas só conseguiu o gol salvador aos 21 minutos do segundo tempo. Depois de um cruzamento da direita, a defesa argelina falhou e Careca aproveitou a chance. O goleiro Drid estava em um dia inspirado e o placar só não foi mais amplo por causa dele.

No dia seguinte, a *Folha de S.Paulo* trazia na capa:

> *Lento, Brasil passa à segunda fase. A seleção brasileira de futebol tornou-se a primeira equipe a se classificar para a segunda fase da Copa do Mundo, ao derrotar, ontem, a equipe da Argélia por 1 a 0, com gol de Careca. Depois da partida, o técnico Telê Santana disse que o objetivo é conseguir o primeiro lugar do grupo D para continuar jogando em Guadalajara na fase seguinte do Mundial. A seleção finalizou 25 vezes para o gol da Argélia.*

A cidade mexicana que tanto aplaudiu seleção em 1970, agora vaiava o time de Telê Santana.

HUNGRIA 2 × 0 CANADÁ: nos demais jogos do dia, a Hungria se recuperou da surra sofrida para a URSS e derrotou o Canadá, em Irapuato. Esterhazy, aos 2 minutos do segundo tempo, e Detari, aos 30 minutos, marcaram os gols.

INGLATERRA 0 × 0 MARROCOS: em Monterrey, a Inglaterra teve mais um resultado frustrante na Copa e continuava sem vencer. Os marroquinos eram treinados pelo brasileiro José Faria.

POLÔNIA 1 × 0 PORTUGAL: no sábado, 7 de junho, a Polônia venceu Portugal em Monterrey, gol de Smolarek aos 23 minutos do segundo tempo. Foi o primeiro resultado positivo dos poloneses.

MÉXICO 1 × 1 PARAGUAI: os donos da casa empataram com o Paraguai. Flores marcou aos 3 minutos da etapa inicial e agitou os mexicanos que estavam no Azteca. Eram 114 mil torcedores no estádio. Os paraguaios empataram aos 35 do segundo tempo. O gol foi de Romero.

ESPANHA 2 × 1 IRLANDA DO NORTE: em Guadalajara, pelo grupo do Brasil, a Espanha derrotou a Irlanda do Norte. Butragueño e Salinas marcaram no primeiro tempo. Os irlandeses diminuíram com Clarke, na etapa final.

O dia 8 de junho, um domingo, foi de muito futebol na TV.

ALEMANHA 2 × 1 ESCÓCIA: em Queretaro, a Alemanha conseguiu a primeira vitória no México, mas saiu perdendo para a Escócia. Strachan marcou aos 18 minutos do primeiro tempo, e Völler empatou aos 23 minutos. Allofs virou o jogo aos 4 minutos da etapa final.

DINAMARCA 6 × 1 URUGUAI: a "Dinamáquina" arrasou o Uruguai. O jogo foi disputado em Nezahualcóyotl. Elkjaer e Lerby fizeram os gols da Dinamarca no primeiro tempo. Francescoli diminuiu cobrando pênalti. Na segunda etapa, um show da equipe europeia: Laudrup, Elkjaer, duas vezes, e Olsen balançaram as redes adversárias. O mundo estava empolgado com o futebol dinamarquês.

BÉLGICA 2 × 1 IRAQUE: ainda no dia 8, a Bélgica ganhou do Iraque, em Toluca. Scifo e Claesen foram os autores dos gols belgas no primeiro tempo. Amaiesh diminuiu na etapa final.

FRANÇA 3 × 0 HUNGRIA: no dia 9, foram disputadas as duas partidas que definiram o grupo C. A França passou pela Hungria, em León, com gols de Stopyra, Tigana e Rocheteau.

URSS 2 × 0 CANADA: em Irapuato, a União Soviética venceu o Canadá com gols de Blokhin e Zavarov. Os soviéticos, com melhor saldo de gols, ficaram em primeiro e a França em segundo lugar.

ARGENTINA 2 × 0 BULGÁRIA: o jogo foi disputado no Estádio Olímpico, na Cidade do México. Os gols de Valdano e Burruchaga garantiram a Argentina em primeiro lugar no grupo.

ITÁLIA 3 × 2 COREIA DO SUL: em Puebla, a Itália derrotou a Coreia e ficou na segunda posição da chave. Altobelli abriu o placar aos 17 do primeiro tempo. Soon-Ho empatou aos 17 minutos da etapa final. Altobelli voltou a marcar aos 28 minutos. Kwang-Rae fez contra aos 37. Jung-Moo diminuiu aos 39 minutos.

MÉXICO 1 × 0 IRAQUE: no dia 11 de junho, o México entrou em campo no Azteca e venceu o Iraque com gol de Quirarte aos 9 minutos do segundo tempo. Os donos da casa, treinados por Bora Milutinovic, recordista em comandar seleções em mundiais, ficaram na primeira colocação do grupo B.

PARAGUAI 2 × 2 BÉLGICA: o outro classificado da chave foi o Paraguai, que empatou com a Bélgica, em Toluca. Os belgas, mesmo com o terceiro lugar, passaram para as oitavas de final.

MARROCOS 3 × 1 PORTUGAL: na definição do grupo F, Marrocos venceu Portugal por 3 a 1, no Jalisco, em Guadalajara. De forma surpreendente, os marroquinos garantiram o primeiro lugar.

INGLATERRA 3 × 0 POLÔNIA: depois de uma derrota e um empate, a Inglaterra fez 3 a 0 na Polônia, em Monterrey. Lineker foi o autor dos três gols. Com o resultado, a equipe ficou na segunda posição. Os poloneses também passaram às oitavas de final pelo critério de melhor terceiro colocado.

A seleção brasileira voltou a campo em 12 de junho e garantiu o primeiro lugar no grupo D.

GRADE DE PROGRAMAÇÃO DA TV DE 12 DE JUNHO DE 1986

15h – Brasil vs. Irlanda do Norte (SBT, Record, Globo, Manchete e Bandeirantes)

17h – Espanha vs. Argélia (Bandeirantes)

19h – Espanha vs. Argélia (SBT, Record e Manchete)

BRASIL 3 × 0 IRLANDA DO NORTE — GUADALAJARA — 12.06.86

BRASIL: Carlos, Josimar, Júlio César, Edinho, Júnior, Alemão, Branco, Sócrates (Zico), Elzo, Müller (Casagrande) e Careca.

IRLANDA: Jennings; Nicholl, Donaghy, O'Neill e McDonald; McCreery, McIlroy, Stewart e Campbell (Armstrong); Whiteside (Hamilton) e Clarke.

ÁRBITRO: Siegfried Kirschen (Alemanha Oriental).

GOLS: Careca (15) e Josimar (43) no primeiro tempo. Careca (42) na etapa final.

Pat Jennings, goleiro irlandês, fazia aniversário e ganhou de presente os três gols do Brasil. Silvio Luiz, na transmissão conjunta de SBT e Record, cantava parabéns a cada gol da seleção. O time de Telê Santana jogou melhor, na comparação com as partidas anteriores. Careca abriu o placar aos 15 minutos do primeiro tempo. Aos 43, Josimar, convocado para o lugar de Leandro, estreou na Copa e marcou um golaço de fora da área. Aos 23 de etapa final, Zico entrou no lugar de Sócrates e deu um passe de calcanhar para Careca que fechou o placar aos 42 minutos.

A seleção ficou em primeiro lugar e enfrentaria a Polônia nas oitavas de final. No dia seguinte, a *Folha de S.Paulo* estampava a manchete: "Na volta de Zico, Brasil joga melhor e faz 3 a 0." Mas, segundo a matéria, Zico ainda era dúvida para o jogo contra os poloneses:

> Zico voltou a jogar depois de 35 dias e disse não ter sentido dores no joelho esquerdo. Seu aproveitamento no jogo de segunda-feira, contra a Polônia, dependerá do técnico Telê Santana, que afirmou: "Antes, temos de avaliar as condições físicas dos jogadores. Como Müller, que saiu contundido após o primeiro gol. Tirei um jogador que estava bem, a meu ver em sua melhor partida nesta Copa, para verificar como estava Zico." O Brasil foi superior à Irlanda em todo o jogo. Finalizou dezenove vezes contra o gol adversário, contra dez da Irlanda. Careca foi escolhido como o melhor jogador em campo pela segunda vez consecutiva.

ESPANHA 3 × 0 ARGÉLIA: em Monterrey, os espanhóis garantiram o segundo lugar no grupo com a vitória sobre a Argélia por 3 a 0, com dois gols de Caldere e outro de Eloy.

DINAMARCA 2 × 0 ALEMANHA: na sexta-feira, 13 de junho, no último dia da primeira fase da Copa, a Dinamarca venceu mais um campeão do mundo. Olsen e Eriksen foram os autores dos gols contra a Alemanha. O jogo foi disputado em Queretaro.

URUGUAI 0 × 0 ESCÓCIA: em Nezahualcóyotl, Uruguai e Escócia empataram sem gols. Dinamarca, Alemanha e Uruguai, no critério das terceiras colocações, estavam classificados.

Os duelos das oitavas foram: México × Bulgária, URSS × Bélgica, Dinamarca × Espanha, Brasil × Polônia, Argentina × Uruguai, França × Itália, Alemanha × Marrocos e Inglaterra × Paraguai.

As oitavas começaram no dia 15 de junho com duas partidas:

MÉXICO 2 × 0 BULGÁRIA: o dia foi de festa para os mexicanos. No Estádio Azteca, os donos da casa venceram a Bulgária com gols de Negrete e Servin.

BÉLGICA 4 × 3 URSS: em León, mais de 30 mil pessoas assistiram a um dos melhores jogos da Copa de 1986. A União Soviética abriu o placar com gol de Belanov aos 27 do primeiro tempo. O belga Scifo empatou aos 11 da etapa final. Belanov, mais uma vez, fez 2 a 1 para os soviéticos aos 25, mas Ceulemans, aos 32 minutos, igualou o placar. O jogo só foi decidido na prorrogação. Aos 12 minutos da primeira etapa, a Bélgica virou o placar com Demol. No segundo tempo, aos 5 minutos, Claesen ampliou para 4 a 2. No minuto seguinte, Belanov diminuiu: 4 a 3. Os russos estavam eliminados.

GRADE DE PROGRAMAÇÃO DA TV DE 16 DE JUNHO DE 1986

15h – Brasil vs. Polônia (SBT, Record, Globo, Manchete e Bandeirantes)

19h – Argentina vs. Uruguai (SBT, Record, Globo, Manchete e Bandeirantes)

23h30 – Brasil vs. Polônia – VT (Manchete)

Sócrates marca contra a Polônia pelas oitavas de final

A seleção brasileira continuou em Guadalajara. A Polônia não era mais a grande equipe dos anos 1970 e do começo dos 1980, quando ficou em terceiro lugar nos mundiais de 1978 e de 1982, mas ainda tinha bons valores individuais, como Boniek.

BRASIL 4 × 0 POLÔNIA – GUADALAJARA – 16.06.86

BRASIL: Carlos, Josimar, Júlio César, Edinho, Branco, Alemão, Elzo, Júnior, Sócrates (Zico), Müller (Silas) e Careca.

POLÔNIA: Młynarczyk; Przybys (Furtok), Ostrowski, Tarasiewicz e Karas; Wójcicki, Majewski, Urban (Zmuda) e Boniek; Dziekanowski e Smolarek.

ÁRBITRO: Volker Roth (Alemanha Ocidental).

GOLS: Sócrates (30) no primeiro tempo; Josimar (10), Edinho (34) e Careca (38) na etapa final.

Apesar do placar dilatado, o jogo contra a Polônia não foi fácil. O equilíbrio marcou o primeiro tempo. A seleção só conseguiu balançar as redes aos 30 minutos, em uma cobrança de pênalti de Sócrates. O time de Telê Santana deslanchou na etapa final. Aos 10 minutos, Josimar fez o segundo dele na Copa. Mais um golaço: chutou da direita praticamente sem ângulo, surpreendendo o goleiro Młynarczyk. Em um contra-ataque, a seleção marcou o terceiro aos 34 minutos, em uma grande jogada de Edinho, que cortou o zagueiro e o goleiro e chutou para a meta vazia. Aos 38 minutos, Zico, que tinha entrado no lugar de Sócrates, sofreu pênalti. Careca converteu: 4 a 0.

A seleção estava garantida nas quartas de final. Foram nove gols marcados e nenhum sofrido. No entanto, a *Folha de S.Paulo* lembrava que os poloneses colocaram duas bolas na trave do Brasil:

> *A Polônia, primeiro time poderoso enfrentado pelo Brasil neste campeonato, dominou os primeiros 25 minutos de jogo. Nesse período, em dois lances, a bola chocou-se contra a trave de Carlos, que ontem completou 360 minutos sem sofrer gol e é o único invicto na competição.*

Telê Santana avaliava:

> *Foi um início muito difícil, com a Polônia procurando o ataque e não dando espaços para a seleção brasileira armar as jogadas. Depois, conseguimos equilibrar o jogo, atacar mais, mas não foi um primeiro tempo primoroso. No segundo tempo, o time saiu mais decidido, aproveitando as descidas da Polônia para armar contra-ataques e fazer mais três gols. Poderíamos ter feito mais, porque a defesa da Polônia estava completamente desarvorada.*

Em São Paulo, 8 mil torcedores acompanharam o jogo de um telão instalado na Avenida Paulista. O Brasil iria enfrentar o vencedor de Itália e França.

ARGENTINA 1 × 0 URUGUAI: em Puebla, as duas seleções reviveram a final da longínqua Copa de 1930. Eram três títulos mundiais em campo. Os argentinos foram superiores dessa vez, mas ganharam o jogo com dificuldade. Pasculli fez o único gol da partida aos 41 minutos do primeiro tempo.

FRANÇA 2 × 0 ITÁLIA: mais de 70 mil torcedores assistiram à eliminação da Itália pela França no Estádio Olímpico da Cidade do México. Platini e Stopyra fizeram os gols da vitória que tirou os campeões do mundo da Copa. A França seria a adversária da seleção brasileira nas quartas de final.

ALEMANHA 1 × 0 MARROCOS: no outro jogo do dia 17, em Monterrey, a Alemanha sofreu para vencer os marroquinos. O gol salvador foi marcado por Lothar Matthäus aos 43 minutos do segundo tempo. O adversário dos alemães seria o México.

INGLATERRA 3 × 0 PARAGUAI: no último dia das oitavas de final, a Inglaterra eliminou o Paraguai no Estádio Azteca. A seleção de Bobby Robson fez 3 a 0. Lineker marcou duas vezes no jogo, o quinto dele em duas partidas. O outro foi de Beardsley. As quartas de final teriam um duelo entre ingleses e argentinos.

ESPANHA 5 × 1 DINAMARCA: em Queretaro, a "Dinamáquina" desmoronou. Até hoje os entendidos de futebol se perguntam como aquela seleção sofreu uma goleada histórica por 5 a 1. Olsen abriu o placar aos 33 do primeiro tempo. Butragueño deixou tudo igual aos 43 minutos. Na etapa final, o jogador espanhol fez mais 3 gols, o segundo, o quarto e o quinto (aos 11, aos 35 e aos 43). O terceiro foi de Goicochea (23 minutos). Segundo a *Folha de S.Paulo*, a tradição estava mantida:

Mantendo a tradição de seleções que se revelam durante a Copa, mas não conquistam o título, a Dinamarca foi surpreendida pelo time da Espanha, sendo goleada por 5 a 1. Os espanhóis garantiram uma vaga nas quartas de final e o centroavante Butragueño foi o destaque da equipe ao marcar quatro gols, assumindo a artilharia do Mundial, com cinco gols, ao lado do inglês Lineker.

As quartas de final estavam definidas: Brasil × França, Alemanha × México, Argentina × Inglaterra e Espanha × Bélgica.

A fase de quartas de final começou no sábado, 21 de junho, dia histórico para o futebol brasileiro. Dezesseis anos antes, a seleção conquistava, justamente no México, o tricampeonato mundial. Agora, no entanto, a frustração tomaria conta da torcida.

GRADE DE PROGRAMAÇÃO DA TV DE 21 DE JUNHO DE 1986

14h50 – Brasil vs. França (SBT, Record, Globo, Manchete e Bandeirantes)

18h50 – Alemanha vs. México (SBT, Record, Globo, Manchete e Bandeirantes)

Guadalajara, cidade de tantas lembranças para os brasileiros, foi palco de um grande duelo: Brasil e França. Desde cedo, as emissoras de TV só falavam sobre o jogo. Eram análises dos comentaristas e registros, ao vivo, da chegada dos torcedores ao Estádio Jalisco.

BRASIL 1 × 1 FRANÇA (PÊNALTIS: 3X4) – GUADALAJARA – 21.06.86

BRASIL: Carlos, Josimar, Júlio César, Edinho, Branco, Alemão, Elzo, Júnior (Silas), Sócrates, Müller (Zico) e Careca.

FRANÇA: Bats; Battiston, Amoros, Bossis e Tusseau; Giresse (Ferreri), Tigana, Platini e Fernandez; Stopyra e Rocheteau (Bellone).

ÁRBITRO: Ioan Igna (Romênia).

GOLS: Careca (17) e Platini (41) no primeiro tempo.

Será que existe azar no futebol? Se você fizer essa pergunta a qualquer torcedor que assistiu ao duelo entre Brasil e França naquele dia responderia com um sonoro SIM! A partida foi histórica. Os lances dramáticos estão até hoje na lembrança dos brasileiros, como o pênalti perdido por Zico e a disputa nas penalidades, depois da prorrogação.

Platini: carrasco do Brasil e gênio da França

O começo do jogo foi empolgante. Careca abriu o placar aos 17 minutos, após uma troca de passes com Júnior e Müller. O bom goleiro Joel Bats não teve chances de defesa. Aos 41 minutos, Platini quebrou a invencibilidade de Carlos ao aproveitar uma sobra de bola, depois de uma falha da zaga brasileira. No segundo tempo, Zico entrou no lugar de Müller. Aos 29 minutos, ele deu um passe magistral, e Branco foi derrubado pelo goleiro Bats. O árbitro marcou pênalti. O "Galinho de Quintino" bateu, mas o goleiro defendeu. Ainda no tempo normal, o Brasil chutou duas bolas na trave.

A prorrogação foi dramática. As duas seleções perderam chances de gol. Na decisão por pênaltis, mais drama. Sócrates bateu de forma displicente, tomou pouca distância, e Bats pegou. Platini chutou para o alto e a bola foi para fora. Na terceira cobrança da França, Bruno Bellone chutou na trave esquerda do Brasil. Caprichosamente a bola bateu nas costas de Carlos e entrou. Júlio César mandou uma bomba, mas na trave direita de Bats. Luis Fernandez marcou para a França e garantiu a classificação: 4 a 3 nos pênaltis (converteram: Alemão, Zico, Branco, Stopyra, Amoros, Fernandez e Bellone).

Mais uma dura eliminação do Brasil em Copas do Mundo. O jogo dramático ganhou a capa dos jornais. A *Folha de S.Paulo* destacava:

> Brasil cai no melhor jogo da Copa. A sorte que havia acompanhado a seleção do Brasil do início do mundial até o jogo contra a Polônia, mudou de lado. O jogo de ontem, o melhor da Copa até agora, manda o Brasil de volta para a casa. E encerra a geração do futebol brasileiro que se revelou na Copa de 78. E marca o final de carreira de duas estrelas: o técnico Telê Santana e o craque Falcão. Telê disse que essa foi sua última partida como técnico.

Pelo bem do futebol, Telê não penduraria as chuteiras. Ele comprovou que não era pé frio e foi bicampeão mundial pelo São Paulo em 1992 e 1993. No entanto, depois da eliminação da Copa, um clima negativo se instalou na seleção, conforme apontava a *Folha*:

> Terminada a guerra da Copa, chegou a hora de degolar os feridos. Dois jogadores já abriram fogo contra Telê: Casagrande e Müller. E os problemas da seleção, até agora ocultos pela perspectiva de ganhar, devem explodir. O preparador físico Gilberto Tim, por exemplo, está rompido com ele. O comando da seleção também. Se Telê não se aposentasse, é certo que seria demitido ainda hoje. O chefe da delegação, José Maria Marin, confidenciou, um dia antes da derrota, que Telê estava insuportável, comportando-se como dono da seleção.

O goleiro Carlos ficou 401 minutos sem tomar gol durante a Copa, mas não superou a marca de Leão, com 458 minutos de invencibilidade, em 1978. Nesse quesito, o maior recordista da história é o italiano Walter Zenga. Na competição seguinte, em 1990, ele não sofreu gols por 517 minutos (foi vencido apenas nas semifinais).

ALEMANHA 0 × 0 MÉXICO (PÊNALTIS 4 × 1): em Monterrey, Alemanha e México empataram por 0 a 0 no tempo normal e na prorrogação. O árbitro Jesus Diaz, da Colômbia, distribuiu sete cartões amarelos. O jogo só foi decidido nos pênaltis, com vitória da Alemanha por 4 a 1. Quiriate e Servin desperdiçaram para os mexicanos. Assim como em 1970, quando perderam para a Itália nas quartas de final, os donos da casa foram eliminados por uma seleção que chegaria à final, mas não seria campeã.

BÉLGICA 1 × 1 ESPANHA (PÊNALTIS 5 × 4): no dia 22, foram decididas as duas últimas vagas das semifinais. Em Puebla, a Bélgica abriu o placar contra a Espanha com Ceulemans aos 35 do primeiro tempo, mas cedeu o empate: gol de Señor aos 40 minutos da etapa final. O jogo só foi decidido nos pênaltis. Os belgas venceram por 5 a 4 e estavam entre as quatro melhores seleções do mundo.

ARGENTINA 2 × 1 INGLATERRA: no Estádio Azteca, na Cidade do México, quase 120 mil pessoas começaram a ter certeza de que a Copa de 1986 seria de Diego Armando Maradona. Aos 6 minutos do segundo tempo, ele fez um gol "genial" com as mãos, em uma disputa pelo alto com o goleiro inglês Peter Shilton. Foi a "mano de Dios", a "mão de Deus". Mas, 3 minutos depois, o "Pibe de Oro" deu mostras que não sabia apenas ganhar o jogo na malandragem. Maradona pegou a bola no meio-campo e foi driblando os adversários até fazer o segundo gol da Argentina. Foi um dos gols mais fantásticos de todos os tempos. Lineker diminuiu para a Inglaterra aos 36 minutos, o sexto dele na Copa. Apesar da eliminação do time

Uma das imagens mais famosas da Copa 86: a "mão de Deus" de Diego Maradona

inglês, o jogador não seria mais alcançado na artilharia do mundial.

Os duelos das semifinais foram: Alemanha × França e Argentina × Bélgica.

ALEMANHA 2 × 0 FRANÇA: as duas seleções entraram em campo no Estádio Jalisco, em Guadalajara, que recebia 45 mil pessoas. Depois de 120 minutos de futebol contra o Brasil, os franceses estavam exaustos. O goleiro Bats falhou no primeiro gol alemão: Brehme marcou aos 6 minutos do primeiro tempo. Völler ampliou aos 44 minutos da etapa final. A Alemanha chegava à decisão pela segunda vez consecutiva.

ARGENTINA 2 × 0 BÉLGICA: no Estádio Azteca, mais um show de Maradona. O camisa 10 da Argentina fez os dois gols da vitória contra a Bélgica aos 6 e aos 18 minutos do segundo tempo. O técnico Carlos Bilardo tinha nas mãos um grupo de jogadores capaz de conquistar um mundial sem nenhum tipo de interferência política, ao contrário de 1978.

FRANÇA 4 × 2 BÉLGICA: as duas equipes europeias fizeram um bom jogo na disputa do terceiro lugar. A definição veio em 120 minutos. Ceulemans abriu o placar para os belgas aos 11 do primeiro tempo. A França, do técnico Henri Michel, empatou com Ferreri aos 27 minutos e virou a partida com Papin aos 43 minutos. Claesen deixou tudo igual aos 28 minutos do segundo.

Os franceses fizeram um gol em cada tempo da prorrogação: Genghini, aos 14, e Amoros, aos 6 minutos. O placar de 4 a 2 fechou a participação da França na Copa. O terceiro lugar repetiu o desempenho francês em 1958, na Suécia. Já o mundial no México foi o último da geração de Michel Platini.

Dezesseis anos depois da final de 1970, o mesmo Estádio Azteca estava lotado, 115 mil torcedores, para uma decisão de Copa. O título ficaria com a América do Sul. Os mexicanos, eliminados pelos alemães, tinham preferência pela Argentina. Pela segunda final seguida, a Fifa escolheu um árbitro brasileiro: Romualdo Arppi Filho. Em 1982, tinha sido Arnaldo César Coelho.

> **ARGENTINA 3 × 2 ALEMANHA – CIDADE DO MÉXICO – 29.06.86**
>
> **ARGENTINA**: Pumpido; Brown, Cuciuffo, Ruggeri e Olarticoechea; Giusti, Batista, Maradona e Enrique; Burruchaga (Trobbiani) e Valdano.
>
> **ALEMANHA**: Schumacher; Jakobs, Berthold, Förster e Briegel; Matthäus, Brehme, Magath (Hoeness) e Eder; Rummenigge e Allofs (Völler).
>
> **ÁRBITRO**: Romualdo Arppi Filho (Brasil).
>
> **GOLS**: Brown (23) no primeiro tempo. Valdano (10), Rummenigge (29), Völler (35) e Burruchaga (38) na etapa final.

A Copa de 86 foi de Maradona: aqui em ação na final contra a Alemanha

Brown abriu o placar aos 23 do primeiro tempo. O goleiro Harald Schumacher saiu mal, depois de um cruzamento da direita, e o jogador argentino marcou de cabeça. Valdano fez o segundo aos 10 minutos da etapa final. No entanto, o jogo que parecia fácil se complicou. Rummenigge diminuiu aos 29 minutos e Völler empatou aos 35. Mas a genialidade de Maradona falou mais alto. Aos 38, Diego colocou Burruchaga na cara do gol alemão. Ele chutou rasteiro no canto direito de Schumacher: 3 a 2.

"Argentina leva susto, mas ganha a Copa". Foi esse o título do dia seguinte da edição da *Folha de S.Paulo*. O melhor jogador da Copa recebeu a taça:

> *O presidente da Fifa, o brasileiro João Havelange, entregou o troféu de campeão ao presidente do México, Miguel de la Madrid, que o passou para Maradona, campeão da equipe argentina, considerado o melhor jogador da Copa. O primeiro ministro da Alemanha Ocidental, Helmut Kohl, assistiu o jogo da tribuna de honra e cumprimentou as duas equipes.*

Maradona não marcou gol na decisão, mas conquistou o mundial praticamente sozinho. Depois da vitória, foi humilde com os companheiros: *"Eu me sinto campeão do mundo, não o jogador mais brilhante do planeta."* O camisa 10 declarou que a partida final demonstrou que a Argentina não era somente Maradona, mas sim uma equipe: *"Todos nós tínhamos ânsia de glória. Joguei tranquilo e fui marcado limpamente. Infelizmente para a Alemanha, ela se descuidou de outros companheiros e essa foi a chave da vitória. Maradona dedicou o resultado a todas as crianças do mundo."*

Já o treinador argentino evitou responder aos críticos: *"O técnico da equipe campeã, Carlos Salvador Bilardo, que antes da Copa fora duramente criticado por jornalistas, torcida, atletas e políticos de seu país, disse que 'nunca me interessaram as críticas; os jornalistas não me molestaram com seus comentários adversos'"*, destacou a *Folha de S.Paulo*. A Argentina foi a primeira seleção a conquistar duas vezes a taça *Copa do Mundo*, que substituiu a Jules Rimet, em 1974.

Em Buenos Aires, uma multidão tomou as ruas do centro da cidade para comemorar o segundo título mundial da Argentina. No bairro de Vila Devoto, torcedores se aglomeraram em frente à casa da família de Maradona. O presidente argentino, Raúl Alfonsín, fez um pronunciamento em cadeia de rádio e TV para parabenizar os jogadores.

O RÁDIO NA COPA DE 1986

Ao lado, as chamadas da Jovem Pan publicadas nos jornais. O narrador principal era José Silvério:

Maradona ergue a taça e é carregado por torcedores

TABELA DA COPA DE 1986

GRUPO A

31/05/1986 Cidade do México: **Bulgária 1 × 1 Itália**
02/06/1986 Cidade do México: **Argentina 3 × 1 Coreia do Sul**
05/06/1986 Puebla: **Itália 1 × 1 Argentina**
05/06/1986 Cidade do México: **Coreia do Sul 1 × 1 Bulgária**
10/06/1986 Puebla: **Coreia do Sul 2 × 3 Itália**
10/06/1986 Cidade do México: **Argentina 2 × 0 Bulgária**

GRUPO B

03/06/1986 Cidade do México: **Bélgica 1 × 2 México**
04/06/1986 Toluca: **Paraguai 1 × 0 Iraque**
07/06/1986 Cidade do México: **México 1 × 1 Paraguai**
08/06/1986 Toluca: **Iraque 1 × 2 Bélgica**
11/06/1986 Toluca: **Paraguai 2 × 2 Bélgica**
11/06/1986 Cidade do México: **Iraque 0 × 1 México**

GRUPO C

01/06/1986 León: **Canadá 0 × 1 França**
02/06/1986 Irapuato: **URSS 6 × 0 Hungria**
05/06/1986 León: **França 1 × 1 URSS**
06/06/1986 Irapuato: **Hungria 2 × 0 Canadá**
09/06/1986 León: **Hungria 0 × 3 França**
09/06/1986 Irapuato: **URSS 2 × 0 Canadá**

GRUPO D

01/06/1986 Guadalajara: **Espanha 0 × 1 Brasil**
03/06/1986 Guadalajara: **Argélia 1 × 1 I. do Norte**
06/06/1986 Guadalajara: **Brasil 1 × 0 Argélia**
07/06/1986 Guadalajara: **Irlanda do Norte 1 × 2 Espanha**
12/06/1986 Guadalajara: **Irlanda do Norte 0 × 3 Brasil**
12/06/1986 Monterrey: **Argélia 0 × 3 Espanha**

GRUPO E

04/06/1986 Querétaro: **Uruguai 1 × 1 Alemanha**
04/06/1986 Nezahualcóyotl: **Escócia 0 × 1 Dinamarca**
08/06/1986 Querétaro: **Alemanha 2 × 1 Escócia**
08/06/1986 Nezahualcóyotl: **Dinamarca 6 × 1 Uruguai**
13/06/1986 Querétaro: **Dinamarca 2 × 0 Alemanha**
13/06/1986 Nezahualcóyotl: **Escócia 0 × 0 Uruguai**

GRUPO F

02/06/1986 Monterrey: **Polônia 0 × 0 Marrocos**
03/06/1986 Monterrey: **Portugal 1 × 0 Inglaterra**
06/06/1986 Monterrey: **Inglaterra 0 × 0 Marrocos**
07/06/1986 Monterrey: **Polônia 1 × 0 Portugal**
11/06/1986 Monterrey: **Inglaterra 3 × 0 Polônia**
11/06/1986 Guadalajara: **Marrocos 3 × 1 Portugal**

OITAVAS

15/06/1986 León: **URSS 3 × 4 Bélgica**
15/06/1986 Cidade do México: **México 2 × 0 Bulgária**
16/06/1986 Puebla: **Argentina 1 × 0 Uruguai**
16/06/1986 Guadalajara: **Brasil 4 × 0 Polônia**
17/06/1986 Monterrey: **Marrocos 0 × 1 Alemanha Oc.**
17/06/1986 Cidade do México: **Itália 0 × 2 França**
18/06/1986 Querétaro: **Dinamarca 1 × 5 Espanha**
18/06/1986 Cidade do México: **Inglaterra 3 × 0 Paraguai**

QUARTAS

21/06/1986 Monterrey: **Alemanha Oc. 0 (4) × (1) 0 México**
21/06/1986 Guadalajara: **Brasil 1 (3) × (4) 1 França**
22/06/1986 Puebla: **Espanha 1 (4) × (5) 1 Bélgica**
22/06/1986 Cidade do México: **Argentina 2 × 1 Inglaterra**

SEMIFINAIS

25/06/1986 Cidade do México: **Argentina 2 × 0 Bélgica**
25/06/1986 Guadalajara: **França 0 × 2 Alemanha Oc.**

TERCEIRO LUGAR

28/06/1986 Puebla: **França 4 × 2 Bélgica**

FINAL

29/06/1986 Cidade do México: **Argentina 3 × 2 Alemanha Oc.**

ITA

CIA

FUTEBOL APAGADO

Mundial sem brilho, mas concorrido na TV

A Copa de 1990 é considerada uma das piores da história pela imprensa esportiva. O mundial tem a mais baixa média de gols por partida: 2,21. O desempenho da seleção brasileira foi um fracasso: a pior campanha desde 1966. Vale lembrar que a seleção completava 20 anos sem título mundial. A pressão era enorme. Globo, Bandeirantes, Manchete e SBT compraram os direitos de transmissão. Em média, 70% dos aparelhos de TV na Grande São Paulo estavam sintonizados na Globo durante o mundial, de um total de 2 milhões e 800 televisores.

A revista *Placar* trazia notas curiosas:

> Os ótimos comentários do trio de convidados da Bandeirantes, Zico, Mário Sérgio e Rivellino, aliviam um pouco o chato sotaque american caipira do professor Mazzei. Contra a Costa Rica, durante a execução do hino brasileiro, a TV italiana ficou mostrando a equipe e a torcida costarriquenhas e vice-versa. Pior que isso só mesmo na Copa de 1986, quando os mexicanos trocaram a música: colocaram o Hino à Bandeira no nosso jogo diante da Espanha. O uruguaio Rubén Sosa perde um pênalti contra a Espanha na primeira fase da Copa. Indignado, o narrador Silvio Luiz, da Bandeirantes, comenta com o convidado especial Zico a seu lado: "Como é que um jogador de nível internacional perde um pênalti em Copa do Mundo, hem?."

Zico perdeu um pênalti contra a França, como vimos no capítulo anterior.

Além de Silvio Luiz, a Bandeirantes tinha Luciano do Valle, que comandava a equipe de esportes da emissora. Foi a primeira Copa de Galvão Bueno como titular na Globo. Osmar Santos, ex-Globo, agora estava na Manchete. Pelo SBT, narrava Luiz Alfredo, filho de Geraldo José de Almeida, um dos grandes locutores esportivos do rádio e da TV.

Durante a Copa de 1990, o Brasil vivia os primeiros meses do governo de Fernando Collor de Mello. A então ministra Zélia Cardoso já tinha anunciado o confisco da caderneta de poupança. As emissoras foram obrigadas a reduzir as equipes enviadas à Itália. Com o dinheiro curto, que voltou a se chamar cruzeiro, os brasileiros torciam pela seleção e para a TV de tubo não pifar, conforme lembrava a *Folha de S.Paulo*:

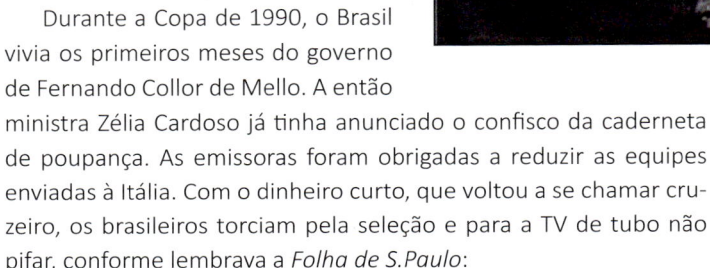

> Você já tem tudo o que precisa para assistir aos 52 jogos da Copa na sua casa? Se a resposta for negativa é bom se preparar porque vem aí pelo menos 78 horas de futebol em quase todos os próximos dias até julho, data da final do Mundial da Itália. Mas previna-se: o conforto da TV pode sair mais caro do que estar no estádio Delle Alpi, de Turim, para a estreia do Brasil no domingo. Para um torcedor exigente, um telão é o máximo de sofisticação. Não sai por menos de Cr$ 1,5 milhão. O suficiente para comprar 11 passagens para o país da Copa. Um televisor de última geração, um Mitsubishi 3762 de 36 polegadas, custa Cr$ 490 mil. E as despesas só estão começando. Além de torcer pelo Brasil, torça para a sua TV não pifar no domingo. As redes de assistência técnica funcionam, no máximo, até sábado, ao meio-dia.

Em 1986, a Globo já tinha feito uma música exclusiva para a seleção na Copa: "*Mexe, mexe, mexe, coração/Vamos que vamos que essa bola vai rolar*". Era uma alusão ao México, sede da Copa, e as palavras mexe e coração. Em 1990, na Itália, não foi diferente. A música *Papa essa Brasil* tinha o seguinte refrão: "*Papa essa, Brasil!*

papa essa, Brasil!/ Pode vir quente, se der sopa a gente toma/ Papa essa, brasil! papa essa, Brasil!/ Vai nessa bola, quem tem bola vai a Roma!"

Além do tira-teima, que surgiu quatro anos antes, a TV Globo usava o bom humor durante as transmissões, como citava a revista Placar:

> O zoológico da Globo: para dar um toque de humor a sua cobertura, a Globo soltou uma zebrinha no campo. Ela fica cruzando a tela sempre que um favorito se dá mal. "Criamos vários leiautes para caracterizar os momentos mais importantes do jogo, como o gol", conta Delfim Fujiwara, diretor da equipe de arte. Fujiwara garante que o telespectador vai se apaixonar pelo Frango: "Ele sai voando, cresce e fica todo depenado no vídeo."

Já o SBT apostou em uma animação batizada de "Amarelinho".

A TV Manchete contava com uma grande equipe de narradores e comentaristas. O destaque negativo foi a morte de João Saldanha, em Roma, na Itália, em 12 de julho, quatro dias depois da final da Copa. Ele já estava com a saúde debilitada, mas viajou mesmo assim para o mundial, contrariando orientação médica.

A Bandeirantes, que tinha Luciano do Valle no comando da equipe esportiva, fez mais uma cobertura de fôlego. Silvio Luiz, que era da Record, agora estava na emissora. Ele inclusive narrou a final da Copa, uma gentileza concedida por Luciano do Valle. No fim de cada dia, a Band apresentava o "Apito final", uma mesa redonda com toda a equipe, direto da Itália.

A PREPARAÇÃO BRASILEIRA

A CBF escolheu o técnico Carlos Alberto Silva para substituir Telê Santana, depois da eliminação na Copa de 1986. O novo treinador, mineiro como Telê, era conhecido pelo jeito simplório. Ele comandou times nacionais e internacionais, como Palmeiras, São Paulo, Cruzeiro, Corinthians, Santos e Porto, de Portugal. Foi campeão brasileiro pelo Guarani em 1978.

Com a seleção, Carlos Alberto Silva conquistou a medalha de ouro no Pan-Americano de 1987, nos Estados Unidos, e perdeu a final olímpica em Seul, em 1988, para a União Soviética. Convocou pela primeira vez jogadores como Romário, Dunga, Taffarel e Raí. No entanto, era um período turbulento politicamente na CBF. Em 1989, Ricardo Teixeira foi eleito para presidência da entidade. O então genro do todo-poderoso presidente da Fifa, João Havelange, não gostou de críticas feitas por Carlos Alberto Silva à Confederação Brasileira de Futebol. O treinador foi demitido.

O carioca Sebastião Lazaroni assumiu o cargo. Ele é até hoje um dos técnicos mais contestados da história do futebol nacional. Implantou na equipe um estilo europeu de jogo, até com líbero. Claro que o esquema não deu certo na Copa. Lazaroni classificou a seleção para o mundial. Nas eliminatórias, o Brasil passou por Chile e Venezuela.

O que ficou mesmo para a história foi o papelão feito pelo goleiro chileno Rojas no duelo no Maracanã, em 3 de setembro de 1989. O jogador entrou em campo com uma lâmina cortante dentro das luvas. O objetivo era simular uma contusão quando tivesse oportunidade e prejudicar o Brasil. Ele aproveitou o momento em que a torcedora Rosenery Mello, que ficou conhecida como "fogueteira do Maracanã", atirou em campo um sinalizador da Marinha. O artefato caiu cerca de dois metros do goleiro, mas ele deitou no chão e discretamente começou a passar a lâmina na testa. O goleiro, todo ensanguentado, deixou o campo carregado pelos companheiros que abandonaram a partida. Mas a farsa foi descoberta.

A Fifa puniu a seleção chilena, que ficou de fora das competições internacionais até depois da Copa de 1994. A partida no Maracanã estava 1 a 0 para o Brasil, gol de Careca. Na súmula, a Fifa concedeu vitória de 2 a 0. No último amistoso em casa, antes da viagem para a Itália, a seleção brasileira empatou com a Alemanha Oriental por 3 a 3, no Maracanã. Algo não ia bem!

O DIA A DIA DA COPA DE 1990

O formato de disputa da Copa foi o mesmo de 1986. As 24 seleções foram divididas em seis grupos de quatro. As duas primeiras de cada chave e as quatro melhores terceiras colocadas estariam garantidas nas oitavas de final. A Itália sediou a Copa pela segunda vez. A primeira foi em 1934, quando a seleção da casa conquistou o mundial. No total, 12 cidades receberam jogos: Milão, Roma, Nápoles, Turim, Bari, Verona, Florença, Cagliari, Bolonha, Udine, Palermo e Genova.

Da Europa, nenhuma ausência significativa. Na América do Sul, Brasil, Argentina, Colômbia, Uruguai estavam no mundial. Os Estados Unidos retornavam à competição após 40 anos, e a Costa Rica estreava. Camarões e Egito eram os representaram da África. Emirados Árabes Unidos, do técnico Carlos Alberto Parreira, e Coreia do Sul também participaram.

O mundo estava em transformação em 1990. Com o fim da Guerra Fria, uma nova geopolítica se configurava. O torneio, disputado na Itália, foi o último da União Soviética, que se dissolveria em 1991, e da Tchecoslováquia. O muro de Berlim tinha caído em 1989, mas a Alemanha ainda foi para a Copa como Alemanha Ocidental.

GRUPO A: Itália, Áustria. Tchecoslováquia e Estados Unidos
GRUPO B: Argentina, Camarões, União Soviética e Romênia
GRUPO C: Brasil, Suécia, Escócia e Costa Rica
GRUPO D: Alemanha, Iugoslávia, Colômbia e Emirados Árabes Unidos
GRUPO E: Uruguai, Espanha, Bélgica e Coreia do Sul
GRUPO F: Inglaterra, Holanda, Irlanda e Egito

Com estádios modernos e um show de abertura, em Milão, a competição começou em 8 de junho.

CAMARÕES 1 × 0 ARGENTINA: a Argentina, então campeã do mundo, enfrentava a surpresa Camarões, equipe que voltava a participar de uma Copa depois de oito anos. Em um jogo violento e com dois cameroneses expulsos, a zebra deu as caras. François Omam-Biyik marcou o gol da vitória em um frango do goleiro Pumpido. A bola foi cabeceada para baixo e escapou das mãos do arqueiro argentino. O relógio marcava 22 minutos do segundo tempo. Uma surpresa para o mundo do futebol.

ROMÊNIA 2 × 0 URSS: no segundo dia da Copa, a equipe da Romênia venceu a União Soviética por 2 a 0, em Bari, e assumiu a liderança do grupo da Argentina. Os dois gols foram marcados pelo bom jogador Mário Lacatus.

ITÁLIA 1 × 0 ÁUSTRIA: com 73 mil torcedores, o Estádio Olímpico de Roma estava colorido para a estreia dos italianos. O time, comandado por Azeglio Vicini, conseguiu uma vitória suada sobre a Áustria por 1 a 0, gol de Salvatore Schillaci, de cabeça, aos 33 da etapa final. O jogador tinha entrado no lugar de Carnevale. Uma história interessante: quando o técnico italiano anunciou a lista de convocados, Schillaci, que não acreditava na convocação, foi obrigado a raspar o cabelo para pagar uma aposta. Ele não só foi chamado, como terminou o mundial como artilheiro, com seis gols.

COLÔMBIA 2 × 0 EMIRADOS ÁRABES: no último jogo do dia, em Bolonha, a Colômbia, do goleiro Higuita e do loiro cabeludo Valderrama, ganhou dos Emirados Árabes por 2 a 0. Os gols foram marcados no segundo tempo por Redin, aos 5 minutos, e pelo próprio Valderrama, aos 41 minutos.

TCHECOSLOVÁQUIA 5 × 1 ESTADOS UNIDOS: a Copa prosseguiu em 10 de junho com a goleada dos tchecos sobre os americanos, em Florença. Destaque para Skuhravy, que marcou dois gols.

GRADE DE PROGRAMAÇÃO DA TV DE 10 DE JUNHO DE 1990

12h – Estados Unidos vs. Tchecoslováquia (Globo, Manchete e Bandeirantes)

16h – Brasil vs. Suécia (SBT, Globo, Manchete e Bandeirantes)

As atenções do dia estavam voltadas para a seleção brasileira:

BRASIL 2 × 1 SUÉCIA – TURIM – 10.06.90

BRASIL: Taffarel, Jorginho, Ricardo Gomes, Mozer, Mauro Galvão, Branco, Dunga, Alemão, Valdo (Silas), Müller e Careca.
SUÉCIA: Ravelli; Roland Nilsson, Schwarz, Larsson, Ljung (Stromberg); Thern, Limpar, Ingesson, Joakim Nilsson; Brolin e Magnusson (Petersson).
ÁRBITRO: Tullio Lanese (Itália).
GOLS: Careca (40) no primeiro tempo; Careca (18) e Brolin (34) na etapa final.

Careca era a esperança de gols da seleção em 1990

O belíssimo Estádio Delle Alpi, em Turim, foi palco da estreia da seleção brasileira na Copa. O time de Lazaroni contava com bons jogadores, mas teve dificuldades para vencer a Suécia. Careca driblou o goleiro e chutou para o fundo das redes aos 40 minutos do primeiro tempo. Na etapa final, ele, de novo, fez aos 18 minutos, depois de um cruzamento da direita. Brolin diminuiu aos 34. Mozer, Branco e Dunga foram advertidos com cartão amarelo. Era uma seleção amarrada, presa a um esquema tático ruim e com pouca criatividade.

A manchete principal da *Folha de S.Paulo* do dia seguinte foi: "Brasil vence e exibe as suas falhas". A reportagem destacava:

> O Brasil venceu ontem sua primeira partida na Copa do Mundo (2 a 1 contra a Suécia) num jogo em que errou muitos passes e que foi classificado pelo técnico Lazaroni de "dramático e tenso". Na primeira experiência, na Copa, do chamado "futebol pragmático", o Brasil reteve a bola na defesa por 19min32, quase o dobro dos suecos. Apesar da vitória, Lazaroni admitiu que o time errou muito e que precisa de "mais calma" e evoluir coletivamente.

ALEMANHA 4 × 1 IUGOSLÁVIA: ainda no dia 10, a Alemanha estreou com uma goleada no San Siro, em Milão. O time, comandado por Beckenbauer, tinha como destaque Lothar Matthäus, autor de dois gols. Klinsmann e Vöeller também balançaram as redes. A Alemanha, com futebol pragmático e bons valores individuais, era uma das favoritas ao título.

INGLATERRA 1 × 1 IRLANDA: em Cagliari, o English Team só empatou com a Irlanda, equipe comandada pelo inglês Jack Charlton. Lineker, artilheiro da Copa de 1986, abriu o placar aos 8 minutos do primeiro tempo, mas Sheedy empatou aos 28 da etapa final.

COSTA RICA 1 × 0 ESCÓCIA: pelo grupo do Brasil, a Costa Rica surpreendeu a Escócia, em Gênova. O gol foi marcado por Cayasso aos 4 minutos do segundo tempo.

BÉLGICA 2 × 0 COREIA DO SUL: em 12 de junho, na abertura do grupo E, a Bélgica estreou com vitória, em Verona. Os gols foram marcados por Degryse, aos 8 minutos do segundo tempo, e De Wolf, aos 19 minutos da etapa final. Os destaques belgas eram Michel Preud'homme, excelente goleiro, Clijsters, Stéphane Demol, Franky Van Der Elst, Degryse, Scifo e Van Der Linden.

HOLANDA 1 × 1 EGITO: pela chave da Inglaterra, a Holanda entrou em campo na cidade de Palermo e apenas empatou. Kieft abriu o placar aos 13 minutos do segundo tempo, e o Egito marcou com Abdelghani, em cobrança de pênalti, aos 38 minutos. Os holandeses tinham conquistado a Eurocopa em 1988 e estavam entre os favoritos do mundial de 1990. Os destaques eram Rijkaard, Marco Van Basten e Ruud Gullit. O empate, claro, foi frustrante.

URUGUAI 0 × 0 ESPANHA: a seleção uruguaia, treinada por Oscar Tabarez, e a Espanha, comandada por Luis Suárez, ficaram no 0 a 0, em Udine. Mais um jogo de baixo nível técnico na Copa. O árbitro austríaco Helmut Kohl distribuiu dois cartões amarelos para cada time.

BRASIL 1 × 0 ESCÓCIA – TURIM – 20.06.90

BRASIL: Taffarel, Jorginho, Ricardo Rocha, Ricardo Gomes, Mauro Galvão, Branco, Dunga, Alemão, Valdo, Careca e Romário (Müller).

ESCÓCIA: Leighton; McKimmie, McLeish, Aitken, Malpas; McPherson, McStay, McLeod (Gillespie), McCall; Johnston e McCoist (Fleck).

ÁRBITRO: Helmut Kohl (Áustria).

GOL: Müller (37) no segundo tempo.

Seleção brasileira de 1990: uma das piores colocações nas Copas

Romário estreou na Copa, mas o jogador ainda se recuperava de uma fratura na perna. De novo, a seleção sofreu para vencer um jogo. Müller fez, novamente, o gol salvador. Aos 37 do segundo tempo, Alemão chutou de fora da área, o goleiro Leighton soltou a bola e, depois de uma disputa, Müller apareceu pela direita e deu um leve toque para o gol vazio. O jogador tinha entrado 17 minutos antes, no lugar de Romário.

A *Folha de S.Paulo* rotulava o futebol apresentado pela seleção: "Müller dá mais uma vitória ao 'futebol-paciência' do Brasil". O jornalista Clóvis Rossi escreveu:

> *Paciência e calma. Essas duas, digamos, qualidades da seleção brasileira foram elogiadas por três vezes durante a coletiva que o técnico Sebastião Lazaroni, 39, concedeu após a terceira vitória do Brasil no Mundial-90. Mais um 1 × 0, desta vez com a Escócia. Paciência quem teve mesmo foram os cerca de 10 mil brasileiros que passaram 81 minutos sufocados pelos incessantes gritos de "Scotland, Scotland", que os escoceses não paravam de cantar, até para saudar bolas atrasadas para o goleiro Leighton, especialidade do time na partida de ontem.*

A seleção iria enfrentar a Argentina nas oitavas de final.

COSTA RICA 2 × 1 SUÉCIA: de forma surpreendente, a Costa Rica ficou com o segundo lugar no grupo do Brasil. O jogo diante da Suécia foi disputado em Gênova. Os suecos se despediam do mundial com três derrotas pelo placar de 2 a 1.

ESPANHA 2 × 1 BÉLGICA: nas últimas definições da primeira fase, no dia 21, a Espanha derrotou a Bélgica, em Verona. Michel cobrou pênalti e abriu o placar aos 20 minutos do primeiro tempo. Vervoort empatou aos 28. O gol da vitória espanhola saiu com Gorriz, aos 37 minutos do segundo tempo. O resultado garantiu a primeira colocação no grupo E.

URUGUAI 1 × 0 COREIA DO SUL: em Udine, o gol de Fonseca, aos 47 do segundo tempo, classificou o time sul-americano, que ficou entre os melhores terceiros colocados.

INGLATERRA 1 × 0 EGITO: pelo grupo F, a Inglaterra venceu o Egito, em Cagliari, e ficou em primeiro. O gol foi de Wright aos 14 minutos do segundo tempo.

IRLANDA 1 × 1 HOLANDA: em Palermo, Irlanda e Holanda empataram. Nenhuma novidade para o grupo de pior nível técnico da Copa. Gullit abriu o placar aos 10 minutos do primeiro tempo. Quinn empatou aos 26 da etapa final. Foi necessário um sorteio para definir a segunda e a terceira colocações. A Irlanda ficou em segundo lugar, e a Holanda na terceira posição. As duas seleções passaram à segunda fase com três empates.

As oitavas de final estavam definidas: Camarões × Colômbia, Tchecoslováquia × Costa Rica, Brasil × Argentina, Alemanha × Holanda, Irlanda × Romênia, Itália × Uruguai, Espanha × Iugoslávia e Inglaterra × Bélgica.

CAMARÕES 2 × 1 COLÔMBIA: no dia 23, a seleção de Camarões aprontou mais uma e ganhou da Colômbia, em jogo disputado em Nápoles. Os gols foram marcados no segundo tempo da prorrogação. Roger Milla abriu o placar no primeiro minuto. Aos 4 minutos, o mundo assistiu a uma das imagens mais conhecidas da Copa de 1990. O folclórico Higuita gostava de sair da área com a bola nos pés. Ele exagerava, era irresponsável. O goleiro tentou driblar Milla, mas perdeu a bola. O camaronês avançou e tocou para as redes. A Colômbia diminuiu com Redin aos 10 minutos. Nunca uma seleção africana tinha ido tão longe em uma Copa.

TCHECOSLOVÁQUIA 4 × 1 COSTA RICA: em Bari, caiu a zebra costarriquenha, goleada pela Tchecoslováquia. Skuhravý fez três gols. A Costa Rica, comandada pelo técnico "peregrino" Bora Milutinovic, estava eliminada do mundial. Em 1994, o treinador sérvio iria comandar os anfitriões Estados Unidos. Ele já tinha trabalhado com o México, em 1986, e treinaria ainda a Nigéria, em 1998, e a China, em 2002.

> **GRADE DE PROGRAMAÇÃO DA TV DE 24 DE JUNHO DE 1990**
>
> 12h – Brasil vs. Argentina (SBT, Globo, Manchete e Bandeirantes)
>
> 16h – Alemanha vs. Holanda (SBT, Globo, Manchete e Bandeirantes)

No dia 24, o sonho do tetra foi adiado. Na única partida em que jogou bem, a seleção brasileira caiu diante da genialidade de Maradona.

ARGENTINA 1 × 0 BRASIL – TURIM – 24.06.90

BRASIL: Taffarel, Jorginho, Ricardo Gomes, Dunga, Alemão (Silas), Branco, Ricardo Rocha, Mauro Galvão (Renato Gaúcho), Valdo, Careca e Müller.

ARGENTINA: Goycochea; Simón, Monzón, Ruggeri, Olarticoechea; Basualdo, Giusti, Burruchaga, Maradona; Caniggia e Troglio (Calderón).

ÁRBITRO: Joel Quiniou (França).

GOL: Caniggia aos 35 minutos do segundo tempo.

Caniggia balança as redes e despacha a seleção brasileira

A seleção pressionou a Argentina: chutou 17 bolas em direção ao gol adversário, mas errou 13. A Argentina, comandada por Carlos Bilardo, finalizou apenas cinco vezes. Maradona fez fila na intermediária brasileira e colocou Cláudio Caniggia cara a cara com Taffarel. O goleiro brasileiro foi driblado e a bola dormiu nas redes. O relógio marcava 35 minutos do segundo tempo. Müller ainda perdeu uma chance clara de gol ao chutar para fora. Lazaroni colocou Renato Gaúcho, mas o placar não mudou.

Foi a primeira vitória da Argentina sobre o Brasil em Copas. Branco reclamou da água "batizada" oferecida a ele pelos argentinos durante a partida. Hoje se sabe que o massagista Galíndez colocou uma espécie de calmante na água, e o lateral brasileiro ficou meio tonto.

O técnico argentino declarou que quase metade do time não estava em boas condições físicas. A equipe avançava na Copa do Mundo aos trancos e barrancos. Em Buenos Aires, buzinaço e algazarra: parecia que a Argentina já tinha conquistado o título.

Os jornais do dia seguinte estamparam a foto de Maradona com a camisa da seleção brasileira que ele tinha trocado, ao final de jogo, com Careca, companheiro de Nápoli. "*Pragmatismo sem gols acaba derrotado por Maradona*", foi a manchete da *Folha*.

> *No pior resultado brasileiro em uma Copa do Mundo desde 1966, a seleção de Sebastião Lazaroni acabou eliminada pela Argentina nas oitavas de final do Mundial da Itália. A "seleção pragmática" de Lazaroni, baseada na ideia de que em primeiro lugar é necessário não tomar gols, dominou a partida, mas não acertou o gol. Após a partida, Sebastião Lazaroni pediu desculpas "aos amigos que decepcionei".*

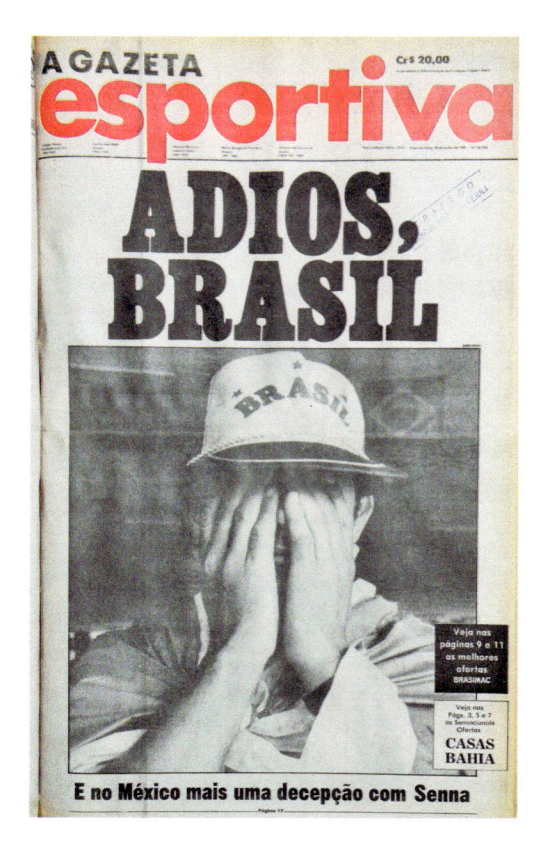

Era o quinto resultado negativo da seleção brasileira em Copas do Mundo e a pior campanha desde 1966. Naquele ano, na Inglaterra, o time nacional ficou na décima primeira colocação, eliminado na primeira fase. Em 1990, terminou em nono lugar.

ALEMANHA 2 × 1 HOLANDA: em Milão, no outro jogo do dia, a Alemanha derrotou a Holanda e passou para as quartas de final. Klinsmann abriu o placar aos 6 minutos do segundo tempo, e Brehme ampliou aos 37 minutos. Koeman diminuiu aos 44. O árbitro argentino Juan Loustau distribuiu cinco cartões amarelos, sendo quatro para a Alemanha. Völler e Rijkaard foram expulsos.

IRLANDA 0 × 0 ROMÊNIA (PÊNALTIS 5 × 4): a Irlanda de Jack Charlton eliminou a Romênia depois de um empate sem gols no tempo normal e na prorrogação. O jogo, disputado em Gênova, foi definido nos pênaltis. Os irlandeses chegaram às quartas de final sem vencer uma única partida na Copa. Coisas do regulamento. Timofte errou a quinta cobrança, defendida pelo goleiro Bonner.

ITÁLIA 2 × 0 URUGUAI: cerca de 73 mil lotaram o Estádio Olímpico, em Roma. Schillaci abriu o placar aos 20 do segundo tempo: um golaço. Ele chutou de fora da área e o goleiro Álvez nem viu a cor da bola. Aos 40 minutos, Serena marcou de cabeça. A Itália estava nas quartas de final.

IUGOSLÁVIA 2 × 1 ESPANHA: no dia 26, as últimas definições. A Iugoslávia eliminou a Espanha, em Verona. Stojkovic abriu o placar aos 33 do segundo tempo. Julio Salinas empatou para os espanhóis aos 38. Aos 2 minutos do primeiro tempo da prorrogação, Stojkovic fechou o placar.

INGLATERRA 1 × 0 BÉLGICA: em Bolonha, Platt fez o gol salvador aos 14 minutos do segundo tempo da prorrogação.

Os confrontos das quartas de final seriam os seguintes: Argentina × Iugoslávia, Itália × Irlanda, Tchecoslováquia × Alemanha e Inglaterra × Camarões.

ARGENTINA 0 × 0 IUGOSLÁVIA (PÊNALTIS 3 × 2): em 30 de junho, a Argentina venceu a Iugoslávia nos pênaltis, em Florença, depois de um empate sem gols nos 120 minutos de duelo. Maradona desperdiçou uma das cobranças. Já o goleiro Goycochea, reserva de Pumpido, começou a brilhar no mundial ao defender duas penalidades cobradas por Brnovic e Hadžibegić. Stojkovic já tinha desperdiçado a primeira cobrança ao mandar a bola no travessão. O árbitro Kurt Roethlisberger, da Suíça, distribuiu cinco cartões amarelos para os jogadores argentinos.

ITÁLIA 1 × 0 IRLANDA: em Roma, a Itália eliminou os irlandeses com uma vitória magra. Mais um gol milagroso de Schillaci aos 38 do primeiro tempo.

ALEMANHA 1 × 0 TCHECOSLOVÁQUIA: a Copa avançou pelo mês de julho. Em Milão, a Alemanha garantiu vaga nas semifinais. O gol foi de Matthäus aos 25 do primeiro tempo em uma cobrança de pênalti. De novo, uma chuva de cartões. O árbitro austríaco Helmut Kohl deu amarelo para quatro jogadores tchecos: Moravcik (que depois foi expulso), Bilek, Straka e Knoflicek. Klinsmann, da Alemanha, também levou o amarelo.

INGLATERRA 3 × 2 CAMARÕES: no melhor jogo da Copa, em Nápoles, a seleção de Camarões foi eliminada pela Inglaterra. O time africano pecou pela ingenuidade. Platt marcou aos 25 da etapa inicial. No segundo tempo, a equipe de Camarões virou o jogo com Kunde, aos 16, de pênalti, e Ekéké, aos 20 minutos, depois de uma belíssima tabela. Lineker empatou de pênalti aos 38 minutos. Na prorrogação, aos 15 do primeiro tempo, Lineker virou a partida também em cobrança de pênalti. Luciano do Valle transmitia o jogo pela Bandeirantes e estava na torcida por Camarões. Era, sem dúvida, o time que trouxe alegria para aquela cinzenta Copa do Mundo.

As semifinais foram disputadas por quatro campeões mundiais: Itália × Argentina e Alemanha × Inglaterra.

ARGENTINA 1 × 1 ITÁLIA (PÊNALTIS 4 × 3): em Nápoles, Schillaci abriu o placar aos 15 do primeiro tempo, aproveitando um rebote do goleiro argentino. Caniggia igualou o marcador, de cabeça, aos 22 da etapa final, quebrando a invencibilidade de cinco jogos do goleiro Zenga. Nos pênaltis, as cobranças de Donadoni e Serena pararam nas mãos do arqueiro argentino. Goycochea brilhou mais uma vez. Ao contrário do jogo anterior, contra a Iugoslávia, Maradona converteu o pênalti. Como o duelo foi em Nápoles, o camisa 10, que jogava no Napoli, tinha apoio de parte dos torcedores italianos. Os argentinos, campeões mundiais no México, estavam de novo na final da Copa.

Destaque negativo para a violência em campo. O árbitro francês Michel Vautrot distribuiu quatro amarelos e um vermelho para os argentinos. O técnico Bilardo teria dificuldade para montar a seleção na final: Olarticoechea, Batista e Caniggia estavam suspensos por causa do segundo amarelo, e Giusti tinha levado o vermelho.

ALEMANHA 1 × 1 INGLATERRA (PÊNALTIS 4 × 3): a outra semifinal, disputada no dia seguinte, 4 de julho, em Turim, também terminou empatada por 1 a 1. A arbitragem foi do brasileiro José Roberto Wright. Brehme abriu o placar para a Alemanha aos 14 minutos do segundo tempo. Depois de uma cobrança de falta, a bola desviou na barreira e encobriu o bom goleiro Peter Shilton. Lineker, em um chute cruzado, fez para a Inglaterra aos 35 minutos. O placar persistiu na prorrogação. Na disputa por pênaltis, os alemães, que jogavam naquele dia com a camisa da cor verde, venceram por 4 a 3. Destaque para o goleiro Illgner, que defendeu o chute de Pierce. Waddle desperdiçou a última cobrança ao mandar a bola para fora.

As duas seleções que decidiram o mundial de 1986 fariam de novo a final da Copa.

ITÁLIA 2 × 1 INGLATERRA: as duas seleções brigaram pelo terceiro lugar, no dia 7, em Bari. Os gols do jogo foram marcados no segundo tempo. Roberto Baggio abriu o placar aos 26 minutos, depois de um erro do goleiro Shilton na saída de bola. Aos 40 anos de idade, ele estava completando 125 jogos com a camisa da seleção nacional. Platt empatou, de cabeça, aos 36 minutos. Aos 41 minutos, Schillaci fez o sexto gol dele na Copa, em cobrança de pênalti, e conquistou a artilharia do mundial.

Naquele dia 7 de julho, um concerto histórico marcou o encerramento da Copa. Nas Termas de Caracala, em Roma, os tenores Luciano Pavarotti, Plácido Domingo e José Carreras fizeram um show espetacular.

A final foi disputada no dia 8 de julho, em Roma, para um público de 73 mil torcedores.

GRADE DE PROGRAMAÇÃO DA TV DE 8 DE JULHO DE 1990

15h – Alemanha vs. Argentina (SBT, Globo, Manchete e Bandeirantes)

ALEMANHA 1 × 0 ARGENTINA - ROMA - 08.07.90

ALEMANHA: Illgner; Augenthaler, Berthold (Reuter), Kohler, Buchwald, Brehme; Hässler, Matthäus, Littbarski; Klinsmann e Völler.

ARGENTINA: Goycochea; Simon, Serrizuela, Ruggeri (Monzón), Troglio; Sensini, Burruchaga (Calderón), Basualdo, Lorenzo; Dezotti e Maradona.

ÁRBITRO: Edgardo Codesal Mendez (México).

GOL: Brehme (40) no segundo tempo.

Pênalti duvidoso é marcado em favor da Alemanha na final da Copa

O jogo foi ruim tecnicamente e violento por parte dos argentinos. Monzon e Dezotti foram expulsos, enquanto Troglio e Maradona levaram cartão amarelo. O árbitro mexicano Edgardo Codesal Mendez marcou um pênalti duvidoso em favor da Alemanha aos 40 minutos do segundo tempo. Brehme chutou no canto direito de Goycochea e garantiu o placar magro da partida: 1 a 0.

A Alemanha conquistou o terceiro título mundial, repetindo 1954 e 1974. O capitão Lothar Matthäus, eleito o melhor da Copa, levantou a taça. Já Franz Beckenbauer foi o segundo ex-jogador a ser campeão mundial como treinador. Capitão da Alemanha na conquista de 1974, ele repetia Zagallo, campeão dentro de campo, em 1958 e 1962, e como técnico em 1970. A manchete do caderno de esporte da *Folha de S.Paulo* do dia seguinte foi: *"Alemanha chega ao tri e consagra Beckenbauer"*.

A imagem que correu o mundo foi a de Maradona chorando copiosamente. Na opinião dele, os árbitros prejudicaram a seleção argentina ao longo do mundial. No momento em que foi receber a medalha de vice-campeão, Diego se recusou a cumprimentar o presidente da Fifa, João Havelange. O camisa 10 revelava o desafeto que tinha pelo cartola brasileiro.

Ainda no texto da *Folha*, a menção aos desfalques na Argentina:

Beckenbauer se consagrou ao colocar sua equipe no ataque, disposto a decidir o jogo logo em seu início, como fez durante toda a Copa. A Bilardo, sem alternativas para suprir a ausência de quatro jogadores suspensos (Olarticoechea, Batista e Caniggia com dois cartões amarelos e Giusti, expulso na semifinal contra a Anfitriã Itália), restou a retratação à espera de um golpe de sorte ou da disputa em pênaltis."

O RÁDIO NA COPA DE 1990

Em 1990, um fenômeno interessante começava a se desenhar: o futebol chegava às rádios FM. Os jornais traziam anúncios da Transamérica. A Jovem Pan ainda contava com José Silvério. A Bandeirantes tinha Fiori Giglioti, Eder Luiz e Dirceu Maravilha.

Matthäus, capitão da Alemanha, com a medalha no peito

TABELA DA COPA DE 1990

GRUPO A

09/06/1990 Roma: **Itália 1 × 0 Áustria**

10/06/1990 Florença: **Estados Unidos 1 × 5 Tchecoslováquia**

14/06/1990 Roma: **Itália 1 × 0 Estados Unidos**

15/06/1990 Florença: **Áustria 0 × 1 Tchecoslováquia**

19/06/1990 Florença: **Áustria 2 × 1 Estados Unidos**

19/06/1990 Roma: **Itália 2 × 0 Tchecoslováquia**

GRUPO B

08/06/1990 Milão: **Argentina 0 × 1 Camarões**

09/06/1990 Bari: **URSS 0 × 2 Romênia**

13/06/1990 Nápoles: **Argentina 2 × 0 URSS**

14/06/1990 Bari: **Camarões 2 × 1 Romênia**

18/06/1990 Bari: **Camarões 0 × 4 URSS**

18/06/1990 Nápoles: **Argentina 1 × 1 Romênia**

GRUPO C

10/06/1990 Turim: **Brasil 2 × 1 Suécia**
11/06/1990 Gênova: **Costa Rica 1 × 0 Escócia**
16/06/1990 Turim: **Brasil 1 × 0 Costa Rica**
16/06/1990 Gênova: **Suécia 1 × 2 Escócia**
20/06/1990 Turim: **Brasil 1 × 0 Escócia**
20/06/1990 Gênova: **Suécia 1 × 2 Costa Rica**

GRUPO D

09/06/1990 Bolonha: **Emirados Árabes 0 × 2 Colômbia**
10/06/1990 Milão: **Alemanha Oc. 4 × 1 Iugoslávia**
14/06/1990 Bolonha: **Iugoslávia 1 × 0 Colômbia**
15/06/1990 Milão: **Alemanha Oc. 5 × 1 Emirados Árabes**
19/06/1990 Bolonha: **Iugoslávia 4 × 1 Emirados Árabes**
19/06/1990 Milão: **Alemanha Oc. 1 × 1 Colômbia**

GRUPO E

12/06/1990 Verona: **Bélgica 2 × 0 Coreia do Sul**
13/06/1990 Udine: **Uruguai 0 × 0 Espanha**
17/06/1990 Udine: **Coreia do Sul 1 × 3 Espanha**
17/06/1990 Verona: **Bélgica 3 × 1 Uruguai**
21/06/1990 Udine: **Coreia do Sul 0 × 1 Uruguai**
21/06/1990 Verona: **Bélgica 1 × 2 Espanha**

GRUPO F

11/06/1990 Cagliari: **Inglaterra 1 × 1 Irlanda**
12/06/1990 Palermo: **Holanda 1 × 1 Egito**
16/06/1990 Cagliari: **Inglaterra 0 × 0 Holanda**
17/06/1990 Palermo: **Irlanda 0 × 0 Egito**
21/06/1990 Cagliari: **Inglaterra 1 × 0 Egito**
21/06/1990 Palermo: **Irlanda 1 × 1 Holanda**

OITAVAS

23/06/1990 Bari: **Tchecoslováquia 4 × 1 Costa Rica**
23/06/1990 Nápoles: **Camarões 2 × 1 Colômbia**
24/06/1990 Milão: **Alemanha Oc. 2 × 1 Holanda**
24/06/1990 Turim: **Brasil 0 × 1 Argentina**
25/06/1990 Roma: **Itália 2 × 0 Uruguai**
25/06/1990 Gênova: **Irlanda 0 (5) × (4) 0 Romênia**
26/06/1990 Bolonha: **Inglaterra 1 × 0 Bélgica**
26/06/1990 Verona: **Espanha 1 × 2 Iugoslávia**

QUARTAS

30/06/1990 Roma: **Itália 1 × 0 Irlanda**
30/06/1990 Florença: **Argentina 0 (3) × (2) 0 Iugoslávia**
01/07/1990 Nápoles: **Inglaterra 3 × 2 Camarões**
01/07/1990 Milão: **Alemanha Oc. 1 × 0 Tchecoslováquia**

SEMIFINAIS

03/07/1990 Nápoles: **Itália 1 (3) × (4) 1 Argentina**
04/07/1990 Turim: **Alemanha Oc. 1 (4) × (3) 1 Inglaterra**

TERCEIRO LUGAR

07/07/1990 Bari: **Itália 2 × 1 Inglaterra**

FINAL

08/07/1990 Roma: **Alemanha Oc. 1 × 0 Argentina**

ESTA
UN

DOS GOD$

A QUARTA ESTRELA

No ano do tetra, surge a TV a cabo, mas sem jogos ao vivo

A Copa de 1994, disputada nos Estados Unidos, teve recorde de audiência: bilhões de telespectadores em todo o planeta assistiram aos jogos. Na comparação com o mundial da Itália, quatro anos antes, houve um aumento de 17% do público na frente da TV. No Brasil, Globo, SBT e Band transmitiram a competição. Apesar da desconfiança sobre a organização, já que os americanos não têm tradição no futebol, o país promoveu um grande espetáculo. O mundial teve 24 seleções e 52 jogos. Abaixo, as informações sobre as transmissões:

Emissora	Jogos ao vivo	Jogos em VT	Câmeras
SBT	42	10	13
Globo	21	-	13 em jogos sem a seleção 18 na abertura, na final e em jogos da seleção
Bandeirantes	45	7	13

Uma reportagem da *Folha de S.Paulo* destacava que as transmissões da Copa teriam poucos avanços tecnológicos:

Se depender das emissoras brasileiras, a transmissão da Copa reserva poucas surpresas para o telespectador. Globo, Bandeirantes e SBT anunciaram que não pretendem rechear os jogos com nenhuma novidade técnica. Todos os efeitos especiais que planejam usar já entraram em cena outras vezes: nas Copas de 86 e 90, no último Campeonato Paulista de Futebol e na Olimpíada de Barcelona (92). A Globo utilizará três recursos especiais: o tira-teima, o "touch screen" e o "super slow motion".

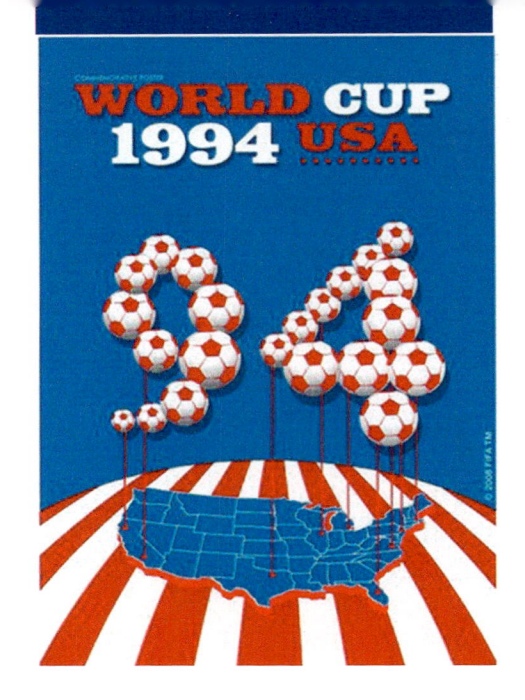

A seleção brasileira dedica o tetra a Ayrton Senna

Em 1994, a Globo lançou o tema "Coração Verde-Amarelo":

Na torcida são milhões de treinadores
Cada um já escalou a seleção
O verde e o amarelo são as cores
Que a gente vibra no coração
A galera vibra, canta, se agita
E unida grita: é "tetra campeão"!!!
O toque de bola
É nossa escola
Nossa maior tradição
Eu sei que vou
Vou do jeito que eu sei
De gol em gol
Com direito a "replay"
Eu sei que vou
Com o coração batendo a mil
É taça na raça, Brasil!

Galvão Bueno (Globo), Luciano do Valle (Band) e Luiz Alfredo (SBT) eram os narradores principais das emissoras. A Copa de 1994 foi a primeira com TV a cabo no Brasil. No entanto, o SporTV, emissora da Globosat, não exibiu nenhum jogo ao vivo, apenas reprisou as partidas. O narrador já era Luiz Carlos Jr.

A PREPARAÇÃO BRASILEIRA

Depois da derrota em 1990, Sebastião Lazaroni deixou o comando da seleção brasileira, e a CBF convidou Paulo Roberto Falcão. A escolha foi muito criticada pela imprensa. O ex-jogador não tinha qualquer experiência como técnico. Na estreia, em 12 de setembro de 1990, derrota para a Espanha em um amistoso em Gijón: 3 a 0. Era uma equipe renovada que jogou com Velloso; Gil Baiano, Paulão, Márcio Santos e Nelsinho; Cafu (Paulo Egídio), Donizete Oliveira, Moacir e Neto; Charles (Jorginho) e Nílson.

No mês seguinte, a seleção perdeu para um combinado do mundo, 2 a 1, na festa em comemoração aos 50 anos de Pelé, na Itália. O gol do Brasil foi marcado por Neto, do Corinthians, em cobrança de falta, especialidade dele. Em 1991, a seleção disputou a Copa América, no Chile, e ficou em segundo lugar.

O presidente da CBF, Ricardo Teixeira, demitiu Falcão e convidou a dupla Carlos Alberto Parreira e Zagallo para assumir o trabalho visando a Copa de 1994. Parreira era extremamente criticado. Nos estádios, a torcida adaptava a música "Chama o Síndico", de Jorge Ben Jor, para pedir a volta de Telê Santana: *"O tal do Valdeir foi um horror. Cadê a canelinha, Raí? Desse jeito o Brasil não vai para a Copa, e a torcida pediu: Telê Santana, Telê Santana, Telê Santana!"*

Em 1993, a seleção perdeu a Copa América, no Equador. A equipe foi eliminada nos pênaltis pela Argentina na fase de quartas de final. Nas eliminatórias, a seleção enfrentou Equador, Bolívia, Venezuela e Uruguai. O formato de disputa ainda não era o de pontos corridos. Nos jogos de ida, fora de casa, a seleção não foi bem. Na estreia, empate contra o Equador, 0 a 0. Depois, perdeu pela primeira vez na história das eliminatórias: 2 a 0 para a Bolívia. Na sequência, vitória sobre a Venezuela, 5 a 1, e, por último, empate por 1 a 1 contra Uruguai. Nos jogos de volta, vitória sobre o Equador: 2 a 0, no Morumbi. A seleção foi vaiada e Zagallo deu uma "banana" para a torcida. No Arruda, em Recife, veio o troco na Bolívia: 6 a 0. No Mineirão, o time de Parreira goleou a Venezuela por 4 a 0.

ALEMANHA 1 × 1 ESPANHA: em Chicago, alemães e espanhóis ficaram no empate, em partida já válida pela segunda rodada da Copa. Goikoetxea marcou para a Espanha aos 14 do primeiro tempo, e Klinsmann deixou tudo igual aos 3 da etapa final.

NIGÉRIA 3 × 0 BULGÁRIA: no último jogo do dia 21, ainda pela primeira rodada, a Nigéria derrotou a Bulgária, em Dallas. É dessa partida uma das imagens históricas do mundial dos Estados Unidos. Yekini, ao marcar o primeiro gol do jogo, aos 21 minutos da etapa inicial, enrolou os braços nas redes, emocionado. Amokachi fez o segundo aos 43. Na etapa final, Amunike fechou o placar aos 10 minutos.

SUÍÇA 4 × 1 ROMÊNIA: no dia 22, a Romênia, que tinha estreado com vitória na Copa, foi goleada de forma surpreendente, em Detroit. Sutter marcou o primeiro para a Suíça aos 16 minutos. Hagi empatou para os romenos aos 36. No segundo tempo, Chapuisat, aos 7, e Knup, aos 20 e 27, garantiram o placar elástico.

ESTADOS UNIDOS 2 × 1 COLÔMBIA: os donos da casa conseguiram um resultado histórico em Los Angeles. O zagueiro colombiano Escobar fez gol contra aos 35 minutos da etapa inicial. O jogador seria assassinado dez dias depois em frente a uma discoteca de Medellín. Uma das suspeitas é a de que o zagueiro tenha sido morto a mando de pessoas que perderam dinheiro ao apostar na Colômbia na Copa. O técnico Francisco Maturana recebeu ameaças de morte antes do jogo contra os americanos. A Colômbia sofreu o segundo gol aos 7 minutos da etapa final, marcado por Stewart. Valencia diminuiu aos 45 minutos.

ITÁLIA 1 × 0 NORUEGA: os italianos se recuperaram da derrota na estreia e venceram a Noruega, em Nova Jersey. O gol foi marcado por Dino Baggio aos 24 do segundo tempo. Já o goleiro Pagliuca foi expulso por colocar a mão na bola fora da área. O técnico Arrigo Sacchi tirou Roberto Baggio e acionou o goleiro reserva Luca Marchegiani.

BOLÍVIA 0 × 0 COREIA DO SUL: em Boston, Bolívia e Coreia fizeram o pior confronto do mundial. Uma partida chata que durou mais do que deveria. Os árbitros eram orientados a conceder grandes acréscimos de tempo, sem dar qualquer informação ao público. A Fifa ainda não tinha instituído a placa indicativa, hoje comum em qualquer campeonato. Em alguns jogos do mundial, os juízes deram até 10 minutos a mais no segundo tempo.

> **GRADE DE PROGRAMAÇÃO DA TV EM 24 DE JUNHO DE 1994**
>
> 13h30 – Irlanda vs. México (Globo, SBT e Bandeirantes)
>
> 17h – Brasil vs. Camarões (Globo, SBT e Bandeirantes)
>
> 20h30 – Suécia vs. Rússia (Bandeirantes)

MÉXICO 2 × 1 IRLANDA: no dia 24, em Orlando, o México conseguiu vencer pela primeira vez na Copa. Luis García abriu o placar contra a Irlanda aos 42 do primeiro tempo. Ele, de novo, marcou o segundo aos 20 da etapa final. Aldridge diminuiu aos 39. O goleiro mexicano Jorge Campos chamava atenção das câmeras de TV de todo o mundo. Com 1,68 de altura, o atleta vestia uniforme colorido e gostava de jogar com os pés.

A seleção de Carlos Alberto Parreira voltou a campo em Stanford para enfrentar Camarões. Apesar do placar de 3 a 0, o jogo não foi fácil.

BRASIL 3 × 0 CAMARÕES – PALO ALTO – 24.06.94

BRASIL: Taffarel, Jorginho, Aldair, Márcio Santos e Leonardo, Mauro Silva, Dunga, Zinho (Paulo Sérgio), Raí (Müller), Bebeto e Romário.

CAMARÕES: Bell; Tataw, Kalla, Song, Agbo; Libih, Foe, Mbouh, Mfede (Maboang); Omam-Biyik e Embe (Milla).

ÁRBITRO: Arturo Brizio Carter (México).

GOLS: Romário (39) no primeiro tempo; Márcio Santos (21) e Bebeto (28) na etapa final.

Defensores não conseguem segurar Romário, autor do primeiro gol contra Camarões

O Brasil enfrentou dificuldades no primeiro tempo: o time estava muito amarrado e não criava jogadas. Foi em um contra-ataque, aos 39 minutos, que Romário disparou da intermediária de Camarões e chutou rasteiro na saída do goleiro Bell.

Na etapa final, a seleção brasileira melhorou. Paulo Sérgio entrou no lugar de Zinho. Raí, que estava muito lento, deu lugar a Müller. Aos 18 minutos, o zagueiro Song Bahang foi expulso ao cometer falta em Bebeto. Com mais espaço, e com um homem a mais, o Brasil subiu de produção. Márcio Santos fez, de cabeça, aos 21 minutos: 2 a 0. Sete minutos depois, Bebeto aproveitou uma bola que sobrou na direita e chutou cruzado: 3 a 0. Foi o primeiro gol "embala nenê" da Copa. Bebeto repetiria o gesto, homenageando o filho recém-nascido, no duelo das quartas de final contra a Holanda.

Apesar das dificuldades, o time de Carlos Alberto Parreira já estava garantido nas oitavas. Pelo regulamento, a vitória já valia três pontos, e não dois. Telê Santana, em artigo para a *Folha de S.Paulo*, analisava o resultado e chamava atenção para um debate feito entre os comentaristas na época sobre o excesso de jogadores no meio campo:

Foi uma boa vitória, mas poderia ter sido melhor. A seleção brasileira não rendeu tanto quanto no jogo de estreia contra a Rússia, quando o normal seria exatamente o contrário, pois nossos jogadores estavam livres do nervosismo da estreia. Vendo bem, Camarões não foi uma só vez a área brasileira em todo o primeiro tempo. E sua defesa não era exatamente sólida. Diante disso, para que tantos homens lá atrás? Para que Mauro Silva e Dunga de cabeças de área e Zinho e Raí embolados no meio campo.

SUÉCIA 3 × 1 RÚSSIA: pelo mesmo grupo do Brasil, a Suécia derrotou a Rússia, em Detroit. Os russos saíram na frente com gol de Salenko aos 4 minutos. Brolin cobrou pênalti e empatou aos 39. No segundo tempo. Dahlin marcou duas vezes: aos 14 e aos 36 minutos. Com duas derrotas, a Rússia já estava eliminada.

BÉLGICA 1 × 0 HOLANDA: o único gol do jogo, disputado em Orlando, foi marcado por Albert aos 20 minutos do segundo tempo. O árbitro brasileiro Renato Marsiglia distribuiu seis cartões amarelos, sendo cinco para os holandeses.

ARÁBIA SAUDITA 2 × 1 MARROCOS: a Arábia levou a melhor no duelo contra os marroquinos. O jogo foi disputado no Giants, de Nova Jersey.

ARGENTINA 2 × 1 NIGÉRIA: em Boston, Caniggia marcou os dois gols da vitória, de virada, da seleção de Alfio Basile. Siasia abriu o placar para os africanos aos 8 do primeiro tempo, mas a Argentina empatou aos 21 e virou aos 29 minutos. Maradona foi sorteado para o exame antidoping e acabou pego com a substância "efedrina", e a Fifa decidiu banir o jogador da Copa. Foi o último jogo do eterno camisa 10 em mundiais.

BULGÁRIA 4 × 0 GRÉCIA: pelo grupo da Argentina, a Bulgária conseguiu a primeira vitória na história das Copas, em Chicago. Foi a melhor geração do futebol búlgaro. Stoichkov, estrela da equipe, cobrou pênalti e marcou aos 5 minutos da etapa inicial. No tempo final, Stoichkov, em novo pênalti, aos 10, Letchkov, aos 20, e Borimirov, aos 45, completaram a goleada. O jogo teve uma farta distribuição de cartões amarelos: foram oito, quatro para cada lado.

COLÔMBIA 2 × 0 SUÍÇA: pelo grupo A, em jogo válido pela terceira rodada, a Colômbia, já eliminada, venceu a Suíça por 2 a 0, gols de Gavíria, aos 44 do primeiro tempo, e Lozano, aos 45 do segundo. O jogo foi disputado em Palo Alto. A Colômbia, comandada por Francisco Maturana, se despedia da Copa de forma melancólica.

ROMÊNIA 1 × 0 ESTADOS UNIDOS: em Los Angeles, a Romênia garantiu o primeiro lugar do grupo. O único gol do jogo foi marcado por Petrescu aos 18 da etapa inicial. A Suíça ficou na segunda posição. Os americanos terminaram em terceiro lugar e também passaram para a próxima fase.

ALEMANHA 3 × 2 COREIA DO SUL: a classificação do grupo C foi definida no dia 27. A Alemanha sofreu para vencer a Coreia. Em Dallas, os alemães fizeram 3 gols no primeiro tempo: Klinsmann, aos 12, Riedle, aos 20, e Klinsmann, de novo, aos 37. No segundo tempo, os coreanos diminuíram: Seong Hong, aos 7, e Myung-Bo, aos 18.

ESPANHA 3 × 1 BOLÍVIA: em Chicago, os espanhóis abriram o placar com Guardiola, de pênalti, aos 19 do primeiro tempo. Na etapa final, Caminero fez o segundo aos 21 minutos, e Sanchez diminuiu para a Bolívia aos 22. Mas os espanhóis, de novo com Camineiro, fecharam o placar aos 25 minutos. Alemanha e Espanha estavam classificadas.

> **GRADE DE PROGRAMAÇÃO DA TV EM 28 DE JUNHO DE 1994**
>
> 13h30 – Itália vs. México (SBT, Globo e Bandeirantes)
>
> 17h – Brasil vs. Suécia (SBT, Globo e Bandeirantes)
>
> 20h30 – Rússia vs. Camarões – VT (Bandeirantes)

ITÁLIA 1 × 1 MÉXICO: a Itália jogou em Washington contra o México e confirmou a tradição de fazer uma campanha irregular na primeira fase. Massaro abriu o placar aos 3 do segundo tempo, mas os mexicanos empataram com Bernal aos 12.

IRLANDA 0 × 0 NORUEGA: as duas seleções jogaram em Nova Jersey e ficaram no empate. O México terminou em primeiro, e a Irlanda em segundo. A Itália passou para a próxima fase pelo critério da repescagem, em terceiro lugar.

O time de Carlos Alberto Parreira enfrentou a Suécia no Silverdome, o estádio coberto da Copa do Mundo.

> **BRASIL 1 × 1 SUÉCIA – DETROIT – 28.06.94**
>
> **BRASIL**: Taffarel, Jorginho, Aldair, Márcio Santos e Leonardo, Dunga, Mauro Silva (Mazinho), Raí (Paulo Sérgio), Zinho, Bebeto e Romário.
>
> **SUÉCIA**: Ravelli; Roland Nilsson, Patrik Andersson, Kamark, Ljung; Schwarz (Mild), Ingesson, Thern, Henrik Larsson (Blomqvist); Brolin e Kennet Andersson.
>
> **ÁRBITRO**: Sándor Puhl (Hungria).
>
> **GOLS**: Kennet Andersson (23) no primeiro tempo; Romário (1) na etapa final.

Frustração e desconfiança. O técnico Carlos Alberto Parreira e o coordenador Zagallo foram execrados depois do empate por 1 a 1 contra a Suécia. Kennet Andersson marcou aos 23 minutos do primeiro tempo. A seleção precisava reagir, mas o gol de empate só veio a um minuto da etapa final pelo pé salvador de Romário. O técnico da seleção tentava dar mais mobilidade ao meio-campo. Mauro Silva foi substituído durante a partida por Mazinho. Em compensação, Raí estava mal. Ele saiu para a entrada de Paulo Sérgio.

As alterações não foram suficientes para a seleção virar o jogo. *"Seleção empata com a Suécia em sua pior partida na Copa"*, foi a manchete principal do caderno de esportes da *Folha de S.Paulo* do dia seguinte.

> *A torcida que já havia vaiado Parreira no início do jogo, começou a pedir Ronaldo aos 32 minutos do segundo tempo. Parreira preferiu colocar Paulo Sérgio no time. Tirou Raí aos 38 minutos. O técnico foi chamado de burro pela torcida até o final.*

O Brasil ficou em primeiro e a Suécia em segundo. Na próxima fase, a seleção continuaria em Palo Alto.

RÚSSIA 6 × 1 CAMARÕES: o outro jogo da chave serviu apenas para cumprir tabela, em Stanford, mas entrou para a história das Copas. Salenko, que seria o artilheiro do mundial com seis gols (junto com o búlgaro Stoichkov), marcou cinco contra os africanos, recorde até hoje em uma única partida de mundiais. Foram três no primeiro tempo (aos 16, 41 e 45) e dois na etapa final (aos 27 e aos 30). O sexto gol russo foi de Radchenko aos 36 minutos. Já o veterano Roger Milla, de 42 anos, marcou o gol de honra a 1 minuto do segundo tempo. Ele é até hoje o atleta mais velho a balançar as redes adversárias em uma Copa.

HOLANDA 2 × 1 MARROCOS: na definição do grupo F, em Orlando, a Holanda derrotou o Marrocos. Bergkamp abriu o placar aos 5 minutos de jogo, e Nader empatou para os marroquinos aos 2 do segundo tempo. Roy marcou aos 32 minutos e colocou a equipe europeia de novo na frente. O árbitro peruano Alberto Tejada distribuiu cinco cartões para os marroquinos e dois para os holandeses.

ARÁBIA SAUDITA 1 × 0 BÉLGICA: em Washington, a Arábia Saudita surpreendeu os belgas. O gol de Owairan, marcado aos 5 minutos do primeiro tempo, foi o mais bonito do mundial. O jogador pegou a bola ainda no campo de defesa, avançou, driblou quatro adversários e tocou na saída do goleiro Preud'homme. Sensacional! O lance lembrou o gol de Maradona em 1986. A Holanda, em primeiro, a Arábia, em segundo, e a Bélgica, em terceiro, estavam classificadas.

BULGÁRIA 2 × 0 ARGENTINA: a primeira fase da Copa terminou em 30 de junho com a derrota da Argentina para a Bulgária, em Dallas, no único jogo transmitido pela TV brasileira naquele dia. Os gols foram marcados no segundo tempo por Stoichkov, aos 16, e Sirakov, aos 45 minutos. A Argentina sentiu falta de Maradona.

NIGÉRIA 2 × 0 GRÉCIA: os nigerianos garantiram o primeiro lugar do grupo D com a vitória diante da Grécia, em Boston. Os gols foram de Finidi, aos 45 do primeiro tempo, e Amokachi, aos 45 da etapa final. A Bulgária terminou na segunda colocação. A Argentina se classificou na repescagem.

Os duelos das oitavas de final foram os seguintes: Alemanha × Bélgica, Espanha × Suíça, Suécia × Arábia Saudita, Romênia × Argentina, Holanda × Irlanda, Brasil × Estados Unidos, Nigéria × Itália e México × Bulgária.

O dia 1º de julho de 1994 foi marcado pela entrada em vigor do Plano Real que, finalmente, trouxe a estabilidade da moeda no país. A TV Bandeirantes aproveitou o clima de Copa para brincar com os torcedores:

SÓ NÃO ESTÁ NA BAND QUEM NÃO GOSTA DE FUTEBOL NEM DE DINHEIRO.

CAIA NO REAL COM A BAND.

ALEMANHA 3 × 2 BÉLGICA: as oitavas começaram no dia 2. Em um grande jogo em Chicago, a Alemanha derrotou a Bélgica. Os alemães construíram o resultado no primeiro tempo: Völler marcou aos 6 minutos, e Grun empatou aos 8; Klinsmann ampliou aos 11, e Völler fez o terceiro gol alemão aos 40. A Bélgica só conseguiu diminuir aos 45 do segundo tempo com Albert. O goleiro belga Michel Preud'homme foi um dos destaques do jogo.

ESPANHA 3 × 0 SUÍÇA: em Washington, a Espanha, do goleiro Zubizarreta, eliminou a Suíça com uma vitória folgada. Hierro fez o primeiro aos 15 minutos da etapa inicial. No segundo tempo, Luis Enrique, aos 29, e Beguiristain, aos 41, fecharam o marcador.

SUÉCIA 3 × 1 ARÁBIA SAUDITA: em Dallas, Dahlin marcou o primeiro gol dos suecos aos 6 minutos. Na etapa final, Anderson fez o segundo aos 6. Al Ghesheyan diminuiu para a Arábia aos 40 minutos. A Suécia chegou ao terceiro gol: Anderson voltou a balançar as redes aos 43 minutos.

ROMÊNIA 3 × 2 ARGENTINA: no Estádio Rose Bowl, em Pasadena, Califórnia, Maradona estava nas arquibancadas. Será que a Argentina teria melhor sorte se ele não tivesse sido banido da Copa? Pelo que se viu naquele dia, a resposta é sim. Dumitrescu abriu o placar para a Romênia aos 11 do primeiro tempo. Os argentinos empataram cinco minutos depois, em um pênalti cobrado por Batistuta. Mas a alegria durou pouco. Dumitrescu fez o segundo aos 18 minutos. Aos 13 da etapa final, Hagi marcou o terceiro da Romênia. Balbo diminuiu aos 30 minutos: 3 a 2. Foi um dos melhores jogos da Copa. Era o fim do sonho do tricampeonato argentino. Depois da eliminação, Maradona chorou copiosamente nas arquibancadas.

HOLANDA 2 × 0 IRLANDA: os holandeses garantiram vaga nas quartas de final com a vitória diante da Irlanda. Bergkamp, aos 11, e Jonk, aos 41 do primeiro tempo, foram os autores dos gols no Citrus Bowl, em Orlando.

A Holanda seria a adversária do vencedor do jogo entre Brasil e Estados Unidos, em 4 de julho, dia da independência americana.

BRASIL 1 × 0 ESTADOS UNIDOS – PALO ALTO – 04.07.94

BRASIL: Taffarel, Jorginho, Aldair, Márcio Santos e Leonardo; Mauro Silva, Dunga, Mazinho e Zinho (Cafu); Bebeto e Romário.

ESTADOS UNIDOS: Meola; Clavijo, Balboa, Lalas, Caligiuri; Tab Ramos (Wynalda), Dooley, Hugo Perez (Wegerle), Sorber; Cobi Jones e Stewart.

ÁRBITRO: Joel Quiniou (França).

GOL: Bebeto (27) no segundo tempo.

EXPULSÕES: Leonardo e Clavijo.

"*Brasil leva susto, vence EUA no sufoco e vai enfrentar a Holanda*", foi a manchete da *Folha de S.Paulo* do dia seguinte ao jogo pelas oitavas de final da Copa. Ninguém imaginava que a seleção fosse encontrar tantas dificuldades para passar pelos Estados Unidos. Parreira sacou Raí do time. Mauro Silva, Dunga, Mazinho e Zinho iriam formar o meio-campo até o fim do mundial. O lateral Leonardo deu uma cotovelada em Tab Ramos e foi expulso aos 42 minutos do primeiro tempo. O lance foi muito discutido na época. Será que o jogador teve ou não a intenção de atingir o adversário? A imagem impressiona pela violência.

No segundo tempo, o jogo foi dramático. Parreira tirou Zinho e colocou Cafu para jogar na lateral esquerda. Branco, que entraria a partir das quartas de final contra a Holanda, ainda não estava bem fisicamente. Apesar de jogar com um homem a menos, o

Gol "chorado" de Bebeto contra os Estados Unidos coloca o Brasil nas quartas de final

Brasil insistia e ia ao ataque. O gol salvador teve início nos pés de Romário. Ele levou a bola até a entrada da área, tocou para Bebeto que chutou cruzado, no canto direito de Tony Meola aos 27 minutos.

O resultado apertado foi um prato cheio para os críticos do técnico Carlos Alberto Parreira. Leonardo não jogou mais na Copa. A *Folha de S.Paulo* informou:

> A orientação da Fifa é suspender por pelo menos dois jogos quando qualquer jogador é punido com cartão vermelho sem ter sido advertido antes com o amarelo. Essa orientação foi aplicada rigorosamente até agora. O mesmo deve ocorrer com Leonardo que pode ser julgado hoje ou amanhã pelo Comitê Disciplinar da Fifa.

ITÁLIA 2 × 1 NIGÉRIA: em 5 de julho, a seleção italiana precisou da prorrogação para conseguir vencer a Nigéria por 2 a 1, em Boston. O primeiro gol do jogo foi marcado por Amunike aos 25 da etapa inicial. Roberto Baggio empatou em cima da hora: eram 43 minutos do segundo tempo. O meia atacante italiano garantiu a vitória da Squadra Azzurra com gol aos 10 minutos do primeiro tempo da prorrogação. Mais uma vez chamou atenção o número de cartões em uma partida da Copa. O árbitro mexicano Arturo Brizio distribuiu cinco amarelos para os italianos e quatro para os nigerianos.

BULGÁRIA 1 × 1 MÉXICO (PÊNALTIS 3 × 1): na última partida das oitavas, a Bulgária eliminou o México nos pênaltis, depois de um empate por 1 a 1. Os gols foram marcados no primeiro tempo: Stoichkov, aos 6, e Garcia Aspe, aos 18. O placar persistiu na prorrogação. Nos pênaltis, a Bulgária fez 3 a 1.

Os duelos das quartas de final foram: Brasil × Holanda, Itália × Espanha, Romênia × Suécia e Alemanha × Bulgária.

> **GRADE DE PROGRAMAÇÃO DA TV EM 9 DE JULHO**
>
> 13h – Itália vs. Espanha (SBT, Globo e Bandeirantes)
>
> 16h30 – Brasil vs. Holanda (Globo, SBT e Bandeirantes)

ITÁLIA 2 × 1 ESPANHA: as quartas de final começaram no dia 9 de julho com Itália e Espanha, em Boston. Dino Baggio marcou o primeiro gol da partida aos 25 da etapa inicial. No segundo tempo, Caminero empatou para a Espanha aos 13 minutos. Roberto Baggio fez, de novo, o gol salvador para os italianos aos 42 minutos. Destaque negativo para a cotovelada de Tassotti em Luis Enrique. Com o nariz sangrando, o jogador espanhol protestou contra o juiz Sándor Puhl, da Hungria, que não deu a falta dentro da área. A Fifa, com base nas imagens da partida, suspendeu Tassotti por oito jogos. Já com o árbitro húngaro nada aconteceu, pelo contrário: ele foi o escolhido para apitar a decisão do mundial.

Em Dallas, o mundo assistiu a uma das melhores partidas da Copa.

> **BRASIL 3 × 2 HOLANDA – DALLAS – 09.07.94**
>
> **BRASIL**: Taffarel, Jorginho, Aldair, Márcio Santos, Branco (Cafu), Mauro Silva, Dunga, Mazinho (Raí), Zinho, Bebeto e Romário.
>
> **HOLANDA**: De Goej; Winter, Koeman, Valckx, Wouters; Witschge, Rijkaard (Ronald de Boer), Jonk; Overmars, Bergkamp e Van Vossen (Roy).
>
> **ÁRBITRO**: Rodrigo Badilla (Costa Rica).
>
> **GOLS NO SEGUNDO TEMPO**: Romário (8), Bebeto (18), Bergkamp (19), Winter (31) e Branco (36).

Gol "embala nenê" contra a Holanda: Mazinho, Bebeto e Romário

Nos dias antes da partida, as emissoras de TV exibiram inúmeras vezes as jogadas da vitória da Holanda sobre o Brasil na Copa de 1974 (2 a 0). Assim como naquele dia, em Dortmund, na Alemanha, a seleção brasileira entrou em campo no Cotton Bowl, em Dallas, com uniforme azul.

Branco foi o substituto de Leonardo na lateral esquerda. Coube a ele neutralizar Marc Overmars. A Holanda tinha outros grandes jogadores: Frank Rijkaard, Ronald de Boer, Ronald Koeman, Wim Jonk e Dennis Bergkamp. O técnico era Dick Advocaat.

O primeiro tempo foi equilibrado e terminou empatado: 0 a 0. A dupla Bebeto e Romário crescia de produção na Copa. Aos 8 minutos da etapa final, o Baixinho aproveitou um cruzamento da esquerda e como um estilingue chutou para o fundo das redes de De Goej. Aos 18 minutos, Romário estava voltando de um impedimento, mas o árbitro deixou a jogada prosseguir. Bebeto avançou, driblou o goleiro e chutou para as redes. Mais um gol "embala nenê". Bebeto, Romário e Mazinho comemoraram juntos. Mas a Holanda era uma seleção perigosa. Um minuto depois do gol brasileiro, Bergkamp diminuiu: 2 a 1. Aos 31 minutos, Taffarel falhou em um escanteio e Winter marcou de cabeça. Apesar do empate, a seleção brasileira não ficou abalada. Aos 36 minutos, Branco foi derrubado na entrada da área holandesa. O lateral cobrou, e a bola entrou rasteira no canto esquerdo. A imagem atrás do gol mostra Romário, junto com os homens na barreira, tirando o corpo para deixar a bola passar. Foi uma vitória redentora.

Mesmo criticada, a seleção brasileira estava entre as quatro melhores da Copa. Em 1982 e 1986, o Brasil ficou em quinto lugar. A imprensa amenizou as críticas à seleção. "*Foi o primeiro jogo de gente grande e o Brasil mostrou que apesar dos defeitos do seu treinador tem time para chegar à final. O 3 a 2 contra a Holanda revestiu-se daquela dramaticidade que só jogos de Copa são capazes de criar*", ressaltou a *Folha*. Sobre o gol salvador: "*O lateral esquerdo Branco batizou o seu gol de 'Cala a boca'. Depois do gol, Branco correu para abraçar o médico Lídio Toledo, que o assistiu na recuperação das dores lombares que sentia.*"

BULGÁRIA 2 × 1 ALEMANHA: o resultado do jogo foi uma das grandes surpresas da Copa. A Bulgária eliminou a seleção alemã, em Nova Jersey. Matthäus abriu o placar aos 2 do segundo tempo, em cobrança de pênalti. O empate da Bulgária saiu dos pés de Stoichkov em cobrança de falta aos 30 minutos. Letchkov, de cabeça aos 33 minutos, garantiu o resultado. A Alemanha, finalista das três Copas anteriores, foi eliminada nas quartas de final. A Bulgária seria a adversária da Itália.

SUÉCIA 2 × 2 ROMÊNIA: a outra vaga nas semifinais ficou com a Suécia, que superou a Romênia nos pênaltis (5 a 4), depois um empate por 2 a 2 no tempo normal e na prorrogação. O jogo, no Estádio de Stanford, foi movimentado. Brolin marcou aos 33 do segundo tempo, e Raducioiu empatou dez minutos depois. A partida foi para a prorrogação. No primeiro tempo, Raducioiu marcou de novo para a Romênia aos 6 minutos. Aos 10 minutos do segundo tempo da prorrogação, Andersson empatou: 2 a 2. Na cobrança de pênaltis, destaque para a atuação do goleiro sueco Thomas Ravelli. Com os cabelos ralos, o bom goleiro gostava de fazer caretas para as câmeras postadas atrás da meta. Ele defendeu as cobranças de Petrescu e de Belodedici. Brasil e Suécia voltariam a se enfrentar, agora pelas semifinais.

As semifinais estavam definidas: Itália × Bulgária e Brasil × Suécia:

> **GRADE DE PROGRAMAÇÃO DA TV EM 13 DE JULHO DE 1994**
>
> 17h – Itália vs. Bulgária (SBT, Globo e Bandeirantes)
>
> 20h30 – Brasil vs. Suécia (Globo, SBT e Bandeirantes)

ITÁLIA 2 × 1 BULGÁRIA: 13 de julho, uma quarta-feira. No Giants, em Nova Jersey, a Itália venceu a Bulgária com dois gols de Roberto Baggio. Ele marcou aos 20 e aos 25 do primeiro tempo. Hristo Stoichkov diminuiu aos 44 ainda da etapa inicial. A Itália, tricampeã como o Brasil, iria tentar o tetra inédito na história dos mundiais.

A seleção brasileira jogou de novo com o uniforme azul. Os zagueiros da Suécia eram altos, mas o gol salvador foi marcado pelo "baixinho" Romário.

> **BRASIL 1 × 0 SUÉCIA – LOS ANGELES – 13.07.94**
>
> **BRASIL**: Taffarel, Jorginho, Aldair, Márcio Santos e Branco; Mauro Silva, Dunga, Mazinho (Raí) e Zinho; Bebeto e Romário.
>
> **SUÉCIA**: Ravelli; Roland Nilsson, Patrik Andersson, Bjorklund, Ljung; Thern, Ingesson, Mild, Brolin; Dahlin (Rehn) e Kennet Andersson.
>
> **ÁRBITRO**: José Joaquín Torres Cadena (Colômbia).
>
> **GOL**: Romário (35) no segundo tempo.

O Estádio Rose Bowl, em Los Angeles, recebeu 90 mil torcedores para a segunda semifinal. Brasil e Suécia repetiram o duelo que na primeira fase terminou empatado. O meio de campo da seleção estava se movimentando mais. Mazinho, que fez uma boa partida, perdeu um gol incrível ainda no primeiro tempo. Aos 35 minutos da segunda etapa, Romário aproveitou um cruzamento da direita e, no meio dos gigantes suecos, marcou de cabeça. O Brasil chegava à decisão de um mundial depois de 24 anos e, de novo, iria enfrentar a Itália. Assim como em 1970, quando o Brasil conquistou o tricampeonato inédito, pela primeira vez o futebol mundial teria um tetracampeão.

O jornalista Melchiades Filho dizia na *Folha de S.Paulo*:

> *Meias desencantam e time começa a respirar. Nos cinco primeiros jogos, os meias brasileiros estiveram divorciados do ataque. Espantosamente, não fizeram nenhum gol sequer neste torneio. Com quatro jogadores, o setor vinha finalizando apenas três vezes ao gol por partida, em média, até ontem. Com oito gols neste Mundial, Bebeto e Romário compõem a melhor dupla de ataque brasileira desde 70.*

Romário sobe mais do que os zagueiros e marca contra a Suécia

O técnico Carlos Alberto Parreira declarou que tudo esteve certo na seleção brasileira desde o começo. O treinador tinha uma dúvida para o jogo contra a Itália: se começava com Mazinho ou Raí. Já Zagallo, coordenador técnico, fazia contagem regressiva: "*Só falta um jogo para o tetra.*"

SUÉCIA 4 × 0 BULGÁRIA: destaque na Copa de 1994, a Bulgária foi goleada na decisão do terceiro lugar, em Los Angeles. Os suecos mataram a partida no primeiro tempo com gols de Brolin, aos 8, Mild, aos 30, Larson, aos 37, e Kennet Anderson, aos 40. Foi a melhor colocação da Suécia desde 1958, quando ficou em segundo lugar.

> **GRADE DE PROGRAMAÇÃO DA TV EM 17 DE JULHO DE 1994**
>
> 16h30 – Brasil vs. Itália (Globo, SBT e Bandeirantes)

As emissoras brasileiras repetiam à exaustão imagens da final da Copa de 1970. Era uma decisão cercada de nostalgia. A fila de 24 anos sem títulos mundiais pesava muito e a seleção brasileira era pressionada por torcedores e imprensa.

Dia de festa no Brasil e de muita expectativa. Uma geração inteira de torcedores nunca tinha visto a seleção ser campeã do mundo. A final da Copa foi disputada no dia 17 de julho debaixo de um calor de 40 graus no Estádio Rose Bowl.

BRASIL 0 × 0 ITÁLIA (PÊNALTIS - 3 × 2) – LOS ANGELES – 17.07.94

BRASIL: Taffarel, Jorginho (Cafu), Aldair, Márcio Santos, Branco, Mauro Silva, Dunga, Mazinho, Zinho (Viola), Bebeto e Romário.

ITÁLIA: Pagliuca, Mussi (Apolloni), Baresi, Maldini e Benarrivo; Dino Baggio (Evani), Donadoni, Berti e Albertini; Roberto Baggio e Massaro.

ÁRBITRO: Sándor Puhl (Hungria).

O técnico Carlos Alberto Parreira foi obrigado a mexer no time logo no início do jogo. Jorginho se contundiu e entrou Cafu, que também jogaria a final das duas Copas seguintes. O treinador brasileiro manteve Mazinho, resolveu não arriscar com Raí. Os italianos não estavam bem fisicamente e sofriam com o calor. O capitão Franco Baresi tinha sofrido uma ruptura do menisco (cartilagem do joelho) na partida contra a Noruega. O líbero, operado durante a Copa, entrou em campo na final. A seleção brasileira teve mais chances durante o duelo que se arrastou para a prorrogação. Em um chute de longe de Mazinho, Pagliuca bateu roupa, e a bola tocou a trave e voltou para as mãos do italiano. Romário perdeu um gol feito em um cruzamento da direita. Parreira ainda colocou Viola, do Corinthians.

Pela primeira vez na história, uma final de Copa terminou sem gols e foi decidida nos pênaltis. Baresi abriu a série de cobranças e chutou alto, para fora. Na sequência, o goleiro Pagliuca defendeu a cobrança de Márcio Santos. Albertini marcou o primeiro da Itália. Romário chutou, e a bola caprichosamente beliscou a trave e entrou (1 × 1). Evani converteu para a Itália (2 × 1). Branco cobrou e

Contraste: a desolação de Baggio e a alegria de Taffarel

fez (2 × 2). Taffarel pegou a cobrança de Massaro e, na sequência, Dunga marcou (3 × 2). Na quinta cobrança, Roberto Baggio mandou a bola para as alturas. A imagem do camisa 10 italiano parado e com os braços na cintura contrastava com a festa brasileira.

Finalmente, depois de 24 anos, a seleção brasileira voltava ao topo do mundo do futebol. Os jogadores exibiram uma faixa em homenagem a Ayrton Senna. Eles dedicaram o título ao piloto morto no dia 1º de maio daquele ano, em Ímola, na Itália. Coube ao capitão Dunga erguer a taça, repetindo Bellini, Mauro Ramos de Oliveira e Carlos Alberto Torres. Ele recebeu o troféu das mãos do então vice-presidente dos Estados Unidos, Al Gore. Bill Clinton não estava presente. O capitão do Brasil calou os críticos. Depois da derrota em 1990, a imprensa rotulou aquele momento de "Era Dunga", um sinônimo de fracasso no futebol. No Brasil, uma imagem até hoje lembrada é a de Galvão Bueno, ao lado de Pelé, gritando efusivamente: "É tetra, é tetra, é tetra..."

Já Zagallo, aos 62 anos, se tornava o maior campeão mundial em todos os tempos: 1958 e 1962, como jogador, 1970, como treinador, e 1994, como coordenador de Carlos Alberto Parreira.

A seleção embarcou de volta ao Brasil no dia seguinte à decisão. A delegação parou em Recife, Brasília, Rio, São Paulo e Porto Alegre. O retorno foi cercado de polêmica. Os produtos que os jogadores e a comissão técnica compraram nos Estados Unidos foram liberados pela Receita Federal. Ninguém passou pela alfândega. Uma vergonha! Os presidentes Clinton (EUA) e Menem (Argentina) telefonaram para o presidente brasileiro, Itamar Franco, parabenizando-o pela vitória.

A média de gols da Copa, 2,71 por jogo, foi a mais alta desde 1982. Já a seleção sofreu apenas três gols em sete jogos. É a equipe brasileira campeã do mundo que menos gols tomou até hoje. Mas também é a mais econômica no ataque. Foram 11 marcados. Veja a tabela:

Copa	Gols marcados	Gols sofridos	Jogos
1958	16	4	6
1962	14	5	6
1970	19	7	6
1994	11	3	7
2002	18	4	7

O RÁDIO NA COPA DE 1994

O narrador principal da Jovem Pan era José Silvério. Aqui, as chamadas das rádios Gazeta e Bandeirantes.

Ao lado de Romário, o capitão Dunga ergue a taça e cala os críticos

TABELA DA COPA DE 1994

GRUPO A
18/06/1994 Los Angeles: **Colômbia 1 × 3 Romênia**
18/06/1994 Detroit: **Estados Unidos 1 × 1 Suíça**
22/06/1994 Los Angeles: **Estados Unidos 2 × 1 Colômbia**
22/06/1994 Detroit: **Romênia 1 × 4 Suíça**
26/06/1994 Los Angeles: **Estados Unidos 0 × 1 Romênia**
26/06/1994 São Francisco: **Suíça 0 × 2 Colômbia**

GRUPO B
19/06/1994 Los Angeles: **Camarões 2 × 2 Suécia**
20/06/1994 São Francisco: **Brasil 2 × 0 Rússia**
24/06/1994 Detroit: **Suécia 3 × 1 Rússia**
24/06/1994 São Francisco: **Brasil 3 × 0 Camarões**
28/06/1994 Detroit: **Brasil 1 × 1 Suécia**
28/06/1994 São Francisco: **Rússia 6 × 1 Camarões**

GRUPO C
17/06/1994 Chicago: **Alemanha 1 × 0 Bolívia**
17/06/1994 Dallas: **Espanha 2 × 2 Coreia do Sul**
21/06/1994 Chicago: **Alemanha 1 × 1 Espanha**
23/06/1994 Boston: **Coreia do Sul 0 × 0 Bolívia**
27/06/1994 Dallas: **Alemanha 3 × 2 Coreia do Sul**
27/06/1994 Chicago: **Bolívia 1 × 3 Espanha**

GRUPO D
21/06/1994 Dallas: **Nigéria 3 × 0 Bulgária**
21/06/1994 Boston: **Argentina 4 × 0 Grécia**
25/06/1994 Boston: **Argentina 2 × 1 Nigéria**
26/06/1994 Chicago: **Bulgária 4 × 0 Grécia**
30/06/1994 Boston: **Grécia 0 × 2 Nigéria**
30/06/1994 Dallas: **Argentina 0 × 2 Bulgária**

GRUPO E
18/06/1994 Nova Jersey: **Itália 0 × 1 Irlanda**
19/06/1994 Washington: **Noruega 1 × 0 México**
23/06/1994 Nova Jersey: **Itália 1 × 0 Noruega**
24/06/1994 Orlando: **México 2 × 1 Irlanda**
28/06/1994 Nova Jersey: **Irlanda 0 × 0 Noruega**
28/06/1994 Washington: **Itália 1 × 1 México**

GRUPO F
19/06/1994 Orlando: **Bélgica 1 × 0 Marrocos**
20/06/1994 Washington: **Holanda 2 × 1 Arábia Saudita**
25/06/1994 Orlando: **Bélgica 1 × 0 Holanda**
25/06/1994 Nova Jersey: **Arábia Saudita 2 × 1 Marrocos**
29/06/1994 Orlando: **Marrocos 1 × 2 Holanda**
29/06/1994 Washington: **Bélgica 0 × 1 Arábia Saudita**

OITAVAS
02/07/1994 Washington: **Espanha 3 × 0 Suíça**
02/07/1994 Chicago: **Alemanha 3 × 2 Bélgica**
03/07/1994 Los Angeles: **Romênia 3 × 2 Argentina**
03/07/1994 Dallas: **Arábia Saudita 1 × 3 Suécia**
04/07/1994 São Francisco: **Brasil 1 × 0 Estados Unidos**
04/07/1994 Orlando: **Holanda 2 × 0 Irlanda**
05/07/1994 Nova Jersey: **México 1 (1) × (3) 1 Bulgária**
05/07/1994 Boston: **Nigéria 1 × 2 Itália**

QUARTAS
09/07/1994 Dallas: **Holanda 2 × 3 Brasil**
09/07/1994 Boston: **Itália 2 × 1 Espanha**
10/07/1994 São Francisco: **Romênia 2 (4) × (5) 2 Suécia**
10/07/1994 Nova Jersey: **Bulgária 2 × 1 Alemanha**

SEMIFINAIS
13/07/1994 Los Angeles: **Suécia 0 × 1 Brasil**
13/07/1994 Nova Jersey: **Bulgária 1 × 2 Itália**

TERCEIRO LUGAR
16/07/1994 Los Angeles: **Suécia 4 × 0 Bulgária**

FINAL
17/07/1994 Los Angeles: **Brasil 0 (3) × (2) 0 Itália**

FIRA 10

NYCA

CORES FRUSTRADAS

A TV a cabo chega para ficar: 24 horas de Copa do Mundo

A cobertura da Copa de 1998, disputada na França, foi concorrida entre as emissoras abertas. Record e Manchete voltaram a comprar os direitos de transmissão e concorreram com Globo, Bandeirantes e SBT. Já a TV a cabo, que na Copa anterior se limitou a exibir reprises, ganhava força. SporTV e ESPN Brasil não só transmitiam os jogos ao vivo como também colocavam à disposição do telespectador canais 24 horas.

A Copa de 1998 teve aumento no número de participantes: de 24 para 32 seleções e um total de 64 partidas. A primeira fase ganhava mais dois grupos com quatro seleções cada. Acabava a repescagem das quatro melhores terceiras colocadas e somente as duas primeiras equipes de cada chave se classificavam para as oitavas.

Esse texto da *Folha de S.Paulo* traz dados interessantes sobre o mundial e lembra que João Havelange tinha deixado o comando da Fifa:

> *É o primeiro mundial pós-Era Havelange que comandou a Fifa nos últimos 24 anos. O jogo entre Brasil e Escócia marca o início da luta de 704 jogadores, distribuídos entre 32 equipes de quatro continentes pela maior glória no âmbito do esporte mais popular do planeta. Cerca de 9.000 jornalistas já se espalham pelo território francês. Do outro lado, atentas aos aparelhos de TV, cerca de 37 bilhões de pessoas, em audiência acumulada, deverão seguir os movimentos da bola nos gramados de Paris, Saint-Denis, Marselha, Lyon, Saint-Étienne, Lens, Nantes, Bordeaux, Montpellier e Toulouse.*

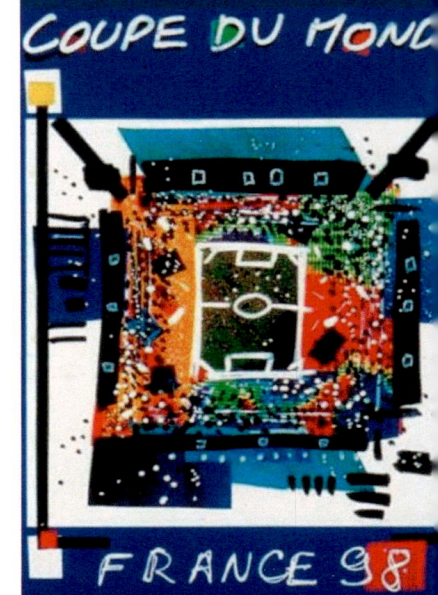

A competente seleção da França comemora título inédito conquistado em casa

A ESPN prometia uma maratona de jogos:

COPA 24 HORAS É SÓ NA ESPN BRASIL.

O site Memória Globo lembra que a emissora reservou um satélite exclusivo para possibilitar a conversa, ao vivo, entre jogadores, na França, e os familiares, no Brasil. O tira-teima, que surgiu em 1986, no mundial do México, evoluiu. O novo programa permitia verificar a velocidade da bola, a distância da barreira e mostrava a visão do juiz e do bandeirinha em um determinado lance.

A Copa de 1998 foi a última transmitida pela TV Manchete, que fechou as portas em 1999. A emissora, que surgiu em 1983, participou das coberturas em 1986, 1990 e 1998. O mundial na França foi o último com concorrência acirrada entre as TVs abertas. Em 2002 e 2006 e 2018 a Globo teve exclusividade; em 2010 e 2014, a Band também transmitiu a competição.

A PREPARAÇÃO DA SELEÇÃO BRASILEIRA

Com a conquista de 1994, a seleção se classificou automaticamente para o mundial. O técnico Parreira deixou o comando da equipe e quem assumiu foi Zagallo. A seleção não disputou as eliminatórias, mas participou de torneios importantes. Em 1995, o Brasil conquistou o torneio Stanley Rous com uma vitória por 3 a 1 sobre a Inglaterra na final, em Wembley. Ainda naquele ano, o Brasil perdeu a decisão da Copa América para o Uruguai, em Montevidéu. Em 1996, a seleção olímpica, também treinada por Zagallo, foi eliminada dos Jogos de Atlanta pela Nigéria: derrota por 4 a 3, nas semifinais. Na disputa pelo bronze, o time venceu Portugal por 5 a 0.

Em 1997, a seleção ficou em segundo lugar no Torneio da França. Na sequência, o time de Zagallo venceu a Bolívia, em La Paz, por 3 a 1, e conquistou pela primeira vez a Copa América fora de casa. Depois do jogo, Zagallo desabafou nos microfones: "*Vocês vão ter que me engolir.*" Era uma estocada nos críticos da seleção. Rivaldo, Ronaldo, Bebeto eram os destaques do Brasil. Já Romário foi cortado dias antes da Copa por causa de uma lesão na panturrilha.

O DIA A DIA DA COPA DE 1998

Com o aumento do número de participantes, mais seleções tiveram oportunidade de disputar a maior competição do futebol mundial. Países como África do Sul, Irã, Tunísia, Croácia, Jamaica e Japão ou participavam pela primeira vez ou estavam de volta ao mundial – caso de Irã e Tunísia, que estiveram na Argentina em 1978. Pela América do Sul, a ausência sentida foi, de novo, a do Uruguai.

GRUPO A: Brasil, Escócia, Marrocos e Noruega
GRUPO B: Itália, Chile, Camarões e Áustria
GRUPO C: França, África do Sul, Dinamarca e Arábia Saudita
GRUPO D: Nigéria, Paraguai, Espanha e Bulgária
GRUPO E: Holanda, México, Bélgica e Coreia do Sul
GRUPO F: Alemanha, Estados Unidos, Iugoslávia e Irã
GRUPO G: Inglaterra, Tunísia, Romênia e Colômbia
GRUPO H: Argentina, Japão, Jamaica e Croácia

GRADE DE PROGRAMAÇÃO DA TV EM 10 DE JUNHO DE 1998

11h30 – Cerimônia de abertura da Copa (SBT, Globo, Record, Manchete, Bandeirantes, SporTV e ESPN Brasil)

12h30 – Brasil vs. Escócia (SBT, Globo, Record, Manchete, Bandeirantes, SporTV e ESPN Brasil)

16h – Marrocos vs. Noruega (SBT, Globo, Record, Manchete, Bandeirantes, SporTV e ESPN Brasil).

A seleção brasileira não jogava na abertura de um mundial desde 1974, quando empatou com a Iugoslávia por 0 a 0.

BRASIL 2 × 1 ESCÓCIA – SAINT-DENIS – 10.06.98

BRASIL: Taffarel, Cafu, Aldair, Júnior Baiano, César Sampaio, Roberto Carlos, Giovanni (Leonardo), Dunga, Ronaldo, Rivaldo e Bebeto (Denílson).

ESCÓCIA: Leighton; Boyd, Calderwood, Hendry, Dailly (T. McKinlay); Collins, Lambert, Burley, Jackson (B. McKinlay); Durie e Gallacher.

ÁRBITRO: José Maria Garcia-Aranda (Espanha).

GOLS: César Sampaio (4) e John Collins (38) no primeiro tempo. Thomas Boyd (contra, aos 28) na etapa final.

A seleção brasileira ainda contava com jogadores da conquista de 1994, como Taffarel, Cafu, Dunga, Leonardo, Ronaldo (foi reserva nos Estados Unidos) e Bebeto. Outros nomes, como César Sampaio, Roberto Carlos e Rivaldo participavam da Copa pela primeira vez. No total, 80 mil torcedores compareceram ao Stade de France, construído para o mundial. Aos 4 minutos, César Sampaio aproveitou um escanteio e marcou de cabeça. Aos 38, Collins empatou em cobrança de pênalti. A vitória brasileira veio aos 28 minutos do segundo tempo. Cafu foi lançado dentro da área, a bola bateu no goleiro, no zagueiro Boyd e foi para o fundo das redes: 2 a 1. O lateral brasileiro comemorou com uma cambalhota. A foto dele de "ponta-cabeça" estampou a capa dos jornais do dia seguinte. O treinador da seleção brasileira dava pistas de que poderia fazer mudanças na equipe: *"O técnico Zagallo admitiu falhas, mas disse ter ficado 'muito satisfeito' e que 'a seleção jogou tudo o que podia'. Segundo Zagallo, o Brasil vai evoluir nos próximos jogos. Para ele, Giovanni foi 'apático' e Leonardo, seu substituto, deu 'dinamismo' à equipe. Mas não disse se Leonardo será titular contra o Marrocos, na terça-feira"*, destacava a Folha de S.Paulo.

NORUEGA 2 × 2 MARROCOS: no outro jogo do dia, válido pelo grupo da seleção brasileira, em Montpellier, Noruega e Marrocos ficaram no empate. Hadji abriu o placar para os africanos aos 38 do primeiro tempo. O marroquino Chippo marcou contra aos 46 minutos: 1 a 1. Hadda voltou a colocar a equipe da África na frente aos 14, mas, um minuto depois, Eggem empatou para a Noruega.

ITÁLIA 2 × 2 CHILE: no dia 11 de junho, Itália e Chile fizeram uma boa partida em Bordeaux. Os italianos, treinados pelo ex-jogador Cesare Maldini, abriram o placar com Vieri aos 10 do primeiro tempo. O Chile empatou com Marcelo Sallas aos 45. O camisa 10 chileno virou o jogo com gol aos 4 minutos do segundo tempo. Aos 40 minutos, Roberto Baggio converteu um pênalti e deixou tudo igual de novo.

CAMARÕES 1 × 1 ÁUSTRIA: o outro jogo do grupo, em Toulouse, entre Camarões e Áustria, também terminou empatado. Njanka fez para os africanos aos 33 minutos do segundo tempo. Polster igualou o marcador aos 46 minutos.

PARAGUAI 0 × 0 BULGÁRIA: o primeiro empate sem gols na Copa veio no terceiro dia, em 12 de junho. O Paraguai, do goleiro Chilavert, e a Bulgária, que ainda contava com Stoichkov, destaque no mundial dos Estados Unidos, se enfrentaram em Montpellier.

DINAMARCA 1 × 0 ARÁBIA SAUDITA: em Lens, a Dinamarca venceu a Arábia Saudita com gol de Rieper aos 23 do segundo tempo. Os dinamarqueses tinham como destaques os irmãos Michael e Brian Laudrup. Já os sauditas eram comandados por Carlos Alberto Parreira.

FRANÇA 3 × 0 ÁFRICA DO SUL: a seleção dona da casa estreou no mundial no Estádio Velodrome, em Marselha, com uma boa vitória diante da África do Sul. O técnico Aimé Jacquet tinha nas mãos uma das melhores gerações da história do futebol do país: Zinedine Zidane, Laurent Blanc, Youri Djorkaeff, David Trezeguet, Didier Deschamps, Thierry Henry, Marcel Desailly, Christophe Dugarry e o goleiro Fabien Barthez. Dugarry abriu o placar aos 34 do primeiro tempo. Na etapa final, aos 32, Issa fez contra, e Thierry Henry fechou o placar aos 45 minutos.

NIGÉRIA 3 × 2 ESPANHA: a sempre badalada Espanha estreou na Copa em 13 de junho e foi surpreendida pela Nigéria, em Nantes. Hierro fez o primeiro aos 21 minutos, em cobrança de falta, e Adepoju empatou três minutos depois. No segundo tempo, Raúl colocou os espanhóis de novo na frente aos 2 minutos. Mas os nigerianos eram insistentes, partiram para o ataque e empataram de novo: Lawal deixou tudo igual aos 28 minutos. Oliseh virou a partida aos 33 minutos: 3 a 2. A Espanha, comandada por Javier Clemente, começava o mundial com um resultado negativo. Fernando Hierro, Raúl e Luis Enrique eram os destaques da equipe.

MÉXICO 3 × 1 COREIA DO SUL: em Lens, o México saiu perdendo para a Coreia, que marcou aos 28 do primeiro tempo com Ju Ha. Na etapa final, Pelaez, aos 6 minutos, e Hernández, aos 29 e aos 39 minutos, garantiram a vitória de virada.

HOLANDA 0 × 0 BÉLGICA: em Saint-Denis, pela mesma chave, o confronto entre as duas seleções europeias terminou sem gols. Os torcedores e a imprensa esperavam mais da partida.

ARGENTINA 1 × 0 JAPÃO: os argentinos estrearam com vitória em Toulouse. Comandada pelo eterno capitão Daniel Passarella, a Argentina não tinha mais Maradona, mas contava com Batistuta. Ele foi o autor do gol aos 28 do primeiro tempo.

IUGOSLÁVIA 1 × 0 IRÃ: pelo grupo F, os iugoslavos derrotaram o Irã por 1 a 0, gol de Mihajlovic aos 27 do segundo tempo. O jogo foi disputado em Saint-Étienne.

CROÁCIA 3 × 1 JAMAICA: na última partida do dia 14, o mundo começou a conhecer o bom futebol da Croácia. Em Lens, a equipe venceu a Jamaica. Os jamaicanos eram comandados pelo brasileiro René Simões. Stanic fez o primeiro aos 27 minutos da etapa inicial. Earle empatou para a Jamaica aos 45 minutos. No segundo tempo, Prosinecki, aos 8, e Suker, aos 24, fecharam o placar.

INGLATERRA 2 × 0 TUNÍSIA: os ingleses começaram a Copa com uma vitória diante da Tunísia, em Marselha. Os gols foram marcados por Alan Shearer, aos 43 do primeiro tempo, e Scholes, aos 44 da etapa final. Shearer era um dos craques do time comandado por Glenn Hoddle.

ROMÊNIA 1 × 0 COLÔMBIA: pelo mesmo grupo, a Romênia venceu na estreia com gol de Ilie aos 46 do primeiro tempo. O jogo foi disputado em Lyon.

ALEMANHA 2 × 0 ESTADOS UNIDOS: na última partida do dia 15, no Parc de Princes, a Alemanha, comandada por Berti Vogts, começou bem ao derrotar os Estados Unidos. Möller fez o primeiro aos 8 minutos da etapa inicial. Klinsmann marcou aos 19 do segundo tempo.

> **GRADE DE PROGRAMAÇÃO DA TV EM 16 DE JUNHO DE 1998**
>
> 12h – Escócia vs. Noruega (SBT, Globo, Manchete, Bandeirantes, SporTV e ESPN Brasil)
>
> 15h40 – Brasil vs. Marrocos (SBT, Record, Manchete, Bandeirantes, SporTV e ESPN Brasil)

NORUEGA 1 × 1 ESCÓCIA: pela chave do Brasil, em Bordeaux, Havard Flo marcou para a Noruega no primeiro minuto do segundo tempo. Burley empatou aos 21 minutos.

A seleção brasileira voltou a campo para enfrentar o Marrocos, em Nantes. O SBT trazia um anúncio bem-humorado nos jornais:

> **BRASIL 3 × 0 MARROCOS – NANTES – 16.06.98**
>
> **BRASIL**: Taffarel, Cafu, Aldair, Júnior Baiano, César Sampaio (Doriva), Roberto Carlos, Dunga, Ronaldo, Rivaldo (Denílson), Leonardo e Bebeto (Edmundo).
>
> **MARROCOS**: Benzekri; Saber (Abrami), Rossi, Naybet, El Hadrioui; Chippo, Chiba (Amzine), Tahar El Khalej, Hadji; Hadda (El Khattabi) e Bassir.
>
> **ÁRBITRO**: Nikolai Levnikov (Rússia).
>
> **GOLS**: Ronaldo (9) e Rivaldo (46) no primeiro tempo; Bebeto (5) na etapa final.

O técnico Zagallo escalou Leonardo, como já tinha cogitado depois da vitória contra a Escócia. Diante do Marrocos, a seleção não teve dificuldades. Ronaldo fez o primeiro gol aos 9 minutos de jogo, Rivaldo ampliou aos 46, e Bebeto fechou o placar aos 5 minutos do segundo tempo: 3 a 0. O Brasil era a primeira seleção classificada para a próxima fase.

Um ponto negativo do jogo foi o desentendimento entre Dunga e Bebeto, aos 35 minutos da etapa final, que culminou em uma cabeçada do capitão no atacante. Dunga tinha dado uma ordem para que Bebeto voltasse ao campo de defesa, mas o atacante não gostou de ser interpelado e reagiu. A *Folha de S.Paulo* destacou que, depois do desentendimento, o gol brasileiro selou a paz entre eles:

> *O bom clima entre os dois jogadores só foi resgatado aos 46 min, quando Bebeto iniciou a jogada do segundo gol, marcado por Rivaldo, após cruzamento de Cafu. Na comemoração do gol, Dunga abraçou Bebeto. Conversou, passou a mão em sua cabeça e lhe deu um pequeno beijo na face. Dunga disse que não teve nenhuma conversa com o atacante no intervalo.*

O Brasil já estava nas oitavas de final, mas ainda teria de enfrentar a temida Noruega!

CHILE 1 × 1 AUSTRÁLIA: as duas seleções empataram em Saint-Étienne. Salas, o craque chileno, abriu o placar aos 25 minutos do segundo tempo. Vastic deixou tudo igual aos 47 minutos.

ITÁLIA 3 × 0 CAMARÕES: em Montpellier, a Itália venceu pela primeira vez na Copa. Os gols foram de Di Biagio, aos 7 do primeiro tempo, e de Vieri, aos 30 e aos 44 minutos.

DINAMARCA 1 × 1 ÁFRICA DO SUL: os dinamarqueses voltaram a campo, em Toulouse, e só empataram. Nielsen fez o primeiro da partida aos 13 da etapa inicial. McCarthy igualou o placar para os sul-africanos aos 7 do segundo tempo. O destaque foi o goleiro Schmeichel com defesas importantes.

FRANÇA 4 × 0 ARÁBIA SAUDITA: a França entrou em campo em Saint-Denis com 75 mil torcedores empurrando a seleção da casa com gritos de *Allez les bleus* ("Vamos, Azuis"). A equipe comandada por Aimé Jacquet conseguiu a classificação antecipada ao golear a Arábia Saudita. O primeiro tempo teve o gol de Henry aos 36 minutos. Na etapa final, a França deslanchou com gols de Trezeguet, aos 24, Henry, aos 34, e Lizarazu, aos 40. Zidane, o craque do time, foi expulso e estava fora do último jogo da primeira fase.

NIGÉRIA 1 × 0 BULGÁRIA: o jogo foi disputado no Parc des Princes, em Paris, e teve gol de Ikpeba aos 26 do primeiro tempo.

ESPANHA 0 × 0 PARAGUAI: mais um jogo sem gols na Copa, disputado em Saint-Étienne. A Espanha ia se complicando no mundial.

CROÁCIA 1 × 0 JAPÃO: em 20 de junho, a Croácia venceu o segundo jogo na Copa, em Nantes. Suker foi autor do único gol da partida contra a seleção japonesa aos 32 da etapa final.

BÉLGICA 2 × 2 MÉXICO: em Bordeaux, Wilmots abriu o placar para os belgas aos 43 do primeiro tempo. Ele, de novo, fez o segundo aos 7 da etapa final. Mas os aguerridos mexicanos foram buscar o resultado e conseguiram empatar: Garcia Aspe, aos 10, e Blanco, aos 17.

HOLANDA 5 × 0 COREIA DO SUL: pelo mesmo grupo, a Holanda goleou a Coreia do Sul, em Marselha. O primeiro tempo teve gols de Cocu, aos 37, e de Overmars, aos 43 do primeiro tempo. Na etapa final, Bergkamp, aos 26, Van Hooijdonk, aos 35, e De Boer, aos 28, completaram o placar.

ALEMANHA 2 × 2 IUGOSLÁVIA: a Alemanha é sempre uma seleção favorita em Copas do Mundo e um time difícil de ser batido. Foi o que se viu em Lens naquele 21 de junho de 1998. A Iugoslávia abriu vantagem de dois gols: Mijatovic, aos 12 do primeiro tempo, e Stojkovic, aos 9 da etapa final. A Alemanha diminuiu depois de uma cobrança de falta em que a bola desviou em Mihajlovic aos 28 minutos. Aos 35, Bierhoff empatou de cabeça, após a cobrança de escanteio.

ARGENTINA 5 × 0 JAMAICA: no Parc des Princes, em Paris, goleada da Argentina diante da equipe africana. O primeiro tempo teve apenas um gol, marcado por Ortega aos 32 minutos. Na etapa final, Ortega, de novo, fez o segundo aos 10 minutos. Depois, brilhou a estrela de Batistuta com 3 gols: aos 27, 35 e 38 minutos. A seleção comandada por Daniel Passarella já estava garantida na próxima fase.

IRÃ 2 × 1 ESTADOS UNIDOS: em Lyon, pelo grupo F, as duas seleções fizeram um jogo cercado de rivalidade diplomática. Antes da partida, foi preparado um cerimonial com direito a troca de flores e apelos para a paz. Com a bola em andamento, o iraniano Estili abriu o placar aos 40 minutos do primeiro tempo. Mahdavikia ampliou o marcador aos 39 da etapa final. A equipe dos Estados Unidos diminuiu com McBride aos 42 minutos.

COLÔMBIA 1 × 0 TUNÍSIA: os colombianos conseguiram 3 pontos em Montpellier. O gol foi marcado por Preciado aos 37 da etapa final.

ROMÊNIA 2 × 1 INGLATERRA: no outro jogo do dia 22, os ingleses foram surpreendidos pela Romênia que venceu a partida em Toulouse. Todos os gols foram marcados no segundo tempo. Moldovan fez o primeiro aos 2 minutos. A Inglaterra empatou com Owen aos 34, mas Petrescu garantiu o resultado para a Romênia aos 45 minutos.

> **GRADE DE PROGRAMAÇÃO DA TV EM 23 DE JUNHO DE 1998**
>
> 10h30 – Itália vs. Áustria (SBT, Globo, Record, Manchete, SporTV e ESPN Brasil)
>
> 10h30 – Chile vs. Camarões (Bandeirantes)
>
> 15h30 – Brasil vs. Noruega (SBT, Globo, Record, Manchete, Bandeirantes, SporTV e ESPN Brasil)
>
> 1h35 – Escócia vs. Marrocos (Bandeirantes)

A partir de 23 de junho, foram disputados quatro jogos por dia para a definição dos grupos.

ITÁLIA 2 × 1 ÁUSTRIA: em Saint-Denis, a Itália venceu a Áustria e ficou em primeiro no grupo B. Os gols foram marcados no segundo tempo. Vieri, aos 4, e Roberto Baggio, aos 44, fizeram para os italianos. Herzog diminuiu aos 47.

CHILE 1 × 1 CAMARÕES: os chilenos também passaram às oitavas com um empate com Camarões, em Nantes. Sierra abriu o placar aos 20 minutos da etapa inicial. Mboma igualou para os camaroneses aos 10 do segundo tempo.

Pela definição do grupo A, o Brasil enfrentou a Noruega e teve a primeira derrota na fase de grupos desde a Copa de 1966.

BRASIL 1 × 2 NORUEGA – MARSELHA – 23.06.98

BRASIL: Taffarel, Cafu, Gonçalves, Júnior Baiano, Roberto Carlos, Dunga, Ronaldo, Denílson, Rivaldo, Leonardo e Bebeto.

NORUEGA: Grodås; Berg, Eggen, Johnsen, Bjornebye; Riseth (Jostein Flo), Rekdal, Leonhardsen, Strand (Mykland); Tore Andre Flo e Havard Flo (Solskjaer)

ÁRBITRO: Esfandiar Baharmast (Estados Unidos).

GOLS: Bebeto (33), Tore Andre Flo (38) e Rekdal (44) no segundo tempo.

A seleção brasileira entrou em campo em Marselha e foi surpreendida pelos noruegueses. O time de Zagallo passou o primeiro tempo em branco. O primeiro gol foi marcado por Bebeto, de cabeça, aos 33 da etapa final. As principais emoções da partida, no entanto, estavam reservadas para os minutos finais. Flo empatou aos 38 minutos. Aos 44, um lance polêmico. O árbitro Esfandiar Baharmast, dos Estados Unidos, marcou pênalti para a Noruega. A imagem de Júnior Baiano puxando a camisa de Flo só foi vista horas depois da partida, graças ao registro feito por um cinegrafista brasileiro. Rekdal converteu e deu a vitória aos noruegueses: 2 a 1. O Brasil ficou em primeiro no grupo, e a Noruega em segundo.

MARROCOS 3 × 0 ESCÓCIA: no outro jogo da chave, o Marrocos derrotou a Escócia, em Saint-Étienne. Bassir abriu o marcador aos 22 do primeiro tempo. Na etapa final, Hadda, a um minuto, e Bassir, de novo, aos 39, garantiram o resultado. A torcida marroquina ficou revoltada com a seleção brasileira por achar que o time de Zagallo tinha perdido de propósito para eliminar a equipe do Marrocos.

A derrota do Brasil gerou críticas e desconfiança por parte da imprensa e da torcida. Júnior Baiano sempre considerou injusta a marcação do pênalti. A manchete principal da *Folha de S.Paulo* no dia seguinte foi: "*Brasil perde 'rumo ao penta', diz Zagallo*". Como sempre, o treinador brasileiro amenizou o resultado negativo, apesar das inúmeras chances perdidas de gols. "*Ele atribuiu o desempenho da equipe a 'desconcentração e o relaxamento', por estar classificada. Depois da derrota, Zagallo ficou por meia hora com os jogadores em uma reunião de emergência*", destacou a *Folha*. O Chile seria o próximo adversário da seleção.

FRANÇA 2 × 1 DINAMARCA: os anfitriões confirmaram o primeiro lugar no grupo C com uma vitória sobre a Dinamarca. O jogo, equilibrado, foi disputado em Lyon. Djorkaeff fez o primeiro aos 12 da etapa inicial. Aos 42, a Dinamarca empatou com Michael Laudrup em cobrança de pênalti. A vitória francesa veio aos 11 do segundo tempo com gol de Petit. A Dinamarca ficou em segundo lugar, apesar da derrota.

ÁFRICA DO SUL 2 × 2 ARÁBIA SAUDITA: pelo outro jogo do grupo, os sul-africanos saíram na frente, sofreram a virada, mas depois conseguiram a igualdade com um gol de Bartlett, de pênalti, aos 49 minutos do segundo tempo.

PARAGUAI 3 × 1 NIGÉRIA: ainda no dia 24, foram definidos os classificados do grupo D. Em Toulouse, Ayala abriu o placar para os paraguaios a um minuto de jogo. Oruma empatou aos 11. No segundo tempo, Benitez, aos 14, e Cardoso, aos 41, garantiram o resultado. No entanto, na classificação, a Nigéria ficou em primeiro, e o Paraguai em segundo.

ESPANHA 6 × 1 BULGÁRIA: a Espanha ficou de fora das oitavas, apesar da goleada em Lens. Hierro, aos 6, e Luis Henrique, aos 19, marcaram os gols no primeiro tempo. Na etapa final, Morientes, aos 9 e aos 36, e Kiko, aos 43 e aos 45, fizeram para a Espanha. O gol da Bulgária foi de Kostadinov aos 13 do segundo tempo. Depois da partida, o goleiro Zubizarreta voltou a campo com o estádio já vazio, e ficou minutos olhando pensativo para o gramado. Ele estava encerrando a carreira. Uma despedida honrosa para quem disputou quatro Copas: 1986, 1990, 1994 e 1998. Foi um dos grandes goleiros da história do futebol espanhol.

HOLANDA 2 × 2 MÉXICO: as duas seleções empataram em Saint-Étienne e garantiram classificação para as oitavas de final, os holandeses em primeiro lugar, e os mexicanos em segundo. A equipe europeia tinha tudo para golear o adversário. Cocu, aos 4, e Ronald de Boer, aos 18, fizeram os gols na etapa inicial. Mas os mexicanos chegaram ao empate no segundo tempo com Pelaez, aos 30, e Hernández, aos 49 minutos.

BÉLGICA 1 × 1 COREIA: em Paris, os belgas ficaram no empate com a Coreia. Nilis fez aos 7 do primeiro tempo. Yoo empatou aos 26 da etapa final.

ALEMANHA 2 × 0 IRÃ: na definição do grupo F, a Alemanha terminou em primeiro lugar com a vitória sobre o Irã, em Montpellier. Os gols foram marcados no segundo tempo por Bierhoff, aos 5, e Klinsmann, aos 12 minutos.

IUGOSLÁVIA 1 × 0 ESTADOS UNIDOS: a Iugoslávia também se classificou ao vencer os americanos, em Nantes, com gol de Komljenovic aos 4 do primeiro tempo.

No último dia de jogos pela primeira fase, foram definidas as classificações de mais dois grupos.

ARGENTINA 1 × 0 CROÁCIA: em Bordeaux, Pineda garantiu a vitória argentina sobre a Croácia com gol aos 36 minutos do primeiro tempo. A equipe de Passarella ficou em primeiro lugar, e os croatas em segundo.

JAMAICA 2 × 1 JAPÃO: em Lyon, Whitmore marcou os dois gols dos jamaicanos aos 39 do primeiro e aos 9 do segundo tempo. O gol japonês foi de Nakayama aos 29 da etapa final.

ROMÊNIA 1 × 1 TUNÍSIA: a Romênia ficou em primeiro no grupo G ao empatar com a Tunísia, em Saint-Denis. Souayah, de pênalti, abriu o placar aos 10 do primeiro tempo e colocou os tunisianos na frente. Moldovan igualou para os romenos aos 27 da etapa final.

INGLATERRA 2 × 0 COLÔMBIA: a Inglaterra ficou em segundo lugar no grupo com a vitória em Lens. Os gols foram marcados no primeiro tempo por Anderton, aos 20, e Beckham, aos 30 minutos.

As oitavas de final da Copa tiveram os seguintes confrontos: Itália × Noruega, Brasil × Chile, França × Paraguai, Nigéria × Dinamarca, Alemanha × México, Holanda × Iugoslávia, Romênia × Croácia e Argentina × Inglaterra.

GRADE DE PROGRAMAÇÃO DA TV EM 27 DE JUNHO DE 1998

11h10 – Itália vs. Noruega (SBT, Globo, Record, Manchete, Bandeirantes, SporTV e ESPN Brasil)

15h – Brasil vs. Chile (SBT, Globo, Record, Manchete, Bandeirantes, SporTV e ESPN Brasil)

ITÁLIA 1 × 0 NORUEGA: abrindo as oitavas de final, a Itália eliminou a Noruega, em Marselha, com gol de Vieri aos 18 do primeiro tempo.

A seleção brasileira voltou a campo com a obrigação de espantar as críticas, depois da derrota para os noruegueses.

BRASIL 4 × 1 CHILE – PARIS – 27.06.98

BRASIL: Taffarel, Cafu, Aldair (Gonçalves), Júnior Baiano, César Sampaio, Roberto Carlos, Dunga, Ronaldo, Rivaldo, Leonardo e Bebeto (Denílson).

CHILE: Tapia; Reyes, Fuentes, Margas, Cornejo; Acuña (Musrri), Ramirez (Estay), Sierra (Vega), Aros; Salas e Zamorano.

ÁRBITRO: Marc Batta (França).

GOLS: César Sampaio (11 e 27) e Ronaldo (45) no primeiro tempo; Salas (23) e Ronaldo (24) na etapa final.

Ronaldo é destaque na goleada do Brasil contra o Chile

Cerca de 45 mil torcedores assistiram a uma boa exibição da seleção brasileira no Parc des Princes. Goleada sobre o Chile: 4 a 1, com excelentes atuações de Ronaldo e de César Sampaio, que marcou dois gols no primeiro tempo: aos 11 e aos 27 minutos. Ronaldo fez o terceiro em cobrança de pênalti aos 45. Na etapa final, Marcelo Salas diminuiu aos 23 minutos. Ronaldo, de novo, marcou aos 24, fechando o placar. Dos quatro gols brasileiros, três tiveram início com bolas paradas.

Reportagem da *Folha* falava sobre a formação da seleção brasileira:

A vitória brasileira foi uma espécie de afirmação do time escolhido como titular pelo técnico Zagallo. No único jogo em que ele experimentou as mudanças apontadas como ideais pela opinião pública contra a Noruega, colocando Leonardo como segundo volante e Denílson no time titular, o time se desencontrou. Um dos motivos foi o excesso de canhotos e o deslocamento de alguns jogadores de sua posição original, como Rivaldo, que atua pela esquerda e teve que jogar do lado direito. Ontem, "desentortado", o Brasil esteve melhor técnica e taticamente, principalmente no segundo tempo, quando tocou melhor a bola e marcou o único gol com bola em movimento.

Apesar dos problemas, a seleção brasileira estava nas quartas de final.

FRANÇA 1 × 0 PARAGUAI: foi na morte súbita! A França ganhou do aguerrido Paraguai por 1 a 0 com gol de ouro, uma novidade naquela Copa. O duelo dramático foi em Lens. O goleiro Chilavert só sofreu gol aos 8 minutos do segundo tempo da prorrogação, marcado por Blanc. Os paraguaios eram treinados pelo brasileiro Paulo César Carpegiani. Um dos destaques do time era o zagueiro Gamarra, que em quatro partidas não fez uma falta sequer. Os paraguaios receberam cinco cartões amarelos: Chilavert, Benítez, Enciso, Arce e Rojas.

DINAMARCA 4 × 1 NIGÉRIA: o adversário da seleção brasileira nas quartas de final saiu do duelo entre Dinamarca e Nigéria, em Saint-Dennis. Antes do jogo, a torcida brasileira temia a classificação nigeriana, mas o que se viu foi um show da Dinamarca. Moller abriu o placar aos 3 do primeiro tempo, e Brian Laudrup fez o segundo aos 12. Na etapa final, Sand, aos 15, e Helveg, aos 31, marcaram para a Dinamarca. Babangida foi o autor do gol de honra da Nigéria. No dia seguinte, a capa do caderno de esportes da *Folha de S.Paulo* trazia a manchete: "*Como joga a Dinamarca!*"

ALEMANHA 2 × 1 MÉXICO: em 29 de junho, a Alemanha eliminou o México, em Montpellier. Os mexicanos usaram e abusaram da máxima: "*Jogamos como nunca, perdemos como sempre.*" Hernández abriu o placar aos 2 do segundo tempo, mas a Alemanha virou a partida com Klinsmann, aos 30, e Bierhoff, aos 41.

HOLANDA 2 × 1 IUGOSLÁVIA: em Toulouse, a Holanda garantiu classificação para as quartas. Bergkamp marcou aos 38 da etapa inicial. Komljenovic empatou aos 3 do segundo tempo, mas Davids garantiu a vitória holandesa aos 45 minutos.

CROÁCIA 1 × 0 ROMÊNIA: no último dia das oitavas, em 30 de junho, a Croácia eliminou a Romênia, em Bordeaux. O gol foi marcado pelo artilheiro Suker aos 47 minutos do primeiro tempo em cobrança de pênalti.

ARGENTINA 2 × 2 INGLATERRA (PÊNALTIS 4 × 3): em Saint-Étienne, as duas seleções fizeram um jogo sensacional, um dos melhores da Copa. Batistuta colocou os argentinos na frente aos 5 minutos do primeiro tempo. Shearer empatou para os ingleses aos 9 minutos. Owen fez um golaço e virou o jogo aos 16 minutos. Ele recebeu a bola no círculo central, no campo de ataque, disparou contra os adversários e chutou na saída do goleiro Roa: 2 a 1 para a Inglaterra. A Argentina conseguiu o empate ainda no primeiro tempo com Zanetti aos 46 minutos. O placar não mudou mais até o fim da prorrogação. Nos pênaltis, os argentinos venceram por 4 a 3. O goleiro Roa defendeu as cobranças de Ince e Batty.

Os jogos das quartas foram: Itália × França, Brasil × Dinamarca, Holanda × Argentina e Alemanha × Croácia.

> **GRADE DE PROGRAMAÇÃO DA TV EM 3 DE JULHO DE 1998**
>
> 11h10 – Itália vs. França (SBT, Globo, Record, Manchete, Bandeirantes, SporTV e ESPN Brasil)
>
> 15h30 – Brasil vs. Dinamarca (SBT, Globo, Record, Manchete, Bandeirantes, SporTV e ESPN Brasil)

FRANÇA 0 × 0 ITÁLIA (PÊNALTIS 4 × 3): as quartas de final começaram no dia 3 de julho com o duelo entre França e Itália, em Saint-Denis. Depois de 120 minutos de um empate por 0 a 0, os donos da casa venceram nos pênaltis por 4 a 3. Barthez defendeu a cobrança de Albertini, e Di Biagio chutou no travessão. Pela terceira vez seguida, os italianos eram eliminados de um mundial na disputa de penalidades.

Em Nantes, a seleção brasileira levou sufoco da Dinamarca, mas venceu a partida.

BRASIL 3 × 2 DINAMARCA – NANTES – 03.07.98

BRASIL: Taffarel, Cafu, Aldair, Júnior Baiano, César Sampaio, Roberto Carlos, Dunga, Rivaldo (Zé Roberto), Leonardo (Emerson), Bebeto (Denílson) e Ronaldo.

DINAMARCA: Schmeichel; Colding, Rieper, Høgh, Heintze; Jorgensen, Allan Nielsen (Tofting), Helveg (Schjönberg), Michael Laudrup; Moller (Sand) e Brian Laudrup.

ÁRBITRO: Gamal Ghandour (Egito).

GOLS: Jorgensen (2), Bebeto (11) e Rivaldo (27) no primeiro tempo; Laudrup (5) e Rivaldo (15) na etapa final.

O gol de Jorgensen, aos 2 minutos, deixou os torcedores brasileiros preocupados. Mas a seleção foi para cima e empatou aos 11 minutos: Bebeto chutou rasteiro, da entrada da área. Aos 27 minutos, Rivaldo virou o jogo.

Aos 5 do segundo tempo, Laudrup deixou tudo igual. Mas Rivaldo fez a diferença na partida. Ele chutou de longe, rasteiro, e venceu o goleiro Schmeichel aos 15 minutos: 3 a 2. Grande vitória brasileira! Cafu tinha sido advertido com o segundo cartão amarelo e estava fora da próxima fase.

Em uma coluna sobre televisão, publicada na *Folha de S.Paulo*, o jornalista Nelson de Sá relatava:

> *Zagallo, ao vivo na Band, logo depois do jogo: "O importante foi a raça, o brio dessa equipe." Estava emocionado demais e tentou sair. "Estou cansado, estou tenso, mas estou feliz por proporcionar a vocês esta alegria." Olhava para a câmera. Começou a chorar. "Só espero poder, até o final, levar essa alegria a vocês." Soluçando, fez o gesto: "Só faltam dois."*

Zagallo completaria 67 anos em agosto de 1998. Assim como em 1994, o treinador fazia a contagem regressiva para a conquista.

HOLANDA 2 × 1 ARGENTINA: em Marselha, a Holanda eliminou a Argentina da Copa. Kluivert marcou aos 12 do primeiro tempo, e Claudio López empatou aos 17. Quando a torcida já esperava a prorrogação, Bergkamp fez o gol da vitória aos 44 do segundo tempo. Era a melhor campanha da Holanda na história desde o vice-campeonato de 1978.

CROÁCIA 3 × 0 ALEMANHA: a última vaga das semifinais foi decidida em Lyon. Uma surpresa! O croata Jarni abriu o placar aos 45 minutos da primeira etapa. Vlaovic ampliou aos 35 minutos do segundo tempo. O golpe fatal nos alemães veio dos pés de Suker aos 40 minutos. Ele fez uma boa jogada de ataque e bateu no contrapé do goleiro Köpke. Pela segunda Copa seguida, a Alemanha era eliminada nas quartas de final.

Os confrontos das semifinais foram: Brasil × Holanda e França × Croácia.

> **GRADE DE PROGRAMAÇÃO DA TV EM 7 DE JULHO DE 1998**
>
> 15h30 – Brasil vs. Holanda (SBT, Globo, Record, Manchete, Bandeirantes, SporTV e ESPN Brasil)

7 de julho de 1998: Brasil e Holanda voltavam a se enfrentar, quatro anos depois do duelo nos Estados Unidos. O jogo, disputado no Vélodrome, em Marselha, entrou para a história como um dos grandes confrontos em todos os tempos.

Sai que é sua: Taffarel foi decisivo contra a Holanda na disputa por pênaltis

BRASIL 1 × 1 HOLANDA (4 × 2 - PÊNALTIS) - MARSELHA - 07.07.98

BRASIL: Taffarel, Zé Carlos, Aldair, Júnior Baiano, Roberto Carlos, César Sampaio, Dunga, Rivaldo, Leonardo (Emerson), Bebeto (Denílson) e Ronaldo.

HOLANDA: Van der Sar; Reiziger (Winter), Stam, Frank de Boer; Ronald de Boer, Jonk (Seedorf), Davids, Cocu; Bergkamp, Kluivert e Zenden (van Hooijdonk).

ÁRBITRO: Ali Bujsaim (Emirados Árabes).

GOLS: Ronaldo (2) e Kluivert (42) no segundo tempo.

DECISÃO POR PÊNALTIS: Brasil: 4 (Ronaldo, Rivaldo, Émerson e Dunga). Holanda: 2 (Frank de Boer e Bergkamp).

Zagallo escalou Zé Carlos, lateral do São Paulo, no lugar de Cafu. O jogo foi muito equilibrado, e o primeiro tempo terminou empatado: 0 a 0. Aos 2 minutos da segunda etapa, Ronaldo recebeu um passe magistral de Rivaldo e chutou na saída do goleiro Van Der Sar. A Holanda empatou com um gol de cabeça de Kluivert aos 42 minutos. As duas seleções desperdiçaram boas chances na prorrogação.

A classificação foi definida nos pênaltis. Enquanto os jogadores estavam sentados no gramado, aguardando o início das cobranças, Zagallo gritava palavras de incentivo. Ronaldo bateu o primeiro pênalti e converteu: 1 a 0. Frank de Boer empatou. Na sequência, Rivaldo fez 2 a 1, e Bergkamp deixou tudo igual: 2 a 2. O terceiro brasileiro a cobrar foi Emerson: 3 a 2. Taffarel brilhou na cobrança de Cocu. O goleiro brasileiro caiu no canto esquerdo e defendeu. O capitão Dunga fez o quarto gol. Ronald de Boer correu para a cobrança, deu uma paradinha, mas Taffarel pegou: 4 a 2.

A seleção brasileira estava na final da Copa mais uma vez e agora iria em busca do pentacampeonato. A comemoração dentro de campo foi emocionante. Zagallo chorava. Antes do jogo, o treinador fez uma revelação, de acordo com a *Folha de S.Paulo*:

Zagallo disse que tomou meio comprimido de tranquilizante antes da partida contra a Holanda. Depois do jogo com a Dinamarca, pelas quartas de final, os médicos da seleção lhe deram um comprimido inteiro por causa da tensão. "Contra a Dinamarca eu estava estragadão. Agora vai ser um meiozinho sempre, para regular", afirmou Zagallo. "Na hora dos pênaltis não tomei nada porque já não adiantava."

O treinador condenava o sistema do "gol de ouro". Uma prorrogação é sempre tensa. Pior ainda era saber que o jogo poderia acabar automaticamente se fosse marcado um gol. Já o atacante Bebeto reclamava pelos corredores por ter sido substituído em todos os jogos. E disparava: *"Sem mim, a seleção perde poder ofensivo."*

FRANÇA 2 × 1 CROÁCIA: no dia seguinte, 8 de julho, foi a vez da França garantir vaga na final. O Estádio Saint-Denis estava lotado: 76 mil torcedores. O primeiro tempo terminou empatado: 0 a 0. Davor Suker abriu o placar logo no primeiro minuto do segundo tempo. Mas o zagueiro Thuram seria o nome do jogo. Ele empatou no minuto seguinte, 1 a 1, e fez o segundo da França aos 24 minutos. As imagens da TV mostraram o próprio atleta francês surpreso por ter feito os gols decisivos, aliás os únicos dele com a camisa da seleção. A França chegava à final da Copa pela primeira vez e faria a decisão dos sonhos contra os maiores campeões da história.

CROÁCIA 2 × 1 HOLANDA: os croatas garantiram o terceiro lugar na Copa com a vitória sobre a Holanda no Parc des Princes, em Paris. Todos os gols foram marcados no primeiro tempo. Prosinecki fez aos 13 minutos, e a Holanda empatou aos 21. Suker garantiu a vitória da Croácia aos 35 minutos e a artilharia do mundial com seis gols.

> **GRADE DE PROGRAMAÇÃO DA TV EM 12 DE JULHO DE 1998**
>
> 15h30 – Brasil vs. França (SBT, Globo, Record, Manchete, Bandeirantes, SporTV e ESPN Brasil)

Quando se fala na final da Copa de 1998, os torcedores brasileiros se perguntam: e se Ronaldo não tivesse passado mal horas antes da partida? Até hoje, o caso envolvendo o jogador gera inúmeras especulações. Surgiram teorias conspiratórias de que a patrocinadora de material esportivo teria exigido a escalação de Ronaldo e até de que o Brasil teria "vendido" o jogo para a França.

> **FRANÇA 3 × 0 BRASIL – SAINT-DENIS – 12.07.98**
>
> **BRASIL**: Taffarel; Cafu, Júnior Baiano, Aldair e Roberto Carlos; César Sampaio (Edmundo), Leonardo (Denílson), Dunga, Rivaldo; Ronaldo e Bebeto.
>
> **FRANÇA**: Barthez, Thuram, Desailly, Lebœuf, Lizarazu, Deschamps, Petit, Karembeu (Boghossian), Djorkaeff (Vieira), Zidane e Guivarc'h (Dugarry)
>
> **ÁRBITRO**: Said Belqola (Marrocos)
>
> **GOLS**: Zidane (aos 27 e aos 46) no primeiro tempo; Petit (47) na etapa final.

Em um lance acrobático, Ronaldo se choca com o goleiro Barthez na final da Copa

O mundo do futebol ficou surpreso ao saber que Edmundo e não Ronaldo estava relacionado pelo técnico Zagallo para a partida final. Começaram a surgir as primeiras informações de que o camisa 9 do Brasil tinha sofrido uma convulsão horas antes da partida. Os médicos da seleção desaconselharam que ele fosse escalado. Ronaldo estava dormindo quando teve a convulsão, mas acordou como se nada tivesse acontecido. Ele queria jogar. O "Fenômeno" foi liberado pelo técnico Zagallo, depois de insistir para que o treinador o colocasse em campo. E se tivesse jogado Edmundo? Durante a partida, era nítida a preocupação dos atletas brasileiros com o estado de saúde de Ronaldo. Aquele episódio abalou a seleção, que sofreu uma derrota histórica por 3 a 0. Nunca o Brasil tinha perdido um jogo de mundial por uma diferença de 3 gols. E mais: foi o primeiro placar de 3 a 0 em uma decisão de Copa. O carrasco Zidane fez dois gols de cabeça: aos 27 e 46 minutos do primeiro tempo.

Na etapa final, o time de Zagallo melhorou, mas não conseguiu reagir. Edmundo entrou no lugar de César Sampaio e Denílson substituiu Leonardo. Petit sacramentou a vitória histórica e o título inédito da França aos 47 minutos da etapa final. Didier Deschamps ergueu a taça. A Champs-Élysées foi tomada e os nomes dos campeões foram projetados no Arco do Triunfo.

O jornalista Jorge Caldeira, autor do livro *Ronaldo – Glória e Drama no Futebol Globalizado*, desmente a teoria da convulsão. Ronaldo teria apresentado sintomas de terror noturno, um distúrbio do sono que provoca contrações na face e no qual o paciente pronuncia palavras desconexas. Segundo o jornalista, desde pequeno o jogador sofria desse problema.

Já César Sampaio dá outra versão. Ele diz que Ronaldo não passou mal dormindo, mas enquanto estava no banheiro usando uma máquina para raspar o cabelo. O jogador começou a ter uma convulsão, foi colocado na cama e, depois, quando acordou, não se lembrava de mais nada.

Zidane aproveita fragilidade da defesa brasileira e marca de cabeça

Em entrevista ao SporTV, Zico, auxiliar de Zagallo na seleção, relatou:

> Depois do almoço, eu fiquei conversando com o Gilmar e o Evandro Mota. O papo era tão bom que esquecemos do horário. Quando eu olhei, eram quase 16h. Eu fui tomar banho porque daqui a pouco tem o jantar. Quando eu estava passando, me avisaram: "É melhor você ir no quarto do Ronaldo, porque está acontecendo alguma coisa lá." Já tinha rolado muita coisa. Quando eu cheguei, na porta, o Ronaldo estava na cama. O Roberto Carlos estava assustado, olhando. Eu perguntei para o doutor Da Matta se estava tudo bem. O Ronaldo deitou, e dormiu de novo. Eu fui para o meu quarto, tomei banho e voltei. O Ronaldo parou na porta do restaurante e o fez como se fosse aquecimento. Eu perguntei: "Ronaldo, você está se aquecendo agora?" Ele respondeu: "Não sei o que aconteceu comigo, parece que eu levei uma surra." Eu pensei: "Ele não sabe que teve uma convulsão."

Zico também reproduz a conversa de Ronaldo com o médico Lídio Toledo:

> O Ronaldo estava falando: "Lídio, eu joguei a Copa inteira, quero jogar." Lídio perguntou: "Você está bem, mesmo?" O Ronaldo respondeu que sim e o Zagallo liberou. Não tinha outra alternativa. O médico o vetou às 17h30m e às 20h, não falou nada. Então, ele foi jogar.

Os brasileiros teriam de esperar mais quatro anos para comemorar o quinto título mundial. Seria um período de dor, de superação e de alegrias para Ronaldo.

Na entrevista coletiva, depois do jogo, Zagallo se irritou com o repórter Mauro Leão do jornal carioca *O Dia*. Antes mesmo das perguntas, o jornalista questionava a escalação de Ronaldo. Irritado, Zagallo respondeu: *"Entrou porque entrou. Você quer baixar o nível, quer aparecer. Estou aqui porque sou homem, vocês devem muito a mim. Sou homem, tenho dignidade, moral. Precisa ter educação com os franceses aqui."* Parte da crítica o considerava ultrapassado, mas ele deixava claro: *"Não vou parar."* Zagallo saiu da seleção depois da Copa. No entanto, ainda voltaria para ser auxiliar de Parreira em 2006, na Alemanha.

O RÁDIO NA COPA DE 1998

A Copa de 1998 foi a última de José Silvério na Jovem Pan. Ele deixou a emissora em 2000 e se transferiu para a Bandeirantes. A partir de então, Nilson César se tornou o titular nos microfones da Pan.

Zidane ergue o troféu: o mundo é azul!

TABELA DA COPA DE 1998

GRUPO A

10/06/1998 Saint-Denis: **Brasil 2 × 1 Escócia**
10/06/1998 Montpellier: **Marrocos 2 × 2 Noruega**
16/06/1998 Bordeaux: **Escócia 1 × 1 Noruega**
16/06/1998 Nantes: **Brasil 3 × 0 Marrocos**
23/06/1998 Marselha: **Brasil 1 × 2 Noruega**
23/06/1998 Saint-Étienne: **Escócia 0 × 3 Marrocos**

GRUPO B

11/06/1998 Bordeaux: **Itália 2 × 2 Chile**
11/06/1998 Toulouse: **Camarões 1 × 1 Áustria**
17/06/1998 Saint-Étienne: **Chile 1 × 1 Áustria**
17/06/1998 Montpellier: **Itália 3 × 0 Camarões**
23/06/1998 Saint-Denis: **Itália 2 × 1 Áustria**
23/06/1998 Nantes: **Chile 1 × 1 Camarões**

GRUPO C

12/06/1998 Lens: **Arábia Saudita 0 × 1 Dinamarca**
12/06/1998 Marselha: **França 3 × 0 África do Sul**
18/06/1998 Toulouse: **África do Sul 1 × 1 Dinamarca**
18/06/1998 Saint-Denis: **França 4 × 0 Arábia Saudita**
24/06/1998 Lens: **França 2 × 1 Dinamarca**
24/06/1998 Bordeaux: **África do Sul 2 × 2 Arábia Saudita**

GRUPO D

12/06/1998 Montpellier: **Paraguai 0 × 0 Bulgária**
13/06/1998 Nantes: **Espanha 2 × 3 Nigéria**
19/06/1998 Paris: **Nigéria 1 × 0 Bulgária**
19/06/1998 Saint-Étienne: **Espanha 0 × 0 Paraguai**
24/06/1998 Toulouse: **Nigéria 1 × 3 Paraguai**
24/06/1998 Lens: **Espanha 6 × 1 Bulgária**

GRUPO E

13/06/1998 Lens: **Coreia do Sul 1 × 3 México**
13/06/1998 Saint-Denis: **Holanda 0 × 0 Bélgica**
20/06/1998 Bordeaux: **Bélgica 2 × 2 México**
20/06/1998 Marselha: **Holanda 5 × 0 Coreia do Sul**
25/06/1998 Saint-Étienne: **Holanda 2 × 2 México**
25/06/1998 Paris: **Bélgica 1 × 1 Coreia do Sul**

GRUPO F

14/06/1998 Saint Etienne: **Iugoslávia 1 × 0 Irã**
15/06/1998 Paris: **Alemanha 2 × 0 Estados Unidos**
21/06/1998 Lens: **Alemanha 2 × 2 Iugoslávia**
21/06/1998 Lyon: **Estados Unidos 1 × 2 Irã**
25/06/1998 Nantes: **Estados Unidos 0 × 1 Iugoslávia**
25/06/1998 Montpellier: **Alemanha 2 × 0 Irã**

GRUPO G

15/06/1998 Marselha: **Inglaterra 2 × 0 Tunísia**
15/06/1998 Lyon: **Romênia 1 × 0 Colômbia**
22/06/1998 Montpellier: **Colômbia 1 × 0 Tunísia**
22/06/1998 Toulouse: **Romênia 2 × 1 Inglaterra**
26/06/1998 Lens: **Colômbia 0 × 2 Inglaterra**
26/06/1998 Saint-Denis: **Romênia 1 × 1 Tunísia**

GRUPO H

14/06/1998 Toulouse: **Argentina 1 × 0 Japão**
14/06/1998 Lens: **Jamaica 1 × 3 Croácia**
20/06/1998 Nantes: **Japão 0 × 1 Croácia**
21/06/1998 Paris: **Argentina 5 × 0 Jamaica**
26/06/1998 Bordeaux: **Argentina 1 × 0 Croácia**
26/06/1998 Lyon: **Japão 1 × 2 Jamaica**

OITAVAS

27/06/1998 Paris: **Brasil 4 × 1 Chile**
27/06/1998 Marselha: **Itália 1 × 0 Noruega**
28/06/1998 Saint-Denis: **Nigéria 1 × 4 Dinamarca**
28/06/1998 Lens: **França 1 × 0 Paraguai**
29/06/1998 Toulouse: **Holanda 2 × 1 Iugoslávia**
29/06/1998 Montpellier: **Alemanha 2 × 1 México**
30/06/1998 Saint-Étienne: **Argentina 2 (4) × (3) 2 Inglaterra**
30/06/1998 Bordeaux: **Romênia 0 × 1 Croácia**

QUARTAS

03/07/1998 Nantes: **Brasil 3 × 2 Dinamarca**
03/07/1998 Saint-Denis: **Itália 0 (3) × (4) 0 França**
04/07/1998 Lyon: **Croácia 3 × 0 Alemanha**
04/07/1998 Marselha: **Holanda 2 × 1 Argentina**

SEMIFINAIS

07/07/1998 Marselha: **Brasil 1 (4) × (2) 1 Holanda**
08/07/1998 Saint-Denis: **França 2 × 1 Croácia**

TERCEIRO LUGAR

11/07/1998 Paris: **Croácia 2 × 1 Holanda**

FINAL

12/07/1998 Saint-Denis: **França 3 × 0 Brasil**

20 JAI COREIA

ÃO
DO
SUL
02

AS CORES DO PENTA

A Copa do monopólio na TV aberta

A Copa de 2002 teve duas sedes, algo inédito na história. O mundial chegava ao oriente. Japão e Coreia do Sul investiram pesado na construção de estádios e em infraestrutura. No Brasil, a torcida teve de se habituar aos horários dos jogos de madrugada. Trabalhar durante o dia e assistir às partidas de madrugada eram grandes desafios para os fãs de futebol.

Como vimos, em 1982 a Globo teve monopólio das transmissões, mas as emissoras educativas retransmitiram o sinal para garantir a exibição dos jogos em cidades onde a emissora carioca não chegava. Em 2002, a Globo voltou a ter o monopólio. Apesar da concorrência da TV a cabo, a audiência da emissora foi massacrante.

Depois da frustração pela derrota na final em 1998, a seleção conquistaria o quinto título mundial. A "Família Scolari" teve 100% de aproveitamento ao vencer os sete jogos disputados, feito parecido com o do Brasil de 1970. Mas, na época, a campanha teve seis partidas.

Uma reportagem da *Folha de S.Paulo* de 1998 trazia informações sobre a assinatura do contrato pela Globo para transmitir as duas Copas seguintes:

> *A Rede Globo anunciou ontem, no Rio, a assinatura do maior contrato da história da TV mundial para transmissões de futebol. Na prática, a emissora assegurou o quase monopólio sobre o esporte na TV do Brasil até 2006. A exclusividade da Globo não se limitará à TV aberta. Abrangerá também transmissões por TV por assinatura, rádio e Internet. Apesar de a emissora não ter revelado os valores do contrato, a Folha apurou que a TV Globo vai pagar US$ 383 milhões à ISL (International Sports Leisure), empresa que comprou da Fifa, entidade máxima do futebol mundial, os direitos de negociar em cada país, exceto na Europa e nos EUA, a transmissão dos Mundiais.*

A PREPARAÇÃO BRASILEIRA

Depois da derrota na final da Copa, Ronaldo ainda teria uma longa jornada de superação até chegar ao mundial de 2002. Em 1999, atuando pela Inter de Milão, ele sofreu uma contusão e teve de operar o joelho direito. No ano seguinte, depois de cinco meses sem jogar, rompeu o tendão em uma partida contra a Lazio. O jogador só voltou a campo no segundo semestre de 2001, e a participação dele na Copa era cercada de dúvidas.

Depois da saída de Zagallo, até a Copa de 2002 a seleção teve quatro treinadores: Wanderley Luxemburgo, Candinho, Leão e Luiz Felipe Scolari. Pela primeira vez, o Brasil disputou eliminatórias pelo sistema de pontos corridos: todos contra todos em um ano e oito meses de disputa. Aos trancos e barrancos, sem uma base definida ao longo da competição, o Brasil, sob o comando de Felipão, garantiu vaga na Copa depois da vitória sobre a Venezuela por 3 a 0, na última rodada. A equipe terminou as eliminatórias em terceiro lugar, atrás de Argentina e Equador. Nos outros torneios disputados no período, destaque para a conquista da Copa América de 1999, no Paraguai, ainda sob o comando de Luxemburgo. O técnico ainda treinou a equipe na Olimpíada de 2000, em Sydney. A seleção perdeu para Camarões por 2 a 1, na morte súbita, na fase de quartas de final.

Em 2001, a seleção ficou em quarto lugar na Copa das Confederações. Já na Copa América, na Colômbia, disputada naquele ano, o Brasil, já com Felipão, foi eliminado de forma vergonhosa pela seleção de Honduras nas quartas de final. O técnico brasileiro enfrentou críticas e desconfiança por parte da torcida e da imprensa. Era considerado teimoso. Mas o treinador fechou um grupo e foi com a equipe até o fim.

Os fanáticos torcedores da Coreia do Sul em êxtase com os bons resultados na Copa

O DIA A DIA DA COPA

A Fifa manteve a polêmica fórmula do gol de ouro para as prorrogações. Já o formato de disputa na primeira fase foi o mesmo de 1998: 32 seleções divididas em oito grupos. As duas primeiras seleções de cada chave garantiam vaga. A novidade, como já destacamos, foi a sede compartilhada entre Japão e Coreia do Sul.

GRUPO A: França, Uruguai, Dinamarca e Senegal
GRUPO B: Espanha, Eslovênia, Paraguai e África do Sul
GRUPO C: Brasil, Turquia, Costa Rica e China
GRUPO D: Coreia do Sul, Polônia, Estados Unidos e Portugal
GRUPO E: Alemanha, Irlanda, Camarões e Arábia Saudita
GRUPO F: Argentina, Inglaterra, Suécia e Nigéria
GRUPO G: Itália, México, Croácia e Equador
GRUPO H: Japão, Bélgica, Rússia e Tunísia

GRADE DE PROGRAMAÇÃO DA TV DE 31 DE MAIO DE 2002
7h – Cerimônia de abertura (Globo e SporTV)
8h30 – França vs. Senegal (Globo e SporTV)

SENEGAL 1 × 0 FRANÇA: a festa da Copa do Mundo começou no dia 31 de maio em Seul (Coreia). Depois da cerimônia de abertura, a França, atual campeã, treinada por Roger Lemerre, enfrentou o Senegal. A equipe africana era comandada por um francês, o ex-jogador Bruno Metsu, que morreria precocemente aos 59 anos, em 2013, vítima de câncer. O Senegal surpreendeu o mundo do futebol e foi longe naquela Copa. Na estreia, derrotou a França com gol do habilidoso Bouba Diop aos 31 do primeiro tempo, depois de uma falha do goleiro Barthez.

IRLANDA 1 × 1 CAMARÕES: em Niigata (Japão), Irlanda e Camarões abriram os jogos pelo grupo E. M'Boma marcou para os africanos aos 39 do primeiro tempo. Holland empatou aos 7 da etapa final.

DINAMARCA 2 × 1 URUGUAI: em Ulsan (Coreia), pelo grupo da França, a Dinamarca estreou com vitória diante do Uruguai. Tomasson fez o primeiro aos 45 da etapa inicial, e os uruguaios, comandados por Víctor Púa, empataram aos 2 minutos do segundo tempo com Darío Rodríguez. Mas Tomasson, de novo, garantiu a vitória aos 38 minutos.

ALEMANHA 8 × 0 ARÁBIA SAUDITA: a cidade de Sapporo, a quinta maior do Japão, foi palco da goleada da Alemanha sobre a Arábia Saudita no melhor estilo "vira 4 e acaba 8". O técnico Rudi Völler tinha um bom grupo nas mãos. Os autores dos gols: Klose, aos 20 e aos 25, Ballack, aos 40; e Jancker, aos 46 do primeiro tempo. Na etapa final, mais quatro gols: Klose, aos 24; Linke, aos 27; Bierhoff, aos 39; e Schneider, aos 47.

ARGENTINA 1 × 0 NIGÉRIA: no primeiro domingo da Copa, uma maratona de jogos. Em Ibaraki, no Japão, a Argentina, comandada por Marcelo Bielsa, venceu a Nigéria com gol de Batistuta aos 18 do segundo tempo.

PARAGUAI 2 × 2 ÁFRICA DO SUL: na sequência, na abertura do grupo B, Roque Santa Cruz marcou para o Paraguai, em Busan (Coreia), aos 39 do primeiro tempo. Arce fez o segundo aos 10 da etapa final. Os paraguaios eram treinados pelo italiano Cesare Maldini. A África do Sul, porém, reagiu e empatou o jogo com Mokoena, aos 18 minutos, e Fortune, aos 46.

INGLATERRA 1 × 1 SUÉCIA: em Saitama (Japão), as duas seleções apenas empataram na estreia. Os ingleses eram treinados pelo sueco Sven-Göran Eriksson. Campbell marcou aos 24 do primeiro tempo. Alexandersson deixou tudo igual para a Suécia aos 14 da etapa final.

ESPANHA 3 × 1 ESLOVÊNIA: a equipe espanhola estreou na Copa com uma vitória sobre a Eslovênia, em Gwangju (Coreia). O time de José Antonio Camacho marcou com Raul aos 44 do primeiro tempo. Na etapa final, Valeron fez o segundo aos 29. Cimirotic diminuiu aos 37 minutos, mas Hierro fechou o placar aos 43. A Espanha finalmente venceu em um jogo de estreia. Desde 1950, a Fúria não conseguia derrotar um adversário na primeira partida de um mundial.

> **GRADE DE PROGRAMAÇÃO DA TV DE 3 DE JUNHO DE 2002**
>
> 3h30 – Croácia vs. México (Globo e SporTV)
>
> 6h – Brasil vs. Turquia (Globo e SporTV)
>
> 8h30 – Itália vs. Equador (Globo e SporTV)

MÉXICO 1 × 0 CROÁCIA: os croatas, que ficaram em terceiro lugar na Copa de 1998, perderam na estreia para o México, gol marcado por Blanco aos 16 do segundo tempo. O jogo foi disputado em Niigata, no Japão.

A seleção brasileira entrou em campo em Ulsan, na Coreia do Sul, para enfrentar a boa seleção da Turquia.

> **BRASIL 2 × 1 TURQUIA – ULSAN – 03.06.2002**
>
> **BRASIL**: Marcos, Cafu, Roque Júnior, Lúcio, Edmílson, Roberto Carlos, Gilberto Silva, Juninho Paulista (Vampeta), Ronaldinho Gaúcho (Denílson), Rivaldo e Ronaldo (Luizão).
>
> **TURQUIA**: Rustu; Fatih Akyel, Korkmaz (Mansiz), Özat, Alpay Özalan; Tugay Kerimoglu, Emre Belozoglu, Yildiray Basturk (Davala), Hakan Unsal, Sas e Hakan Sukur.
>
> **ÁRBITRO**: Kim Young-joo (Coreia do Sul).
>
> **GOLS**: Sas (47) no primeiro tempo; Ronaldo (5) e Rivaldo (42) na etapa final.

Como toda estreia, a partida foi marcada pelo nervosismo dos jogadores brasileiros, e a Turquia era um time bem montado por Senol Gunes. A seleção de Luiz Felipe Scolari saiu em desvantagem: gol de Sas aos 47 do primeiro tempo. Na etapa final, o Brasil melhorou e Ronaldo empatou aos 5 minutos. Aos 42 minutos, um lance polêmico: Luizão, que tinha entrado no lugar de Ronaldo, foi derrubado fora da área. O árbitro coreano Young Joo Kim marcou pênalti e expulsou o camisa 5, Alpay. Rivaldo bateu bem e virou o jogo. Um destaque negativo da partida foi a simulação de uma contusão por parte de Rivaldo. O meia estava na linha de fundo, aguardando a bola para cobrar um escanteio. Um jogador adversário chutou a bola nele. Claramente, o jogador brasileiro foi atingido na coxa direita, mas ele simulou uma contusão: caiu o chão e levou as mãos ao rosto. O meia foi multado pela Fifa em 16 mil reais.

A manchete do *Estadão* do dia seguinte destacava: "*Ronaldo acerta o pé, juiz dá uma mão e Brasil vence*". A reportagem dizia: "'*Um brasileiro não faria melhor*', protestou o técnico Senol Gunes, ao referir-se à arbitragem. '*Levei na malandragem*', admitiu Luizão, que teve participação discreta, embora definitiva, no pouco tempo que jogou". Os jornais ressaltavam a superação de Ronaldo e a boa atuação de Rivaldo. Os dois seriam os grandes nomes da Copa. Ronaldo conversou por telefone com o pai, Nélio: "*Pai, vá com calma, por favor, falta muita coisa; você ainda vai ter muito o que comemorar.*" O pai estava eufórico. O camisa 9 do Brasil também conversou com a mãe por uma ligação internacional. Já o técnico Felipão ficou preocupado com as dificuldades de marcação. Denílson entrou bem no jogo, mas o treinador não mexeria na equipe.

ITÁLIA 2 × 0 EQUADOR: no terceiro jogo do dia, a Itália, comandada por Giovanni Trapattoni, venceu o Equador, em Sapporo (Japão). Vieri marcou os dois gols da partida: aos 7 e aos 27 minutos do primeiro tempo.

COSTA RICA 2 × 0 CHINA: pelo grupo do Brasil, a Costa Rica venceu a China, em Gwangju (Coreia), com gols de Gomez, aos 16, e Wright, aos 20 do segundo tempo.

Os anfitriões da Copa estrearam no dia 4. A torcida nos estádios era um espetáculo à parte.

JAPÃO 2 × 2 BÉLGICA: em Saitama, Japão e Bélgica ficaram no empate. Depois de um primeiro tempo morno, as redes balançaram na etapa final. Wilmots abriu o placar para os belgas aos 12 minutos, mas Suzuki empatou aos 14. Inamoto virou o jogo aos

23 minutos, e Van der Heyden deixou tudo igual de novo aos 30 minutos. Frustração da torcida japonesa.

COREIA 2 × 0 POLÔNIA: em Busan, os coreanos venceram um jogo de Copa do Mundo pela primeira vez em 44 anos. Diante da Polônia, Hong marcou aos 26 do primeiro tempo, e Sang-Chul fez o segundo aos 8 da etapa final. Os coreanos eram comandados pelo holandês Guus Hiddink.

RÚSSIA 2 × 0 TUNÍSIA: pelo grupo H, em Kobe (Japão), a Rússia marcou com Titov, aos 14 minutos, e Karpin, aos 19 do segundo tempo.

ESTADOS UNIDOS 3 × 2 PORTUGAL: Suwon, na Coreia, foi palco de um bom jogo. A seleção dos Estados Unidos, treinada por Bruce Arena, venceu Portugal por 3 a 2. Luís Figo, do Real Madrid, era um dos destaques do time português. Os americanos abriram o placar com O'Brien aos 4 minutos do primeiro tempo. O português Jorge Costa fez contra aos 29 minutos: 2 a 0. Os Estados Unidos chegaram ao terceiro gol aos 36 minutos, com McBride. Beto diminuiu aos 39: 3 a 1. Na etapa final, os portugueses balançaram as redes com gol contra de Agoos aos 26 minutos:

ALEMANHA 1 × 1 IRLANDA: já pela segunda rodada do mundial, a Alemanha empatou com a Irlanda em Ibaraki (Japão). Klose marcou aos 19 do primeiro tempo, e Keane igualou o marcador para os irlandeses aos 47 do segundo tempo. Uma surpresa!

DINAMARCA 1 × 1 SENEGAL: no dia 6 de junho, em Daegu (Coreia), a equipe europeia saiu na frente do Senegal com um gol de Tomasson aos 16 do primeiro tempo. Diao empatou aos 7 minutos do segundo.

FRANÇA 0 × 0 URUGUAI: em Busan (Coreia), as duas seleções, consideradas as grandes forças do grupo A, ficaram apenas no empate e se complicaram na Copa.

CAMARÕES 1 × 0 ARÁBIA SAUDITA: em Saitama (Japão), o gol de Eto'o, aos 20 do segundo tempo, deu a vitória a Camarões diante da Arábia Saudita.

SUÉCIA 2 × 1 NIGÉRIA: depois de estrear com empate, a Suécia venceu a Nigéria, em Kobe (Japão). O time africano marcou primeiro com Aghahowa aos 27 minutos da etapa inicial. Larsson deixou tudo igual aos 35. Ele, de novo, fez aos 18 do segundo tempo, garantindo o resultado para os suecos.

David Beckham marca o gol da vitória contra a Argentina

ESPANHA 3 × 1 PARAGUAI: pelo grupo B, em Jeonju (Coreia), a Espanha venceu mais um jogo pelo placar de 3 a 1, agora diante dos paraguaios. O espanhol Puyol marcou contra aos 10 do primeiro tempo. A vitória da Espanha foi construída na etapa final. Morientes fez aos 8 e aos 24 minutos, e Hierro fechou o placar aos 38 minutos.

INGLATERRA 1 × 0 ARGENTINA: a cidade de Sapporo (Japão) recebeu um jogo cercado de muita expectativa. Em 1998, Argentina e Inglaterra se enfrentaram na fase do mata-mata, e os argentinos levaram a melhor. Agora, pela fase de grupos, a Inglaterra deu o troco: vitória por 1 a 0, gol de Beckham, de pênalti, aos 44 do primeiro tempo. No confronto de 1998, o astro inglês tinha sido expulso, mas agora dava a volta por cima em grande estilo.

GRADE DE PROGRAMAÇÃO DA TV DE 8 DE JUNHO DE 2002

3h30 – África do Sul vs. Eslovênia (Globo e SporTV)

6h – Itália vs. Croácia (Globo e SporTV)

8h30 – Brasil vs. China (Globo e SporTV)

Ronaldinho Gaúcho passa por marcador no jogo contra a China

ÁFRICA DO SUL 1 × 0 ESLOVÊNIA: o jogo foi disputado em Daegu (Coreia). Os africanos marcaram com Siyabonga Nomvethe aos 4 minutos do primeiro tempo.

CROÁCIA 2 × 1 ITÁLIA: os italianos não repetiram o futebol apresentado na estreia e perderam para a Croácia em Ibaraki (Japão). A derrota, de virada, teve gols no segundo tempo. Vieri abriu o placar aos 10 minutos. Olic empatou aos 28, e Rapaic garantiu o resultado para a Croácia aos 31 minutos.

Já a seleção brasileira, depois da vitória apertada contra a Turquia, não teve dificuldades para passar pela fraca equipe da China em Seogwipo, na Coreia.

BRASIL 4 × 0 CHINA – SEOGWIPO – 08.06.2002

BRASIL: Marcos, Cafu, Roque Júnior, Lúcio, Anderson Polga, Roberto Carlos, Gilberto Silva, Juninho Paulista (Ricardinho), Ronaldinho Gaúcho (Denílson), Rivaldo e Ronaldo (Edílson).

CHINA: Jiang Jin; Du Wei, Li Weifeng, Wu Chengying e Xu Yunlong; Li Xiaopeng, Qi Hong (Shao Jiayi), Li Tie, Zhao Junzhe, Ma Mingyu (Yang Pu) e Hao Haidong (Qu Bo).

ÁRBITRO: Anders Frisk (Suécia).

GOLS: Roberto Carlos (15), Rivaldo (32) e Ronaldinho Gaúcho (45) no primeiro tempo; Ronaldo (10) na etapa final.

A China era comandada pelo "peregrino" Bora Milutinović. Em 1994, treinando os Estados Unidos, ele enfrentou a seleção brasileira naquele histórico 4 de julho. O técnico Luiz Felipe Scolari colocou Anderson Polga no lugar de Edmílson e justificou: *"Ânderson Polga, que é um jogador mais talhado para jogar na sobra e com mais qualidade no sentido de cobertura, pode nos dar uma ajuda."* Ou seja, deu justificativas táticas para a substituição. A seleção brasileira marcou três gols no primeiro tempo: Roberto Carlos, aos 15; Rivaldo, aos 32; e Ronaldinho Gaúcho, aos 45. Ronaldo fez o quarto da seleção aos 10 do segundo tempo. Com duas vitórias seguidas, o time brasileiro estava classificado para a próxima fase.

O caderno de esportes da *Folha* do dia seguinte trazia a seguinte manchete: "*Negócio da China*". A reportagem lembrava:

> *O saldo de gols é o primeiro critério de desempate no regulamento da Copa-2002 caso duas equipes de um mesmo grupo terminem com pontuação igual. O Brasil estaria à frente da Espanha se estivessem no mesmo grupo. Para assegurar a sua vaga nas oitavas, o time de Scolari depende apenas de um empate da Costa Rica contra a Turquia que se enfrentam hoje, às 6h.*

TURQUIA 1 × 1 COSTA RICA: em Incheon (Coreia), Emre Belozoglu marcou para a Turquia aos 11 do segundo tempo. Winston Parks empatou aos 41 minutos para a Costa Rica. O resultado confirmou a classificação da seleção brasileira.

MÉXICO 2 × 1 EQUADOR: em Miyagi (Japão), os mexicanos venceram o segundo jogo na Copa. Delgado abriu o placar para o Equador aos 5 minutos do primeiro tempo, mas Borgetti empatou aos 28 minutos. Aos 12 da etapa final, Torrado fez o segundo dos mexicanos.

JAPÃO 1 × 0 RÚSSIA: em Yokohama, festa dos japoneses! O time da casa venceu a Rússia por 1 a 0, gol de Inamoto aos 5 minutos do segundo tempo. O árbitro Markus Merk, da Alemanha, distribuiu seis cartões amarelos: três para cada lado.

COREIA DO SUL 1 × 1 ESTADOS UNIDOS: a Coreia do Sul só empatou com os americanos, em Daegu, frustrando os fanáticos torcedores locais. Os Estados Unidos marcaram primeiro com Mathis aos 24 minutos da etapa inicial. Ahn deixou tudo igual aos 33 do segundo tempo. Os coreanos perderam um pênalti defendido pelo goleiro Friedel.

BÉLGICA 1 × 1 TUNÍSIA: mais um empate na Copa, em Oita (Japão). Wilmots abriu o marcador para a Bélgica aos 13 do primeiro tempo. A Tunísia igualou o placar com Bouzaiene aos 18 minutos. Péssimo resultado para os belgas, que estavam ameaçados de desclassificação.

PORTUGAL 4 × 0 POLÔNIA: em Jeonju (Coreia), Portugal se recuperou da derrota na estreia e goleou os poloneses. Pauleta, destaque do jogo, marcou aos 14 do primeiro tempo e fez mais dois na etapa final: aos 20 e aos 31. Rui Costa fechou o placar aos 42 minutos.

A definição dos grupos começou no dia 11 de junho com quatro jogos por dia e em dois horários simultâneos.

DINAMARCA 2 × 0 FRANÇA: em Incheon (Coreia), a França se despediu da Copa com uma campanha pífia, em quarto lugar no grupo A. A Dinamarca venceu os franceses por 2 a 0 e terminou em primeiro. Os gols foram marcados por Rommedahl, aos 22 do primeiro tempo, e Tomasson, aos 22 da etapa final.

SENEGAL 3 × 3 URUGUAI: o segundo lugar do grupo ficou com o Senegal. Em jogo com muitos gols, em Suwon (Coreia), os senegaleses fizeram três no primeiro tempo: Fadiga, aos 20, e Bouba Diop, aos 26 e aos 38. O Uruguai conseguiu empatar o jogo no segundo tempo. Morales, a um minuto, Forlán, aos 24, e Recoba, aos 43, evitaram um vexame maior. Nenhuma casa de apostas indicava que Uruguai e França seriam eliminados na primeira fase do mundial.

ALEMANHA 2 × 0 CAMARÕES: na definição do grupo E, a Alemanha venceu os camaroneses, em Shizuoka (Japão), e ficou em primeiro lugar. Os gols foram de Bode, aos 5, e Klose, aos 34 do segundo tempo. O árbitro espanhol Antonio Nieto distribuiu 14 cartões amarelos, sete para cada lado, e expulsou um jogador de cada time.

IRLANDA 3 × 0 ARÁBIA SAUDITA: em Yokohama (Japão), a Irlanda garantiu o segundo lugar na chave. Keane marcou aos 7 do primeiro tempo. Na etapa final, Breen fez aos 16 minutos, e Duff fechou o placar aos 42 minutos.

ARGENTINA 1 × 1 SUÉCIA: em Miyagi (Japão), a Argentina só empatou com a Suécia e foi eliminada na primeira fase da Copa, o que não acontecia desde 1962. Svensson abriu o placar aos 14 do segundo tempo, e a Argentina marcou com Crespo aos 43 minutos. A Suécia ficou na primeira colocação.

INGLATERRA 0 × 0 NIGÉRIA: o segundo lugar do grupo ficou com os ingleses, que empataram com os nigerianos em Osaka (Japão).

ESPANHA 3 × 2 ÁFRICA DO SUL: a Espanha chegou à terceira vitória na Copa e ficou na primeira posição do grupo B. Em Daejeon (Coreia), o time de Camacho derrotou a África do Sul, mas passou sufoco. O craque Raúl fez o primeiro gol aos 4 da etapa inicial, e McCarthy empatou aos 31. Mendieta colocou de novo a Espanha na frente aos 45. No segundo tempo, Radebe empatou aos 8 minutos. O gol salvador veio dos pés de Raul aos 11 minutos.

PARAGUAI 3 × 1 ESLOVÊNIA: no outro jogo da chave, o Paraguai conseguiu a segunda posição ao vencer a Eslovênia em Seogwipo (Coreia). Acimovic fez o primeiro gol do jogo aos 46 da etapa inicial. A vitória paraguaia veio no segundo tempo com gols de Cuevas, aos 20; Campos, aos 28; e Cuevas, de novo, aos 39 minutos.

GRADE DE PROGRAMAÇÃO DA TV DE 13 DE JUNHO DE 2002

3h30 – Brasil vs. Costa Rica (Globo e SporTV)
3h30 – Turquia vs. China (SporTV)
8h30 – México vs. Itália (Globo e SporTV)
8h30 – Equador vs. Croácia (SporTV)

Fechando a primeira fase, o Brasil enfrentou a Costa Rica na cidade de Suwon (Coreia).

BRASIL 5 × 2 COSTA RICA – SUWON – 13.06.2002

BRASIL: Marcos, Cafu, Lúcio, Anderson Polga, Edmílson, Júnior, Gilberto Silva, Juninho Paulista (Ricardinho), Edílson (Kléberson), Ronaldo e Rivaldo (Kaká).

COSTA RICA: Lonnis, Luis Marin, Mauricio Wright e Gilberto Martinez; Wilmer Lopez, Mauricio Solis, Harold Wallace (Bryce), Walter Centeno e Carlos Castro; Paulo Wanchope e Ronald Gomez.

ÁRBITRO: Gandal Ghandour (Egito).

GOLS: Ronaldo (aos 10 e aos 13), Edmílson (38) e Wanchope (39) no primeiro tempo. Gómez (11), Rivaldo (17) e Júnior (19) na etapa final.

Com a classificação garantida, o técnico Felipão fez alterações no time para poupar jogadores. Durante a partida, o treinador colocou Kléberson, que ao longo da segunda fase do mundial ganharia a posição de titular. A seleção goleou a Costa Rica, comandada pelo alagoano Alexandre Guimarães.

No primeiro tempo, Ronaldo marcou aos 10 e aos 13 minutos. Aos 38, Edmílson aproveitou um cruzamento da esquerda e deu uma meia bicicleta: um golaço! Wanchope diminuiu um minuto depois. Na etapa final, Gomes fez o segundo da Costa Rica aos 11. A seleção marcou o quarto gol com Rivaldo aos 17. Júnior, que substituía Roberto Carlos na esquerda, fez o quinto: 5 a 2. O Brasil terminou a primeira fase com 100% de aproveitamento e 11 gols marcados.

Reportagem da Folha fazia uma análise sobre Felipão:

> *Desde que chegou à Ásia, o treinador do Brasil tem feito tudo diferente daquilo que o senso comum esperava dele. Antes da Copa, o que para os críticos de Scolari era teimosia, para os admiradores chamava-se coerência. Foi assim com o esquema 3-5-2, corpo estranho à tradição brasileira, e com o atacante Romário, artilheiro das principais competições internacionais no último ano. O jogador ficou fora da Copa, e o sistema de jogo ainda vigora. Mas, antes mesmo da estreia no Mundial, contra a Turquia, o técnico surpreendeu todos ao escalar Juninho no meio-campo do time titular. Com isso, o "defensivista" Scolari abriu mão de jogar com um segundo volante de marcação, algo que se tornou tradição desde 1986, quando Elzo e Alemão jogaram a Copa, no México.*

Desde a final de 1958, a seleção brasileira não marcava cinco gols em um jogo de Copa.

TURQUIA 3 × 0 CHINA: em Seul (Coreia), a equipe da Turquia garantiu o segundo lugar do grupo com uma vitória sobre a China. Sas marcou aos 6 minutos, e Korkmaz fez aos 9 da etapa inicial. O terceiro gol foi de Davala aos 40 minutos do segundo tempo.

MÉXICO 1 × 1 ITÁLIA: na definição do grupo G, o México ficou em primeiro lugar ao empatar com a Itália, em Oita (Japão). Borgetti abriu o placar com gol aos 34 da etapa inicial. Os italianos só conseguiram chegar ao empate aos 40 minutos do segundo tempo, com gol de Del Piero. Para manter a tradição, a Itália fez uma campanha irregular na primeira fase: uma vitória, um empate e uma derrota, ficando em segundo lugar na chave.

EQUADOR 1 × 0 CROÁCIA: em Yokohama (Japão), o Equador garantiu a vitória com gol de Mendez aos 3 minutos do segundo tempo. As duas seleções estavam fora da Copa.

BÉLGICA 3 × 2 RÚSSIA: foi um bom jogo em Shizuoka (Japão). O belga Walem abriu o placar aos 7 minutos da etapa inicial. Beschastnykh empatou aos 7 do segundo tempo. Os belgas marcaram dois gols em 5 minutos: Sonck fez aos 33, e Wilmots marcou aos 37. A Rússia diminuiu com Sychev aos 43 minutos.

JAPÃO 2 × 0 TUNÍSIA: em Osaka, o Japão chegou à segunda vitória na Copa e garantiu a primeira colocação do grupo. Com gols no segundo tempo, de Morishima, aos 3, e Nakata, aos 30, a equipe derrotou a Tunísia. A Bélgica foi a outra classificada.

COREIA DO SUL 1 × 0 PORTUGAL: pelo grupo D, Portugal, comandado António Oliveira, perdeu para a Coreia do Sul em Incheon. O gol foi do meia Park Ji-Sung aos 25 minutos do segundo tempo. Os coreanos terminaram em primeiro lugar, para o delírio dos torcedores locais, e Portugal estava fora.

POLÔNIA 3 × 1 ESTADOS UNIDOS: a outra vaga do grupo ficou com os americanos, mesmo derrotados pela Polônia. Em Daejeon (Coreia), os poloneses fizeram dois gols no começo da partida: Olisadebe, aos 3, e Kryszałowicz, aos 5. O terceiro gol saiu aos 21 do segundo tempo e foi marcado por Zewlakow. Donovan diminuiu aos 38 minutos.

As oitavas de final tiveram os seguintes confrontos: Alemanha × Paraguai, Dinamarca × Inglaterra, Suécia × Senegal, Espanha × Irlanda, México × Estados Unidos, Brasil × Bélgica, Japão × Turquia e Coreia do Sul × Itália.

ALEMANHA 1 × 0 PARAGUAI: os torcedores que foram ao Jeju Stadium, em Seogwipo (Coreia), viram o duelo de duas muralhas. Oliver Kahn, pela Alemanha, e Chilavert, pelo Paraguai. Quando todos esperavam a prorrogação, Oliver Neuville marcou aos 43 minutos do segundo tempo.

INGLATERRA 3 × 0 DINAMARCA: em Niigata (Japão), a vitória da Inglaterra foi construída no primeiro tempo. Rio Ferdinand, aos 5 minutos, Owen, aos 22, e Heskey, aos 44, garantiram o placar de 3 a 0.

SENEGAL 2 × 1 SUÉCIA: em Oita (Japão), o Senegal garantiu a classificação com gol na morte súbita. A Suécia abriu o placar com Larsson aos 11 minutos do primeiro tempo. Henri Camara empatou aos 37 minutos da mesma etapa. O jogo foi para a prorrogação. Aos 14 minutos do primeiro tempo, Henri Camara, de novo ele, fez o gol de ouro. Pelo regulamento, a partida foi imediatamente encerrada, para o desespero dos suecos.

ESPANHA 1 × 1 IRLANDA (PÊNALTI 3 × 2): os espanhóis garantiram a classificação nos pênaltis. Em Suwon (Coreia), Morientes marcou o primeiro gol aos 8 minutos da etapa inicial. A Irlanda empatou com Keane aos 45 minutos do segundo tempo. Depois de uma prorrogação sem gols, a vaga foi decidida nos pênaltis. Os espanhóis venceram por 3 a 2. Casillas defendeu as cobranças de Connolly e Kilbane. Holland também desperdiçou ao acertar o travessão. Os espanhóis perderam duas cobranças: Juanfran e Valerón chutaram para fora.

> **GRADE DE PROGRAMAÇÃO DA TV DE 17 DE JUNHO DE 2002**
>
> 3h30 – México vs. Estados Unidos (Globo e SporTV)
>
> 8h30 – Brasil vs. Bélgica (Globo e SporTV)

ESTADOS UNIDOS 2 × 0 MÉXICO: em Jeonju (Coreia), os americanos garantiram a classificação. McBride marcou aos 8 minutos do primeiro tempo e Donovan fechou o placar aos 25 da etapa final. Os mexicanos, que tinham ficado em primeiro no grupo G, honraram de novo a máxima: "Jogamos como nunca, perdemos como sempre."

A seleção brasileira voltou a campo para o primeiro mata-mata. O time de Luiz Felipe Scolari deixou a Coreia para jogar em Kobe, no Japão, contra a Bélgica.

> **BRASIL 2 × 0 BÉLGICA – KOBE – 17.06.2002**
>
> **BRASIL**: Marcos, Cafu, Lúcio, Roque Júnior, Edmílson, Roberto Carlos, Gilberto Silva, Juninho Paulista (Denílson), Ronaldinho (Kléberson), Rivaldo e Ronaldo.
>
> **BÉLGICA**: De Vlieger; Kerckhoven, Van Buyten, Peeters (Sonck); Verheyen, Simons, Vanderhaeghe, Walem, Goor; Mbo Mpenza e Marc Wilmots.
>
> **ÁRBITRO**: Peter Prendergast (Jamaica).
>
> **GOLS**: Rivaldo (22) e Ronaldo (42) no segundo tempo.

A seleção enfrentou dificuldades contra a Bélgica. O goleiro Marcos fez defesas importantes que garantiram o resultado por 2 a 0. A anulação de um gol belga pelo árbitro jamaicano Peter Prendergast gerou discussão e acusações de que a arbitragem estaria ajudando o Brasil na Copa. Depois de um primeiro tempo sem gols, a seleção cresceu de produção na etapa final. Aos 22

Ronaldo passa por marcador belga na vitória da seleção por 2 a 0

minutos, Rivaldo matou a bola no peito na meia-lua da Bélgica e chutou forte: 1 a 0. Em um contra-ataque, Kléberson arrancou pela direita e cruzou para Ronaldo marcar aos 42 minutos.

Manchete da *Folha* no dia seguinte: "*Dupla de erres leva Brasil para as quartas*". Tostão escreveu:

> Apesar de algumas deficiências, a seleção brasileira mostrou que tem condições de ganhar o título. Não será fácil contra a Inglaterra. Mas nenhuma seleção do mundo tem três atacantes tão bons quanto o Brasil. Se Rivaldo e os dois Ronaldos estivessem do outro lado, provavelmente o placar teria sido de 2 a 0 para a Bélgica. Felizmente, eles atuam no Brasil.

Apesar dos elogios de Tostão, a seleção era muito criticada por causa do vazio entre a zaga e o ataque. No entanto, a deficiência, aos poucos, seria contornada.

TURQUIA 1 × 0 JAPÃO: o último dia das oitavas teve jogos das seleções da casa. Em Miyagi, o Japão se despediu da Copa ao perder para a Turquia. O único gol do jogo foi marcado por Davala aos 12 minutos do primeiro tempo.

COREIA DO SUL 2 × 1 ITÁLIA: se por um lado a torcida japonesa estava triste pela desclassificação, os fanáticos coreanos explodiram de alegria. Em Daejeon, um grito era ouvido das arquibancadas: "*Dae-han-min-guk*", expressão que significa "*o grande povo de Han*". No duelo, a Itália saiu na frente com gol de Vieri aos 18 minutos do primeiro tempo. Na etapa final, Seol empatou aos 45 minutos, para delírio dos torcedores. No segundo tempo da prorrogação, veio o gol de ouro: Ahn fez de cabeça aos 13 minutos. Mais uma zebra na história das Copas do Mundo. Em 1966, a Itália tinha sido desclassificada na primeira fase pela Coreia do Norte. A responsável pela eliminação agora era a Coreia do Sul. A arbitragem do equatoriano Byron Moreno foi muito questionada. Ele expulsou Totti por simulação de falta e, em outro lance, marcou impedimento de Tommasi.

A Itália é surpreendida pela Coreia na morte súbita

As quartas de final estavam definidas: Brasil × Inglaterra, Alemanha × Estados Unidos, Espanha × Coreia do Sul e Senegal × Turquia.

GRADE DE PROGRAMAÇÃO DA TV DE 21 DE JUNHO DE 2002

3h30 – Brasil vs. Inglaterra (Globo e SporTV)

8h30 – Alemanha vs. Estados Unidos (Globo e SporTV)

O duelo entre Brasil e Inglaterra, em Shizuoka, no Japão, foi dramático. Destaque para o golaço de Ronaldinho Gaúcho. Valeu a pena ter acordado de madrugada!

Ronaldinho Gaúcho cobra falta contra a Inglaterra... ... e surpreende o goleiro Seaman

BRASIL 2 × 1 INGLATERRA – SHIZUOKA – 21.06.2002

BRASIL: Marcos, Cafu, Lúcio, Roque Júnior, Edmílson, Roberto Carlos, Gilberto Silva, Kléberson, Ronaldinho, Rivaldo e Ronaldo (Edílson).

INGLATERRA: Seaman; Mills, Ferdinand, Campbell e Ashley Cole (Sheringham); Beckham, Scholes, Butt e Sinclair (Dyer); Heskey e Owen (Vassell).

ÁRBITRO: Felipe Ramos Rizo (México)

GOLS: Owen (23) e Rivaldo (47) no primeiro tempo; Ronaldinho (5) na etapa final.

Kléberson dava mais rapidez ao meio-campo do time de Felipão e virou titular da equipe. Aos 23 minutos do primeiro tempo, o zagueiro Lúcio cometeu uma falha grotesca dentro da área. Michael Owen aproveitou a sobra de bola e marcou o gol da Inglaterra. A seleção, jogando de azul, foi subindo de produção. Ronaldinho arrancou em um contra-ataque e tocou para Rivaldo, que chutou cruzado, no canto direito do goleiro Seaman. O relógio marcava 47 minutos da etapa inicial. O gol deu tranquilidade para o segundo tempo. Aos 5 minutos, Ronaldinho cobrou uma falta à direita da intermediária inglesa. O jogador queria levantar a bola para dentro da área, mas, de forma surpreendente, encobriu o goleiro. Foi uma explosão de alegria. O Brasil virava o jogo. No entanto, 7 minutos depois, Ronaldinho foi expulso por entrada violenta. O atleta, na época com 22 anos, apesar de craque, mostrava que não tinha estabilidade emocional.

O Brasil estava mais uma vez entre os quatro melhores do mundo. O *Estadão* do dia seguinte trazia na página principal: "*A dois passos: 2 × 1, foi uma vitória de talento e garra*". O jornal destacava que a Inglaterra não soube aproveitar a vantagem numérica em campo:

Mesmo com um a mais, os ingleses não conseguiram vencer a defesa brasileira, e Roberto Carlos neutralizou o principal atacante inglês, Beckham. A vitória aumentou a confiança brasileira: pesquisa no portal estadao.com.br revela que 93,7% dos internautas acreditam na conquista do penta – eram 79%, há um mês. Nas apostas em Londres, o Brasil passou a favorito.

ALEMANHA 1 × 0 ESTADOS UNIDOS: no outro jogo do dia, em Ulsan (Coreia), a Alemanha eliminou os americanos. Ballack marcou o gol da vitória aos 39 minutos do primeiro tempo. Os alemães já faziam a melhor campanha desde o título de 1990. Em 1994 e 1998, a equipe europeia tinha sido eliminada nas quartas de final.

COREIA DO SUL 0 × 0 ESPANHA (PÊNALTIS 5 × 3): as duas seleções se enfrentaram em Gwangju. O árbitro Gamal Ghandour, do Egito, assaltou os espanhóis. Foram 120 minutos de futebol sem gols. Em um lance em que a Espanha abriria o placar, o juiz deu uma falta inexistente. Na prorrogação, um escândalo! Foi anulado um gol de Morientes. O árbitro entendeu que a bola cruzada ao atacante tinha saído pela linha de fundo. Na disputa por pênaltis, os coreanos venceram por 5 a 3. O goleiro Wong-Jae, adiantado, defendeu a cobrança de Joaquim. Os espanhóis reclamaram, mas nada adiantou, e a Coreia estava garantida nas semifinais. A torcida não tinha nada a ver com os erros da arbitragem e comemorou muito a classificação histórica. Pela primeira vez, um time asiático estava entre os quatro melhores da Copa.

TURQUIA 1 × 0 SENEGAL: em Osaka (Japão), a Turquia acabou com a zebra africana e venceu a partida por 1 a 0. O gol foi de Ilhan Mansiz aos 4 minutos do primeiro tempo da prorrogação.

As semifinais tiveram os seguintes confrontos: Brasil × Turquia e Alemanha × Coreia.

ALEMANHA 1 × 0 COREIA DO SUL: no Seoul World Cup Stadium (Coreia), a Alemanha garantiu vaga na decisão da Copa, depois de 12 anos, com uma vitória simples. O gol foi marcado por Michael Ballack aos 30 da etapa final. O jogador ficaria de fora da decisão por ter recebido o segundo cartão amarelo. Aos aguerridos coreanos, restava sonhar com o terceiro lugar.

GRADE DE PROGRAMAÇÃO DA TV DE 26 DE JUNHO DE 2002

8h30 – Brasil vs. Turquia (Globo e SporTV)

A outra vaga na final foi definida no embate entre Brasil e Turquia em Saitama (Japão). As duas seleções repetiram o confronto da primeira fase.

BRASIL 1 × 0 TURQUIA – SAITAMA – 26.06.2002

BRASIL: Marcos, Cafu, Lúcio, Roque Júnior, Edmílson, Roberto Carlos, Gilberto Silva, Kléberson (Belletti), Edílson (Denílson), Rivaldo e Ronaldo (Luizão)

TURQUIA: Rustu; Akyel, Alpay, Korkmaz e Penbe; Davalla (Izzet), Kerimoglu, Emre (Mansiz) e Bastürk (Erdem); Hakan Sukur e Hasan Sas.

ÁRBITRO: Kim Milton Nielsen (Dinamarca).

GOL: Ronaldo (4) no segundo tempo.

O gol salvador foi de bico. Aos 4 minutos do segundo tempo, Ronaldo invadiu a área e chutou no canto esquerdo do goleiro Rustu. Depois, o camisa 9 do Brasil foi substituído por Luizão. A seleção brasileira chegava pela terceira vez consecutiva à final da Copa. Uma foto na capa do *Estadão* mostrava os pés do principal jogador brasileiro: *"Com chuteiras cromadas novas, Ronaldo marca o gol da vitória, sai aplaudido e é eleito pela Fifa o melhor em campo."*

A reportagem dizia que Ronaldo enfrentou uma marcação implacável:

> *O atacante da Inter esteve muito marcado na fase inicial, mas mostrou genialidade ao receber passe de Gilberto Silva, enganar dois zagueiros e chutar de bico, "à la Romário", como ele mesmo definiu, sem chance para Rustu. O gol despertou o Brasil, que passou a explorar contra-ataques. Ronaldo participou de outros dois lances importantes, ao dar passes precisos para Edílson e Kléberson, que não souberam aproveitar.*

Ao contrário do jogo da primeira fase, o técnico Senol Gunes não reclamou da arbitragem e reconheceu a superioridade brasileira.

TURQUIA 3 × 2 COREIA DO SUL: a decisão do terceiro lugar foi disputada em Daegu (Coreia). A Turquia confirmou a boa campanha no mundial. Hakan Sukur abriu o placar com 11 segundos de jogo, gol mais rápido das Copas. Eul-Yong Lee empatou aos 9 minutos. Ilhan Mansiz marcou dois gols na sequência: aos 13 e aos 32. Aos 48 do segundo tempo, a Coreia diminuiu com Chong Gug: 3 a 2. O apoio da torcida foi decisivo para os coreanos chegarem ao quarto lugar do mundial. Um feito inédito, sem dúvida.

GRADE DE PROGRAMAÇÃO DA TV DE 30 DE JUNHO DE 2002

8h – Brasil vs. Alemanha (Globo e SporTV)

O Brasil, tetracampeão, e a Alemanha, tricampeã, se enfrentariam pela primeira vez na história das Copas. Em 1974, a seleção jogou contra a Alemanha Oriental, mas não era a Alemanha campeã do mundo.

BRASIL 2 × 0 ALEMANHA – YOKOHAMA – 30.06.2002

BRASIL: Marcos, Cafu, Lúcio, Roque Júnior, Edmílson, Roberto Carlos, Gilberto Silva, Kléberson, Ronaldinho (Juninho Paulista), Rivaldo e Ronaldo (Denílson)

ALEMANHA: Oliver Kahn; Torsten Frings, Thomas Linke, Carsten Ramelow, Christoph Metzelder; Bernd Schneider, Jens Jeremies (Gerald Asamoah), Dietmar Hamann, Marco Bode (Christian Ziege); Oliver Neuville e Miroslav Klose (Oliver Bierhoff).

ÁRBITRO: Pierluigi Collina (Itália).

GOLS: Ronaldo (22 e 34) no segundo tempo.

Ronaldo aproveita o rebote do goleiro alemão e abre o caminho para a vitória brasileira

O jogo foi disputado em Yokohama, Japão. O primeiro tempo da final da Copa foi marcado pelo equilíbrio. Ballack, suspenso, desfalcou a Alemanha. A defesa europeia era sólida, e o goleiro alemão tinha sido escolhido como melhor da posição dele no mundial, antes mesmo da finalíssima. Kahn provocou tanto que falhou no primeiro gol da seleção brasileira, aos 22 minutos do segundo tempo. Ronaldo brigou pela bola na intermediária alemã e tocou para Rivaldo (escolhido melhor jogador da Copa), que chutou de longe. O goleiro alemão bateu roupa e soltou a bola nos pés de Ronaldo. Com o cabelo "Cascão", referência ao personagem das histórias em quadrinhos, aquele gol era resultado de um esforço de 3 anos de muito trabalho e superação física. Aos 34 minutos, Kléberson arrancou pela direita e tocou rasteiro para área. Rivaldo deixou a bola passar. Ronaldo dominou e chutou no canto esquerdo do goleiro alemão: 2 a 0. O "Fenômeno" chegou ao oitavo gol na Copa e tornou-se artilheiro. Ele também igualava a marca de Pelé, com 12 gols em mundiais.

O italiano Pierluigi Collina apitou o fim do jogo quando começou a festa brasileira. A seleção conquistava a quinta estrela. O grande campeão do século 20 venceu a primeira Copa do século 21, abrindo grande vantagem sobre Alemanha e Itália, com três títulos cada.

Com o monopólio da transmissão para o Brasil, a TV Globo teve uma audiência de mais de 90%, inclusive com a festa nos vestiários. Ganhou destaque o trabalho da jornalista Fátima Bernardes ao lado dos jogadores durante todo o mundial. Cafu, capitão brasileiro, que jogou três finais consecutivas de Copa, quebrou o protocolo e subiu no pedestal de acrílico onde estava a taça. Ele queria que o mundo todo o visse erguendo o troféu! Pelé estava na cerimônia de premiação e abraçava efusivamente cada jogador do Brasil.

A *Folha de S.Paulo* fazia uma análise sobre o esquema tático da seleção que, pela primeira vez, ganhou um mundial com três zagueiros:

> Pela primeira vez, o Brasil é campeão mundial com esquema que foge das características táticas históricas do país. Com a vitória de ontem sobre a Alemanha, Luiz Felipe Scolari colocou o 3-5-2 na galeria dos times nacionais que tiveram o gosto de conquistar uma Copa do Mundo. Nos quatro títulos anteriores, a seleção brasileira atuou com o esquema de dois laterais e dois beques, que formavam a tradicional linha de quatro defensores.

No retorno ao Brasil, os jogadores e a comissão técnica foram recebidos pelo então presidente Fernando Henrique Cardoso, em Brasília. A imagem marcante daquele encontro foi a cambalhota de Vampeta na rampa do Palácio do Planalto.

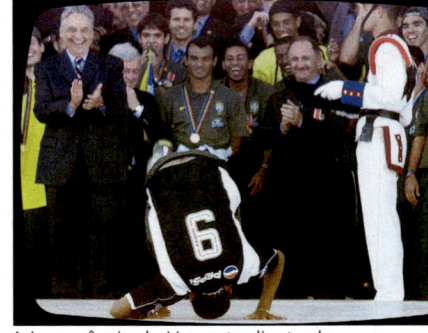

A irreverência de Vampeta diante do presidente da República

O RÁDIO NA COPA DE 2002

Com os jogos de madrugada, as rádios apostaram muito nos programas de discussão, principalmente depois das partidas do Brasil. Pouca gente sabe ou se lembra, mas a Jovem Pan não transmitiu a Copa. O presidente da emissora, Antônio Augusto Amaral de Carvalho, avaliou que não compensaria pagar pelo custo de transmissão para exibir jogos de madrugada. Quem fosse acompanhar as partidas, pelo menos a maioria dos torcedores, estaria diante da TV. De qualquer modo, a Jovem Pan contou com uma grande equipe de comentaristas. Eles assistiam aos jogos já na emissora e, na sequência, faziam a análise para os ouvintes. Demais rádios como Bandeirantes e Globo transmitiram o mundial.

Encontro de campeões: Ronaldo abraça Pelé na festa do penta

Brilho nos olhos: Cafu sobe em pedestal e levanta a taça do pentacampeonato

TABELA DA COPA DE 2002

GRUPO A

31/5/2002 Seul: **França 0 × 1 Senegal**
01/6/2002 Ulsan: **Uruguai 1 × 2 Dinamarca**
06/6/2002 Daegu: **Dinamarca 1 × 1 Senegal**
06/6/2002 Busan: **França 0 × 0 Uruguai**
11/6/2002 Incheon: **Dinamarca 2 × 0 França**
11/6/2002 Suwon: **Senegal 3 × 3 Uruguai**

GRUPO B

02/6/2002 Busan: **Paraguai 2 × 2 África do Sul**
02/6/2002 Gwangju: **Espanha 3 × 1 Eslovênia**
07/6/2002 Jeonju: **Espanha 3 × 1 Paraguai**
08/6/2002 Daegu: **África do Sul 1 × 0 Eslovênia**
12/6/2002 Daejeon: **África do Sul 2 × 3 Espanha**
12/6/2002 Seogwipo: **Eslovênia 1 × 3 Paraguai**

GRUPO C

03/6/2002 Ulsan: **Brasil 2 × 1 Turquia**
04/6/2002 Gwangju: **China 0 × 2 Costa Rica**
08/6/2002 Seogwipo: **Brasil 4 × 0 China**
09/6/2002 Incheon: **Costa Rica 1 × 1 Turquia**
13/6/2002 Suwon: **Costa Rica 2 × 5 Brasil**
13/6/2002 Seul: **Turquia 3 × 0 China**

GRUPO D

04/6/2002 Busan: **Coreia do Sul 2 × 0 Polônia**
05/6/2002 Suwon: **Estados Unidos 3 × 2 Portugal**
10/6/2002 Daegu: **Coreia do Sul 1 × 1 Estados Unidos**
10/6/2002 Jeonju: **Portugal 4 × 0 Polônia**
14/6/2002 Daejeon: **Polônia 3 × 1 Estados Unidos**
14/6/2002 Incheon: **Portugal 0 × 1 Coreia do Sul**

GRUPO E

01/6/2002 Niigata: **Irlanda 1 × 1 Camarões**
01/6/2002 Sapporo: **Alemanha 8 × 0 Arábia Saudita**
05/6/2002 Ibaraki: **Alemanha 1 × 1 Irlanda**
06/6/2002 Saitama: **Camarões 1 × 0 Arábia Saudita**
11/6/2002 Shizuoka: **Camarões 0 × 2 Alemanha**
11/6/2002 Yokohama: **Arábia Saudita 0 × 3 Irlanda**

GRUPO F

02/6/2002 Ibaraki: **Argentina 1 × 0 Nigéria**
02/6/2002 Saitama: **Inglaterra 1 × 1 Suécia**
07/6/2002 Kobe: **Suécia 2 × 1 Nigéria**
07/6/2002 Sapporo: **Argentina 0 × 1 Inglaterra**
12/6/2002 Miyagi: **Suécia 1 × 1 Argentina**
12/6/2002 Osaka: **Nigéria 0 × 0 Inglaterra**

GRUPO G

03/6/2002 Niigata **Croácia 0 × 1 México**
03/6/2002 Sapporo: **Itália 2 × 0 Equador**
08/6/2002 Ibaraki: **Itália 1 × 2 Croácia**
09/6/2002 Miyagi: **México 2 × 1 Equador**
13/6/2002 Yokohama: **Equador 1 × 0 Croácia**
13/6/2002 Oita: **México 1 × 1 Itália**

GRUPO H

04/6/2002 Saitama: **Japão 2 × 2 Bélgica**
05/6/2002 Kobe: **Rússia 2 × 0 Tunísia**
09/6/2002 Yokohama: **Japão 1 × 0 Rússia**
10/6/2002 Oita: **Tunísia 1 × 1 Bélgica**
14/6/2002 Shizuoka: **Bélgica 3 × 2 Rússia**
14/6/2002 Osaka: **Tunísia 0 × 2 Japão**

OITAVAS

15/06/2002 Seogwipo: **Alemanha 1 × 0 Paraguai**
15/06/2002 Niigata: **Dinamarca 0 × 3 Inglaterra**
16/06/2002 Suwon: **Espanha 1 (3) × (2) 1 Irlanda**
16/06/2002 Oita: **Suécia 1 × 2 Senegal**
17/06/2002 Jeonju: **México 0 × 2 EUA**
17/06/2002 Kobe: **Brasil 2 × 0 Bélgica**
18/06/2002 Daejeon: **Coreia 2 × 1 Itália**
18/06/2002 Miyagi: **Japão 0 × 1 Turquia**

QUARTAS

21/06/2002 Shizuoka: **Inglaterra 1 × 2 Brasil**
21/06/2002 Ulsan: **Alemanha 1 × 0 EUA**
22/06/2002 Gwangju: **Coreia 0 (5) × (3) 0 Espanha**
22/06/2002 Osaka: **Senegal 0 × 1 Turquia**

SEMIFINAIS

25/06/2002 Seul: **Coreia 0 × 1 Alemanha**
26/06/2002 Saitama: **Brasil 1 × 0 Turquia**

TERCEIRO LUGAR

29/06/2002 Daegu: **Coreia 2 × 3 Turquia**

FINAL

30/06/2002 Yokohama: **Brasil 2 × 0 Alemanha**

ALEM 20

ANHA 06

TETRA ITALIANO

Concorrência acirrada, mas na TV fechada

Taça na cartola: a Itália é tetra

A Alemanha voltou a sediar uma Copa depois de 32 anos. Foi um dos mundiais mais bem-organizados da história. Praticamente nada deu errado com transportes, estádios e infraestrutura urbana. Europa, verão, calor e futebol: são os ingredientes perfeitos para uma grande festa do esporte. Festa da seleção da Itália, que conquistou o mundial pela quarta vez. O Brasil, de novo comandado por Parreira, campeão em 1994, decepcionou. O quadrado mágico, formado por atletas fantásticos, fracassou. Ronaldo, Ronaldinho Gaúcho, Kaká e Adriano não deram o espetáculo esperado.

Como vimos no capítulo anterior, a Globo teve monopólio nas transmissões da TV aberta e fechada (SporTV). O monopólio prosseguiu em 2006, mas, na TV a cabo, a Globo dividiu as transmissões com a ESPN Brasil e a Bandsports. De acordo com o site Memória Globo, um dos destaques da programação naquela Copa foi o quadro Leitura Labial, exibido no *Fantástico*. A emissora mostrava as conversas dos jogadores e de treinadores durante os jogos, o que gerou reclamações de Carlos Alberto Parreira. Além das imagens da transmissão oficial, a Globo utilizava nove câmeras nos jogos da seleção brasileira.

Um destaque negativo foi a morte do humorista Cláudio Besserman Vianna, o Bussunda, do *Casseta & Planeta, Urgente!*. Ele tinha 43 anos e fazia reportagens durante o mundial. Bussunda sofreu um ataque cardíaco em um hotel onde a equipe de filmagem estava hospedada.

PREPARAÇÃO DA SELEÇÃO BRASILEIRA

Quem assistiu à final da Copa das Confederações de 2005 ficou com a sensação de que o Brasil conquistaria o mundial do ano seguinte. Foi um massacre contra a Argentina: 4 a 1. No entanto, a seleção não chegou bem à Alemanha. A preparação feita na pacata cidade suíça de Weggis foi tumultuada. O que a equipe menos fazia era se concentrar. Em pleno verão europeu, a torcida invadiu a cidade e queria ficar perto dos ídolos que não tinham sossego. Jogadores chegaram ao mundial com problemas físicos. Um dos assuntos mais comentados era o peso de Ronaldo.

Depois da conquista em 2002, Felipão deixou a equipe. O presidente da CBF, Ricardo Teixeira, resolveu apostar na dupla campeã em 1994: Parreira e Zagallo. A escolha foi uma surpresa para imprensa e torcedores. O próprio Carlos Alberto Parreira contava que quando informou familiares de que voltaria para a seleção brasileira ouviu a seguinte frase: "Você está louco?"

O Brasil conquistou a Copa América de 2004 com uma vitória histórica sobre a Argentina nos pênaltis (Adriano empatou o jogo em cima da hora, 2 a 2). Em 2005, como destacamos, veio a conquista da Copa das Confederações. Mesmo com o título mundial em 2002, a seleção brasileira teve de jogar as eliminatórias. A equipe se classificou em primeiro lugar e com duas rodadas de antecedência, depois de uma goleada sobre o Chile por 5 a 0 no estádio Mané Garrincha, em Brasília.

O DIA A DIA DA COPA DO MUNDO

A fórmula de disputa foi a mesma dos dois últimos mundiais, com 32 participantes. Pela América do Sul, o Uruguai foi a ausência. Outras seleções estavam participando pela primeira vez da Copa ou retornavam depois de anos: Trinidad e Tobago, Gana, República Tcheca, Austrália, Costa do Marfim, Sérvia e Montenegro, Togo, Irã, Angola, Ucrânia e Tunísia.

> **GRUPO A**: Alemanha, Costa Rica, Polônia e Equador
>
> **GRUPO B**: Inglaterra, Paraguai, Trinidad e Tobago e Suécia
>
> **GRUPO C**: Argentina, Costa do Marfim, Sérvia e Holanda
>
> **GRUPO D**: México, Irã, Angola e Portugal
>
> **GRUPO E**: Itália, Gana, Estados Unidos e República Tcheca
>
> **GRUPO F**: Brasil, Croácia, Austrália e Japão
>
> **GRUPO G**: França, Suíça, Coreia do Sul e Togo
>
> **GRUPO H**: Espanha, Ucrânia, Tunísia e Arábia

> **GRADE DE PROGRAMAÇÃO DA TV DO DIA 9 DE JUNHO DE 2006**
>
> 11h30 – Cerimônia de abertura (Globo, SporTV, ESPN Brasil e Bandsports)
>
> 13h – Alemanha vs. Costa Rica (Globo, SporTV, ESPN Brasil e Bandsports)
>
> 16h – Polônia vs. Equador (Globo, SporTV, ESPN Brasil e Bandsports)

ALEMANHA 4 × 2 COSTA RICA: a Copa do Mundo começou no dia 9 de junho com uma festa no Allianz-Arena, em Munique. A Alemanha, treinada por Klinsmann, enfrentou a Costa Rica, comandada pelo brasileiro Alexandre Guimarães. O primeiro gol do mundial foi marcado por Lahm aos 6 minutos da etapa inicial. Wanchope empatou aos 12 minutos, mas Klose fez o segundo da Alemanha aos 17. Na etapa final, Klose marcou de novo aos 16, Wanchope diminuiu aos 28 e Frings fechou o placar aos 42 minutos.

EQUADOR 2 × 0 POLÔNIA: no segundo jogo do dia, em Gelsenkirchen, o Equador venceu a Polônia com gols de Tenório, aos 24 do primeiro tempo, e Delgado, aos 35 da etapa final.

INGLATERRA 1 × 0 PARAGUAI: na estreia do grupo B, a Inglaterra entrou em campo em Frankfurt e venceu o Paraguai com gol contra de Gamarra aos 3 minutos do primeiro tempo. Os ingleses ainda eram treinados pelo sueco Sven-Göran Eriksson.

SUÉCIA 0 × 0 TRINIDAD E TOBAGO: pelo mesmo grupo, em Dortmund, Suécia e Trinidad e Tobago empataram sem gols.

ARGENTINA 2 × 1 COSTA DO MARFIM: a Argentina, comandada por José Pekerman, estreou em Hamburgo e contava com grandes jogadores: Ayala, Sorín, Mascherano, Maxi Rodríguez, Riquelme, Saviola e Crespo. No duelo contra a Costa do Marfim, o time venceu por 2 a 1. Crespo marcou aos 23 do primeiro tempo. Saviola ampliou aos 38 minutos. O craque marfinense Didier Drogba diminuiu aos 37 minutos da etapa final.

HOLANDA 1 × 0 SÉRVIA E MONTENEGRO: a Holanda estava de volta a um mundial depois de 8 anos. A equipe era treinada por Marco Van Basten, um dos maiores jogadores da história do futebol do país. No jogo contra Sérvia e Montenegro, em Leipzig, o único gol foi marcado por Robben aos 17 do primeiro tempo.

MÉXICO 3 × 1 IRÃ: o brasileiro naturalizado mexicano Zinha fazia parte da seleção do México, que estreou bem na Copa contra o Irã, em Nuremberg. A equipe comandada por Ricardo La Volpe venceu o jogo por 3 a 1. Omar Bravo marcou aos 27 do primeiro tempo. Yahya Golmohammadi empatou para os iranianos aos 36. Na etapa final, Omar Bravo, de novo, fez o segundo aos 30 minutos, e o brasileiro Zinha fechou o placar aos 32.

PORTUGAL 1 × 0 ANGOLA: Portugal, comandado por Luiz Felipe Scolari, chegou ao mundial com o peso da derrota para a Grécia na final da Eurocopa de 2004, dentro de casa. A estreia, em Colônia, foi contra Angola, país colonizado pelos portugueses. O único gol do jogo foi marcado por Pauleta aos 4 minutos do primeiro tempo. O astro lusitano era Cristiano Ronaldo.

AUSTRÁLIA 3 × 1 JAPÃO: a estrela da seleção japonesa na Copa de 2006 não estava dentro de campo, mas no banco de reservas. Zico, um dos precursores do futebol no país asiático, era o comandante da equipe. No entanto, a estreia no mundial, em Kaiserslautern, foi com derrota para a Austrália. As duas seleções estavam no grupo do Brasil, que tinha ainda a Croácia. A Austrália, comandada pelo holandês Guus Hiddink, saiu perdendo. O Japão marcou com Nakamura aos 26 minutos do primeiro tempo. Na etapa final, Cahill empatou aos 38 minutos. Ele, de novo, fez o segundo aos 42 e Aloisi fechou o placar aos 47 minutos.

REPÚBLICA TCHECA 3 × 0 ESTADOS UNIDOS: em Gelsenkirchen, a República Tcheca bateu os Estados Unidos. O primeiro gol foi marcado por Jan Koller aos 5 da etapa inicial. Rosicky ampliou aos 36 minutos. No segundo tempo, Rosicky, novamente, fechou o placar aos 31 minutos.

ITÁLIA 2 × 0 GANA: no último jogo do dia 12, em Hannover, a Itália, do técnico Marcelo Lippi, estreou com vitória sobre Gana com gols de Andrea Pirlo, aos 40 do primeiro tempo, e Iaquinta, aos 37 da etapa final. Os destaques da equipe eram o goleiro Buffon, um dos melhores do mundo, Cannavaro, Fabio Grosso, Daniele De Rossi, Francesco Totti e Alessandro Del Piero.

GRADE DE PROGRAMAÇÃO DA TV DO DIA 13 DE JUNHO DE 2006

10h – Coreia do Sul vs. Togo (Globo, SporTV, ESPN Brasil e Bandsports)

13h – França vs. Suíça (Globo, SporTV, ESPN Brasil e Bandsports)

16h – Brasil vs. Croácia (Globo, SporTV, ESPN Brasil e Bandsports)

COREIA DO SUL 2 × 1 TOGO: em Frankfurt, os coreanos venceram Togo, de virada. Mohamed Kader abriu o placar aos 26 do primeiro tempo. Os gols dos coreanos foram marcados na etapa final: Lee, aos 9, e Ahn, aos 27 minutos. A equipe asiática era comandada pelo holandês Dick Advocaat.

FRANÇA 0 × 0 SUÍÇA: a França, que tinha feito uma campanha pífia em 2002, não estreou bem na Alemanha. Comandada por Raymond Domenech, a equipe empatou com a Suíça, em Stuttgart. Os destaques do time francês eram Zidane, Thuram, Abidal, Ribery e Thierry Henry, que seria o carrasco do Brasil naquele mundial.

A seleção brasileira estreou na Copa no Estádio Olímpico de Berlim diante da Croácia:

BRASIL 1 × 0 CROÁCIA – BERLIM – 13.06.2006

BRASIL: Dida, Cafu, Lúcio, Juan, Roberto Carlos, Emerson; Zé Roberto, Kaká, Ronaldinho, Adriano e Ronaldo (Robinho).

CROÁCIA: Pletikosa, Dario Simic, Robert Kovac, Josip Simunic, Darijo Srna, Igor Tudor, Niko Kovac (Jerko Leko), Niko Kranjcar, Marko Babic, Ivan Klasnic (Ivica Olic) e Dado Prso.

ÁRBITRO: Benito Archundia (México).

GOL: Kaká (43) no primeiro tempo.

A expectativa era grande para a estreia da seleção. O quadrado mágico daria show na Copa? Lamentavelmente, o time não rendeu o que podia no mundial. Além de problemas físicos, a equipe parecia amarrada e, por incrível que pareça, o talento das principais estrelas apareceu muito pouco. De qualquer forma, a estreia foi com vitória, mas um resultado magro: gol de Kaká aos 43 minutos do primeiro tempo. A Croácia era uma boa equipe, mas não resistiu ao Brasil.

No dia seguinte, os jornais destacavam que, apesar da vitória, a seleção não apresentou um futebol de favorito. A *Folha de S.Paulo* explicava que Ronaldo foi "nulo" em campo e acabou substituído por Robinho. Kaká, destaque da partida, jogador do Milan na época, declarou: "*Eu acho que faltou movimentação e criatividade para criarmos espaços. Quando Robinho entrou, melhorou. O Ronaldo ainda não está 100%. Ele mesmo falou, mas acredito que, na próxima partida, ele vai melhorar. O ideal seria um pouco mais de movimentação dele.*"

Apesar da expectativa, a seleção exibiu um futebol burocrático, como caracterizou a equipe de Parreira que conquistou o tetra em 1994. A Austrália, comandada pelo holandês Guus Hiddink, seria o próximo desafio da seleção brasileira.

Gol de Kaká garante a vitória brasileira na estreia contra a Croácia

ESPANHA 4 × 0 UCRÂNIA: os espanhóis eram comandados por Luis Aragonés e, de novo, chegavam ao mundial entre os favoritos. A estreia teve direito a goleada sobre a Ucrânia, em Leipzig. Os ucranianos eram treinados por Oleg Blokhin, que jogou a Copa de 1982 pela URSS. Xabi Alonso abriu o placar aos 13 do primeiro tempo, e David Villa fez o segundo aos 17. Na etapa final, Villa, de novo, marcou aos 3 minutos, e Fernando Torres fechou o placar aos 36 minutos.

TUNÍSIA 2 × 2 ARÁBIA SAUDITA: no segundo jogo do dia 14, em Munique, Tunísia e Arábia Saudita fizeram um duelo de quatro gols. Os tunisianos marcaram primeiro: Zied Jaziri aos 23 da etapa inicial. Yasser Al Qahtani empatou para a Arábia aos 12 do segundo tempo. Sami Al Jaber virou a partida aos 28 minutos. A Tunísia empatou com Jaidi, nos descontos, aos 47 minutos: 2 a 2. A Arábia era treinada pelo brasileiro Marcos Paquetá. Já o francês Roger Lemere comandava os tunisianos.

ALEMANHA 1 × 0 POLÔNIA: a Alemanha voltou a campo em Dortmund em jogo válido pela segunda rodada do mundial. Contra a Polônia, o gol salvador foi marcado por Neuville aos 46 minutos da etapa final. A seleção da casa já estava classificada para as oitavas.

EQUADOR 3 × 0 COSTA RICA: em Hamburgo, o Equador passou pela Costa Rica e, com o resultado, garantiu de forma antecipada a classificação para a segunda fase, junto com a Alemanha. Carlos Tenório fez o gol inaugural aos 8 do primeiro tempo. Delgado, aos 9 do segundo, e Kaviedes, aos 47 minutos, fecharam o placar.

INGLATERRA 2 × 0 TRINIDAD E TOBAGO: em Nuremberg, os ingleses tiveram dificuldade para passar pela fraca seleção de Trinidad e Tobago. O primeiro gol foi marcado pelo "gigante" Peter Crouch aos 38 minutos do segundo tempo. Aos 45, Gerrard fez 2 a 0, garantindo a classificação antecipada.

SUÉCIA 1 × 0 PARAGUAI: pelo mesmo grupo, a Suécia deu um passo importante para passar à próxima fase ao vencer o Paraguai. O único gol da partida, em Berlim, foi de Fredrik Ljungberg aos 43 do segundo tempo.

Gol de Messi: Argentina arrasa Sérvia e Montenegro

ARGENTINA 6 × 0 SÉRVIA E MONTENEGRO: *"Toco y me voy."* Esse é um termo muito usado pelos torcedores argentinos para definir uma característica do futebol do país. É como o termo "dois toques" no Brasil. O mundo ficou espantado com o futebol envolvente da Argentina. Em Gelsenkirchen, a goleada por 6 a 0 na Sérvia garantiu a classificação antecipada. No primeiro tempo os gols foram marcados por Maxi Rodriguez, aos 6, Cambiasso, aos 31, e Maxi Rodriguez, de novo, aos 41. Crespo fez aos 33 do segundo tempo, Tevez marcou aos 39 e Messi, que tinha entrado no lugar de Maxi Rodriguez, fechou o marcador aos 43 minutos. A goleada deixou os argentinos eufóricos.

HOLANDA 2 × 1 COSTA DO MARFIM: em Stuttgart, os holandeses garantiram a classificação. Os gols foram marcados na etapa inicial. Van Persie, em cobrança de falta, abriu o placar aos 22 minutos e Van Nistelrooy marcou o segundo aos 27 minutos. A Costa do Marfim diminuiu aos 38 minutos com Bakary Koné.

MÉXICO 0 × 0 ANGOLA: em Hannover, os mexicanos ficaram com um jogador a mais por cerca de 15 minutos, depois da expulsão de André Macanga, mas não conseguiram chegar ao gol. Um dos destaques do jogo foi o goleiro angolano João Ricardo.

PORTUGAL 2 × 0 IRÃ: o jogo foi disputado em Frankfurt. O técnico Luiz Felipe Scolari se tornou naquele dia o treinador com mais jogos à frente da seleção portuguesa: 44 partidas. Deco marcou aos 18 do segundo tempo, e Cristiano Ronaldo fez o segundo aos 34 minutos. Com duas vitórias, Portugal já estava na próxima fase.

GANA 2 × 0 REPÚBLICA TCHECA: em Colônia, a equipe de Gana obteve a primeira vitória africana na Copa de 2006. Gyan abriu o placar aos 2 minutos do primeiro tempo. Ali Muntari fez o segundo aos 37 da etapa final.

ITÁLIA 1 × 1 ESTADOS UNIDOS: em jogo violento e com três expulsões, Itália e Estados Unidos empataram em Kaiserslautern. O italiano Gilardino marcou aos 22 do primeiro tempo. Aos 27 minutos, o americano Convey cobrou falta e Zaccardo mandou para dentro do próprio gol: 1 a 1. De Rossi, da Itália, Mastroeni e Pope, dos Estados Unidos, levaram o cartão vermelho.

GRADE DE PROGRAMAÇÃO DA TV DO DIA 18 DE JUNHO DE 2006

10h – Japão vs. Croácia (Globo, SporTV, ESPN Brasil e Bandsports)

13h – Brasil vs. Austrália (Globo, SporTV, ESPN Brasil e Bandsports)

16h – França vs. Coreia do Sul (Globo, SporTV, ESPN Brasil e Bandsports)

JAPÃO 0 × 0 CROÁCIA: japoneses e croatas jogaram em Nuremberg e não balançaram as redes. O resultado foi ruim para as duas seleções e facilitou a vida do Brasil e da Austrália, que se enfrentaram no mesmo dia.

A seleção brasileira entrou em campo em Munique e mais uma vez pecou pela falta de criatividade.

BRASIL 2 × 0 AUSTRÁLIA – MUNIQUE – 18.06.2006

BRASIL: Dida, Cafu, Lúcio, Juan e Roberto Carlos; Emerson (Gilberto Silva), Zé Roberto, Kaká e Ronaldinho Gaúcho; Adriano (Fred) e Ronaldo (Robinho).

AUSTRÁLIA: Schwarzer, Sterjovski, Neill, Moore (Aloisi), Chipperfield, Culina, Emerton, Grella, Popovic (Mark Bresciano); Cahill (Kewell) e Viduka.

ÁRBITRO: Merk Markus (Alemanha).

GOLS: Adriano (4) e Fred (44) no segundo tempo.

Depois de um primeiro tempo sofrível, o time de Parreira chegou ao gol com Adriano aos 4 minutos da etapa final. O jogador aproveitou um passe de Ronaldo e empurrou para as redes. Fred entrou no lugar de Adriano e, dois minutos depois, aos 44, marcou o segundo gol do Brasil, aproveitando um rebote da trave. Apesar da má atuação, a seleção brasileira já estava garantida na próxima fase da Copa.

A capa do caderno de esportes da *Folha de S.Paulo* fazia as seguintes referências:

> "O ataque é o pior desde 90. Esquema não emplaca. Ronaldo passa em branco. Dida é bombardeado. Time ainda busca ritmo". O técnico da Austrália, o holandês Guus Hiddink, criticou a palidez da atuação brasileira. Até mesmo a Fifa, num relato sobre o confronto, afirmou que o triunfo da seleção não foi de todo convincente. Parreira parece ter visto outra partida. Disse que seu time teve "com certeza, uma melhora acentuada". "Houve evolução nas partes física, técnica e tática, e a tendência é crescer", declarou o treinador.

A seleção até que melhoraria, mas a evolução seria insuficiente para conquistar a Copa. Nada de quadrado mágico.

FRANÇA 1 × 1 COREIA DO SUL: em Leipzig, um empate frustrante para os franceses. Thierry Henry marcou aos 8 minutos do primeiro tempo, mas Ji-sung Park deixou tudo igual aos 35 minutos da segunda etapa.

SUÍÇA 2 × 0 TOGO: a vitória da Suíça, em Dortmund, complicou a situação da França no grupo. Os gols foram marcados por Frei, aos 16 do primeiro tempo, e Barnetta, aos 43 da etapa final.

UCRÂNIA 4 × 0 ARÁBIA SAUDITA: pelo grupo H, a Ucrânia goleou o adversário e se recuperou da derrota na estreia. O jogo foi disputado em Hamburgo. Andriy Rusol fez aos 4 da etapa inicial. Serhiy Rebrov ampliou aos 36. Shevchenko marcou o terceiro no primeiro minuto do segundo tempo e Kalinichenko fez o quarto gol aos 39 minutos.

ESPANHA 3 × 1 TUNÍSIA: em Stuttgart, a Espanha saiu perdendo, mas virou o jogo e conseguiu garantir, por antecipação, a vaga na próxima fase da Copa. Mnari fez o gol da Tunísia aos 8 da etapa inicial. A Espanha reagiu no segundo tempo. Raul, aos 26, e Fernando Torres, aos 31 e aos 46 minutos, garantiram a vitória da equipe de Luis Aragonés.

A partir do dia 20 começou a definição dos grupos com quatro partidas por dia.

Klose foi o artilheiro da Copa de 2006 com cinco gols

ALEMANHA 3 × 0 EQUADOR: em Berlim, a Alemanha confirmou 100% de aproveitamento na primeira fase com a vitória diante do Equador. Klose marcou duas vezes na etapa inicial: aos 4 e aos 43 minutos. Ele terminaria a Copa como artilheiro com cinco gols. Aos 12 do segundo tempo, Podolski fechou o placar. Apesar da derrota, o Equador se classificou na segunda posição.

POLÔNIA 2 × 1 COSTA RICA: ainda pelo grupo A, a Polônia derrotou a Costa Rica em Hannover. O primeiro gol do jogo foi marcado por Gomez aos 23 da etapa inicial. Bosacki empatou para a Polônia aos 32 minutos e fez o gol da vitória aos 21 minutos da etapa final.

INGLATERRA 2 × 2 SUÉCIA: na definição do grupo B, em Colônia, Inglaterra e Suécia garantiram a classificação. O placar igual favoreceu os ingleses que ficaram em primeiro lugar e escaparam do confronto com a Alemanha na fase seguinte. Joe Cole abriu o placar aos 34 do primeiro tempo, mas Marcus Allback empatou para a Suécia aos 5 minutos da segunda etapa. Steven Gerrard colocou a Inglaterra na frente de novo aos 39 minutos, mas Larsson deixou tudo igual aos 45 minutos.

PARAGUAI 2 × 0 TRINIDAD E TOBAGO: os paraguaios se despediram da Copa com uma vitória sobre Trinidad e Tobago. O jogo foi disputado em Kaiserslautern. Sancho fez contra aos 25 do primeiro tempo. Cuevas ampliou aos 41 minutos da etapa final.

PORTUGAL 2 × 1 MÉXICO: no dia 21 de junho, Portugal garantiu o primeiro lugar do grupo D com uma vitória diante do México, que ficou na segunda colocação. No jogo, em Gelsenkirchen, Maniche fez o primeiro gol aos 6 minutos. Simão Sabrosa ampliou aos 24, e Fonseca diminuiu aos 29 minutos. Na etapa final, Omar Bravo perdeu pênalti para os mexicanos.

IRÃ 1 × 1 ANGOLA: as duas seleções se despediram do mundial com um empate em Leipzig. Os angolanos abriram o placar com Flávio Amado aos 14 do segundo tempo, e Sohrab Bakhtiarizadeh deixou tudo igual aos 29 minutos.

ARGENTINA 0 × 0 HOLANDA: as equipes entraram em campo na cidade de Frankfurt e frustraram as expectativas. Com o resultado, os argentinos ficaram em primeiro no grupo C, com sete pontos. A Holanda tinha a mesma pontuação, mas saldo inferior de gols.

COSTA DO MARFIM 3 × 2 SÉRVIA E MONTENEGRO: em Munique, a Sérvia saiu ganhando com gol de Zigic aos 10 minutos do primeiro tempo. Ilic ampliou aos 20 minutos. Dindané diminuiu para a Costa do Marfim aos 37. Na etapa final, Dindané empatou aos 21 minutos, e Kalou virou o placar aos 40 minutos.

> **GRADE DE PROGRAMAÇÃO DA TV DO DIA 22 DE JUNHO DE 2006**
>
> 11h – Gana vs. Estados Unidos (SporTV e ESPN Brasil)
>
> 11h – República Tcheca vs. Itália (Globo, SporTV, ESPN Brasil e Bandsports)
>
> 16h – Croácia vs. Austrália (SporTV e ESPN Brasil)
>
> 16h – Brasil vs. Japão (Globo, SporTV, ESPN Brasil e Bandsports)

GANA 2 × 1 ESTADOS UNIDOS: a seleção de Gana, estreante em mundiais, conseguiu uma classificação histórica para a segunda fase da Copa. O time africano venceu os Estados Unidos em Nuremberg. Todos os gols foram marcados na etapa inicial. Dramani fez o primeiro aos 21 minutos. Dempsey empatou para os americanos aos 43, mas Appiah garantiu a vitória com um gol aos 47 minutos.

ITÁLIA 2 × 0 REPÚBLICA TCHECA: em Hamburgo, a Itália garantiu o primeiro lugar do grupo E com uma vitória diante da República Tcheca. Materazzi marcou aos 26 da etapa inicial, e Inzaghi fechou o placar com gol marcado aos 42 do segundo tempo.

AUSTRÁLIA 2 × 2 CROÁCIA: pela definição do grupo do Brasil, a Austrália garantiu a classificação ao empatar com a Croácia. Foi um bom jogo em Stuttgart. Srna marcou aos 2 do primeiro tempo. Moore empatou para os australianos aos 39 minutos. Na etapa final, a Croácia fez 2 a 1 com Kovac aos 11, mas Kewell garantiu o empate com gol aos 33 minutos.

A seleção brasileira ficou na primeira colocação com a vitória diante do Japão por 4 a 1, em Dortmund. O palco foi o Westfalenstadion, mesmo estádio em que o time nacional perdeu para a Holanda na Copa de 1974.

> **BRASIL 4 × 1 JAPÃO – DORTMUND – 22.06.2006**
>
> **BRASIL**: Dida (Rogério Ceni), Cicinho, Lúcio, Juan, Gilberto, Gilberto Silva, Juninho Pernambucano, Kaká (Zé Roberto), Ronaldinho (Ricardinho), Ronaldo e Robinho.
>
> **JAPÃO**: Kawaguchi; Kaji, Tsuboi, Nakazawa e Alex Santos; Inamoto, Ogasawara (Koji Nakata), Hidetoshi Nakata e Nakamura, Maki (Takahara, Oguro) e Tamada.
>
> **ÁRBITRO**: Eric Poulat (França).
>
> **GOLS**: Tamada (34) e Ronaldo (46) no primeiro tempo. Juninho (7), Gilberto (14) e Ronaldo (36) na etapa final.

O Brasil entrou em campo com alterações em relação aos dois primeiros jogos. Parreira tirou Adriano e saiu jogando com Juninho Pernambucano e Robinho. O time nacional fez uma boa apresentação. O Japão, comandado por Zico, saiu na frente com Keiji Tamada aos 34 do primeiro tempo. Ronaldo, visivelmente em más condições físicas, desencantou na Copa e marcou aos 46 minutos. Na etapa final, Juninho Pernambucano fez aos 7 minutos, e Gilberto ampliou aos 14. Ronaldo fechou o placar aos 36 minutos.

A capa do caderno de esportes da *Folha* trazia uma manchete sugestiva: "*Show de calouros. Com um time nunca testado, cheio de reservas, Brasil muda de cara, goleia e revê Ronaldo artilheiro*". Essa era realmente a tônica. A seleção melhorou, mas será que Parreira manteria as mudanças? Claro que não. Durante o jogo, Ronaldo igualou o recorde de 14 gols do alemão Gerd Müller: "*Fico feliz com o recorde, mas meu objetivo principal é ganhar a Copa do Mundo. Quando fiz o primeiro gol, o sentimento foi de alívio. Tinha tentado um de esquerda, e o goleiro pegou. Depois, outra de direita, e o goleiro foi lá de novo. Já estava pensando que a bola não iria entrar de novo. Mas, no final, a bola entrou"*, destacou Ronaldo. O artilheiro estava aliviado por ter quebrado o jejum na Copa e até brincou: *"Todo mundo sabe que fazer gol de cabeça não é meu forte. Mas valeu. O pior é ter que aguentar todo mundo dando tapa na minha cabeça na hora da comemoração."*

Ronaldo marca de cabeça contra o Japão

Na época, a imprensa explorou muito as informações sobre o peso do atacante. O preparador físico Moraci Sant'Anna se irritava com as perguntas dos jornalistas. Segundo ele, Ronaldo estava com 90,5 kg. Mas a imprensa especulava que o atleta estaria pesando mais de 100 kg.

O último dia da primeira fase da Copa teve as definições dos grupos G e H.

ESPANHA 1 × 0 ARÁBIA SAUDITA: o primeiro lugar do grupo H ficou com a Espanha. A equipe venceu a Arábia Saudita por 1 a 0, em Kaiserslautern, e manteve os 100% de aproveitamento. Juanito fez o único gol do jogo aos 36 minutos do primeiro tempo.

UCRÂNIA 1 × 0 TUNÍSIA: a Ucrânia ficou em segundo lugar ao derrotar a Tunísia em Berlim. O gol foi de Andriy Shevchenko aos 25 minutos da etapa final.

SUÍÇA 2 × 0 COREIA DO SUL: pelo grupo G, em Hannover, a Suíça ficou na primeira colocação ao vencer a Coreia. Senderos marcou aos 24 do primeiro tempo, e Frei ampliou aos 32 da etapa final.

FRANÇA 2 × 0 TOGO: a França conseguiu a classificação depois de uma primeira fase irregular. Após empatar os dois primeiros jogos, a equipe passou pela fraca seleção do Togo por 2 a 0, em Colônia. Os gols foram marcados na etapa final: Patrick Vieira, aos 10, e Henry, aos 16. A França, comandada por Raymond Domenech, escapou do vexame.

Os confrontos das oitavas de final foram os seguintes: Alemanha × Suécia, Argentina × México, Inglaterra × Equador, Portugal × Holanda, Itália × Austrália, Suíça × Ucrânia, Brasil × Gana e Espanha × França.

ALEMANHA 2 × 0 SUÉCIA: a segunda fase da Copa começou com festa em Munique. No total, 66 mil torcedores compareceram ao Allianz Arena. A Alemanha passou fácil pela Suécia. Podolski marcou os dois gols do jogo: aos 4 e aos 12 do primeiro tempo. A Suécia, que perdeu um pênalti na etapa final, não teve forças para reagir.

ARGENTINA 2 × 1 MÉXICO: em Leipzig, a Argentina precisou da prorrogação para eliminar o México, que saiu na frente com gol de Rafa Márquez aos 6 minutos da etapa inicial. Hernán Crespo empatou aos 9 minutos. O gol da classificação da Argentina saiu aos 8 minutos do primeiro tempo da prorrogação. Maxi Rodríguez recebeu a bola de Sorín, matou no peito e chutou no ângulo direito do goleiro Oswaldo Sánchez: golaço!

INGLATERRA 1 × 0 EQUADOR: os ingleses eliminaram os equatorianos. O único gol da partida, em Stuttgart, foi de David Beckham, em cobrança de falta, aos 15 minutos do segundo tempo.

PORTUGAL 1 × 0 HOLANDA: as duas equipes entraram em campo na cidade de Nuremberg e fizeram um dos jogos mais violentos da Copa. O árbitro russo Valentin Ivanov distribuiu 12 cartões amarelos e quatro vermelhos: um recorde! O time de Luiz Felipe Scolari venceu a batalha com gol de Maniche aos 23 minutos do primeiro tempo.

ITÁLIA 1 × 0 AUSTRÁLIA: a Itália sofreu para vencer a Austrália em Kaiserslautern. O gol da classificação foi marcado aos 50 minutos do segundo tempo em uma cobrança de pênalti de Francesco Totti. Fabio Grosso invadiu a área e caiu após um choque com Lucas Neill. A marcação do árbitro Luis Medina Cantalejo, da Espanha, foi muito contestada e irritou os australianos.

UCRÂNIA 0 × 0 SUÍÇA (3 × 2 PÊNALTIS): a cidade de Colônia foi palco da pior partida da Copa. Suíça e Ucrânia empataram no tempo normal e na prorrogação: 0 a 0. Na disputa por pênaltis, os ucranianos fizeram 3 a 0 e eliminaram o "ferrolho". O goleiro Shovkovskyi defendeu as três cobranças dos suíços.

> **GRADE DE PROGRAMAÇÃO DA TV DO DIA 27 DE JUNHO DE 2006**
>
> 12h – Brasil vs. Gana (Globo, SporTV, ESPN Brasil e Bandsports)
>
> 16h – Espanha vs. França (Globo, SporTV, ESPN Brasil e Bandsports)

A seleção brasileira permaneceu em Dortmund para o duelo contra Gana pelas oitavas de final.

BRASIL 3 × 0 GANA – DORTMUND – 27.06.2006

BRASIL: Dida, Cafu, Lúcio, Juan, Roberto Carlos, Emerson (Gilberto Silva), Zé Roberto, Kaká (Ricardinho), Ronaldinho, Adriano (Juninho Pernambucano) e Ronaldo.

GANA: Kingston, Pantsil, Appoe, John Mensah e Shilla; Draman, Muntari, Appiah e Eric Addo (Boateng); Gyan e Amoah (Tahie Mensah).

ÁRBITRO: Lubos Michel (Eslováquia).

GOLS: Ronaldo (5) e Adriano (46) no primeiro tempo. Zé Roberto (39) na etapa final.

O time do técnico Carlos Alberto Parreira não fez uma apresentação magistral, mas despachou a zebra africana. Adriano estava de volta e Zé Roberto começou como titular. Ronaldo abriu o placar aos 5 minutos de jogo, o décimo quinto gol dele em mundiais. O Fenômeno superava a marca histórica do alemão Gerd Müller e se tornava o artilheiro isolado das Copas. Adriano fez o segundo da partida aos 46 minutos. O gol dele foi o de número 200 da seleção em mundiais. O número 100 tinha sido o de Pelé na final da Copa de 1970. O terceiro gol do duelo contra Gana saiu aos 39 minutos do segundo tempo com Zé Roberto.

A *Folha de S.Paulo* criticava: "*Com os mesmos titulares dos dois primeiros confrontos – vitórias, mas desempenho sofrível –, o Brasil voltou a acumular 'apagões' criativos e chegou a ser envolvido pelos ganeses*". De qualquer forma a vitória veio, conforme apontava a reportagem:

> *A seleção melhorou na etapa final, com Juninho no lugar de Adriano. Gana teve um jogador expulso aos 36min. E, aos 39min, o resultado foi definido com belo gol de Zé Roberto. Foi a décima primeira vitória consecutiva do Brasil em Copas, recorde que ontem foi ampliado pela terceira vez neste Mundial.*

Era nítido que Ronaldo estava melhor na Copa. Passava, driblava e finalizava mais. No jogo contra Gana, foram 17 tentativas e 16 acertos. A *Folha* trazia uma declaração de Gerd Müller: "*Para mim, não é surpresa. Antes de a Copa começar, já sabia que Ronaldo iria marcar ao menos mais dois gols, me alcançar e até me superar.*"

FRANÇA 3 × 1 ESPANHA: a França estava praticamente morta na Copa até enfrentar a Espanha em Hannover. David Villa marcou aos 27 minutos do primeiro tempo. Frank Ribéry empatou para os franceses aos 41 minutos. Depois do intervalo, a França voltou melhor e desequilibrou o jogo. Patrick Vieira virou a partida aos 38 minutos e Zidane, destaque em campo, marcou o terceiro aos 47 minutos: 3 a 1.

A França seria a adversária do Brasil nas quartas de final. Os outros duelos foram: Alemanha × Argentina, Itália × Ucrânia e Inglaterra × Portugal. Uma curiosidade: nunca seis campeões mundiais tinham chegado entre os oito melhores da Copa.

ALEMANHA 1 × 1 ARGENTINA (4 × 2 PÊNALTIS): a seleção alemã eliminou a Argentina no Estádio Olímpico de Berlim. O duelo de campeões teve muita marcação. O primeiro tempo terminou

0 a 0. Na etapa final, a Argentina calou a torcida com gol de Ayala aos 4 minutos. Klose empatou aos 35 minutos e levou a partida para a prorrogação. Depois do empate por 1 a 1, a Alemanha foi melhor na disputa por pênaltis, 4 a 2, e poderia sonhar em repetir a conquista da Copa dentro de casa. O goleiro Lehmann defendeu as cobranças de Ayala e de Cambiasso.

ITÁLIA 3 × 0 UCRÂNIA: a adversária da Alemanha na semifinal foi definida no duelo entre Itália e Ucrânia, em Hamburgo. A Squadra Azzurra não teve dificuldades e venceu por 3 a 0. Zambrotta marcou aos 6 minutos do primeiro tempo. Na etapa final, Luca Toni balançou as redes aos 13 e aos 24 minutos.

GRADE DE PROGRAMAÇÃO DA TV DO DIA 1º DE JULHO DE 2006

12h – Inglaterra vs. Portugal (Globo, SporTV, ESPN Brasil e Bandsports)

16h – Brasil vs. França (Globo, SporTV, ESPN Brasil e Bandsports)

Cristiano Ronaldo converte pênalti contra a Inglaterra

PORTUGAL 0 × 0 (3 X 1 PÊNALTIS) INGLATERRA: o técnico Luiz Felipe Scolari conseguiu levar a seleção portuguesa para a semifinal da Copa. A equipe não fez uma grande apresentação em Gelsenkirchen, mas eliminou a Inglaterra. Foram 120 minutos de um duelo sem gols, mas a sorte estava com Portugal. Nos pênaltis, o goleiro Ricardo defendeu as cobranças de Lampard, Gerrard e Carragher. Cristiano Ronaldo selou a classificação: 3 a 1. Desde 1966, a seleção portuguesa não chegava à fase semifinal.

No Waldstadion, em Frankfurt, o Brasil enfrentou a França, algoz em 1986 e em 1998. Será que dessa vez a seleção nacional iria se vingar do adversário?

BRASIL 0 × 1 FRANÇA – FRANKFURT – 01.07.2006

BRASIL: Dida, Cafu (Cicinho), Lúcio, Juan, Roberto Carlos, Gilberto Silva, Zé Roberto, Juninho Pernambucano (Adriano), Kaká (Robinho), Ronaldo e Ronaldinho.

FRANÇA: Barthez; Sagnol, Thuram, Gallas e Abidal, Makelele, Vieira, Malouda (Wiltord), Zidane, Ribery (Govou) e Henry (Saha).

ÁRBITRO: Luiz Medina Cantalejo (Espanha).

GOL: Henry (12) no segundo tempo.

A Copa do Mundo cria heróis, mas também vilões. O lateral Roberto Carlos, campeão em 2002, nunca mais foi esquecido pela "história da meia". Ele estava ajeitando o meião quando Henry penetrou na área brasileira e venceu o goleiro Dida. A imagem foi repetida à exaustão, e críticas não faltaram ao jogador. O futebol às vezes é cruel. Mas o fato é que a seleção jogou mal. Foi sonolenta.

Parreira saiu jogando com Juninho Pernambucano e Gilberto Silva, como queria a torcida. Carrasco do Brasil em 1998, Zidane fez uma apresentação de gala. O primeiro tempo terminou empatado, 0 a 0. Aos 12 da etapa final, Zidane cobrou falta da esquerda. Henry entrou na área sem marcação e de pé direito balançou as redes: 1 a 0. Parreira ainda tentou mexer no time, mas sem sucesso. Depois de três finais consecutivas, a seleção brasileira estava eliminada na fase de quartas de final.

Henry vence Dida e marca o gol que tirou o Brasil da Copa

A *Folha* do dia seguinte trazia na capa: "*Sem mágica, sem tática, sem fôlego, sem craque, sem time, sem raça, sem hexa e sem desculpa*". A França é a única seleção do mundo a bater o Brasil três vezes em mata-mata de Copa. A imprensa falava em revanche da final de 1998, mas a seleção nacional desperdiçou a chance: "*Foi o pior desempenho desde 90. Foi a pior Copa de Ronaldo, maior artilheiro do torneio. A pior de Cafu, único homem a jogar três finais. A pior de Zagallo, quatro vezes campeão. O pior não só pelo passado. Ronaldinho, que chegou à Alemanha como o maior astro da Copa, sai como o maior fiasco, o que o jogo de ontem ampliou*", apontava a *Folha*. Parreira pediu demissão: "*No Brasil, isso é comum. Quando se ganha a Copa, foi o talento dos jogadores. Quando se perde, a culpa é do treinador. É um momento muito difícil, duro, quando a seleção é eliminada nas quartas, para o qual eu não me preparei e ninguém na delegação estava preparado*." Jogadores se irritaram com o treinador do Brasil, principalmente pela demora em fazer substituições durante o jogo. Um grupo de torcedores estava na porta do estádio e gritou "mercenários" para os jogadores que entravam no ônibus. A seleção brasileira terminou a Copa na quinta colocação.

Os confrontos da fase semifinal foram: Alemanha × Itália e Portugal × França.

ITÁLIA 2 × 0 ALEMANHA: o Westfalenstadion, em Dortmund, foi palco do clássico europeu do mundial de 2006. No total, 65 mil torcedores estiveram no estádio. As duas seleções reviveram momentos marcantes da história: a semifinal do mundial de 1970 e a decisão de 1982. A Itália levou a melhor de novo. O tempo normal não teve grandes emoções, e a cautela marcou a postura das duas equipes ao longo dos 90 minutos. Mas, na prorrogação, a diferença da Itália prevaleceu. Quando todos já esperavam os pênaltis, Fabio Grosso marcou aos 14 minutos do segundo tempo. Alessandro Del Piero, aos 15, confirmou a classificação dos italianos.

FRANÇA 1 × 0 PORTUGAL: a estrela de Zidane prevaleceu no duelo no Allianz Arena, em Munique, que recebeu 66 mil torcedores. Em um jogo movimentado, Henry foi derrubado na área aos 32 minutos do primeiro tempo. Zidane bateu bem e fez o único gol da partida.

ALEMANHA 3 × 1 PORTUGAL: em Stuttgart, a Alemanha encerrou a participação no mundial com uma vitória diante de Portugal e garantiu o terceiro lugar. Depois de uma etapa inicial sem gols, Schweinsteiger abriu o placar aos 11 minutos. Petit fez contra aos 16. A Alemanha chegou ao terceiro gol aos 33 minutos, novamente com Schweinsteiger. Aos 43 minutos, Nuno Gomes diminuiu para Portugal, que não conseguiu repetir a terceira colocação de 1966, mas se despediu do mundial com uma boa campanha.

GRADE DE PROGRAMAÇÃO DA TV DO DIA 9 DE JULHO DE 2006

15h – Itália vs. França (Globo, SporTV, ESPN Brasil e Bandsports)

O Estádio Olímpico de Berlim recebeu 72 mil torcedores para um confronto inédito em finais de Copa. A Itália entrou em campo em busca do tetracampeonato, e a França tentava o segundo título.

ITÁLIA 1 × 1 FRANÇA (PÊNALTIS: 5 × 3) – BERLIM – 09.07.2006

ITÁLIA: Buffon, Zambrotta, Cannavaro, Materazzi, Grosso, Camoranesi (Alessandro Del Piero), Pirlo, Gattuso, Perrotta (Iaquinta), Totti (De Rossi) e Toni.

FRANÇA: Barthez; Sagnol, Thuram, Gallas, Abidal, Makelele, Vieira (Alou Diarra), Ribéry (David Trezeguet), Zidane, Malouda e Henry (Wiltord).

ÁRBITRO: Horácio Elizondo (Argentina).

GOLS: Zidane (7) e Materazzi (19) no primeiro tempo.

Materazzi faz o gol de empate da Itália na decisão contra a França

Zidane dá cabeçada em Materazzi e é expulso

Não foi um espetáculo de técnica, mas não faltaram eficiência e disciplina tática. Aos 7 minutos do primeiro tempo, Malouda invadiu a área italiana e foi derrubado por Materazzi. O árbitro Horácio Elizondo, da Argentina, marcou pênalti. Zidane cobrou com categoria, a bola tocou no travessão e quicou dentro do gol. Aos 19 minutos, Pirlo cobrou escanteio da direita e Materazzi empatou de cabeça: 1 a 1. O placar não mudaria mais.

O jogo representou um fim melancólico para Zidane. No segundo tempo da prorrogação, ele foi provocado por Materazzi e reagiu com uma cabeçada no peito do adversário. O craque francês levou o cartão vermelho. Até o presidente francês, Jacques Chirac, palpitou sobre a expulsão: *"Não é aceitável, mas compreensível."* Já o zagueiro italiano admitiu ter ofendido a irmã de Zidane.

Na decisão por pênaltis, a Itália levou a melhor: 5 a 3. Pirlo converteu. Wiltord empatou. Materazzi fez 2 a 1. Trezeguet chutou no travessão. Na sequência, De Rossi fez 3 a 1. Abidal diminuiu: 3 a 2. Del Piero converteu a quarta cobrança. Sagnol diminuiu para 4 a 3. Grosso acertou o ângulo esquerdo de Barthez e garantiu o tetra italiano. Cannavaro ergueu a taça. A Itália repetia as conquistas de 1934, 1938 e 1982.

A *Folha* relatava na capa do caderno de esportes:

O épico da conquista italiana, que encerra um jejum de 24 anos sem títulos e acontece em meio a um enorme esquema de corrupção em seu campeonato nacional, teve de ser dividido com um herói derrotado. Zinedine Zidane. O meia francês, autor do gol de seu time numa cobrança de pênalti, antológica no primeiro tempo, foi expulso na segunda etapa da prorrogação por dar uma escandalosa cabeçada no peito do zagueiro italiano Materazzi. Era, como já se sabia, o último jogo da carreira de Zidane, o maior jogador que a França já produziu, líder do time campeão em 1998.

Em Roma, a comemoração: *"Os italianos driblaram a lei seca imposta pela Prefeitura de Roma e fizeram uma festa etílica para comemorar a dramática conquista da quarta Copa do Mundo da história do país."* Depois de perder o tetra para o Brasil, em 1994, a equipe agora chegava ao quarto título.

O RÁDIO NA COPA DE 2006

A Jovem Pan voltou a transmitir a Copa depois da ausência em 2002, com destaque para Nilson César como narrador principal. Já a Bandeirantes contava com a experiência de José Silvério, que, desde 1978, quando ainda estava na Jovem Pan, narrou todas as finais de mundial in loco. Um recorde!

TABELA DA COPA DE 2006

GRUPO A

09/06/2006 Munique: **Alemanha 4 × 2 Costa Rica**
09/06/2006 Gelsenkirchen: **Equador 2 × 0 Polônia**
14/06/2006 Dortmund: **Alemanha 1 × 0 Polônia**
15/06/2006 Hamburgo: **Equador 3 × 0 Costa Rica**
20/06/2006 Berlim: **Equador 0 × 3 Alemanha**
20/06/2006 Hannover: **Costa Rica 1 × 2 Polônia**

GRUPO B

10/06/2006 Frankfurt: **Inglaterra 1 × 0 Paraguai**
10/06/2006 Dortmund: **Trinidad e Tobago 0 × 0 Suécia**
15/06/2006 Nuremberg: **Inglaterra 2 × 0 Trinidad e Tobago**
15/06/2006 Berlim: **Suécia 1 × 0 Paraguai**
20/06/2006 Colônia: **Suécia 2 × 2 Inglaterra**
20/06/2006 Kaiserslautern: **Paraguai 2 × 0 Trinidad e Tobago**

GRUPO C

10/06/2006 Hamburgo: **Argentina 2 × 1 Costa do Marfim**
11/06/2006 Leipzig: **Sérvia e Montenegro 0 × 1 Holanda**
16/06/2006 Gelsenkirchen: **Argentina 6 × 0 Sérvia e Montenegro**
16/06/2006 Stuttgart: **Holanda 2 × 1 Costa do Marfim**
21/06/2006 Frankfurt: **Holanda 0 × 0 Argentina**
21/06/2006 Munique: **Costa do Marfim 3 × 2 Sérvia e Montenegro**

GRUPO D

11/06/2006 Nuremberg: **México 3 × 1 Irã**
11/06/2006 Colônia: **Angola 0 × 1 Portugal**
16/06/2006 Hannover: **México 0 × 0 Angola**
17/06/2006 Frankfurt: **Portugal 2 × 0 Irã**
21/06/2006 Gelsenkirchen: **Portugal 2 × 1 México**
21/06/2006 Leipzig: **Irã 1 × 1 Angola**

A festa italiana: Cannavaro ergue o troféu

GRUPO E

12/06/2006 Gelsenkirchen: **Estados Unidos 0 × 3 República Tcheca**
12/06/2006 Hannover: **Itália 2 × 0 Gana**
17/06/2006 Colônia: **República Tcheca 0 × 2 Gana**
17/06/2006 Kaiserslautern: **Itália 1 × 1 Estados Unidos**
22/06/2006 Hamburgo: **República Tcheca 0 × 2 Itália**
22/06/2006 Nuremberg: **Gana 2 × 1 Estados Unidos**

GRUPO F

12/06/2006 Kaiserslautern: **Austrália 3 × 1 Japão**
13/06/2006 Berlim: **Brasil 1 × 0 Croácia**
18/06/2006 Nuremberg: **Japão 0 × 0 Croácia**
18/06/2006 Munique: **Brasil 2 × 0 Austrália**
22/06/2006 Dortmund: **Japão 1 × 4 Brasil**
22/06/2006 Stuttgart: **Croácia 2 × 2 Austrália**

GRUPO G

13/06/2006 Frankfurt: **Coreia do Sul 2 × 1 Togo**
13/06/2006 Stuttgart: **França 0 × 0 Suíça**
18/06/2006 Leipzig: **França 1 × 1 Coreia do Sul**
19/06/2006 Dortmund: **Togo 0 × 2 Suíça**
23/06/2006 Colônia: **Togo 0 × 2 França**
23/06/2006 Hannover: **Suíça 2 × 0 Coreia do Sul**

GRUPO H

14/06/2006 Leipzig: **Espanha 4 × 0 Ucrânia**
14/06/2006 Munique: **Tunísia 2 × 2 Arábia Saudita**
19/06/2006 Hamburgo: **Arábia Saudita 0 × 4 Ucrânia**
19/06/2006 Stuttgart: **Espanha 3 × 1 Tunísia**
23/06/2006 Kaiserslautern: **Arábia Saudita 0 × 1 Espanha**
23/06/2006 Berlim: **Ucrânia 1 × 0 Tunísia**

OITAVAS

24/06/2006 Munique: **Alemanha 2 × 0 Suécia**
24/06/2006 Leipzig: **Argentina 2 × 1 México**
25/06/2006 Stuttgart: **Inglaterra 1 × 0 Equador**
25/06/2006 Nuremberg: **Portugal 1 × 0 Holanda**
26/06/2006 Kaiserslautern: **Itália 1 × 0 Austrália**
26/06/2006 Colônia: **Suíça 0 (0) × (3) 0 Ucrânia**
27/06/2006 Dortmund: **Brasil 3 × 0 Gana**
27/06/2006 Hannover: **Espanha 1 × 3 França**

QUARTAS

30/06/2006 Berlim: **Alemanha 1 (4) × (2) 1 Argentina**
30/06/2006 Hamburgo: **Itália 3 × 0 Ucrânia**
01/07/2006 Gelsenkirchen: **Inglaterra 0 (1) × (3) 0 Portugal**
01/07/2006 Frankfurt: **Brasil 0 × 1 França**

SEMIFINAIS

04/07/2006 Dortmund: **Alemanha 0 × 2 Itália**
05/07/2006 Munique: **Portugal 0 × 1 França**

TERCEIRO LUGAR

08/07/2006 Stuttgart: **Alemanha 3 × 1 Portugal**

FINAL

09/07/2006 Berlim: **Itália 1 (5) × (3) 1 França**

2 SÁFRDO

ICASULO

SONS AFRICANOS

A Copa chega à África

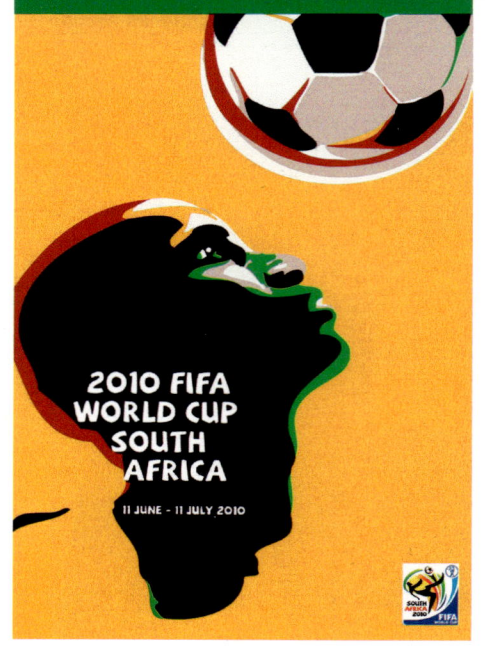

A internacionalização do futebol ganhava uma nova etapa em 2010. A "Mãe África" foi contemplada pela Fifa para receber um mundial de futebol pela primeira vez, depois de 80 anos de história das Copas. Assim como se viu quando o Brasil foi escolhido como sede em 2014, a indicação da África do Sul para receber a competição gerou críticas internas. Um país pobre, com carências básicas de saúde e educação, deveria investir na construção e reforma de estádios? Anos depois, surgiram denúncias de superfaturamento. Mas, falando sobre a festa do futebol, aqui no Brasil, depois de duas Copas de monopólio da Globo entre as emissoras abertas, a Bandeirantes voltou a transmitir um mundial (a última vez tinha sido em 1998).

O site Memória Globo destaca:

Dos 64 jogos, 56 foram transmitidos ao vivo. Oito partidas realizadas em horários simultâneos foram ao ar na forma de compactos, exibidos à noite. Os jogos tiveram a narração de Galvão Bueno, Cléber Machado e Luís Roberto e os comentaristas Walter Casagrande, Júnior e Arnaldo Cézar Coelho, na África do Sul, e Paulo Roberto Falcão, dos estúdios da TV Globo no Rio de Janeiro. A base da Globo no Centro de Imprensa contava com uma redação, ilhas de edição, cabines de narração e uma central técnica, na qual eram recebidos e transmitidos para a sede da emissora no Rio todos os sinais dos jogos e do jornalismo.

A emissora ressalta que um dos casos marcantes da cobertura foi registrado durante a entrevista coletiva do técnico Dunga após a vitória da seleção brasileira sobre a Costa do Marfim:

O repórter Alex Escobar falava ao telefone com o colega Tadeu Schmidt e fez um gesto com a cabeça, interpretado pelo técnico como uma provocação exatamente no momento em que ele acusava os jornalistas de pedirem a saída de Luís Fabiano. Irritado, o técnico chegou a ofender Escobar durante a coletiva.

A Copa do Mundo chega à África

O treinador brasileiro pediu desculpas aos torcedores pelos palavrões durante a entrevista, mas não ao jornalista: *"Quero pedir desculpas ao torcedor brasileiro, porque ele tem sempre nos apoiado e não tem nada a ver com os meus problemas pessoais ou alguma outra situação. Como brasileiro e como todo torcedor, só quero que me deixem trabalhar. O torcedor tem de estar feliz com a seleção"*, declarou à imprensa na época.

Foi o último mundial de Luciano do Valle, da Band, que morreu às vésperas da Copa de 2014. A TV a cabo fez ampla cobertura com SporTV, ESPN Brasil e Bandsports. Foi uma Copa barulhenta, ao som da vuvuzela, a tradicional corneta africana. Dentro de campo, a bola escolhida pela Fifa provocou muita discussão. A Jabulani foi criticada por jogadores e preparadores por ser muito leve. Já a seleção brasileira não contava mais com as estrelas da Copa anterior, como Ronaldo, Ronaldinho e Rivaldo. Apesar de bons jogadores, como Robinho, Kaká, Luís Fabiano e Elano, a equipe, comandada pelo controverso Dunga, caiu nas quartas de final.

A PREPARAÇÃO BRASILEIRA

A seleção nacional ganhou tudo o que podia entre as Copas de 2006 e de 2010. Dunga assumiu a seleção com a promessa de mudanças. O treinador estava longe da unanimidade, mas tentava fechar um grupo e seguir em frente até o mundial. A primeira conquista foi a Copa América de 2007, disputada na Venezuela. Kaká e Ronaldinho pediram dispensa da seleção por causa do desgaste provocado pela temporada europeia. O treinador julgou que os jogadores não tinham comprometimento. Com uma equipe considerada de segunda linha, mas com Robinho como destaque, a seleção chegou à final ao vencer o Uruguai nos pênaltis. Brilhou o goleiro Doni. Na decisão, o Brasil passou pela Argentina: 3 a 0.

Em busca do ouro inédito, Dunga comandou a seleção brasileira na Olimpíada de Pequim, em 2008, mas a equipe teve de se contentar com a medalha de bronze. Ainda naquele ano, o Brasil goleou Portugal por 6 a 2, em amistoso. No começo de 2009, a seleção venceu a Itália por 2 a 0, em Londres. Um resultado esdrúxulo foi a primeira derrota na história para a Venezuela: 2 a 0, em Boston.

A seleção brasileira comandada por Dunga que disputou a Copa

Na Copa das Confederações, um aperitivo para o mundial, um ano antes, a seleção estreou com vitória sobre o Egito: 4 a 3. Depois, passou por Estados Unidos e Itália. Na semifinal, o Brasil derrotou a África do Sul, comandada por Joel Santana, com golaço de falta de Daniel Alves. Na decisão, contra os Estados Unidos, o time de Dunga venceu por 3 a 2, depois de estar perdendo por 2 a 0.

Pelas eliminatórias, a seleção venceu a Argentina por 3 a 1, em Rosário, com uma boa atuação de Kaká e de Luís Fabiano, e carimbou o passaporte para a África do Sul. Os 23 jogadores foram convocados em 11 de maio de 2010. A lista não agradou parte da torcida que pedia os jovens do Santos: Neymar e Paulo Henrique Ganso. Dunga voltou a chamar nomes criticados como Doni, Gilberto, Kléberson e Grafite.

O DIA A DIA DA COPA

O mundial da África do Sul foi disputado no período de 11 de junho a 11 de julho. Foi uma festa da torcida, muita irreverência nas arquibancadas, mas com um nível técnico mediano. Eram dez estádios em nove cidades: Joanesburgo, Bloemfontein, Cidade do Cabo, Pretória, Nelspruit, Durban, Port Elizabeth, Polokwane e Rustemburgo.

No dia 10, antes da bola rolar, a Fifa promoveu um show com o grupo Black Eyed Peas e Shakira. O evento, em Joanesburgo, teve ainda Alicia Keys e outras bandas. A audiência mundial na TV chegou a 3,2 bilhões de telespectadores. O número representa um aumento de 8% em relação à Alemanha, em 2006.

GRUPO A: África do Sul, França, Uruguai e México
GRUPO B: Argentina, Grécia, Nigéria e Coreia do Sul
GRUPO C: Inglaterra, Estados Unidos, Eslovênia e Argélia
GRUPO D: Alemanha, Gana, Austrália e Sérvia
GRUPO E: Holanda, Dinamarca, Japão e Camarões
GRUPO F: Itália, Eslováquia, Paraguai e Nova Zelândia
GRUPO G: Brasil, Portugal, Costa do Marfim e Coreia do Norte
GRUPO H: Espanha, Chile, Suíça e Honduras

GRADE DE PROGRAMAÇÃO DA TV DE 11 DE JUNHO DE 2010

11h – África do Sul vs. México (Globo, Band, SporTV, ESPN Brasil e Bandsports)

15h30 – Uruguai vs. França (Globo, Band, SporTV, ESPN Brasil e Bandsports)

ÁFRICA DO SUL 1 × 1 MÉXICO: o técnico Carlos Alberto Parreira, campeão com o Brasil em 1994, substituiu Joel Santana no comando da África do Sul. Ele chegava ao sexto mundial com o desafio de levar os Bafanas, como a seleção da casa era chamada, para as oitavas de final. O jogo de abertura foi no Soccer City, em Joanesburgo, que recebeu 84.490 torcedores. A África enfrentou o México do treinador Javier Aguirre. Depois de um primeiro tempo sem gols, os torcedores foram ao delírio com o gol de Tshabalala aos 10 minutos. O mexicano Márquez empatou aos 34 minutos.

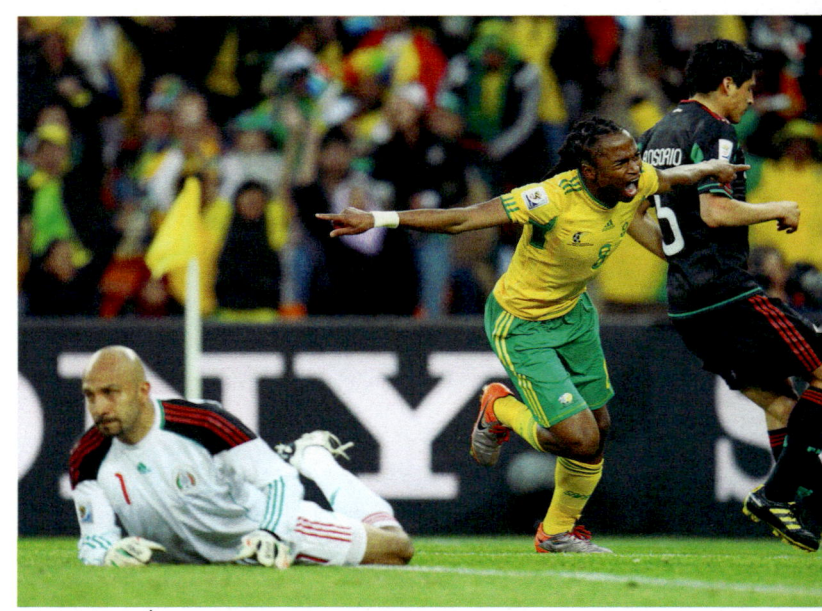

Tshabalala, da África do Sul, marca o primeiro gol do mundial

URUGUAI 0 × 0 FRANÇA: o belíssimo estádio Green Point, na Cidade do Cabo, recebeu o duelo entre o Uruguai, do técnico Oscar Tabárez, e a França, comandada por Raymond Domenech. Foi um jogo fraco, longe da altura de dois campeões mundiais. Nem Loco Abreu e nem Thierry Henry, que entraram durante a partida, conseguiram balançar as redes.

COREIA DO SUL 2 × 0 GRÉCIA: em Port Elizabeth, a Coreia do Sul venceu a Grécia com gols marcados por Jung-soo, aos 7 minutos do primeiro tempo, e Park Ji-Sung, aos 7 da etapa final. Os gregos continuavam sem marcar gols em Copas.

ARGENTINA 1 × 0 NIGÉRIA: no Ellis Park, em Joanesburgo, a Argentina, comandada por Maradona, estreou com uma vitória simples diante da Nigéria. A grande estrela era Messi. Os argentinos contavam ainda com Mascherano, Verón, Ángel di María, Higuaín e Tevez. Heinze fez o gol da vitória aos 6 do primeiro tempo. Foi um começo sem brilho, mas suficiente para conquistar os primeiros pontos.

INGLATERRA 1 × 1 ESTADOS UNIDOS: os ingleses, treinados pelo italiano Fábio Capello, estrearam em Rustemburgo contra os Estados Unidos. Se em 1950 os inventores do futebol perderam para os americanos, não foi dessa vez que eles conseguiram se vingar da derrota histórica. Gerrard abriu o placar aos 4 minutos do primeiro tempo. Dempsey empatou para os Estados Unidos aos 40 minutos também da etapa inicial. Em um chute despretensioso, o goleiro Green deixou a bola passar por debaixo das pernas. Foi o frango da Copa.

ESLOVÊNIA 1 × 0 ARGÉLIA: em Polokwane, a Eslovênia conseguiu uma vitória simples diante da Argélia. Foi um dos piores jogos da Copa. Antes do começo da partida, o campo foi invadido por torcedores. O único gol do jogo foi marcado por Robert Koren aos 34 minutos do segundo tempo.

GANA 1 × 0 SÉRVIA: em Pretória, Gana venceu a Sérvia. Gyan fez de pênalti aos 35 minutos do segundo tempo. Foi o primeiro resultado positivo de uma seleção africana no mundial de 2010.

ALEMANHA 4 × 0 AUSTRÁLIA: a Alemanha era comandada por Joachim Löw, treinador que seria campeão no Brasil em 2014. Em Durban, a equipe goleou a Austrália por 4 a 0 e começou a assustar os adversários. Podolski fez o primeiro gol aos 8 minutos, e Klose ampliou aos 26 da etapa inicial. No segundo tempo, Müller marcou o terceiro aos 23, e Cacau, brasileiro naturalizado alemão, fechou o placar aos 25 minutos.

HOLANDA 2 × 0 DINAMARCA: a Holanda contava com bons jogadores, como Sneijder, De Jong e Van Persie. A Laranja Mecânica não teve dificuldades para passar pela Dinamarca por 2 a 0, em Joanesburgo. Com um minuto de partida no segundo tempo, Agger fez gol contra, e Kuyt fechou o placar aos 40 minutos.

JAPÃO 1 × 0 CAMARÕES: em Bloemfontein, o Japão derrotou Camarões, que tinha como destaque Samuel Eto'o. O único gol do jogo foi marcado por Honda aos 39 minutos do primeiro tempo.

ITÁLIA 1 × 1 PARAGUAI: para manter a tradição, a Itália, campeã do mundo, comandada por Marcello Lippi, tropeçou na estreia. Na partida, disputada na Cidade do Cabo, o treinador escalou três atacantes, mas equipe saiu perdendo para o Paraguai, com gol de Alcaraz aos 39 minutos do primeiro tempo. De Rossi empatou aos 18 minutos da etapa final.

> **GRADE DE PROGRAMAÇÃO DA TV DE 15 DE JUNHO DE 2010**
>
> 8h30: Nova Zelândia vs. Eslováquia (Globo, Band, SporTV, ESPN Brasil e Bandsports)
>
> 11h: Costa do Marfim vs. Portugal (Globo, Band, SporTV, ESPN Brasil e Bandsports)
>
> 15h30: Brasil vs. Coreia do Norte (Globo, Band, SporTV, ESPN Brasil e Bandsports)

NOVA ZELÂNDIA 1 × 1 ESLOVÁQUIA: pelo mesmo grupo da Itália, em Rustemburgo, Nova Zelândia e Eslováquia também empataram. Os eslovacos saíram na frente com um gol irregular aos 5 minutos do segundo tempo. O atacante Vittek, impedido, recebeu a bola e chutou para as redes. A Nova Zelândia conseguiu empatar com o zagueiro Reid aos 48 minutos.

PORTUGAL 0 × 0 COSTA DO MARFIM: segurar Cristiano Ronaldo: essa era a missão da Costa do Marfim em Port Elizabeth. A seleção africana chegou muito badalada para o mundial. O técnico sueco Sven-Goran Eriksson contava com bons jogadores. O destaque era Drogba. Já Portugal, comandado por Carlos Queiróz, tinha Cristiano Ronaldo. Liedson e Deco, brasileiros com cidadania portuguesa, jogaram na estreia. Mas a partida terminou empatada: 0 a 0. As duas seleções estavam no grupo da seleção brasileira.

O time de Dunga estreou contra a Coreia do Norte no Estádio Ellis Park, em Joanesburgo.

> **BRASIL 2 × 1 COREIA DO NORTE — JOANESBURGO — 15.06.2010**
>
> **BRASIL**: Júlio César, Maicon, Lúcio, Juan e Michel Bastos; Gilberto Silva, Felipe Melo (Ramires), Elano (Daniel Alves) e Kaká (Nilmar); Robinho e Luís Fabiano.
>
> **COREIA DO NORTE**: Guk, Jong Hyok, Chol Jin, Jun Il, Nam Chol e Kwang Chon; In Guk (Kum Il), Yun Nam, Yong Jo, Yong Hak e Tae Se.
>
> **ÁRBITRO**: Viktor Kassai (Hungria).
>
> **GOLS**: Maicon (10), Elano (27) e Ji Yun-nam (44) no segundo tempo.

Faltou criatividade à seleção brasileira na estreia contra a Coreia do Norte. Kaká não fez uma boa apresentação e foi substituído por Nilmar ao longo da etapa final. Depois de um primeiro tempo em branco, o lateral direito Maicon chutou da linha de fundo. A bola fez uma curva e surpreendeu o goleiro Guk: 1 a 0. Elano ampliou aos 27 minutos. O Brasil conseguiu sofrer um gol da Coreia do Norte. Yun-nam invadiu a área e marcou aos 44 minutos.

O caderno de esportes da *Folha de S. Paulo* resumiu o jogo: *"Após primeiro tempo sem imaginação, Brasil marca dois belos gols, mas vê norte-coreanos quase amadores descontarem em pane coletiva da defesa"*. Essa citação de que os coreanos eram quase amadores está correta. Estamos falando da Coreia do Norte, não da Coreia do Sul que sediou a Copa de 2002 e participou de nove mundiais. A Coreia do Norte, antes de 2010, só tinha disputado o mundial de 1966. O técnico Dunga declarou depois da partida: *"cada jogo tem um frio na barriga"*. A *Folha* dava destaque para Maicon:

> *Maicon disse que não chorou, mas as câmeras mostraram para os 54.331 torcedores que estiveram no Ellis Park o jogador bastante emocionado depois de ter marcado, sem ângulo, o gol que abriu a vitória por 2 a 1 do Brasil. "Foi um agradecimento a todos que confiaram em mim", declarou o camisa 2. "Não chorei, mas fiquei muito emocionado. Beijei a minha aliança", disse o marido de Simone. "Passou pela minha cabeça tudo o que eu passei até eu chegar a esse momento. Minha primeira partida, meu primeiro mundial."*

Robinho admitiu que estava nervoso. Mas que jogador não fica apreensivo em uma estreia ou em qualquer jogo de mundial? Do lado de fora do estádio, um apagão prejudicou o funcionamento das catracas e dezenas de torcedores só conseguiram entrar quando a partida já tinha começado.

Em Brasília, os deputados fizeram um bolão. Quem marcaria o primeiro gol da seleção brasileira na Copa do Mundo? Apenas Paulo Maluf apostou em Maicon!

CHILE 1 × 0 HONDURAS: o Chile, sob o comando de Marcelo Bielsa, El Loco, partiu para cima de Honduras, em Nelspruit. O único gol do jogo foi marcado por Jean Beausejour aos 34 minutos do primeiro tempo. Os chilenos não ganhavam um jogo de Copa havia 48 anos!

SUÍÇA 1 × 0 ESPANHA: a sempre favorita Espanha entrou em campo em Durban para enfrentar a Suíça. O técnico Vicente Del Bosque tinha nas mãos grandes jogadores: Casillas, Sergio Ramos, Piqué, Puyol, Capdevila, Xabi Alonso, Fernando Torres, Busquets, Xavi, Iniesta, David Silva e Villa. A equipe estava pronta para dar um show na Copa, mas estreou com derrota! O gol da Suíça foi marcado aos 6 minutos do segundo tempo, em um contra-ataque. Fernandes aproveitou uma sobra, depois de um bate e rebate dentro da área com os zagueiros e o goleiro Casillas. A imprensa espanhola não perdoou o time. Mas, dessa vez, o desfecho seria outro.

URUGUAI 3 × 0 ÁFRICA DO SUL: em jogo válido pela segunda rodada, o Uruguai venceu a África do Sul em Pretória. Decepção para a torcida do time da casa. Forlán chutou de longe, e a bola enganou o goleiro Khune aos 24 do primeiro tempo. Aos 35 da etapa final, Forlán ampliou em cobrança de pênalti. Álvaro Pereira fez o terceiro aos 50 minutos. Vitória de Oscar Tabárez sobre Carlos Alberto Parreira.

ARGENTINA 4 × 1 COREIA: a Argentina voltou a campo no Soccer City, em Joanesburgo, para golear a Coreia do Sul. Messi cobrou falta e a bola desviou em Chu-young aos 17 minutos da etapa inicial. Higuaín fez aos 33. Chung-yong diminuiu aos 46 minutos. No segundo tempo, Higuaín, de novo, balançou as redes aos 29 e aos 35 minutos. Com a vitória, o time de Maradona estava praticamente classificado para a próxima fase.

GRÉCIA 2 × 1 NIGÉRIA: em Bloemfontein, a Grécia ganhou pela primeira vez um jogo de Copa do Mundo. A Nigéria saiu na frente em cobrança de falta de Uche aos 16 da etapa inicial. Os gregos empataram com Salpingidis aos 44 minutos. Foi o primeiro gol do país em mundiais. No segundo tempo, Torosidis fechou o placar aos 26 minutos.

MÉXICO 2 × 0 FRANÇA: a França perdeu em Polokwane e estava praticamente fora da competição. Com uma apresentação apática, sem criatividade, a equipe sofreu dois gols do México no segundo tempo. Hernández abriu o marcador aos 19 minutos. Blanco cobrou pênalti e venceu o goleiro Lloris aos 34 minutos.

SÉRVIA 1 × 0 ALEMANHA: depois de golear a Austrália na estreia, a Alemanha foi surpreendida pela Sérvia em Port Elizabeth. O único gol do jogo foi marcado por Jovanovic aos 38 do primeiro tempo. O resultado embolou o grupo D.

ESLOVÊNIA 2 × 2 ESTADOS UNIDOS: em Joanesburgo, no Estádio Ellis Park, a Eslovênia saiu na frente dos Estados Unidos. Birsa, aos 13, e Ljubijankic, aos 42 minutos, marcaram no primeiro tempo. Os Estados Unidos diminuíram com gol de Donovan aos 2 minutos da etapa final. Michael Bradley, filho do treinador Bob Bradley, empatou aos 38 minutos: 2 a 2. Os americanos reclamaram do árbitro Koman Coulibaly, de Mali, que anulou inexplicavelmente um gol marcado por Maurice Edu aos 39 minutos. A vitória deixaria os Estados Unidos em primeiro no grupo.

INGLATERRA 0 × 0 ARGÉLIA: as duas seleções fizeram uma partida sonolenta no Green Point, na Cidade do Cabo. O técnico Fábio Capello resolveu substituir o goleiro Green, que tinha falhado na estreia, por David James. Mais um empate dos ingleses na Copa.

HOLANDA 1 × 0 JAPÃO: a Holanda venceu o segundo jogo no mundial e praticamente garantiu vaga na fase seguinte. Mesmo sem brilho, a equipe de Bert van Marwijk derrotou o Japão por 1 a 0, em Durban, gol de Sneijder aos 8 minutos do segundo tempo.

GANA 1 × 1 AUSTRÁLIA: em Rustemburgo, Gana não soube aproveitar a vantagem de atuar com um jogador a mais. O australiano Harry Kewell foi expulso na metade do primeiro tempo. A seleção da Oceania já estava vencendo por 1 a 0, gol de Holman aos 11 minutos. Gana empatou em uma cobrança de falta de Gyan aos 25 minutos da etapa inicial.

DINAMARCA 2 × 1 CAMARÕES: no último jogo do dia 19, em Pretória, a Dinamarca superou Camarões e eliminou a seleção africana. Eto'o abriu o placar aos 10 minutos de partida. A Dinamarca empatou com Bendtner aos 33 minutos. A virada veio aos 16 minutos da etapa final, gol de Rommedahl.

GRADE DE PROGRAMAÇÃO DA TV DE 20 DE JUNHO DE 2010

8h30: Eslováquia vs. Paraguai (Globo, Band, SporTV, ESPN Brasil e Bandsports)

11h: Itália vs. Nova Zelândia (Globo, Band, SporTV, ESPN Brasil e Bandsports)

15h30: Brasil vs. Costa do Marfim (Globo, Band, SporTV, ESPN Brasil e Bandsports)

PARAGUAI 2 × 0 ESLOVÁQUIA: em Bloemfontein, o técnico Gerardo Martino colocou os paraguaios no ataque. Vera marcou aos 26 minutos do primeiro tempo, e Riveros ampliou aos 40 minutos da etapa final.

ITÁLIA 1 × 1 NOVA ZELÂNDIA: a Itália decepcionou de novo. Em Nelspruit, o time de Marcello Lippi conseguiu a proeza de empatar com a Nova Zelândia! Smeltz abriu o placar aos 7 minutos do primeiro tempo. Iaquinta salvou a pele dos italianos em cobrança de pênalti aos 29 minutos da etapa inicial.

A seleção brasileira voltou a campo para enfrentar a badalada Costa do Marfim. O jogo foi disputado no Soccer City, em Joanesburgo.

BRASIL 3 × 1 COSTA DO MARFIM – JOANESBURGO – 20.06.2010

BRASIL: Júlio César, Maicon, Lúcio, Juan e Michel Bastos; Gilberto Silva, Felipe Melo, Elano (Daniel Alves) e Kaká; Robinho (Ramires) e Luís Fabiano.

COSTA DO MARFIM: Barry, Demel, Zokora, Kolo Touré e Tiéné; Tiotê, Yaya Touré, Eboué (Romaric) e Dindane (Gervinho); Kalou (Keita) e Drogba.

ÁRBITRO: Stephane Lannoy (França).

GOLS: Luís Fabiano (25) no primeiro tempo; Luís Fabiano (5), Elano (17) e Drogba (34) na etapa final.

A equipe de Dunga teve um lampejo de espetáculo e venceu os africanos. Destaque, claro, para Luís Fabiano. Aos 25 do primeiro tempo, ele marcou depois de uma tabela entre Kaká e Robinho. Aos 5 da etapa final, Luís Fabiano deu dois chapéus, chutou de esquerda e marcou o segundo do Brasil. Os jogadores da Costa do

Marfim reclamaram, com razão, que a bola tinha tocado no braço do camisa 9 da seleção. O Brasil chegou ao terceiro gol aos 17 minutos. Kaká fez jogada individual pela esquerda e cruzou rasteiro, e Elano, sozinho, tocou para o gol. Os marfinenses diminuíram com gol de cabeça de Drogba aos 34 minutos. Tioté abusou da violência e tirou Elano da partida. Aos 39 minutos do segundo tempo, Kaká deu um empurrão em Keita e foi advertido com cartão amarelo. No entanto, 3 minutos depois, em outro lance contra Keita, o árbitro francês entendeu que o camisa 10 do Brasil agrediu o atleta da Costa do Marfim. Resultado: cartão vermelho. "*Não perdi a cabeça, não. Vocês viram as imagens, elas falam mais do que qualquer palavra. Não vou comentar nada sobre o árbitro. No fim, o jogo ficou um pouco mais violento, não é legal, mas a Fifa sabe o que fazer com os árbitros*", desabafou Kaká.

O técnico Dunga avisa: "*O que eu falo para os meus jogadores é que eles têm que jogar futebol. Se começar a bater, a gente perde o foco e deixa de fazer o que conhece.*" Com a vitória, a seleção brasileira estava praticamente classificada para a próxima fase. A capa principal da *Folha de S.Paulo* trazia: "*Braço de Deus*".

PORTUGAL 7 × 0 COREIA DO NORTE: os portugueses atropelaram a Coreia do Norte em jogo disputado na Cidade do Cabo. O primeiro tempo teve apenas um gol: Meireles marcou aos 29 minutos. Na etapa final, Simão fez aos 8 minutos, e Hugo Almeida ampliou aos 11. Tiago foi autor do quarto gol aos 15 minutos. Liedson deixou a marca dele aos 35 minutos: 5 a 0. O sexto gol foi de Cristiano Ronaldo aos 42 minutos, e Tiago fechou o placar aos 43 minutos.

CHILE 1 × 0 SUÍÇA: depois da estreia com vitória diante da Espanha, a Suíça perdeu para o Chile, em Port Elizabeth. Os suíços se retrancaram ainda mais, após a expulsão de Behrami aos 30 minutos do primeiro tempo. O Chile chegou ao único gol da partida aos 30 da etapa final. González fez de cabeça, depois de um cruzamento de Paredes.

ESPANHA 2 × 0 HONDURAS: a Espanha se recuperou ao vencer a fraca seleção de Honduras no Ellis Park, em Joanesburgo. Villa marcou aos 17 minutos da etapa inicial. Ele, de novo, fez mais um aos 6 minutos do segundo tempo. Aos 17, Navas sofreu pênalti, mas Villa, artilheiro do jogo, perdeu a cobrança.

A terceira rodada da Copa começou no dia 22 de junho com quatro partidas por dia.

URUGUAI 1 × 0 MÉXICO: em Rustemburgo, o Uruguai venceu o México e ficou em primeiro lugar do grupo A. O gol foi de Luis Suárez aos 43 minutos do primeiro tempo. Os mexicanos se classificaram na segunda colocação.

ÁFRICA DO SUL 2 × 1 FRANÇA: em Bloemfontein, a França perdeu para a África do Sul. Os africanos saíram na frente com Kumalo aos 20 minutos, e Mphela ampliou aos 37 minutos do primeiro tempo. Malouda diminuiu aos 25 minutos da etapa final. As duas seleções estavam eliminadas. Os franceses repetiram o fracasso de 2002. Depois do jogo, o técnico Parreira, comandante dos sul-africanos, foi cumprimentar o treinador da França, Raymond Domenech, que se recusou a apertar a mão do técnico brasileiro. Parreira, sem graça, chegou a agarrar o paletó do técnico francês. Raymond Domenech teria ficado irritado com uma declaração de Carlos Alberto Parreira. O brasileiro afirmou que a França não merecia estar na Copa por causa de um erro de arbitragem durante as eliminatórias. Contra a Irlanda, Henry usou a mão no gol que garantiu a classificação dos franceses.

NIGÉRIA 2 × 2 COREIA DO SUL: na definição do grupo B, em Durban, Nigéria e Coreia do Sul ficaram no empate. Os coreanos garantiram a segunda posição, atrás da Argentina. Uche abriu o marcador aos 12 minutos do primeiro tempo. Lee Jung-soo empatou aos 38. A Coreia virou com Park Chu-young aos 4 da etapa final, mas Ayegbeni deixou tudo igual aos 24 minutos.

ARGENTINA 2 × 0 GRÉCIA: em Polokwane, os argentinos conquistaram a terceira vitória no mundial. Depois de um primeiro tempo sem gols contra a Grécia, Demichelis marcou aos 32 da etapa final. Palermo fechou o placar aos 42 minutos.

INGLATERRA 1 × 0 ESLOVÊNIA: os ingleses, finalmente, venceram um jogo e ficaram em segundo lugar no grupo C. A equipe derrotou a Eslovênia em jogo disputado em Port Elizabeth. O gol foi marcado por Defoe aos 23 minutos da etapa inicial.

ESTADOS UNIDOS 1 × 0 ARGÉLIA: os americanos venceram a Argélia e terminaram na primeira colocação da chave. Na partida em Pretória, o gol foi de Landon Donovan aos 46 minutos do segundo tempo.

ALEMANHA 1 × 0 GANA: pelo grupo D, a Alemanha confirmou o primeiro lugar do grupo com a vitória sobre Gana, que ficou na segunda posição. O único gol do jogo, no Soccer City, foi de Özil aos 15 minutos da etapa final.

AUSTRÁLIA 2 × 1 SÉRVIA: no duelo dos eliminados, em Nelspruit, Cahill abriu o placar para os australianos aos 24 minutos do segundo tempo. Holman ampliou aos 28. A Sérvia diminuiu com Pantelic aos 39 minutos.

ESLOVÁQUIA 3 × 2 ITÁLIA: em um jogo emocionante, disputado no Ellis Park, em Joanesburgo, a Itália foi eliminada da Copa. Desde 1966, a Squadra Azzurra não caía em uma primeira fase de mundial. Vittek marcou para a Eslováquia aos 25 minutos da etapa inicial. Aos 28 minutos do segundo tempo, Vittek, de novo, ampliou o placar. A Itália diminuiu com Di Natale aos 36. Aos 44, a Eslováquia marcou o terceiro, gol de Kopunek. A Itália ainda diminuiu com Quagliarella aos 47 minutos: 3 a 2. A Eslováquia ficou em segundo lugar

PARAGUAI 0 × 0 NOVA ZELÂNDIA: o resultado do jogo em Polokwane garantiu os paraguaios na primeira colocação

JAPÃO 3 × 1 DINAMARCA: pelo grupo E, o Japão surpreendeu a Dinamarca e se classificou em segundo lugar. O jogo foi disputado em Rustemburgo. Honda abriu o placar com um gol de falta aos 17 minutos do primeiro tempo. Aos 30, mais uma cobrança de falta: gol de Endo. Tomasson diminuiu para a Dinamarca aos 36 do segundo tempo. Mas o Japão confirmou a zebra e Okazaki fez o terceiro aos 42 minutos.

HOLANDA 2 × 1 CAMARÕES: na Cidade do Cabo, a Holanda garantiu o primeiro lugar e despachou Camarões. Van Persie marcou aos 36 minutos do primeiro tempo. Eto'o cobrou pênalti e venceu o goleiro Stekelenburg aos 20 minutos da etapa final. Huntelaar garantiu a vitória dos holandeses aos 38 minutos.

> **GRADE DE PROGRAMAÇÃO DA TV DE 25 DE JUNHO DE 2010**
>
> 11h: Brasil vs. Portugal (SporTV, ESPN Brasil)
>
> 11h: Coreia do Norte vs. Costa do Marfim (Globo, Band, SporTV, ESPN Brasil e Bandsports)
>
> 15h30: Espanha vs. Chile (SporTV, ESPN Brasil)
>
> 15h30: Suíça vs. Honduras (Globo, Band, SporTV, ESPN Brasil e Bandsports)

O confronto entre Brasil e Portugal, em Durban, era cercado de expectativas. As duas seleções voltavam a se enfrentar em Copas depois de 44 anos.

> **BRASIL 0 × 0 PORTUGAL – DURBAN – 25.06.2010**
>
> **BRASIL**: Júlio César, Maicon, Lúcio, Juan e Michel Bastos; Gilberto Silva, Felipe Melo (Josué), Daniel Alves e Júlio Baptista (Ramires); Nilmar e Luís Fabiano (Grafite).
>
> **PORTUGAL**: Eduardo, Ricardo Costa, Ricardo Carvalho, Bruno Alves e Fábio Coentrão; Pepe (Pedro Mendes), Tiago, Danny, Raul Meireles (Veloso), Duda (Simão) e Cristiano Ronaldo.
>
> **ÁRBITRO**: Benito Archundia (México).

Robinho ficou sabendo que não entraria em campo contra Portugal um pouco antes do almoço. O técnico Dunga resolveu deixar o jogador no banco de reservas depois de uma rápida reunião com o médico José Luiz Runco. O atleta estava sentindo um incômodo na coxa e foi substituído por Nilmar. Dunga escalou ainda Daniel Alves e Júlio Baptista. A partida foi nervosa e marcada por jogadas violentas. O árbitro distribuiu quatro cartões amarelos para Portugal e três para o Brasil. Dunga tirou Felipe Melo, jogador contestado pela torcida, para evitar uma expulsão. Em uma dividida com Raúl Meireles, o goleiro Júlio César fez a defesa e preocupou a torcida brasileira. As imagens da TV revelaram que o jogador brasileiro estava usando uma proteção nas costas. O goleiro ficou irritado com os repórteres que o questionaram sobre as condições físicas dele.

O placar de 0 a 0 foi justo. O Brasil ficou na primeira colocação, e Portugal, em segundo lugar. O técnico Dunga amenizou: *"É claro que ainda temos de evoluir e melhorar, porque o grau de dificuldades também vai aumentar."* Desde a decisão de 1994, a seleção brasileira não empatava um jogo de Copa por 0 a 0.

COSTA DO MARFIM 3 × 0 COREIA DO NORTE: em Nelspruit, a Costa do Marfim se despediu do mundial com uma vitória diante da Coreia do Norte. Touré marcou o primeiro gol aos 14 minutos da etapa inicial. Romaric ampliou aos 20 minutos. Kalou fez o terceiro aos 37 minutos da etapa final.

ESPANHA 2 × 1 CHILE: os espanhóis conseguiram a segunda vitória na Copa e ficaram na liderança do grupo H. Em Pretória, a equipe de Vicente Del Bosque passou pelo Chile: 2 a 1. Villa abriu o placar aos 24 minutos. Iniesta ampliou aos 37, depois de uma tabela com Villa. Aos 2 minutos da etapa final, Millar chutou da entrada da área, a bola bateu em Piqué e enganou Casillas. Os chilenos ficaram na segunda posição da chave.

HONDURAS 0 × 0 SUÍÇA: em Bloemfontein, as duas seleções fizeram o jogo dos eliminados. Apesar das boas chances, a partida terminou sem gols.

Os duelos das oitavas de final foram os seguintes: Uruguai × Coreia do Sul, Estados Unidos × Gana, Alemanha × Inglaterra, Argentina × México, Holanda × Eslováquia, Brasil × Chile, Paraguai × Japão e Espanha × Portugal.

URUGUAI 2 × 1 COREIA DO SUL: na abertura da segunda fase do mundial, o Uruguai venceu a Coreia do Sul, em Port Elizabeth, e, depois de 40 anos, garantiu vaga nas quartas de final de uma Copa. Suárez, destaque do jogo, abriu o placar aos 8 minutos do primeiro tempo. Chung-young empatou aos 23 da etapa final. Mas Suárez, ao aproveitar um escanteio cobrado por Forlán e tocar no canto do goleiro adversário, colocou os uruguaios de novo na frente aos 35 minutos.

GANA 2 × 1 ESTADOS UNIDOS: na outra partida do dia 26, disputada em Rustemburgo, a seleção de Gana derrotou os Estados Unidos. O time africano marcou com Prince Boateng aos 5 minutos do primeiro tempo. A equipe americana empatou em um pênalti convertido por Donovan aos 17 da etapa final. O gol salvador veio dos pés de Gyan aos 3 minutos do primeiro tempo da prorrogação.

ALEMANHA 4 × 1 INGLATERRA: um duelo com muita história. Alemães e ingleses se enfrentaram em Bloemfontein. Assim como na final da Copa de 1966, a arbitragem foi contestada naquela partida de 2010. O juiz era o uruguaio Jorge Larrionda. Em um bom primeiro tempo, Klose marcou para a Alemanha aos 20 minutos. Podolski ampliou aos 32 minutos, mas a Inglaterra não se abateu. Upson diminuiu aos 37: 2 a 1. Na sequência, um minuto depois, Lampard chutou de longe, a bola bateu no travessão de Neuer, quicou dentro e voltou ao campo. O árbitro não deu o gol! Um momento vergonhoso da Copa. Na etapa final, a Alemanha chegou ao terceiro gol com Müller aos 22 minutos. Aos 25 minutos, Özil arrancou o contra-ataque e cruzou para Müller bater para o gol vazio: 4 a 1.

ARGENTINA 3 × 1 MÉXICO: o adversário da Alemanha saiu do duelo entre Argentina e México no Soccer City. Tevez abriu o marcador, impedido, aos 26 minutos do primeiro tempo. Higuaín fez mais um aos 33 minutos. Já no segundo tempo, Tevez marcou um golaço aos 7 minutos, depois de um chute forte no ângulo de Pérez. O México diminuiu com Hernández aos 26 minutos.

> **GRADE DE PROGRAMAÇÃO DA TV DE 28 DE JUNHO DE 2010**
>
> 11h: Holanda vs. Eslováquia (Globo, Band, SporTV, ESPN Brasil e Bandsports)
>
> 15h30: Brasil vs. Chile (Globo, Band, SporTV, ESPN Brasil e Bandsports)

HOLANDA 2 × 1 ESLOVÁQUIA: em Durban, a Holanda despachou a Eslováquia. Robben recebeu de Sneijder, cortou para o meio e bateu de fora da área para abrir o placar aos 18 minutos do primeiro tempo. Os holandeses chegaram ao segundo gol aos 39 da etapa final. Sneijder recebeu de Kuyt e venceu o goleiro adversário. Já nos descontos, aos 49 minutos, a Eslováquia diminuiu com Vittek em cobrança de pênalti.

A seleção estava de volta ao Ellis Park, em Joanesburgo.

> **BRASIL 3 × 0 CHILE — JOANESBURGO — 28.06.2010**
>
> **BRASIL**: Júlio César, Maicon, Lúcio, Juan e Michel Bastos; Gilberto Silva, Ramires, Daniel Alves e Kaká (Kléberson); Robinho (Gilberto) e Luís Fabiano (Nilmar).
>
> **CHILE**: Bravo, Isla (Millar), Contreras (Rodrigo Tello), Jara e Fuentes; Carmona, Vidal e Beausejour; Sánchez, Suazo e Mark González (Valdivia).
>
> **ÁRBITRO**: Howard Webb (Inglaterra).
>
> **GOLS**: Juan (35) e Luís Fabiano (38) no primeiro tempo; Robinho (14) na etapa final.

O Chile sempre foi freguês do Brasil: em 1962, na semifinal, e em 1998, nas oitavas, o time nacional levou a melhor. Na África do Sul, não foi diferente. O técnico argentino Marcelo Bielsa deu uma canseira na equipe brasileira nos primeiros minutos, mas o time chileno não resistiu. Aos 35 minutos, Maicon cobrou escanteio alto na área e Juan subiu sozinho para abrir o placar. Aos 38 minutos, Robinho tocou para Kaká, que rolou, de primeira, para Luís Fabiano. O centroavante driblou o goleiro e ampliou o marcador. No segundo tempo, aos 14 minutos, Ramires fez jogada individual e tocou para Robinho marcar o primeiro dele na Copa. O resultado deu confiança ao time de Dunga, que agora teria um teste de peso: a poderosa Holanda.

A *Folha de S.Paulo* analisava a demora de Robinho em marcar um gol na Copa:

Demorou 359 minutos. Ou seis horas. Ou ainda quatro partidas inteiras. Mas Robinho marcou ontem seu primeiro gol em Copas do Mundo. Foi num chute colocado, aos 14min do segundo tempo, no canto esquerdo do goleiro Bravo. Após uma arrancada espetacular de Ramires. "Uma jogada excelente dele, e eu consegui bater bem na bola", narrou o atacante. Robinho havia atuado em quatro jogos na Copa de 2006 e nos dois primeiros deste Mundial. Poupado, não pegou Portugal. O gol também foi oitavo de Robinho contra a seleção chilena.

Já Kaká, que tinha levado cartão vermelho contra a Costa do Marfim, voltou a ser advertido com cartão amarelo: "*Tomar mais um cartão é uma grande preocupação minha. Não quero perder uma semifinal de Copa por suspensão.*" Mas a seleção nem chegaria à semifinal.

PARAGUAI 0 × 0 JAPÃO (5 × 3): no último dia das oitavas de final, o Paraguai conseguiu a classificação inédita. Em Pretória, a seleção, comandada por Gerardo Martino, empatou por 0 a 0 com o Japão, mas venceu nos pênaltis: 5 a 3. Depois do jogo, Barrios desabafou: "*Obtivemos algo histórico. E tentaremos ir mais à frente.*"

ESPANHA 1 × 0 PORTUGAL: a última vaga ficou com a Espanha. A equipe venceu Portugal na Cidade do Cabo. O futebol coletivo da seleção espanhola, com muito toque de bola, levou vantagem sobre o time adversário que tinha um astro único: Cristiano Ronaldo. O gol do duelo foi marcado por Villa aos 18 minutos do segundo tempo.

Encontro de gigantes: Iniesta e Cristiano Ronaldo

Os confrontos das quartas foram: Brasil × Holanda, Uruguai × Gana, Argentina × Alemanha e Paraguai × Espanha.

> **GRADE DE PROGRAMAÇÃO DA TV DE 2 DE JULHO DE 2010**
>
> 11h: Brasil vs. Holanda (Globo, Band, SporTV, ESPN Brasil e Bandsports)
>
> 15h30: Uruguai vs. Gana (Globo, Band, SporTV, ESPN Brasil e Bandsports)

A abertura das quartas de final foi marcada pelo duelo entre Brasil e Holanda. A expectativa era grande para o desempenho da seleção nacional que vinha melhorando na competição. No entanto, a Holanda falava em revanche, depois das eliminações em 1994 e 1998.

> **BRASIL 1 × 2 HOLANDA — PORT ELIZABETH — 02.07.2010**
>
> **BRASIL**: Júlio César, Maicon, Lúcio, Juan e Michel Bastos (Gilberto); Gilberto Silva, Felipe Melo, Daniel Alves e Kaká; Robinho e Luís Fabiano (Nilmar).
>
> **HOLANDA**: Stekelenburg, Van der Wiel, Heitinga, Ooijer e Van Bronckhorst; Van Bommel, De Jong, Sneijder e Kuyt; Van Persie (Huntelaar) e Robben.
>
> **ÁRBITRO**: Yuichi Nishimura (Japão).
>
> **GOLS**: Robinho (10) no primeiro tempo; Felipe Melo (contra, aos 8) e Sneijder (23) na etapa final.

O primeiro tempo foi da seleção brasileira, e o segundo, da Holanda. O Brasil começou bem, anulando a saída de bola dos adversários e trocando passes. O primeiro gol do duelo veio dos pés de Robinho aos 10 minutos da etapa inicial. Ele recebeu a bola de Felipe Melo e tocou de primeira, na saída de Stekelenburg. O time de Dunga pressionava e quase marcou mais um com Kaká aos 31 minutos. Mas, no segundo tempo, a Holanda se acertou e começou a acuar o Brasil. Resultado: gol de empate aos 8 minutos. Sneijder cruzou da direita, a bola bateu em Felipe Melo e entrou. Júlio César reconheceu ter falhado no lance. Aos 23 minutos, mais uma falha da seleção brasileira na bola aérea. Em cobrança de escanteio, Kuyt desviou para trás, ainda na primeira trave, e Sneijder completou de cabeça: 2 a 1. Uma ducha de água fria nas esperanças do hexacampeonato. Felipe Melo foi expulso seis minutos depois ao dar um pisão em Robben. O jogador brasileiro virou um símbolo negativo daquela seleção. As alterações feitas por Dunga não deram resultado, e a equipe estava eliminada da Copa. Foi a segunda eliminação seguida na fase de quartas de final. O Brasil ficou em sexto lugar.

Sneijder marca de cabeça e tira o Brasil da Copa

O título principal da *Folha de S.Paulo* do dia seguinte foi: "*Derrota encerra segunda era Dunga*". O treinador deixou o comando da seleção, fato comemorado por torcedores e pela imprensa. O trabalho dele sempre foi muito contestado, além da postura considerada arrogante. A verdade é que o Brasil se descontrolou e tinha um banco de reservas com poucas alternativas, conforme reportagem:

> A seleção perdia por 2 a 1, estava prestes a ser eliminada da Copa, e Dunga mexeu duas vezes: trocou um lateral esquerdo por outro e, depois, sacou o centroavante que terminou o torneio como o artilheiro do Brasil no Mundial. Michel Bastos já tinha cartão amarelo e, sem dar conta de Robben, estava prestes a ser expulso. Teve que ser substituído por Gilberto, 34. Ambos atuam como meias em seus clubes, situação que não preocupava o auxiliar Jorginho: "Ninguém esquece como andar de bicicleta", dizia o escudeiro de Dunga ao justificar a convocação de seus laterais esquerdos. Luís Fabiano, trocado por Nilmar, evitou entrar em polêmica. "Decisão do treinador e eu respeito. De fora, ele sabe melhor o que fazer", afirmou o camisa 9, autor de três gols no Mundial. Dunga pouco utilizou seu banco de reservas durante a Copa. Kléberson, por exemplo, só jogou nove minutos no torneio. Antes não entrou em campo nem nos amistosos preparatórios contra as mambembes seleções do Zimbábue e da Tanzânia.

Dunga fez críticas ao árbitro Yuichi Nishimura: "*O jogo não andava, o juiz explicava cada falta, demorava. Isso faz com que os atletas fiquem nervosos.*" O treinador foi chamado de burro por torcedores ao chegar ao hotel onde a seleção estava hospedada em Port Elizabeth.

URUGUAI 1 × 1 GANA (4 × 2): no outro jogo do dia, Uruguai e Gana fizeram uma partida emocionante e dramática no Soccer City, em Joanesburgo. A "mão de Deus" salvou os uruguaios e garantiu a Celeste na fase semifinal, depois de 40 anos. Gana abriu o placar aos 47 minutos do primeiro tempo. Muntari chutou de longa distância e venceu o goleiro Muslera. Forlán empatou aos 10 minutos do segundo tempo, em cobrança de falta. A partida foi para a prorrogação. Aos 15 minutos do segundo tempo, Suárez salvou uma bola com a mão em cima da linha do gol. O árbitro marcou pênalti e expulsou o jogador. Ao som das vuvuzelas, Gyan caiu em desgraça ao chutar no travessão. As câmeras de TV mostravam a alegria de Suárez pelo pênalti desperdiçado pelo adversário. Na disputa por penalidades, o Uruguai venceu por 4 a 2 e estava entre as quatro melhores seleções da Copa.

Em jogo dramático, Suárez usa as mãos para evitar gol de Gana

Puyol derruba a Alemanha e garante a Espanha na finalíssima

ALEMANHA 4 × 0 ARGENTINA: além da aplicação tática, a Alemanha foi eficiente e atropelou a Argentina: 4 a 0, em jogo disputado na Cidade do Cabo. A torcida alemã chegou a gritar "olé" durante as trocas de passes da equipe. Müller abriu o placar aos 3 minutos do primeiro tempo. O artilheiro Klose ampliou aos 23 minutos da etapa final. O terceiro gol saiu 6 minutos depois. Friedrich recebeu de Schweinsteiger e balançou as redes. Klose, de novo, marcou o quarto gol aos 43 minutos.

ESPANHA 1 × 0 PARAGUAI: no Estádio Ellis Park, em Joanesburgo, a Espanha conseguiu passar pelo Paraguai no sufoco! O gol salvador foi marcado por Villa aos 38 minutos do segundo tempo. Os espanhóis estavam entre os quatro melhores da Copa pela primeira vez em 60 anos. A última vez tinha sido no Brasil, em 1950. Espanha e Alemanha iriam se enfrentar na semifinal, reeditando a decisão da Eurocopa de 2008, quando a Fúria levou a melhor. A outra semifinal foi disputada entre Uruguai e Holanda.

HOLANDA 3 × 2 URUGUAI: as duas seleções fizeram um jogo emocionante na Cidade do Cabo. A Holanda tentava chegar à final da Copa pela terceira vez para repetir 1974 e 1978. Já o Uruguai fazia a melhor campanha desde 1970. Van Bronckhorst marcou o primeiro gol da partida aos 18 minutos da etapa inicial. Forlán empatou aos 41 minutos. No segundo tempo, aos 25 minutos, Sneijder chutou e a bola desviou na zaga: 2 a 1. A Holanda ampliou com Robben aos 28. Nos descontos, aos 47 minutos, Maxi Pereira diminuiu para os uruguaios: 3 a 2, placar final.

ESPANHA 1 × 0 ALEMANHA: o Estádio Moses Mabhida, em Durban, foi palco de um feito histórico da Espanha. A seleção de Vicente Del Bosque derrotou a Alemanha e garantiu vaga na final da Copa pela primeira vez. O gol único do jogo saiu da forma mais improvável. Aos 28 minutos do segundo tempo, Puyol, um gigante da defesa, cabeceou firme, depois de um escanteio cobrado da esquerda e balançou as redes adversárias. Ele foi o herói da partida,

Forlán, eleito melhor jogador da Copa, dividiu a artilharia com Villa, Sneijder e Müller, com 5 gols

deixando os artilheiros Villa e Klose para trás. O mundo estava a um passo de assistir, pela primeira vez, a festa das castanholas. Aliás, além de uma final inédita, a Copa teria um campeão inédito. Uma outra marca também seria batida: a seleção brasileira deixaria de ser a única a conquistar um mundial fora do próprio continente (em 1958 e 2002). Um europeu iria erguer a taça em solo africano.

ALEMANHA 3 × 2 URUGUAI: as duas equipes repetiram, em Port Elizabeth, a disputa de terceiro lugar de 40 anos antes. Em 1970, os alemães derrotaram os adversários por 1 a 0. Agora, em 2010, o jogo foi bem mais emocionante: teve duas viradas, uma falha do goleiro Muslera e Forlán acertando a trave alemã no último minuto de jogo. Klose ficou no banco de reservas e o recorde de gols de Ronaldo (15) não seria batido naquela Copa. Müller abriu o placar aos 19 minutos do primeiro tempo, e Cavani empatou aos 28. Na etapa final, Forlán virou o jogo aos 5 minutos. Jansen deixou tudo igual aos 11 minutos: 2 a 2. O gol da vitória alemã foi marcado por Khedira aos 38 minutos. A Alemanha confirmou o futebol eficiente de uma geração que seria coroada em 2014. Já o Uruguai não podia reclamar: teve o melhor desempenho em Copas desde 1970.

> **GRADE DE PROGRAMAÇÃO DA TV DE 11 DE JULHO DE 2010**
>
> 15h30: Espanha vs. Holanda (Globo, Band, SporTV, ESPN Brasil e Bandsports)

Mais de 85 mil torcedores lotaram o Soccer City, em Joanesburgo, para a festa máxima do futebol. A torcida sul-africana ovacionou Nelson Mandela quando ele entrou no gramado antes da partida. Já os presidentes Jacob Zuma, da África do Sul, e Joseph Blatter, da Fifa, ouviram vaias.

ESPANHA 1 × 0 HOLANDA – JOANESBURGO – 11.07.2010

ESPANHA: Casillas; Sergio Ramos, Piqué, Puyol e Capdevila; Busquets e Xabi Alonso (Fàbregas); Pedro (Jesús Navas), Xavi, Iniesta e David Villa (Fernando Torres).

HOLANDA: Stekelenburg; Van der Wiel, Heitinga, Mathijsen e Van Bronckhorst (Braafheid); Van Bommel e De Jong (Van der Vaart); Robben, Sneijder, Kuyt (Elia) e Van Persie.

ÁRBITRO: Howard Webb (Inglaterra).

GOL: Iniesta (11) no segundo tempo da prorrogação.

As duas seleções estavam em busca de uma conquista inédita, consagradora. O jogo foi muito estudado e sonolento em alguns momentos. Ninguém queria se expor. A Espanha teve mais posse de bola nos 90 minutos: 57%. A equipe chutou 12 vezes ao gol, e a Holanda, 9 vezes. A partida também foi dura. O árbitro Howard Webb, da Inglaterra, distribuiu 13 cartões amarelos! A maioria para os holandeses: Van Persie, Van Bommel, De Jong, Van Bronckhorst, Heitinga, Robben, Van der Wiel e Mathijsen. Heitinga foi expulso. Do lado da Espanha, foram advertidos: Puyol, Sergio Ramos, Capdevila, Iniesta e Xavi. O tempo normal terminou empatado: 0 a 0. Assim como em 1994, nenhuma seleção marcou nos 90 minutos.

Iniesta marca o gol do título da seleção espanhola

Na prorrogação, as vuvuzelas estavam mais estridentes. Aos 11 minutos do segundo tempo, Fàbregas tocou para Iniesta que chutou na saída do goleiro Stekelenburg. Gol da Espanha! Os holandeses reclamaram de impedimento, mas a jogada foi legal. O time de Vicente Del Bosque podia não ser excepcional, mas era eficiente. Tinha uma boa defesa, apesar da derrota na estreia contra a Suíça. O goleiro Casillas ergueu a taça. Depois, já nos vestiários, o capitão espanhol estava sendo entrevistado por uma repórter de TV. Sara Carbonero, namorada do próprio Casillas, ganhou um beijo dele e ficou sem graça. A imagem correu o mundo.

A galeria dos campeões das Copas ganhava a oitava seleção. O *Estadão* do dia seguinte destacava justamente isso:

> O clube dos campeões mundiais conheceu ontem seu oitavo integrante, a Espanha. Com gol de Iniesta, aos 11 minutos do segundo tempo da prorrogação, a Fúria venceu a Holanda por 1 a 0 e se juntou a Brasil, Itália, Alemanha, Argentina, Uruguai, França e Inglaterra. O time espanhol fez apenas oito gols no Mundial, mas acabou com a fama de falhar nos momentos decisivos. O uruguaio Diego Forlán foi eleito o melhor jogador da Copa.

O jornal também trazia na capa um destaque sobre Iniesta: "*Um baixinho faz história. 'Iniesta, te queremos', gritavam Puyol, Piqué e Fàbregas, cerveja nas mãos, na sala de imprensa. A camisa 6 da Fúria está imortalizada*". A melhor proposta de jogo conseguiu o título. A Espanha foi a primeira seleção campeã a perder na estreia. O treinador Vicente Del Bosque resumiu: "*Nosso grande acerto foi ter mantido tudo que vínhamos fazendo. Depois da derrota conversamos e vimos que não deveríamos mudar nada. Fizemos uma eliminatória impecável e não poderíamos achar que estava tudo errado depois de um resultado negativo – concluiu o técnico.*" A Espanha teve 100% de aproveitamento nas eliminatórias.

A Holanda ficou com o vice-campeonato pela terceira vez. Na artilharia, quatro atletas terminaram empatados com cinco gols: Müller (Alemanha), Villa (Espanha), Sneijder (Holanda) e Forlán (Uruguai).

O RÁDIO NA COPA DE 2010

A Jovem Pan escalou mais uma vez Nilson César para narrar os principais jogos do mundial. José Manoel de Barros e Rogério Assis, que já tinham transmitido a Copa anterior, também fizeram parte da equipe de narradores. A Bandeirantes levou José Silvério para a África do Sul.

O capitão Casillas segura a taça e comanda a festa da Espanha

TABELA DA COPA DE 2010

GRUPO A
11/06/2010 Joanesburgo: **África do Sul 1 × 1 México**
11/06/2010 Cidade do Cabo: **Uruguai 0 × 0 França**
16/06/2010 Pretória: **África do Sul 0 × 3 Uruguai**
17/06/2010 Polokwane: **França 0 × 2 México**
22/06/2010 Rustemburgo: **México 0 × 1 Uruguai**
22/06/2010 Bloemfontein: **França 1 × 2 África do Sul**

GRUPO B
12/06/2010 Port Elizabeth: **Coreia do Sul 2 0 Grécia**
12/06/2010 Joanesburgo: **Argentina 1 × 0 Nigéria**
17/06/2010 Joanesburgo: **Argentina 4 × 1 Coreia do Sul**
17/06/2010 Bloemfontein: **Grécia 2 × 1 Nigéria**
22/06/2010 Durban: **Nigéria 2 × 2 Coreia do Sul**
22/06/2010 Polokwane: **Grécia 0 × 2 Argentina**

GRUPO C
12/06/2010 Rustemburgo: **Inglaterra 1 × 1 Estados Unidos**
13/06/2010 Polokwane: **Argélia 0 × 1 Eslovênia**
18/06/2010 Joanesburgo: **Eslovênia 2 × 2 Estados Unidos**
18/06/2010 Cidade do Cabo: **Inglaterra 0 × 0 Argélia**
23/06/2010 Port Elizabeth: **Eslovênia 0 × 1 Inglaterra**
23/06/2010 Pretória: **Estados Unidos 1 × 0 Argélia**

GRUPO D
13/06/2010 Pretória: **Sérvia 0 × 1 Gana**
13/06/2010 Durban: **Alemanha 4 × 0 Austrália**
18/06/2010 Port Elizabeth: **Alemanha 0 × 1 Sérvia**
19/06/2010 Rustemburgo: **Gana 1 × 1 Austrália**
23/06/2010 Joanesburgo: **Gana 0 × 1 Alemanha**
23/06/2010 Nelspruit: **Austrália 2 × 1 Sérvia**

GRUPO E
14/06/2010 Joanesburgo: **Holanda 2 × 0 Dinamarca**
14/06/2010 Bloemfontein: **Japão 1 × 0 Camarões**
19/06/2010 Durban: **Holanda 1 × 0 Japão**
19/06/2010 Pretória: **Camarões 1 × 2 Dinamarca**
24/06/2010 Rustemburgo: **Dinamarca 1 × 3 Japão**
24/06/2010 Cidade do Cabo: **Camarões 1 × 2 Holanda**

GRUPO F
14/06/2010 Cidade do Cabo: **Itália 1 × 1 Paraguai**
15/06/2010 Rustemburgo: **Nova Zelândia 1 × 1 Eslováquia**
20/06/2010 Bloemfontein: **Eslováquia 0 × 2 Paraguai**
20/06/2010 Nelspruit: **Itália 1 × 1 Nova Zelândia**
24/06/2010 Joanesburgo: **Eslováquia 3 × 2 Itália**
24/06/2010 Polokwane: **Paraguai 0 × 0 Nova Zelândia**

GRUPO G

15/06/2010 Port Elizabeth: **Costa do Marfim 0 x 0 Portugal**
15/06/2010 Joanesburgo: **Brasil 2 x 1 Coreia do Norte**
20/06/2010 Joanesburgo: **Brasil 3 x 1 Costa do Marfim**
21/06/2010 Cidade do Cabo: **Portugal 7 x 0 Coreia do Norte**
25/06/2010 Durban: **Portugal 0 x 0 Brasil**
25/06/2010 Nelspruit: **Coreia do Norte 0 x 3 Costa do Marfim**

GRUPO H

16/06/2010 Nelspruit: **Honduras 0 x 1 Chile**
16/06/2010 Durban: **Espanha 0 x 1 Suíça**
21/06/2010 Port Elizabeth: **Chile 1 x 0 Suíça**
21/06/2010 Joanesburgo: **Espanha 2 x 0 Honduras**
25/06/2010 Pretória: **Chile 1 x 2 Espanha**
25/06/2010 Bloemfontein: **Suíça 0 x 0 Honduras**

OITAVAS

26/06/2010 Port Elizabeth: **Uruguai 2 x 1 Coreia do Sul**
26/06/2010 Rustemburgo: **Estados Unidos 1 x 2 Gana**
27/06/2010 Bloemfontein: **Alemanha 4 x 1 Inglaterra**
27/06/2010 Joanesburgo: **Argentina 3 x 1 México**
28/06/2010 Durban: **Holanda 2 x 1 Eslováquia**
28/06/2010 Joanesburgo: **Brasil 3 x 0 Chile**
29/06/2010 Pretória: **Paraguai 0 (5) x (3) 0 Japão**
29/06/2010 Cidade do Cabo: **Espanha 1 x 0 Portugal**

QUARTAS

02/07/2010 Port Elizabeth: **Holanda 2 x 1 Brasil**
02/07/2010 Joanesburgo: **Uruguai 1 (4) x (2) 1 Gana**
03/07/2010 Cidade do Cabo: **Argentina 0 x 4 Alemanha**
03/07/2010 Joanesburgo: **Paraguai 0 x 1 Espanha**

SEMIFINAIS

06/07/2010 Cidade do Cabo: **Uruguai 2 x 3 Holanda**
07/07/2010 Durban: **Alemanha 0 x 1 Espanha**

TERCEIRO LUGAR

10/07/2010 Port Elizabeth: **Alemanha 3 x 2 Uruguai**

FINAL

11/07/2010 Joanesburgo: **Espanha 1 x 0 Holanda**

GRADE DE PROGRAMAÇÃO DA TV DO DIA 12 DE JUNHO DE 2014

15h15: Cerimônia de abertura (Globo, Band, SporTV, ESPN Brasil, Bandsports e Fox)

17h: Brasil vs. Croácia (Globo, Band, SporTV, ESPN Brasil, Bandsports e Fox)

BRASIL 3 × 1 CROÁCIA – SÃO PAULO – 12.06.2014

BRASIL: Júlio César; Daniel Alves, David Luiz, Thiago Silva e Marcelo; Luiz Gustavo e Paulinho (Hernanes); Oscar, Neymar (Ramires), Fred e Hulk (Bernard).

CROÁCIA: Pletikosa; Srna, Corluka, Lovren e Vrsaljko; Modric e Rakitic; Perisic, Kovacic (Brozovic) e Olic e Jelavic (Rebic).

ÁRBITRO: Yuichi Nishimura (Japão).

GOLS: Marcelo (contra, aos 10 minutos) e Neymar (28) no primeiro tempo. Neymar (26) e Oscar (45) na etapa final.

A Arena Corinthians, em Itaquera, foi o palco do início da festa do futebol mundial. O Estádio do Corinthians, construído especialmente para a abertura da Copa, recebeu arquibancadas móveis que ampliaram a capacidade da arena em 20 mil lugares, atendendo às exigências da Fifa. No total, 62 mil torcedores estavam presentes. Chefes de estado e os principais dirigentes do futebol mundial compareceram à cerimônia. O pontapé inicial foi dado por Juliano Pinto, de 29 anos, um paraplégico que usou a tecnologia de exoesqueleto, desenvolvida pela equipe do cientista Miguel Nicolelis. A torcida se transformou em um espetáculo à parte nos jogos da seleção. Como o cerimonial não tocava o hino nacional inteiro, os torcedores continuavam cantando à capela. A cena já tinha sido vista na Copa das Confederações. Brasil e Croácia fizeram o primeiro duelo da Copa do Mundo.

Desde 1998, a seleção brasileira não fazia o jogo de abertura de um mundial. A Croácia era uma equipe perigosa. A dupla Modric e Rakitic exigia cuidado da marcação brasileira. Mandzukic, principal jogador croata, não entrou em campo por estar suspenso. Antes da Copa, a defesa do time de Luiz Felipe Scolari era ovacionada, mas, ao longo do mundial, demonstrou ser uma tragédia. Em meio ao nervosismo, Marcelo fez gol contra aos 10 minutos do primeiro tempo. Aos 26, Neymar soltou o braço em Modric e recebeu o primeiro cartão amarelo da Copa. Depois do incidente, o camisa 10 colocou os nervos no lugar e resolveu jogar futebol. Ele dominou a bola na intermediária, passou por um adversário, foi até a entrada da área e chutou no canto esquerdo do goleiro Pletikosa, empatando a partida aos 28 minutos. No segundo tempo, Fred foi tocado por Lovren dentro da área e caiu. O árbitro marcou pênalti, contestado pelos croatas. Neymar bateu e virou o jogo aos 26 minutos. A Croácia teve um gol anulado pelo árbitro, que marcou falta de Olic no goleiro Júlio César. Neymar deixou o campo para dar lugar a Ramires e foi ovacionado pela torcida. Nos acréscimos, Oscar arrancou com a bola e chutou rasteiro: 3 a 1.

Arena Corinthians: palco da abertura do mundial

Neymar era a esperança de gols do Brasil na Copa

A manchete da *Folha de S.Paulo* do dia seguinte foi: "*Brasil abre a Copa com gol contra, virada e vaia a Dilma*". O jornal lembrava que a seleção especificamente não foi vaiada:

> *Historicamente, a seleção é criticada quando joga na capital paulista, o que aconteceu na semana passada, em um amistoso contra a Sérvia, no Morumbi. Na estreia do Brasil na Copa, as vaias não apareceram nem quando o Brasil saiu perdendo por 1 a 0 no Itaquerão.* "A torcida foi maravilhosa o tempo inteiro. Acho que agora vai acabar essa história de que São Paulo não gosta da seleção brasileira", disse o técnico da seleção. Felipão disse que alguns jogadores deixaram o campo com dores musculares e que Hulk atuou com algumas limitações, mas não teme problemas para enfrentar os mexicanos na terça-feira.

Felipão, inclusive, afirmou que Neymar estava jogando para a seleção: "Melhor do mundo fica para depois, daqui um ano ou dois. E o Oscar, se tivesse prêmio de melhor segundo jogador, seria dele. Ele me devia um gol e agora pagou." O mundo já respirava a Copa. Seriam 31 dias de muito futebol.

MÉXICO 1 × 0 CAMARÕES: a equipe mexicana, comandada pelo técnico Miguel Herrera, contava com bons jogadores como Giovanni dos Santos e Rafael Márquez. O time foi bem contra Camarões. A partida, válida pelo grupo da seleção brasileira, foi disputada debaixo de chuva na Arena das Dunas, em Natal. Mesmo com dois gols mal anulados, o México derrotou Camarões por 1 a 0, gol de Peralta aos 15 minutos do segundo tempo.

HOLANDA 5 × 1 ESPANHA: em Salvador, na Fonte Nova, a Holanda se vingou da Espanha pela derrota na final da Copa anterior. A vingança, aliás, veio com juros, correção monetária e bom futebol. O técnico Vicente Del Bosque tentou manter a base espanhola campeã mundial. Mas Louis Van Gaal, comandante da Holanda, tinha em mãos grandes jogadores, que deram um show em campo. Xabi Alonso abriu o placar aos 27 minutos do primeiro tempo. Aos 43 minutos, a Holanda empatou com uma bela cabeçada por cobertura de Van Persie. Azar do goleiro Casillas: 1 a 1. Na etapa final, Robben virou o jogo aos 8 minutos. Vrij ampliou aos 19 minutos. Van Persie marcou o quarto gol aos 26 minutos. Robben fechou a goleada aos 35 minutos: 5 a 1. Estreia trágica para os campeões mundiais.

Robben comanda a vitória da Holanda sobre a Espanha

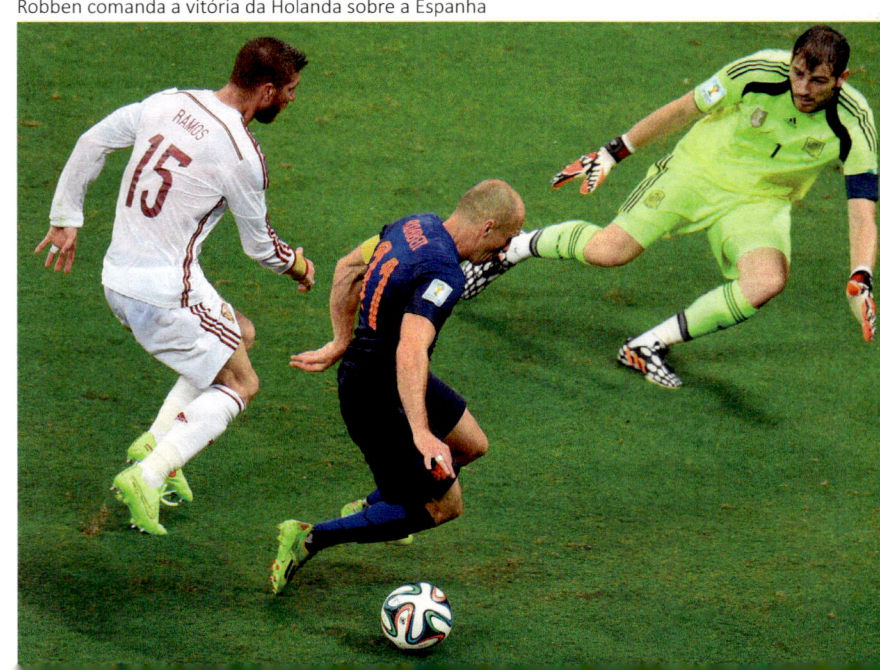

CHILE 3 × 1 AUSTRÁLIA: a Arena Pantanal, em Cuiabá, recebeu em peso a torcida chilena que empurrou a boa equipe de Jorge Sampaoli. O Chile passou pela Austrália: 3 a 1. Alexis Sánchez marcou aos 11 minutos e Valdivia fez o segundo aos 13 da etapa inicial. Tim Cahill diminuiu aos 35 do segundo tempo. Foi o quarto gol dele em Copas. O jogador foi o primeiro da Oceania a marcar em três mundiais diferentes (2006, 2010 e 2014). O Chile fechou o placar aos 47 minutos, gol de Beausejour.

COLÔMBIA 3 × 0 GRÉCIA: no sábado, dia 14 de junho, uma maratona de futebol. Pelo grupo C, a Colômbia venceu a Grécia por 3 a 0. O público se empolgou com os jogadores que, a cada gol, dançavam o "Armeration". O Mineirão foi palco da apresentação da equipe, que tinha como destaque o jovem colombiano James Rodríguez. Já a Grécia era comandada pelo técnico português Fernando Santos. Armero marcou aos 6 minutos do primeiro tempo. Gutiérrez ampliou aos 13 minutos da etapa final, e James Rodríguez fez o último da Colômbia aos 47 minutos.

COSTA DO MARFIM 2 × 1 JAPÃO: o outro jogo do grupo foi disputado às 22h daquele sábado na Arena Pernambuco. A Costa do Marfim, que tinha Drogba como uma das estrelas, derrotou o Japão: 2 a 1. Os japoneses marcaram primeiro com Honda aos 16 minutos da etapa inicial. Bony empatou aos 19 do segundo tempo. Gervinho garantiu a vitória, dois minutos depois.

COSTA RICA 3 × 1 URUGUAI: pelo "grupo da morte", o Uruguai, ainda sem Luis Suárez, estreou com derrota para a Costa Rica, que, se dependesse da banca de apostas, não passaria para a fase seguinte. Os uruguaios, comandados por Oscar Tabárez, eram os campeões da Copa América e foram o melhor time sul-americano do mundial de 2010. No jogo disputado em Fortaleza, Cavani marcou aos 23 minutos do primeiro tempo. Na etapa final, Joel Campbell empatou aos 8, Duarte fez aos 12 e Ureña fechou o placar aos 39 minutos. Decepção uruguaia.

ITÁLIA 2 × 1 INGLATERRA: as reclamações dos ingleses sobre o calor de Manaus foram o motivo para os torcedores presentes à Arena Amazônia pegarem no pé da equipe comandada por Roy Hodgson. Melhor para a Itália de Cesare Prandelli. Marchisio fez o gol inaugural aos 34 minutos do primeiro tempo. No entanto, dois minutos depois, a Inglaterra empatou com Sturridge. Já Balotelli, jogador italiano que ganhou a simpatia da torcida, marcou o segundo aos 4 minutos da etapa final. Em campo, a agonia de Rooney, que seguia sem fazer gols em mundiais, mesmo tendo entrado em campo em oito partidas nas Copas de 2006, 2010 e agora 2014.

SUÍÇA 2 × 1 EQUADOR: em Brasília, no Estádio Mané Garrincha, um jogo muito disputado até o fim. A Suíça deixou de lado a fama de "ferrolho" e partiu para o ataque contra o Equador. Enner Valencia abriu o placar para os equatorianos aos 21 minutos do primeiro tempo. A Suíça conseguiu o empate com gol de Mehmedi aos 2 minutos da etapa final. A virada veio aos 47 minutos com Seferovic: 2 a 1.

FRANÇA 3 × 0 HONDURAS: a França, comandada pelo campeão mundial Didier Deschamps, estava em uma fase de renovação. Matuidi, Pogba, Valbuena e Benzema eram os destaques. Antes da partida, um problema no sistema de som do Beira-Rio, em Porto Alegre, impediu que os hinos das duas seleções fossem tocados. O goleiro francês Hugo Lloris considerou a falha vergonhosa. Benzema fez o primeiro aos 45 minutos da etapa inicial. No segundo tempo, o hondurenho Valladares marcou gol contra aos 3 minutos. O lance só foi validado graças ao uso da tecnologia, uma espécie de embrião do VAR que seria amplamente utilizado a partir da Copa de 2018. As imagens do telão do Beira-Rio ajudaram o árbitro a definir se a bola tinha realmente entrado no gol. O brasileiro Sandro Meira Ricci confirmou o tento. Benzema fechou o placar aos 26 minutos.

ARGENTINA 2 × 1 BÓSNIA: no primeiro jogo da Copa disputado no Maracanã, a Argentina de Messi, comandada por Alejandro Sabella, enfrentou a Bósnia. O camisa 10 argentino teve atuação apagada, mas suficiente para garantir a vitória na estreia. Kolasinac fez contra aos 2 minutos do primeiro tempo. Messi marcou o segundo da Argentina aos 19 da etapa final. Ibisevic diminuiu aos 40 minutos.

ALEMANHA 4 × 0 PORTUGAL: os alemães passearam diante de Portugal na estreia. Müller marcou três vezes na goleada por 4 a 0, em Salvador, mais uma partida de muitos gols na Fonte Nova. O técnico Joachim Low tinha nas mãos um grupo lapidado, uma mescla de experiência e novos talentos. Já o time de Portugal era comandado por Paulo Bento que contava com Cristiano Ronaldo, então melhor jogador do mundo. Mas a estreia dele foi apagada. A Alemanha chegou à vitória mesmo com Schweinsteiger poupado e Klose no banco de reservas. O objetivo do artilheiro era superar a marca de 15 gols de Ronaldo. Müller abriu o placar aos 11 minutos, e Hummels ampliou aos 31. Müller voltou a marcar aos 45 do primeiro tempo e aos 32 minutos da etapa final.

IRÃ 0 × 0 NIGÉRIA: pelo grupo da Argentina, Irã e Nigéria fizeram um espetáculo patético na Arena da Baixada, em Curitiba. Foi o pior jogo do mundial e o primeiro em que o placar ficou em branco.

ESTADOS UNIDOS 2 × 1 GANA: os torcedores que foram à Arena das Dunas, em Natal, no dia 16, viram um gol relâmpago. Dempsey, dos Estados Unidos, abriu o placar contra Gana com 29 segundos de jogo. Aqui um parêntese: o gol mais rápido da história continua sendo o do turco Hakan Sukur, que marcou aos 11 segundos na disputa do terceiro lugar diante da Coreia, em 2002. O gol de Dempsey foi o quinto mais rápido dos mundiais. Os americanos eram comandados pelo alemão Jürgen Klinsmann. De volta ao jogo, Gana empatou com Ayew aos 35 minutos do segundo tempo. O gol que salvou os Estados Unidos foi marcado por Brooks aos 41 minutos.

GRADE DE PROGRAMAÇÃO DA TV DO DIA 17 DE JUNHO DE 2014

13h: Bélgica vs. Argélia (Globo, Band, SporTV, ESPN Brasil, Bandsports e Fox)

16h: Brasil vs. México (Globo, Band, SporTV, ESPN Brasil, Bandsports e Fox)

19h: Rússia vs. Coreia do Sul (Globo, Band, SporTV, ESPN Brasil, Bandsports e Fox)

BÉLGICA 2 × 1 ARGÉLIA: os belgas chegaram ao Brasil muito badalados. A imprensa falava em "geração dourada". A equipe contava com o goleiro Courtois, um dos melhores do mundo. E ainda: Kompany, Van Buyten, Fellaini e De Bruyne. A seleção belga estreou no Mineirão contra a Argélia e saiu perdendo. Feghouli abriu o placar aos 23 minutos do primeiro tempo. A virada belga veio na etapa final com Fellaini, aos 24 minutos, e Mertens, aos 34 minutos.

O Brasil foi para Fortaleza enfrentar o México. Desde o começo da Copa, as cidades-sede discutiam a possibilidade de decretar feriado nos dias das partidas da seleção. Em plena terça-feira, com o jogo marcado para às 16 horas, a cidade de São Paulo, por exemplo, viveu um caos, com a saída das pessoas do trabalho. Pelé, que iria acompanhar a partida em um bar, ficou preso no trânsito e não viu o primeiro tempo. Mas ele não perdeu absolutamente nada. A seleção brasileira jogou mal e apenas empatou com o México.

BRASIL 0 × 0 MÉXICO – FORTALEZA – 17.06.2014

BRASIL: Júlio César; Daniel Alves, Thiago Silva, David Luiz e Marcelo; Paulinho, Luiz Gustavo, Ramires (Bernard) e Oscar (Willian); Neymar e Fred (Jô).

MÉXICO: Ochoa; Aguilar, Rodríguez, Rafa Márquez e Moreno; Vásquez, Layún, Herrera (Fabián) e Guardado; Giovani dos Santos (Jiménez) e Peralta (Chicharito Hernández).

ÁRBITRO: Cuneyt Cakir (Turquia).

O jogo teve um nome: Ochoa. O goleiro mexicano foi uma muralha na partida e segurou o empate contra a seleção brasileira. O Brasil não conseguiu furar o sistema defensivo mexicano. Hulk estava machucado, e Felipão escalou Ramires, mas a mudança não deu resultado. Durante o jogo, o treinador o substituiu por Bernard, que foi um pouco melhor e criou jogadas de ataque. Fred esteve pior do que na estreia contra a Croácia, o que obrigou Neymar a se movimentar mais em campo. O empate sem gols frustrou as expectativas da torcida.

Com o resultado, o Brasil teve o pior começo de Copa desde 1978. De 1982 a 2010, a seleção sempre ganhou os dois primeiros jogos da fase de grupos. Na entrevista coletiva, Felipão disparou ao ser questionado sobre Neymar: "*Ele não ganha nem perde sozinho, faz parte de um grupo. Vamos fazer um trabalho para que tenhamos oportunidades de ganhar com ou sem Neymar, com ele mais ou menos marcado. Se vai classificar ou não, é um assunto meu.*"

RÚSSIA 1 × 1 COREIA DO SUL: na Arena Pantanal, em Cuiabá, a Rússia estreou contra a Coreia do Sul e só conseguiu um empate. Os coreanos saíram na frente com Lee Ho aos 22 minutos do segundo tempo; o goleiro Akinfeev levou um frango incrível. Mas, seis minutos depois, Kerzhakov deixou tudo igual e evitou a derrota.

HOLANDA 3 × 2 AUSTRÁLIA: a Holanda, empolgada com a goleada sobre a Espanha, derrotou os australianos, mas passou um sufoco no jogo disputado no Beira-Rio, em Porto Alegre. O incansável Robben marcou aos 19 minutos do primeiro tempo e Tim Cahill empatou um minuto depois. A Austrália virou o jogo com Jedinak aos 9 minutos da etapa final, mas Van Persie deixou novamente tudo igual aos 12 minutos. A vitória holandesa foi garantida por Depay aos 23 minutos.

CHILE 2 × 0 ESPANHA: o Maracanã não dava sorte para a Espanha. Em 1950, a Fúria perdeu para o Brasil por 6 a 1 e, em 2013, foi derrotada na final da Copa das Confederações. Agora, contra o Chile, a equipe europeia sofreu dois gols e estava fora do mundial; um vexame em se tratando da campeã do mundo. Vargas marcou aos 19 minutos, e Aránguiz ampliou aos 43 minutos do primeiro tempo. A Espanha se tornava a quarta seleção eliminada na primeira fase após ter conquistado a Copa anterior. Antes, só Brasil em 1966, França em 2002 e Itália em 2010 não tinham se classificado para a fase seguinte (a Alemanha também seria desclassificada na primeira fase, em 2018).

CROÁCIA 4 × 0 CAMARÕES: no terceiro jogo do dia 18, pelo grupo do Brasil, a Croácia se recuperou da derrota na estreia com uma goleada por 4 a 0 diante de Camarões na Arena Amazônia. Olic fez aos 11 minutos do primeiro tempo, e Persic ampliou aos 3 minutos da etapa final. Destaque para a atuação de Mandzukic, que não tinha jogado contra o Brasil. Ele marcou o terceiro aos 16 minutos e o quarto aos 27 minutos. O resultado ajudou a seleção brasileira: a equipe de Camarões já não tinha mais chances de se classificar.

COLÔMBIA 2 × 1 COSTA DO MARFIM: mais uma festa colombiana na Copa. Foi no sufoco, mas a equipe de José Pekerman derrotou a Costa do Marfim por 2 a 1, em Brasília. O resultado deixou os colombianos próximos das oitavas de final. Os gols foram marcados no segundo tempo: James Rodríguez, aos 18 minutos, e Quintero, aos 24 minutos. Gervinho diminuiu aos 27 minutos.

O uruguaio Suárez derruba a Inglaterra com dois gols em São Paulo

URUGUAI 2 × 1 INGLATERRA: pelo grupo da morte, o Uruguai ressurgiu no mundial graças a Luis Suárez. O jogador estreava na Copa, depois de uma cirurgia no joelho. A Celeste, campeã em 1950 no Brasil, confiava na superstição para voltar a conquistar um mundial em terras brasileiras. O jogo no Itaquerão, contra a Inglaterra, foi emocionante e um dos melhores da Copa. Foi Suárez quem abriu o placar aos 38 minutos da etapa inicial. A Inglaterra empatou aos 29 minutos do segundo tempo. Rooney fez o primeiro gol dele em mundiais. Mas a tarde era de Suárez. Ele garantiu a vitória uruguaia aos 39 minutos.

JAPÃO 0 × 0 GRÉCIA: na última partida do dia 19 de junho, Japão e Grécia empataram sem gols, resultado que garantiu a Colômbia na fase seguinte. O jogo, na Arena das Dunas, em Natal, teve inúmeros gols perdidos. Os japoneses, comandados pelo italiano Alberto Zaccheroni, não aproveitaram a vantagem de jogar com um homem a mais, já que o grego Katsouranis tinha sido expulso no primeiro tempo.

COSTA RICA 1 × 0 ITÁLIA: foi uma zebra! Quem diria que a Costa Rica iria surpreender a Itália, depois de passar pelo Uruguai. Foi a segunda vitória dos costa-riquenhos, que estavam garantidos na próxima fase. O resultado eliminou a Inglaterra. O jogo na Arena Pernambuco foi disputado debaixo de um calor de 30 graus e teve apenas um gol. Ruiz marcou aos 43 minutos do primeiro tempo. Mais uma vez a arbitragem apelou para a tecnologia, que ajudou a confirmar que a bola entrou. Já Balotelli decepcionou ao perder gols e abusar das faltas, levando inclusive cartão amarelo.

FRANÇA 5 × 2 SUÍÇA: na Fonte Nova, o estádio das goleadas, a França garantiu a classificação antecipada com a vitória por 5 a 2 sobre a Suíça. Os franceses fizeram 3 a 0 no primeiro tempo: Giroud, aos 16, Matuidi, aos 17, e Valbuena, aos 39 minutos. Benzema ampliou aos 21 minutos da etapa final. Sissoko fez o quinto aos 27 minutos. A Suíça acordou e diminuiu aos 35, com Dzemaili, e aos 40 minutos, com Xhaka. Benzema ainda perdeu um pênalti.

EQUADOR 2 × 1 HONDURAS: na Arena da Baixada, em Curitiba, o Equador venceu Honduras, de virada, e ainda podia sonhar com a classificação. Costly abriu o placar aos 31 minutos do primeiro tempo, e Enner Valencia empatou aos 34. Aos 20 minutos do segundo tempo, Valencia, de novo, balançou as redes adversárias e garantiu a vitória equatoriana: 2 a 1.

ARGENTINA 1 × 0 IRÃ: a Argentina sofreu para vencer no Mineirão. O gol salvador não poderia ter saído dos pés de outro jogador: Messi balançou as redes adversárias em cima da hora, aos 46 minutos do segundo tempo. O técnico Sabella escalou um time mais ofensivo, com três atacantes, mas a retranca iraniana dificultou as coisas. De qualquer forma, a Argentina já estava garantida na fase seguinte.

ALEMANHA 2 × 2 GANA: no Castelão, em Fortaleza, Klose igualou o recorde de Ronaldo em Copas ao chegar a 15 gols. O jogo foi corrido e movimentado: depois de um primeiro tempo sem gols, Götze abriu o placar aos 5 minutos. André Ayew empatou aos 9 minutos, e Gyan virou a partida aos 17 minutos. Mas o artilheiro Klose entrou no jogo e deixou tudo igual aos 25 minutos. O duelo no Castelão teve o confronto em lados opostos dos irmãos Boateng, filhos do mesmo pai. Em 2010, eles já tinham se enfrentado.

NIGÉRIA 1 × 0 BÓSNIA: a Nigéria entrou em campo em Cuiabá e venceu a Bósnia, no primeiro resultado positivo de uma equipe africana diante de um time europeu na Copa de 2014. O gol do jogo foi marcado por Odemwingie aos 29 minutos do primeiro tempo. A Bósnia já estava eliminada.

BÉLGICA 1 × 0 RÚSSIA: a Bélgica não jogava o futebol esperado, mas conseguiu a segunda vitória na Copa e garantiu vaga na próxima fase. O jogo no Maracanã, contra a Rússia, só valeu pelos 15 minutos finais. Origi fez o gol salvador aos 43 minutos do segundo tempo.

ARGÉLIA 4 × 2 COREIA DO SUL: pela primeira vez na história, uma seleção africana marcou quatro gols em uma partida de mundial. A Argélia venceu a Coreia do Sul por 4 a 2, em Porto Alegre, e ficou a um empate da fase seguinte. Slimani, aos 26, Halliche, aos 28, e Djabou, aos 38 minutos, marcaram para os argelinos no primeiro tempo. Na etapa final, Son diminuiu aos 5 minutos. Brahimi marcou o quarto gol da Argélia aos 16 minutos. A Coreia ainda chegou ao segundo gol com Koo aos 27 minutos.

PORTUGAL 2 × 2 ESTADOS UNIDOS: pelo grupo da Alemanha, Portugal conseguiu um empate no fim do jogo contra os Estados Unidos, mantendo as chances de se classificar. A partida, disputada na Arena Amazônia, terminou com o placar de 2 a 2. Um erro da zaga americana favoreceu Portugal, que abriu o placar com Nani aos 5 minutos. Já no segundo tempo, Jones empatou aos 19 minutos, e Dempsey virou a partida aos 36. Varela recebeu um passe de Cristiano Ronaldo e fez o gol salvador aos 49 minutos.

> **GRADE DE PROGRAMAÇÃO DA TV DO DIA 23 DE JUNHO DE 2014**
>
> 13h: Austrália vs. Espanha (SporTV, ESPN Brasil e Fox)
>
> 13h: Holanda vs. Chile (Globo, Band, SporTV, ESPN Brasil, Bandsports e Fox)
>
> 17h: Croácia vs. México (SporTV, ESPN Brasil e Fox)
>
> 17h: Brasil vs. Camarões (Globo, Band, SporTV, ESPN Brasil, Bandsports e Fox)

A última rodada da primeira fase começou no dia 23 de junho com quatro partidas.

HOLANDA 2 × 0 CHILE: pelo grupo B, a Holanda garantiu a liderança da chave com três vitórias. O time de Louis Van Gaal fez 2 a 0 no Chile que, com a derrota, ficou em segundo lugar e entrou na rota da seleção brasileira. Os gols no Itaquerão, em São Paulo, foram marcados na etapa final. Fer abriu o placar aos 31 minutos, e Depay balançou as redes aos 46.

ESPANHA 3 × 0 AUSTRÁLIA: na Arena da Baixada, em Curitiba, para cumprir tabela, a Espanha se despediu da Copa de maneira honrosa. Villa, de letra, marcou aos 36 minutos do primeiro tempo. Na etapa final, Fernando Torres fez aos 23 minutos, e Mata fechou o placar aos 37.

MÉXICO 3 × 1 CROÁCIA: pela chave do Brasil, o México surpreendeu a Croácia, em jogo disputado na Arena Pernambuco, e ficou na segunda colocação. Rafa Marques fez aos 26 minutos do segundo tempo, Guardado ampliou aos 30 e Chicharito marcou o terceiro aos 36 minutos. Perisic diminuiu aos 41 minutos.

O time de Luiz Felipe Scolari voltou a campo, agora jogando em Brasília.

> **BRASIL 4 × 1 CAMARÕES — BRASÍLIA — 23.06.2014**
>
> **BRASIL**: Júlio César; Daniel Alves, Thiago Silva, David Luiz e Marcelo; Luiz Gustavo, Paulinho (Fernandinho) e Oscar; Neymar (Willian), Hulk (Ramires) e Fred.
>
> **CAMARÕES**: Itandje; Nyom, N'Koulou, Matip e Bedimo; N'Guémo, MBia, Enoh e Moukandjo (Salli); Aboubakar (Webó) e Choupo-Moting (Makoun).
>
> **ÁRBITRO**: Jonas Eriksson (Suécia).
>
> **GOLS**: Neymar (16), Matip (26) e Neymar (34) no primeiro tempo. Fred (4) e Fernandinho (39) na etapa final.

A seleção brasileira levou sufoco de Camarões, mas Neymar fez a diferença. O volante Luiz Gustavo se apresentou bem. Por outro lado, Paulinho teve atuação apagada. O Brasil começou pressionando, e Neymar marcou aos 16 minutos. Foi o centésimo gol do mundial de 2014. O nervosismo, no entanto, atrapalhou o time de Felipão. Matip empatou aos 26 minutos. Neymar, sempre ele, voltou a colocar a seleção na frente aos 34 minutos.

No segundo tempo, Fred desencantou aos 4 minutos. Em alguns momentos, o desempenho da equipe irritou a torcida. A seleção ficava sem opções de jogo e Neymar tinha de apelar para jogadas individuais. Em inúmeros momentos, o goleiro Júlio César dava chutões para o campo de ataque. Fernandinho fez o quarto gol aos 39 minutos da etapa final. O jogador, que entrou no lugar de Paulinho, também foi destaque.

A seleção brasileira ficou em primeiro lugar no grupo e enfrentaria o Chile nas oitavas. Além do centésimo gol no mundial de 2014, o jogo contra Camarões registrou outra marca. O Brasil chegava a cem jogos em Copas, como destacava a *Folha de S.Paulo*:

> *Em seu centésimo jogo em Copas, o Brasil se classificou para a próxima fase do mundial com uma goleada de 4 a 1 sobre Camarões. Neymar marcou duas vezes em Brasília. É o artilheiro da competição, com quatro gols. O time do técnico Luiz Felipe Scolari melhorou no segundo tempo, com boa atuação coletiva, quando Fernandinho substituiu Paulinho no meio de campo. Ele anotou ainda o quarto gol. "Vejo evolução, já melhoramos do jogo do México", disse Felipão. "Vamos conversar muito. Não podemos mais conceber tantos erros."*

Sobre o Chile, o técnico da seleção reforçava que o adversário tinha catimba e muita qualidade. Já Pelé, antes da Copa, declarou que os chilenos seriam adversários perigosos para a seleção brasileira. Ele estava certo.

URUGUAI 1 × 0 ITÁLIA: as duas seleções fizeram um jogo polêmico em Natal. Um dos casos mais lembrados da Copa foi a mordida do atacante uruguaio Luis Suárez no ombro de Chiellini. A arbitragem não viu a agressão. Depois, analisando as imagens, a Fifa decidiu afastar Suárez por nove partidas. Mesmo que o Uruguai chegasse à final, o jogador estaria fora. Dentro de campo, o Uruguai despachou a Itália. Godín marcou o único gol do duelo aos 35 minutos do segundo tempo.

INGLATERRA 0 × 0 COSTA RICA: no Mineirão, em Belo Horizonte, a Inglaterra só empatou com a Costa Rica e ficou na lanterna do "grupo da morte". Quem poderia prever que a Costa Rica terminaria a chave na liderança, e o Uruguai em segundo lugar! O príncipe Harry, que estava nas tribunas, não deve ter gostado do que viu.

COLÔMBIA 4 × 1 JAPÃO: na decisão do grupo C, na Arena Pantanal, a Colômbia goleou o Japão e fechou a primeira fase na liderança com três vitórias. Cuadrado abriu o placar aos 16 minutos da etapa inicial. O Japão empatou com Okazaki aos 46 minutos. No segundo tempo, a supremacia colombiana: Jackson Martínez marcou aos 10 e aos 36 minutos. James Rodríguez liquidou a fatura aos 45 minutos. O goleiro Mondragón bateu o recorde como o jogador mais velho a atuar na história das Copas. Com 40 anos, ele entrou em campo durante a partida em Cuiabá (marca que seria superada em 2018, veja no próximo capítulo). O Japão ficou em quarto lugar no grupo.

GRÉCIA 2 × 1 COSTA DO MARFIM: a segunda posição da chave foi ocupada pela Grécia, que venceu a Costa do Marfim, em Fortaleza. Pela primeira vez, os gregos passaram para as oitavas. Samaras marcou aos 42 minutos da etapa inicial, e a Costa do Marfim empatou com Bony aos 29 do segundo tempo. Mas Samaras garantiu a vitória com gol de pênalti, em uma marcação polêmica do árbitro Carlos Vera, do Equador.

ARGENTINA 3 × 2 NIGÉRIA: em um jogo movimentado no Beira-Rio, que teve Messi como destaque, a Argentina confirmou o favoritismo e ficou com a primeira colocação no grupo F. A seleção de Alejandro Sabella venceu a Nigéria por 3 a 2. Os africanos se classificaram em segundo lugar. Messi abriu o placar com 2 minutos de jogo, mas os nigerianos empataram um minuto depois com gol de Musa. O 10 argentino balançou as redes novamente aos 46 da etapa inicial. Musa empatou de novo aos 2 minutos do segundo tempo. Rojo selou a vitória argentina com gol aos 4 minutos.

BÓSNIA 3 × 1 IRÃ: apenas para cumprir tabela, a Bósnia venceu o Irã, em Salvador. A derrota acabou com as chances dos iranianos de passar para a fase seguinte. Dzeko marcou para a Bósnia aos 22 minutos do primeiro tempo. Na etapa final, Pjanic ampliou aos 14 minutos. Reza diminuiu para o Irã aos 36, e Vrsajevic fechou o placar para a Bósnia aos 38 minutos.

FRANÇA 0 × 0 EQUADOR: na definição do grupo E, a França empatou com o Equador, no Maracanã, e terminou na liderança. A partida, no entanto, foi modorrenta. Uma decepção para a França, que jogou bem os dois primeiros duelos. O Equador estava eliminado.

SUÍÇA 3 × 0 HONDURAS: a segunda vaga da chave ficou com a Suíça, que venceu Honduras em Manaus. O destaque do jogo foi Shaqiri, atacante do Bayern de Munique, que marcou os três gols da partida: aos 6 minutos e aos 31 do primeiro tempo e aos 25 da etapa final.

PORTUGAL 2 × 1 GANA: Portugal se despediu da Copa com vitória sobre Gana. Cristiano Ronaldo bem que tentou, mas não conseguiu garantir a equipe europeia na fase seguinte. No Mané Garrincha, em Brasília, os portugueses abriram o placar com um gol contra de Boye aos 31 minutos do primeiro tempo. Gyan empatou aos 12 minutos da etapa final. Cristiano Ronaldo garantiu o resultado com gol aos 35 minutos em uma falha do goleiro Dauda.

ALEMANHA 1 × 0 ESTADOS UNIDOS: a decisão das posições do grupo ficou para o duelo entre Alemanha e Estados Unidos. As duas equipes não fizeram um jogo de compadres como se imaginava. A torcida que esteve na Arena Pernambuco viu uma boa partida. A chuva que atingiu Recife naquele dia dificultou o acesso ao estádio, e o duelo começou com lugares vazios nas arquibancadas. O técnico Joachim Löw escalou Schweinsteiger como titular pela primeira vez. Os americanos eram comandados pelo alemão Jurgen Klinsmann. A Alemanha estreou o uniforme inspirado no *Flamengo*: camisa rubro-negra com listras horizontais e calções pretos. O único gol foi marcado por Müller aos 9 minutos do segundo tempo.

BÉLGICA 1 × 0 COREIA DO SUL: na última definição da primeira fase, a Bélgica ganhou a terceira partida na Copa: 1 a 0 na Coreia do Sul, em São Paulo. Vertonghen balançou as redes aos 32 minutos do segundo tempo. Apesar do aproveitamento de 100%, a equipe belga não empolgou e vaias foram ouvidas no Itaquerão.

ARGÉLIA 1 × 1 RÚSSIA: o segundo lugar do grupo ficou com a Argélia, que empatou com a Rússia na Arena da Baixada, em Curitiba. Os russos marcaram com Kokorin aos 6 minutos do primeiro tempo, e Slimani empatou aos 14 minutos da etapa final em uma falha do goleiro Akinfeev. Os jogadores da Rússia reclamaram do lance. As câmeras de televisão flagraram o goleiro sendo alvo de um laser verde projetado das arquibancadas. De qualquer forma, ele saiu mal do gol. A Rússia, sede da Copa de 2018, dava adeus ao mundial do Brasil.

As oitavas de final tiveram os seguintes duelos: Brasil × Chile, Uruguai × Colômbia, França × Nigéria, Alemanha × Argélia, Holanda × México, Costa Rica × Grécia, Argentina × Suíça e Bélgica × Estados Unidos. Pela primeira vez na história, duas seleções africanas se classificaram na fase de grupos.

A fase de mata-mata começou no dia 28 de junho. Foram jogos emocionantes e dramáticos.

> **GRADE DE PROGRAMAÇÃO DA TV DO DIA 28 DE JUNHO DE 2014**
>
> 13h: Brasil vs. Chile (Globo, Band, Bandsports, SporTV, ESPN Brasil e Fox)
>
> 17h: Colômbia vs. Uruguai (Globo, Band, Bandsports, SporTV, ESPN Brasil e Fox)

A seleção já tinha enfrentado o Chile nas oitavas de final das Copas de 1998 e 2010 e, nas duas vezes, eliminou o adversário com relativa facilidade. Agora, o enredo do jogo de 2014, no Mineirão, seria bem diferente, com direito a drama, choro e sofrimento. A seleção se sentia pressionada a conquistar o título e alguns jogadores demonstravam que não tinham condições emocionais de enfrentar tantas cobranças.

> **BRASIL 1 × 1 CHILE (PÊNALTIS: 3 × 2) – BELO HORIZONTE – 28.06.2014**
>
> **BRASIL**: Júlio César; Daniel Alves, Thiago Silva, David Luiz e Marcelo; Luiz Gustavo, Fernandinho (Ramires) e Oscar (Willian); Hulk, Neymar e Fred (Jô).
>
> **CHILE**: Bravo; Medel (Rojas), Francisco Silva e Jara; Isla, Marcelo Díaz, Aránguiz, Vidal (Pinilla) e Mena; Vargas (Felipe Gutiérrez) e Alexis Sánchez.
>
> **ÁRBITRO**: Howard Webb (Inglaterra).
>
> **GOLS**: David Luiz (17) e Alexis Sánchez (31) no primeiro tempo.

Jogando com o mesmo esquema utilizado na Copa das Confederações, a seleção brasileira pressionou a saída do Chile desde o começo da partida. Aos 17 minutos, depois de uma cobrança de escanteio, Jara empurrou a bola contra as próprias redes em uma disputa com David Luiz. O gol foi dado para o zagueiro do Brasil: 1 a 0. O time de Felipão estava próximo do segundo gol, quando uma bobeada defensiva resultou no empate do Chile. Marcelo e Hulk se atrapalharam em uma cobrança de lateral e a bola sobrou dentro da área brasileira para Alexis Sánchez marcar aos 31 minutos: 1 a 1.

Na etapa final, o jogo ficou dramático. Hulk marcou aos 9 minutos, mas a arbitragem entendeu que ele ajeitou a bola com o braço antes de chutar. Já Júlio César fez uma defesa milagrosa em um chute de Aránguiz. Apesar das chances de lado a lado, o gol não saiu, e o duelo foi para a prorrogação. Os atletas começaram a apresentar cansaço. O lance mais claro de gol surgiu em favor do Chile quando Pinilla recebeu na entrada da grande área e mandou uma bomba no travessão de Júlio César. Foi praticamente o último lance da prorrogação. Aqui, uma curiosidade: o jogador chileno faria, dias depois, uma tatuagem nas costas com o desenho da jogada que poderia ter dado a classificação ao país.

Na sequência, nas penalidades máximas, mais drama. David Luiz marcou para o Brasil. Júlio César defendeu o chute de Pinilla. Depois, Willian chutou para fora. O goleiro brasileiro salvou a cobrança de Alexis Sánchez. Marcelo ampliou para o Brasil: 2 a 0. Aránguiz fez o primeiro do Chile. Hulk chutou em cima do goleiro Bravo. Marcelo Díaz empatou: 2 a 2. Neymar recolocou o Brasil em vantagem. Na última cobrança, Jara mandou na trave: 3 a 2.

Em meio à comemoração pela vitória brasileira, a imagem que correu o mundo foi a do capitão Thiago Silva sentado na bola, aos prantos, postura que lhe gerou muitas críticas. A torcida e a imprensa o acusaram de não ter estabilidade para vestir a camisa da seleção em um momento decisivo.

Júlio César também chorou, mas em tom de desabafo. Em 2010, o camisa 12 falhou contra a Holanda na desclassificação do Brasil. O goleiro chegou a pensar que jamais voltaria a vestir a camisa da seleção. Para piorar, ele ficou seis meses na reserva do Queens Park Rangers, da segunda divisão da Inglaterra, depois da conquista da Copa das Confederações, prejudicando a preparação para o mundial. Agora, ovacionado no Mineirão, Júlio César foi destaque nos jornais do dia seguinte:

Se você tem um sonho, corra atrás dele. Não desista nunca. Sei que ainda não ganhamos nada, mas essa partida me dá uma força ainda maior. Fiquei emocionado porque meus companheiros vieram me abraçar com palavras de incentivo lembrando o que tinha acontecido. Mas, na hora dos pênaltis, me concentrei, me foquei.

Já Felipão chegou ao décimo sétimo jogo invicto em partidas oficiais pela seleção.

COLÔMBIA 2 × 0 URUGUAI: com o Brasil classificado, ficava a expectativa de um novo duelo contra os uruguaios em uma Copa disputada aqui no país. Mas a Colômbia despachou a Celeste, no Maracanã. James Rodríguez marcou aos 28 minutos da etapa inicial e aos 4 do segundo tempo, consolidando a vitória por 2 a 0. Aliás, o primeiro gol foi um dos mais bonitos do mundial. O jogador matou a bola no peito e chutou de perna esquerda, fora da área, vencendo Muslera. Como curiosidade, o Uruguai voltou a jogar no Maracanã em Copas, depois de quase 64 anos. A última vez tinha sido justamente na partida decisiva de 1950, contra o Brasil, em 16 de julho.

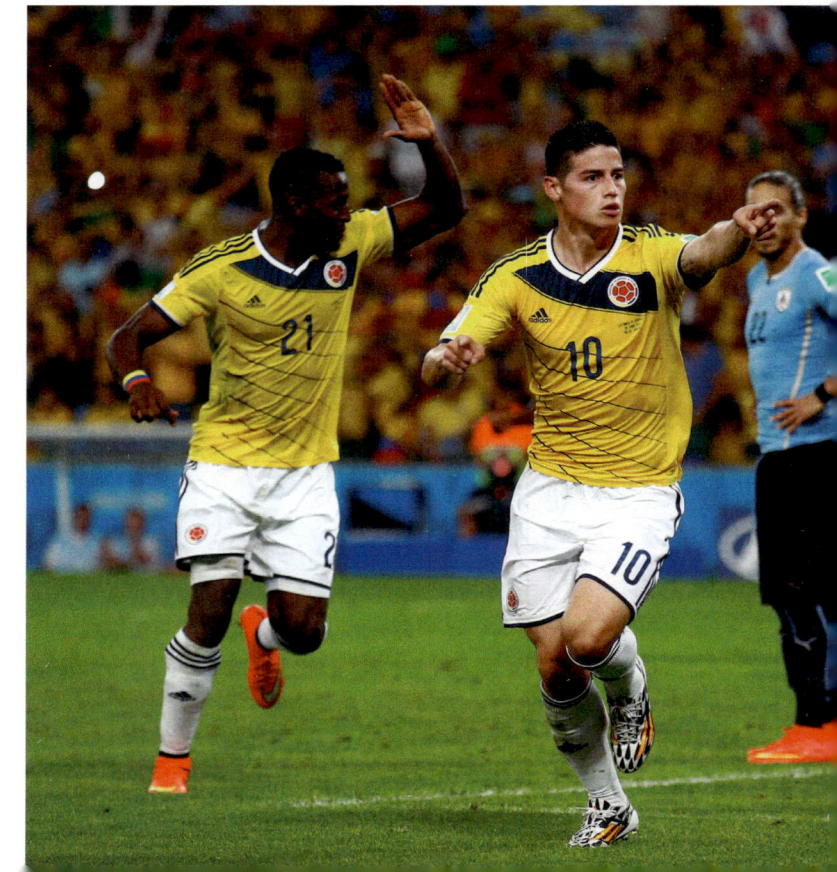

O jovem James Rodríguez, artilheiro da Copa, marca contra o Uruguai

FRANÇA 2 × 0 NIGÉRIA: a França levou sufoco, mas conseguiu a vaga nas quartas de final. A equipe comandada por Deschamps venceu os africanos por 2 a 0, em Brasília. A seleção francesa sofreu com o domínio dos adversários. O time melhorou com a entrada de Griezmann no lugar de Giroud. Os gols foram marcados no segundo tempo por Pogba, aos 34 minutos, e Yobo, contra, aos 46 minutos.

ALEMANHA 2 × 1 ARGÉLIA: no Beira-Rio, em Porto Alegre, a Alemanha precisou da prorrogação para superar a Argélia. As duas seleções reviveram o duelo da primeira fase da Copa de 1982, quando os argelinos surpreenderam e venceram por 2 a 1. Em 2014, o jogo foi corrido, muito disputado. Os argelinos não facilitaram a vida para os alemães. O goleiro Neuer foi muitas vezes obrigado a jogar com os pés, fora da grande área. Depois de 90 minutos sem gols, Schürrle marcou a um minuto do primeiro tempo da prorrogação. No segundo tempo, Özil ampliou aos 14 minutos e Djabou diminuiu aos 16 minutos. A arbitragem foi do brasileiro Sandro Meira Ricci.

HOLANDA 2 × 1 MÉXICO: as seleções europeias sofriam com o calor do Nordeste brasileiro. No Castelão, em Fortaleza, a Holanda precisou suar a camisa para vencer o México. O goleiro Ochoa, que tinha parado o Brasil na primeira fase, segurou os holandeses até o fim. O México abriu o placar com Giovani dos Santos aos 3 minutos do segundo tempo. Sneijder empatou aos 44 minutos. Quando todos davam a prorrogação como certa, Huntelaar fez o gol salvador aos 47 minutos. Um sufoco, mas o resultado de 2 a 1 foi justo. Novamente o México morreu na praia. Já a Holanda, vice em 2010, vinha com força para buscar o título inédito.

COSTA RICA 1 × 1 GRÉCIA (5 × 3): a Arena Pernambuco, em Recife, recebeu o jogo das zebras. O time da América Central, líder do "grupo da morte", enfrentou dificuldades para superar a Grécia. O segundo tempo foi melhor do que o primeiro. A Costa Rica abriu o placar com Bryan Ruiz aos 6 minutos, mas Duarte foi expulso e a equipe ficou com um homem a menos. A Grécia empatou aos 45 minutos, gol de Papastathopoulos. Ninguém marcou na prorrogação. A partida só foi decidida nos pênaltis e a Costa Rica levou a melhor: 5 a 3, com destaque para o goleiro Navas.

ARGENTINA 1 × 0 SUÍÇA: as duas últimas vagas foram definidas no dia 1º de julho. No Itaquerão, em São Paulo, a Argentina sofreu para superar a Suíça. Furar o "ferrolho" não foi fácil. Mas para uma equipe que tinha Messi, a tarefa se mostrou menos complicada. Depois de 90 minutos e do primeiro tempo da prorrogação sem gols, a jogada decisiva veio aos 12 minutos. Messi deu a arrancada característica, como um "garçom", e deixou Di María livre para marcar. Apesar do sufoco, a Argentina estava nas quartas de final. Pela primeira vez na Copa, Pelé foi visto nas tribunas. O "atleta do século", apesar da eterna rivalidade entre Brasil e Argentina, mostrava que não tinha nada contra os "hermanos".

BÉLGICA 2 × 1 ESTADOS UNIDOS: a última seleção classificada foi a Bélgica, que sofreu para ganhar dos Estados Unidos, em Salvador. Mais um jogo definido na prorrogação. O tempo normal foi bom, apesar do 0 a 0. O goleiro americano Tim Howard fez grandes defesas. A prorrogação da partida foi um dos pontos altos daquela Copa. De Bruyne fez aos 2 minutos, e Lukaku ampliou aos 14 minutos: 2 a 0. Os Estados Unidos pressionaram. Green diminuiu a um minuto da segunda etapa da prorrogação. Por pouco, a Bélgica não sofreu o gol de empate.

As quartas de final tiveram quatro seleções das Américas e quatro europeias: França × Alemanha, Brasil × Colômbia, Argentina × Bélgica e Holanda × Costa Rica.

> **GRADE DE PROGRAMAÇÃO DA TV DE 4 DE JULHO DE 2014**
>
> 13h: Alemanha vs. França (Globo, Band, Bandsports, SporTV, ESPN Brasil e Fox)
>
> 17h: Brasil vs. Colômbia (Globo, Band, Bandsports, SporTV, ESPN Brasil e Fox)

ALEMANHA 1 × 0 FRANÇA: a Alemanha mostrou toda a força do futebol pragmático. A equipe se classificou pela quarta vez consecutiva para uma semifinal (2002, 2006, 2010 e 2014). O único gol do duelo contra a França, no Maracanã, foi marcado por Hummels aos 12 minutos do primeiro tempo. A partir daí, os alemães ficaram "cozinhando" a partida. Klose começou jogando, mas não foi dessa vez que ele superou a marca de gols de Ronaldo. A Alemanha comemorou a classificação para as semifinais no mesmo dia em que recordava os 60 anos da primeira conquista mundial: em 4 de julho de 1954, os alemães foram campeões vencendo a Hungria por 3 a 2, na Suíça.

A seleção brasileira voltou ao campo do Castelão, em Fortaleza, para fazer o melhor jogo da equipe de Felipão naquela Copa.

BRASIL 2 × 1 COLÔMBIA – FORTALEZA – 04.07.2014

BRASIL: Júlio César; Maicon, Thiago Silva, David Luiz e Marcelo; Fernandinho, Paulinho (Hernanes) e Oscar; Neymar (Henrique), Hulk (Ramires) e Fred.

COLÔMBIA: Ospina; Zúñiga, Zapata, Yepes e Armero; Sánchez, Guarín, James Rodríguez e Cuadrado (Quintero); Ibarbo (Adrián Ramos) e Teófilo Gutiérrez (Bacca).

ÁRBITRO: Carlos Velasco Carballo (Espanha).

GOLS: Thiago Silva (6) no primeiro tempo; David Luiz (23) e James Rodríguez (34) na etapa final.

David Luiz faz contra a Colômbia e garante o Brasil na semifinal

Depois do Chile, foi a vez de enfrentar a Colômbia. Era uma espécie de Copa América dentro do mundial. Os zagueiros do Brasil brilharam não apenas na defesa, mas também no ataque. Apesar de sofrer pressão na saída de bola, a equipe nacional contou com Fernandinho, que foi destaque do meio-campo. David Luiz e Thiago Silva ajudaram os laterais. Thiago Silva fez o primeiro gol da seleção aos 6 minutos da etapa inicial, aproveitando um escanteio cobrado por Neymar. No segundo tempo, a Colômbia tentava, mas a bola não chegava aos pés de James Rodríguez e de Cuadrado. Aos 23 minutos, David Luiz cobrou uma falta de forma magistral e ampliou o placar. A imagem dele comemorando o gol com os braços erguidos e as veias saltadas lembrou Falcão contra a Itália em 1982. A Colômbia pressionou e conseguiu um pênalti. James Rodríguez diminuiu aos 34 minutos.

A partida ainda teve o drama de Neymar. Aos 41 minutos, o lateral colombiano Zúñiga deu uma joelhada nas costas do atacante. O jogador brasileiro saiu de campo chorando e foi substituído pelo zagueiro Henrique. Horas depois, o médico Rodrigo Lasmar comunicou que o camisa 10 estava fora da Copa. Diagnóstico: fratura na vértebra. *"O exame de tomografia computadorizada mostrou uma fratura na terceira vértebra lombar que limita os movimentos. Infelizmente não vai ter condições de jogar"*, declarou o médico no mesmo dia. O camisa 10 do Brasil foi levado para um hospital de Fortaleza e, apesar de não ter de passar por cirurgia, a recuperação poderia levar de três a seis semanas. Azar do Brasil.

O caderno de esportes da Folha do dia seguinte trazia a foto de Neymar caído com expressão de dor. Ao lado, o título: *"Sem ele dá? Brasil mostra evolução e avança, mas perde Neymar e precisa agora refazer o time para buscar vaga na final."* O zagueiro Thiago Silva desabafou: *"É difícil. O cara esperou tanto por esse momento e toma uma joelhada. Esse momento pode marcar uma revolução nossa. Vamos ganhar a Copa por Neymar, por essa lesão, porque ele esperou tanto por esse momento. De repente, a gente pode se unir ainda mais."*

ARGENTINA 1 × 0 BÉLGICA: a Argentina conseguiu o feito de chegar à semifinal da Copa depois de 24 anos. No Mané Garrincha,

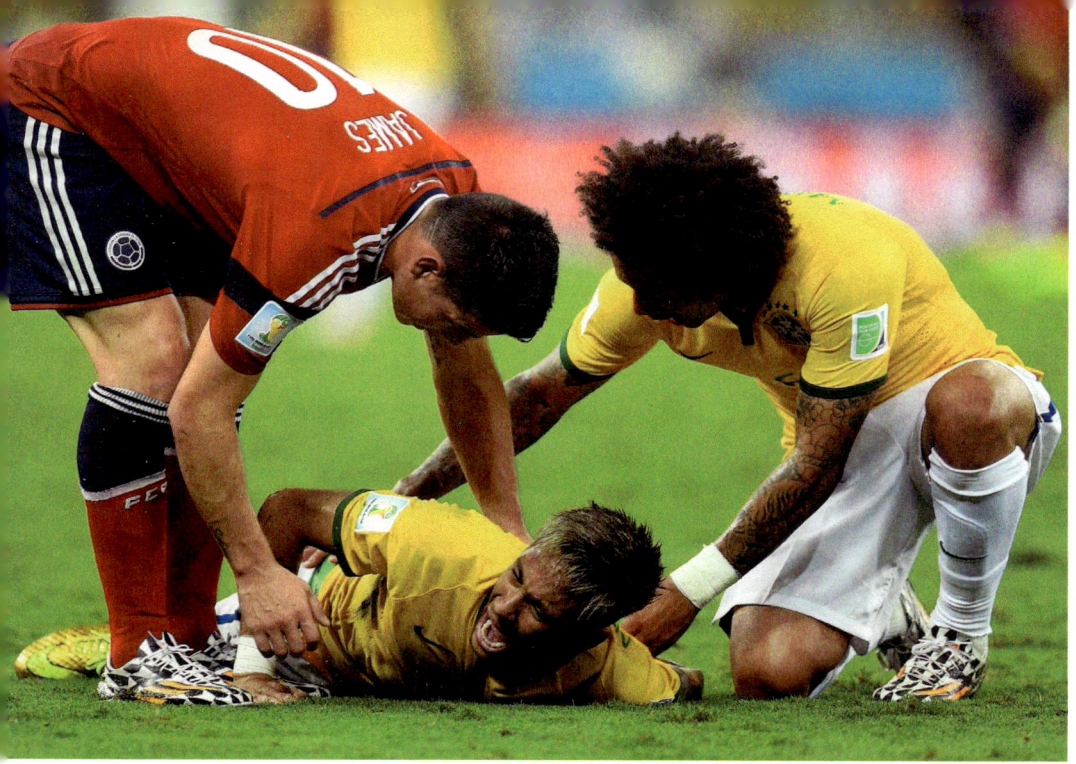

O drama de Neymar: o jogador se machuca contra a Colômbia e não joga mais a Copa

8 de julho de 2014: dia do vexame supremo da história do futebol brasileiro. A maior goleada sofrida pelo Brasil até aquela fatídica terça-feira, em Belo Horizonte, tinha sido um 6 a 0 para o Uruguai na Copa América de 1920, no Chile. Em 1934, a seleção perdeu para a Iugoslávia por 8 a 4, outro placar expressivo.

O "7 a 1" representou o fim da aura de imbatível da camisa amarela. A derrota daquele dia passou a ser comparada ao resultado contra o Uruguai em 1950, também dentro de casa. Assim como o "16 de julho de 1950" foi o "Maracanazo", o "8 de julho de 2014" foi batizado de "Mineirazo". Particularmente, acho um erro esse tipo de comparação. São épocas diferentes, expectativas diferentes e jogadores diferentes. Em 1950, na derrota para o Uruguai por 2 a 1, pairou o inesperado. Em 2014, pairou a perplexidade, o vexame. Não foi uma derrota comum. Foi algo atípico. Vergonhoso. Lamentável. Adjetivos não faltam.

em Brasília, a seleção venceu a Bélgica por 1 a 0. Higuaín desencantou ao marcar aos 7 minutos do primeiro tempo. Ele não balançava as redes adversárias desde o dia 13 de maio, quando ainda vestia a camisa da Lazio, da Itália. O técnico Alejandro Sabella alterou a defesa para enfrentar o ataque belga. O zagueiro Basanta foi improvisado na lateral esquerda no lugar de Rojo, suspenso. Já Demichelis ganhou o lugar de Fernández na zaga. As mudanças deram resultado.

HOLANDA 0 × 0 COSTA RICA (4 × 3): a Holanda seria a adversária da Argentina nas semifinais. A classificação foi suada. A Costa Rica deu muito trabalho na partida disputada na Fonte Nova, em Salvador. Depois de um 0 a 0 no tempo normal, o goleiro Navas, da Costa Rica, que fez defesas importantes, contou com a sorte: foram três bolas na trave. No fim da prorrogação, o técnico holandês Louis Van Gaal tirou o goleiro Cillessen e colocou Krul, de 1,93m. A troca deu resultado: ele defendeu dois pênaltis, e a Holanda venceu por 4 a 3.

As semifinais seriam as seguintes: Brasil × Alemanha (Mineirão) e Argentina × Holanda (Itaquerão).

GRADE DE PROGRAMAÇÃO DA TV DE 8 DE JULHO DE 2014

17h: Brasil vs. Alemanha (Globo, Band, Bandsports, SporTV, ESPN Brasil e Fox)

Quem viveu aquilo tudo jamais vai esquecer. Será que um dia um resultado como aquele se repetirá? Os jogadores brasileiros que estiveram em campo ficaram marcados. Torcedores e imprensa passaram a defender que eles nunca mais fossem convocados para a seleção. Neymar escapou da malhação de "Judas". Se ele tivesse em campo, a Alemanha faria 7 a 1?

ALEMANHA 7 × 1 BRASIL – MINEIRÃO – 08.07.2014

BRASIL: Júlio César; Maicon, David Luiz, Dante e Marcelo; Luiz Gustavo, Fernandinho (Paulinho) e Oscar; Hulk (Ramires), Bernard e Fred (Willian).

ALEMANHA: Neuer; Lahm, Boateng, Hummels (Mertesacker) e Höwedes; Schweinsteiger, Khedira (Draxler), Kroos e Özil; Müller e Klose (Schürrle)

ÁRBITRO: Marco Rodriguez (México).

GOLS: Müller (9), Klose (22), Kroos (24 e aos 25) e Khedira (29) no primeiro tempo; Schürrle (23 e aos 33) e Oscar (45) na etapa final.

Como armar um time que não pode contar com a sua principal estrela? O técnico Luiz Felipe Scolari não sabia se escalaria um substituto específico. Talvez Willian no meio? Felipão treinou a equipe com três volantes: Paulinho, Fernandinho e Luiz Gustavo. Mas, depois de muito mistério, Bernard foi o escolhido para substituir Neymar. Uma tragédia. Thiago Silva tinha sido advertido com o segundo cartão amarelo contra a Colômbia e foi substituído por Dante. A Alemanha, incansável, bem armada e consistente, sobrou em campo. Existia um abismo entre os dois times. Parecia ataque contra defesa.

O Brasil conseguiu a proeza de segurar a Alemanha até os 9 minutos, quando Müller abriu o placar. Klose ampliou aos 22 minutos e chegou ao décimo sexto gol dele na história dos mundiais, superando Ronaldo. Uma marca, por ironia, alcançada contra o Brasil. A partir daí começaram os minutos mais trágicos da história do futebol nacional: Kroos marcou o terceiro aos 24 minutos e o quarto aos 25. Khedira fez o quinto aos 29 minutos do primeiro tempo. As imagens da transmissão da TV mostravam os torcedores perplexos. Mãos levadas aos rostos. Crianças chorando, amparadas pelos pais. Muita gente começou a deixar o Mineirão com o placar de 5 a 0.

Paulinho e Ramires entraram no intervalo e Willian foi acionado durante o segundo tempo. O Brasil continuou perdido em campo, mas sofreu "apenas" mais dois gols. Schürrle fez aos 23 minutos e novamente aos 33. O placar indicava: 7 a 0. Conta de mentiroso, mas era a pura verdade.

O gol de honra, para amenizar a desonra total, foi marcado por Oscar aos 45 minutos do segundo tempo. No total, 58.141 torcedores foram testemunhas da tragédia brasileira no Mineirão.

A última seleção a marcar ao menos cinco gols em uma semifinal de Copa tinha sido o Brasil, em 1958, quando venceu a França por 5 a 2. Já um placar parecido com o 7 a 1, foi registrado três vezes em semifinais: Uruguai 6 × 1 Iugoslávia, em 1930, Argentina 6 × 1 Estados Unidos, também em 1930, e Alemanha 6 × 1 Áustria, em 1954.

Ao final do jogo, os atletas brasileiros caíram no choro. David Luiz foi amparado por Thiago Silva, que não entrou em campo, mas, nos microfones das emissoras, pediu desculpas. Júlio César se postou na beira do gramado para a entrevista oficial e quase não conseguiu falar. Admitiu apenas que houve um "apagão".

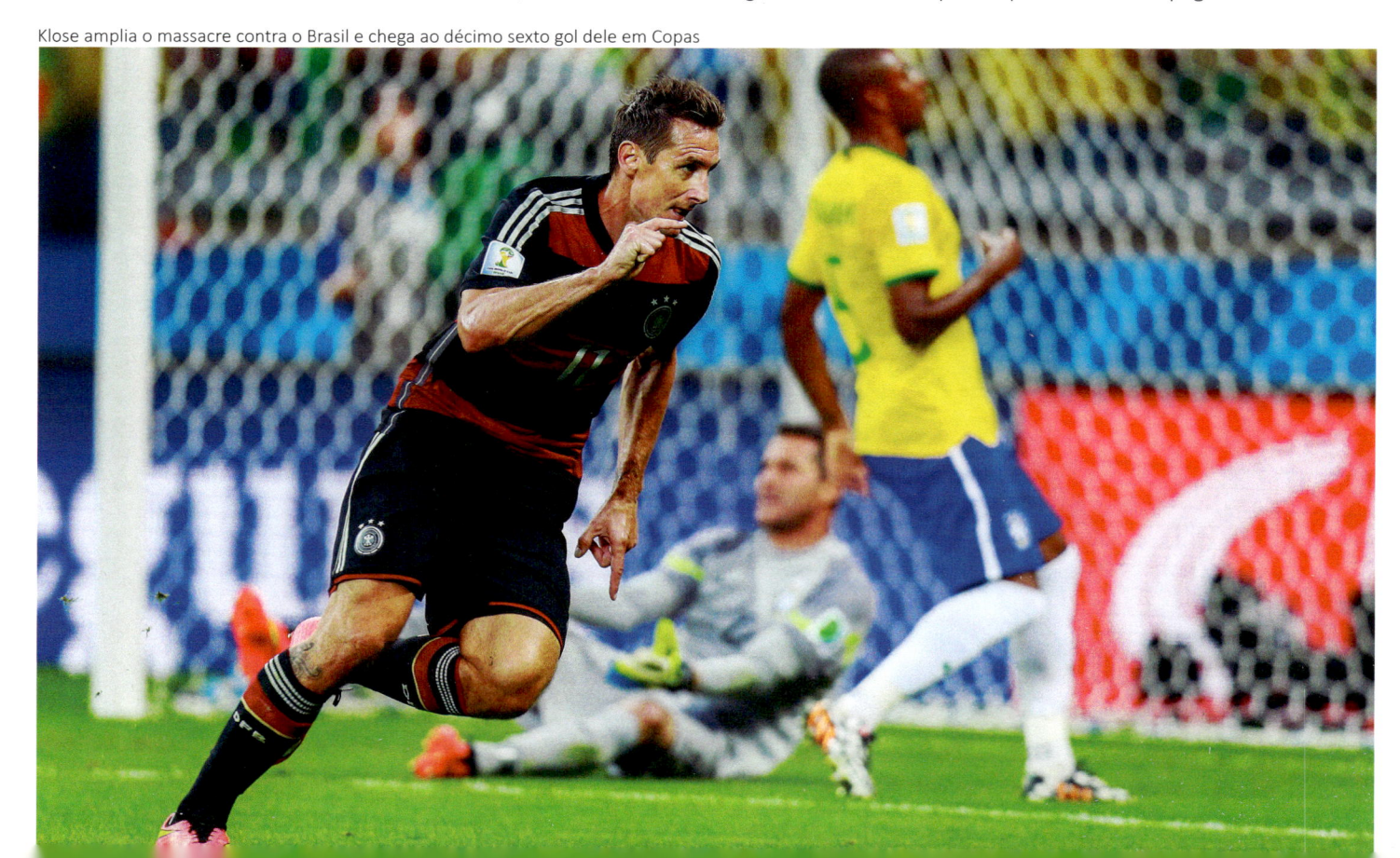

Klose amplia o massacre contra o Brasil e chega ao décimo sexto gol dele em Copas

O técnico Luiz Felipe Scolari declarou que a partida foi uma catástrofe, o pior dia da vida dele. O treinador destacou que tinha responsabilidade pela parte tática. Apesar de admitir a culpa, Felipão não deixou a soberba de lado: "O trabalho foi bom." A *Folha de S.Paulo* lembrava:

> O treinador não acredita que sua declaração antes da Copa de que o Brasil tinha a obrigação de ser campeão tenha pressionado o time. "Eles sabiam desde o início. Nossa obrigação principal era jogar em casa e ganhar. Não era uma pressão nenhuma em cima deles. Não tem arrependimento. Não tem como cobrá-los."

O fatídico 7 a 1 nunca será esquecido e nem compreendido. Tempos depois, analisando friamente os fatos, por mais que aquela seleção não tivesse estrutura e nem condições de chegar ao título, não poderia, jamais, ter sofrido sete gols em uma Copa do Mundo. Muito menos em casa. O fato é que o futebol brasileiro carecia de estrelas que, individualmente, poderiam resolver o jogo. Faltou experiência para segurar a partida diante de uma Alemanha eficiente e com sede de vitória.

Felipão escolheu mal. Escalou mal. Pediu desculpas. Cabe a cada torcedor aceitá-las ou não. Abaixo, algumas manchetes dos jornais e sites sobre a derrota brasileira:

France Football **(França)**: "*Do mais belo sonho ao pior pesadelo*"

La Gazzetta Dello Sport **(Itália)**: "*Brasil, humilhação histórica. Alemanha o aniquila: 7-1*"

Der Spiegel **(Alemanha)**: "*Para os anfitriões, foi um fracasso de dimensões históricas*"

Marca **(Espanha)**: "*Eterna desonra. Banho histórico com cinco gols nos primeiros 30 minutos*"

El Pais **(Uruguai)**: "*Alemanha humilhou todo o Brasil*"

Olé **(Argentina)**: "*Queda catastrófica*"

Clarín **(Argentina)**: "*Alemanha chega à final com goleada inesquecível*"

O adversário da Alemanha saiu do duelo entre Argentina e Holanda em São Paulo, no dia seguinte.

ARGENTINA 0 × 0 HOLANDA (4 × 2): o Itaquerão recebeu a segunda semifinal da Copa. O jogo não foi brilhante. As duas seleções não tiveram grandes chances de gols, preferiram adotar a cautela.

Os holandeses não repetiram a velocidade das demais partidas, e a Argentina estava muito amarrada. Messi não conseguiu disparar em direção ao gol como fazia tradicionalmente. Resultado: 0 a 0 no tempo normal e na prorrogação. Nos pênaltis, Romero virou herói ao defender as cobranças de Vlaar e Sneijder: 4 a 2. Maxi Rodriguez converteu a última cobrança. A Argentina estava na final depois de 24 anos e iria enfrentar justamente a Alemanha. Seria o tira-teima entre as duas seleções. Em 1986, deu Argentina e em 1990, Alemanha.

> **GRADE DE PROGRAMAÇÃO DA TV DE 12 DE JULHO DE 2014**
> 17h: Brasil vs. Holanda (Globo, Band, Bandsports, SporTV, ESPN Brasil e Fox)

Depois da derrota por 7 a 1, a seleção brasileira voltou a campo para a decisão do terceiro lugar. Foi uma apresentação melancólica. Vitória da Holanda por 3 a 0. Em dois jogos, o time nacional sofreu 10 gols! Inacreditável.

> **HOLANDA 3 × 0 BRASIL - BRASÍLIA - 12.07.2014**
>
> **BRASIL**: Júlio César; Maicon, Thiago Silva, David Luiz e Maxwell; Luiz Gustavo (Fernandinho), Paulinho (Hernanes), Ramires (Hulk), Oscar, Willian e Jô.
>
> **HOLANDA**: Cillessen (Vorm); Vlaar, Martins Indi e De Vrij; Kuyt, Wijnaldum, Clasie (Veltman), De Guzmán e Blind (Janmaat); Robben e Van Persie.
>
> **ÁRBITRO**: Djamel Haimoudi (Argélia).
>
> **GOLS**: Van Persie (2) e Blind (15) no primeiro tempo; Wijnaldum (46) na etapa final.

Com que motivação um time que perde de 7 a 1 pode voltar a campo para a disputa de um terceiro lugar? Foi uma despedida melancólica dos anfitriões. Logo aos 2 minutos, o árbitro marcou um pênalti duvidoso para a Holanda. Van Persie converteu: 1 a 0. Blind ampliou aos 15 minutos. Os brasileiros reclamaram de impedimento. Quem estava no Estádio Mané Garrincha, em Brasília, achou que mais uma goleada histórica se aproximava. Os holandeses estavam desfalcados. Sneijder sentiu dores na coxa durante o aquecimento e foi vetado. De Guzmán entrou no lugar dele. Mesmo jogando mal, o Brasil só sofreu o terceiro gol aos 46 minutos do segundo tempo. A apatia de Felipão era tanta que, durante a partida, Neymar, sem condições de jogo, mas presente no banco de reservas, chegou a dar orientações aos companheiros. O camisa 10 fez questão de

Messi, cercado pelos alemães, tem atuação apagada na final

vestir o uniforme, calçar as chuteiras e até participar do aquecimento. O treinador e Fred foram vaiados e xingados pela torcida. A Holanda ficou com a terceira colocação e o Brasil repetiu a quarta posição de 1974, quando perdeu para a Polônia.

O Brasil tornou-se o anfitrião que mais sofreu gols em uma Copa: foram 13 em 7 partidas. *A Folha de S.Paulo* chamou o Brasil de time de várzea:

> *Felipão foi vaiado pelo estádio logo que o placar eletrônico estampou a sua imagem. O treinador voltou a adotar a tática errada do despiste. Na véspera, dissera que faria duas ou três mudanças no time, que, no entanto, foi a campo com seis mudanças. A seleção parecia de novo um time de várzea. Já a Holanda, cujo técnico, Louis van Gaal, havia dito que a disputa do terceiro lugar nem deveria existir, mostrou-se motivada durante toda a partida. Tanto que, aos 46 minutos do segundo tempo, Wijnaldum fechou o placar.*

Fred, um dos mais criticados, foi perguntado sobre o futuro dele na seleção. O jogador respondeu: "*Já deu.*" E emendou: "*Aqui no Brasil se faz muito isso. Quando se ganha, criam um Deus. Quando perde, culpam um ou dois. A culpa é de todos por esses resultados.*"

Depois da Copa, começou uma discussão sobre a possibilidade de um técnico estrangeiro comandar a seleção. A CBF, no entanto, cometeu um erro ao anunciar a volta de Dunga.

GRADE DE PROGRAMAÇÃO DA TV DE 13 DE JULHO DE 2014

16h: Alemanha vs. Argentina (Globo, Band, Bandsports, SporTV, ESPN Brasil e Fox)

A festa do futebol mundial chegava ao fim. Depois de um mês, o Brasil se despedia da "Copa das Copas". Nada melhor do que o maior estádio do mundo, o Maracanã, para receber o encerramento. América do Sul e Europa fariam o duelo decisivo.

ALEMANHA 1 × 0 ARGENTINA – RIO DE JANEIRO – 13.07.2014

ALEMANHA: Neuer; Lahm, Boateng, Hümmels e Höwedes; Kramer (Schürrle), Schweinsteiger, Özil (Mertesacker) e Kroos; Klose (Götze) e Müller.

ARGENTINA: Romero; Zabaleta, Demichelis, Garay e Rojo; Mascherano, Biglia e Pérez (Gago); Messi, Higuaín (Palacio) e Lavezzi (Agüero).

ÁRBITRO: Nicola Rizzoli (Itália).

GOL: Götze (7) no segundo tempo da prorrogação.

A Alemanha buscava o quarto título mundial (1954, 1974 e 1990) e a Argentina o tricampeonato (1978 e 1986). Cerca de 75 mil torcedores estavam nas arquibancadas para assistir ao confronto entre o pragmatismo alemão e a genialidade de Messi. No entanto, o camisa

10 argentino teve uma atuação apagada. O técnico Sabella apostava na velocidade do trio Messi, Lavezzi e Higuaín. Já o treinador alemão, Löw, teve problemas: Khedira sentiu uma contusão no aquecimento. Quem saiu jogando foi Kramer, mas ele teve de ser substituído ainda na primeira etapa depois de levar uma pancada na cabeça. Schürrle, mais ofensivo, foi acionado. Apesar da cautela, as duas equipes perderam boas chances, principalmente a Argentina em lances na cara do gol. Depois do 0 a 0 nos 90 minutos, a partida foi para a prorrogação, repetindo 1934, 1966, 1978, 1994, 2006 e 2010.

O predestinado Mario Götze, de 22 anos, tinha substituído Klose aos 42 minutos da etapa final. Foi dele o gol do título aos 7 minutos do segundo tempo da prorrogação. O atleta recebeu lançamento, invadiu a área, matou no peito e venceu Romero. A Alemanha chegava ao tetracampeonato. Interessante que o quarto título mundial dos alemães, assim como o tetra do Brasil e da Itália, foi conquistado depois de uma fila de 24 anos. A presidente Dilma Rousseff, vaiada por torcedores, entregou a taça ao capitão Philipp Lahm.

A manchete principal da *Folha* do dia seguinte foi: "*Alemanha é tetra no Maracanã*". Na chamada do caderno de esportes, a lembrança de que era a primeira conquista da Alemanha unificada: "*Com um time que alia habilidade e eficiência, Alemanha bate a Argentina e conquista o quarto título mundial, o primeiro após a sua reunificação*". Uma foto que correu o mundo foi a de Schweinsteiger sangrando, depois de um choque com o argentino Agüero. Era o exemplo da raça alemã em campo.

O técnico Löw disse ao garoto prodígio Götze de 22 anos: "*Você é melhor do que Messi*". A *Folha* trazia a palavra do treinador:

> "*O Götze é um menino prodígio que tem essas capacidades imensas, essa habilidade excepcional. Ele sempre pode decidir um jogo e marcou um belo gol essa noite*", afirmou o treinador, que colocou o jogador no banco nos três jogos finais do Mundial. O herói do título não sabia explicar como marcou o gol que deu início à festa no Maracanã: "*Na realidade, é uma sensação indescritível. Você chuta para o gol e não sabe o que está acontecendo. Não dá para descrever. É um sonho que virou realidade para nós*", declarou Göetze, 22.

Aos 22 anos, Göetze balança as redes argentinas e garante o tetra para os alemães

O *Estadão* destacava na manchete: "*A Alemanha é tetra*" e trazia o seguinte texto:

> *Eleito melhor jogador da competição, o argentino Lionel Messi, abatido, disse que "ser o melhor da Copa e não levantar o título não tem importância para mim". O colombiano James Rodríguez, artilheiro da competição, não estava presente para receber a "chuteira de ouro". O alemão Thomas Müller, artilheiro do time, estava eufórico: "Quando um homem como eu fica sem palavra, algo está acontecendo."*

Sobre James Rodrigues, o *Estadão* apontava: "*Numa Copa do Mundo que contabilizou 171 gols marcados, o artilheiro foi o jovem meia colombiano James Rodriguez. Mesmo tendo sido eliminado nas quartas de final, na derrota para o Brasil, ele terminou a competição com seis gols, isolado na ponta da artilharia.*"

O número de gols do mundial de 2014 foi igual ao de 1998, na França. São as duas Copas em que as redes balançaram mais vezes: 171 gols em 64 partidas.

O RÁDIO NA COPA DE 2014

As emissoras fizeram grandes investimentos para percorrer o Brasil e não perder nenhum lance do mundial no país. A Jovem Pan contou com repórteres nos principais estados e transmitiu em AM e FM todas as partidas. Nilson César deu voz ao fatídico 7 a 1 pelas ondas da Pan. A mesma tarefa coube a José Silvério na Band.

O pragmatismo e a disciplina alemã garantiram a conquista em terras brasileiras

TABELA DA COPA DE 2014

GRUPO A

12/06/2014 São Paulo: **Brasil 3 × 1 Croácia**
13/06/2014 Natal: **México 1 × 0 Camarões**
17/06/2014 Fortaleza: **Brasil 0 × 0 México**
18/06/2014 Manaus: **Camarões 0 × 4 Croácia**
23/06/2014 Brasília: **Brasil 4 × 1 Camarões**
23/06/2014 Recife: **Croácia 1 × 3 México**

GRUPO B

13/06/2014 Salvador: **Espanha 1 × 5 Holanda**
13/06/2014 Cuiabá: **Chile 3 × 1 Austrália**
18/06/2014 Porto Alegre: **Austrália 2 × 3 Holanda**
18/06/2014 Rio de Janeiro: **Espanha 0 × 2 Chile**
23/06/2014 Curitiba: **Austrália 0 × 3 Espanha**
23/06/2014 São Paulo: **Holanda 2 × 0 Chile**

GRUPO C

14/06/2014 Belo Horizonte: **Colômbia 3 × 0 Grécia**
14/06/2014 Recife: **Costa do Marfim 2 × 1 Japão**
19/06/2014 Brasília: **Colômbia 2 × 1 Costa do Marfim**
19/06/2014 Natal: **Japão 0 × 0 Grécia**
24/06/2014 Cuiabá: **Japão 1 × 4 Colômbia**
24/06/2014 Fortaleza: **Grécia 2 × 1 Costa do Marfim**

GRUPO D

14/06/2014 Fortaleza: **Uruguai 1 × 3 Costa Rica**
14/06/2014 Manaus: **Inglaterra 1 × 2 Itália**
19/06/2014 São Paulo: **Uruguai 2 × 1 Inglaterra**
20/06/2014 Recife: **Itália 0 × 1 Costa Rica**
24/06/2014 Natal: **Itália 0 × 1 Uruguai**
24/06/2014 Belo Horizonte: **Costa Rica 0 × 0 Inglaterra**

GRUPO E

15/06/2014 Brasília: **Suíça 2 × 1 Equador**
15/06/2014 Porto Alegre: **França 3 × 0 Honduras**
20/06/2014 Salvador: **Suíça 2 × 5 França**
20/06/2014 Curitiba: **Honduras 1 × 2 Equador**
25/06/2014 Manaus: **Honduras 0 × 3 Suíça**
25/06/2014 Rio de Janeiro: **Equador 0 × 0 França**

GRUPO F

15/06/2014 Rio de Janeiro: **Argentina 2 × 1 Bósnia**
16/06/2014 Curitiba: **Irã 0 × 0 Nigéria**
21/06/2014 Belo Horizonte: **Argentina 1 × 0 Irã**
21/06/2014 Cuiabá: **Nigéria 1 × 0 Bósnia**
25/06/2014 Porto Alegre: **Nigéria 2 × 3 Argentina**
25/06/2014 Salvador: **Bósnia 3 × 1 Irã**

GRUPO G

16/06/2014 Salvador: **Alemanha 4 x 0 Portugal**
16/06/2014 Natal: **Gana 1 x 2 Estados Unidos**
21/06/2014 Fortaleza: **Alemanha 2 x 2 Gana**
22/06/2014 Manaus: **Estados Unidos 2 x 2 Portugal**
26/06/2014 Recife: **Estados Unidos 0 x 1 Alemanha**
26/06/2014 Brasília: **Portugal 2 x 1 Gana**

GRUPO H

17/06/2014 Belo Horizonte: **Bélgica 2 x 1 Argélia**
17/06/2014 Cuiabá: **Rússia 1 x 1 Coreia do Sul**
22/06/2014 Rio de Janeiro: **Bélgica 1 x 0 Rússia**
22/06/2014 Porto Alegre: **Coreia do Sul 2 x 4 Argélia**
26/06/2014 São Paulo: **Coreia do Sul 0 x 1 Bélgica**
26/06/2014 Curitiba: **Argélia 1 x 1 Rússia**

OITAVAS

28/06/2014 Belo Horizonte: **Brasil 1 (3) x (2) 1 Chile**
28/06/2014 Rio de Janeiro: **Colômbia 2 x 0 Uruguai**
29/06/2014 Fortaleza: **Holanda 2 x 1 México**
29/06/2014 Recife: **Costa Rica 1 (5) x (3) 1 Grécia**
30/06/2014 Brasília: **França 2 x 0 Nigéria**
30/06/2014 Porto Alegre: **Alemanha 2 x 1 Argélia**

01/07/2014 São Paulo: **Argentina 1 x 0 Suíça**
01/07/2014 Salvador: **Bélgica 2 x 1 Estados Unidos**

QUARTAS

04/07/2014 Rio de Janeiro: **França 0 x 1 Alemanha**
04/07/2014 Fortaleza: **Brasil 2 x 1 Colombia**
05/07/2014 Brasília: **Argentina 1 x 0 Bélgica**
05/07/2014 Salvador: **Holanda 0 (4) x (3) 0 Costa Rica**

SEMIFINAIS

08/07/2014 Belo Horizonte: **Brasil 1 x 7 Alemanha**
09/07/2014 São Paulo: **Holanda 0 (2) x (4) 0 Argentina**

TERCEIRO LUGAR

12/07/2014 Brasília: **Holanda 3 x 0 Brasil**

FINAL

13/07/2014 Rio de Janeiro: **Alemanha 1 x 0 Argentina**

20 Rús

10
SIA

A COPA DO EQUILÍBRIO

VAR e queda de seleções tradicionais marcam o mundial na Rússia

Depois de doze anos, a Copa voltou à Europa, mas pela primeira vez em um país do leste do continente. A 21ª edição do torneio foi emocionante, com grandes duelos, gols nos últimos minutos, polêmicas envolvendo o "estreante" VAR (árbitro de vídeo) e a conquista do segundo título da seleção da França. Na final, a equipe treinada por Didier Deschamps (campeão como atleta em 1998) mediu forças com a Croácia de Luka Modric, eleito melhor jogador da competição. A vitória francesa no Leste Europeu ampliou a hegemonia inédita de equipes do continente na história das Copas, com quatro conquistas consecutivas: Itália (2006), Espanha (2010), Alemanha (2014) e França (2018).

A Copa nunca está dissociada dos acontecimentos sociais, políticos e econômicos. Em 2018, o mundo vivia o auge de uma crise de refugiados e muitas seleções contavam com reforços de imigrantes ou filhos de famílias de imigrantes, como a própria seleção da França. Mbappé, por exemplo, é filho de pai camaronês e de mãe argelina.

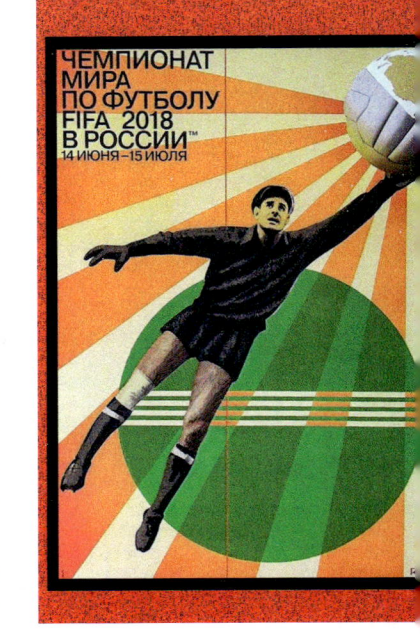

Já a classificação inédita da Croácia para a finalíssima é marcante e não tem precedente na história recente dos mundiais. Trata-se de um país "novo" (surgiu em 1992 com o esfacelamento da Iugoslávia), possui quatro milhões de habitantes e não conta com um campeonato interno de destaque. As principais estrelas jogam

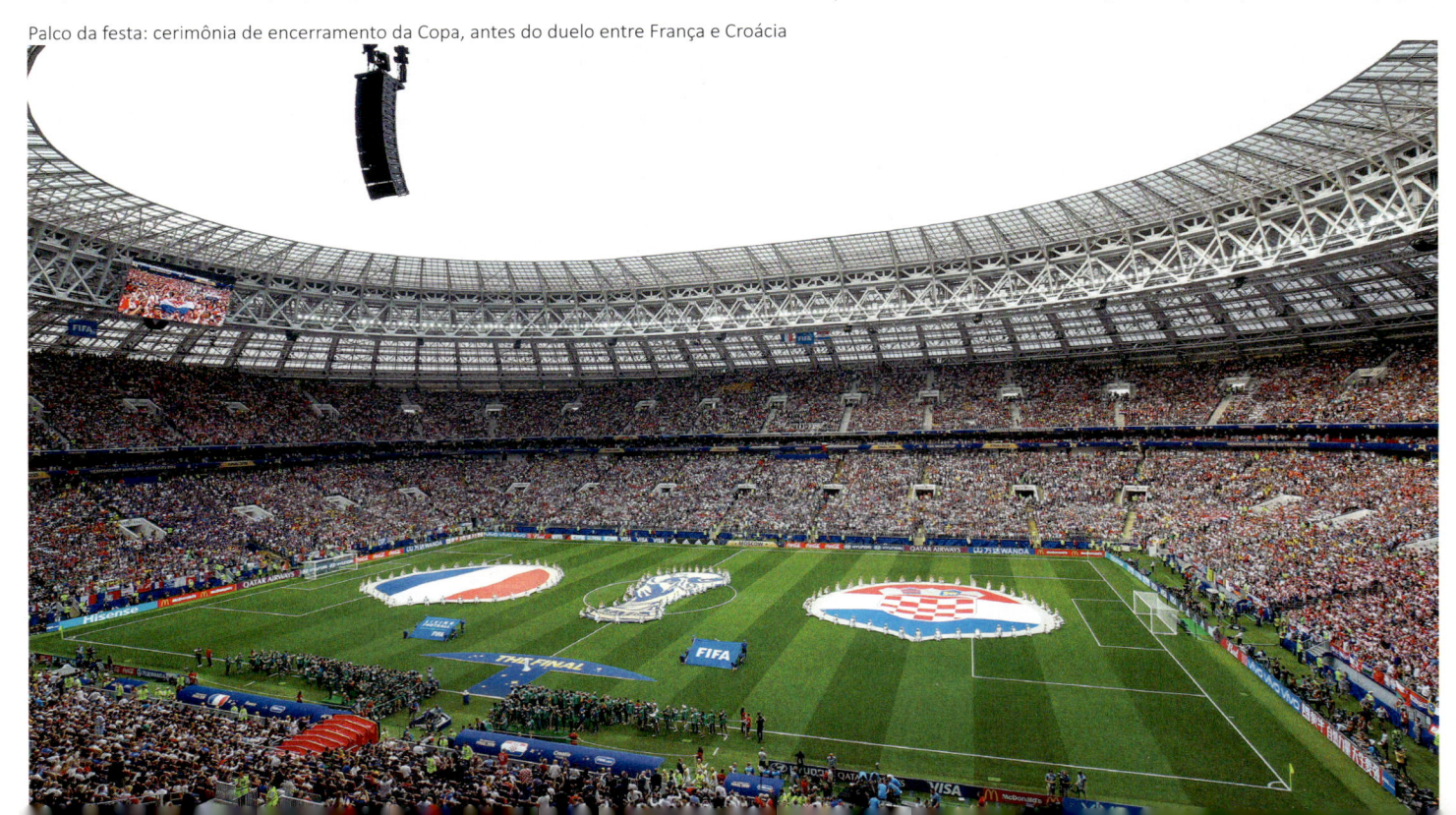

Palco da festa: cerimônia de encerramento da Copa, antes do duelo entre França e Croácia

em grandes ligas do planeta. A Croácia é a segunda seleção de um país jovem a chegar à decisão. Só fica atrás da Tchecoslováquia que, em 1934, ao disputar a final contra a Itália, tinha apenas dezesseis anos de formação.

O mundial de 2018 foi decepcionante para a Alemanha, campeã em 2014. A equipe comandada por Joachim Löw caiu na primeira fase, na pior campanha desde 1938: vexame histórico! Outro vexame ficou por conta da Itália, ausente da Copa depois de sessenta anos, ao ser eliminada pela Suécia na repescagem das eliminatórias. Das oito seleções campeãs, foi a única ausente.

Anfitriã da competição pela primeira vez, a Rússia recebeu milhões de torcedores que aproveitaram a Copa para conhecer os pontos turísticos do país, ainda com "vestígios" da antiga União Soviética. A Catedral de São Basílio, erguida na Praça Vermelha, em Moscou, era utilizada como cenário pelas emissoras de TV. Cerca de 700 mil turistas desembarcaram na Rússia para acompanhar as partidas: um recorde!

A Copa foi disputada em um momento delicado para a Fifa, envolvida em denúncias de corrupção, principalmente por causa da escolha do Qatar como sede do mundial seguinte, em 2022. Com suspeitas de suborno, dirigentes foram afastados. Em 2016, a sede da entidade, em Zurique, na Suíça, chegou a ser alvo de buscas pela polícia.

A edição da *Folha de S. Paulo* de 14 de junho de 2018, dia da abertura da Copa, trazia a seguinte análise: "(...) O torneio ocorre em meio à tensão política em torno do presidente russo, Vladmir Putin, que concentra o poder no país desde 1999 (...)." A publicação lembra que o governo russo gastou R$ 38,4 bilhões no mundial e entre os doze estádios preparados, alguns ficariam ociosos após o evento. Houve também tentativas de boicote ao torneio, depois que um ex-espião da Rússia foi envenenado na Inglaterra.

A imprensa chamava a Copa de "geopolítica" e destacava que Brasil, Alemanha e Espanha lideravam as apostas pelo título, mas as três seleções decepcionaram. Aliás, a torcida brasileira estava na expectativa para que a equipe comandada por Tite apagasse o fracasso de quatro anos antes. Mais de três bilhões e meio de pessoas em todo o planeta iriam assistir aos jogos pela TV. No Brasil, a Globo voltou a ter exclusividade entre os canais abertos. Já SporTV e Fox Sports transmitiram os 64 duelos pela televisão a cabo. As rádios brasileiras também apostaram em uma ampla cobertura na esperança do hexacampeonato.

A PREPARAÇÃO BRASILEIRA

Mesmo com a derrota vexatória na Copa de 2014, as estruturas do futebol brasileiro praticamente não se alteraram no período preparatório para o mundial seguinte. A desorganização, as limitações econômicas e as dificuldades dos clubes em revelar jogadores persistiram. Os atletas de destaque continuaram deixando o país muito cedo. Ou seja, o fracasso praticamente não serviu para nada. Enquanto isso, os clubes europeus continuaram se fortalecendo, o que ampliou ainda mais o abismo entre o futebol da Europa e da América do Sul.

Felipão deixou o comando da equipe logo depois do mundial de 2014 e a CBF anunciou a volta de Dunga, técnico na Copa de 2010. A escolha gerou inúmeras críticas à Confederação Brasileira de Futebol. O ex-jogador, capitão do tetra, em 1994, não conseguiu recuperar o moral da seleção e colecionou fracassos, como a eliminação nas quartas de final da Copa América de 2015. No ano seguinte, na Copa América Centenário, a seleção não passou da primeira fase e a derrota para o Peru fez com que a CBF demitisse Dunga.

A entidade resolveu ouvir os apelos da torcida e da imprensa e chamou Tite, aclamado como uma espécie de salvador da pátria. O gaúcho Adenor Leonardo Bachi, ex-jogador e campeão mundial no comando do Corinthians em 2012, deixou o time paulista e aceitou a missão de classificar o Brasil para a Copa. Ao ser anunciado, Tite esclareceu: "A minha atividade e o convite que me foi feito foi para ser técnico da seleção brasileira de futebol. Entendo que essa atribuição é a melhor maneira que eu tenho para contribuir com o que tenho de ideia para minha vida. Adjetivos como transparência, excelência e modernidade representam o que eu penso e o que eu trago para o futebol." Ao assumir o cargo, a seleção estava em sexto lugar nas eliminatórias. Com Tite, a equipe nacional passou a apostar em um estilo mais competitivo de jogo, em busca de resultados.

Ainda em 2016, o futebol brasileiro conquistou a inédita medalha de ouro em Jogos Olímpicos em uma final contra a Alemanha, no Maracanã. No entanto, o técnico campeão foi Rogério Micale. Tite não comandou a equipe olímpica, pois dizia que tinha como prioridade a vaga na Copa. A missão foi cumprida: em março de 2017, a seleção derrotou o Paraguai por 3 a 0, em São Paulo, gols de Neymar, Philippe Coutinho e Marcelo, e foi a primeira a carimbar o passaporte para a Copa do Mundo. Tite obteve a oitava vitória consecutiva no torneio e a torcida ficou, claro, empolgada. A lista do treinador para a competição na Rússia foi a seguinte:

Goleiros: Alisson, Ederson e Cássio

Defensores: Danilo, Fagner, Marcelo, Filipe Luís, Thiago Silva, Miranda, Marquinhos e Geromel

Meio-campistas: Casemiro, Fernandinho, Paulinho, Fred, Renato Augusto, Coutinho e Willian

Atacantes: Neymar, Douglas Costa, Taison, Firmino e Gabriel Jesus

A grande ausência na Copa foi a do lateral direito Daniel Alves, cortado por causa de uma lesão no ligamento do joelho direito. O treinador brasileiro então convocou Danilo, do Manchester City, e Fagner, do Corinthians. Apenas seis jogadores que estiveram em 2014 foram chamados para compor o grupo na Rússia: Thiago Silva, Marcelo, Fernandinho, Paulinho, Willian e Neymar.

O DIA A DIA DA COPA

Das 32 seleções participantes, apenas duas eram estreantes: Islândia e Panamá. No total, onze cidades receberam as partidas: Moscou, Samara, Kaliningrado, Nizhny Novgorod, Kazan, Rostov-na-Donu, São Petersburgo, Saransk, Sochi, Ecaterimburgo e Volgogrado. A fórmula de disputa continuava a mesma: os dois primeiros de cada chave garantiam vaga nas oitavas de final, dando início a fase de mata-mata. A Fifa promoveu o sorteio dos grupos em primeiro de dezembro de 2017, em Moscou. O grande momento da festa foi o cumprimento entre dois ídolos: Pelé e Maradona.

GRUPO A: Rússia. Arábia Saudita, Egito e Uruguai

GRUPO B: Portugal, Espanha, Marrocos e Irã

GRUPO C: França, Austrália, Peru e Dinamarca

GRUPO D: Argentina, Islândia, Croácia e Nigéria

GRUPO E: Brasil, Suíça, Costa Rica e Sérvia

GRUPO F: Alemanha, México, Suécia e Coreia do Sul.

GRUPO G: Bélgica, Panamá, Tunísia e Inglaterra

GRUPO H: Polônia, Senegal, Colômbia e Japão

> **GRADE DE PROGRAMAÇÃO DA TV DE 14 DE JUNHO**
> 12h: Cerimônia de abertura e Rússia vs. Arábia Saudita (Globo, SporTV e Fox)

RÚSSIA 5 X 0 ARÁBIA SAUDITA: os olhos do planeta bola estavam voltados para o Estádio Luzhniki, em Moscou. Ronaldo Fenômeno, campeão em 1994 e em 2002, foi escolhido pela Fifa (presidida por Gianni Infantino) para abrir oficialmente o torneio, ao lado da mascote Zabivaka. A cerimônia daquela quinta-feira teve duração de apenas 15 minutos. O presidente Vladimir Putin deu as boas-vindas aos torcedores e aos atletas e foi aplaudido pelo público. Já o artista britânico Robbie Williams causou polêmica. Enquanto cantava no evento, ele fez um gesto obsceno para as câmeras, em um protesto contra o mandatário russo. As seleções da Rússia e da Arábia Saudita entraram em campo ao som de "Seven Nation Army". Dentro de campo, um show inesperado: uma chuva de gols. A jovem equipe anfitriã, que não ganhava uma partida desde outubro de 2017, surpreendeu e derrotou a Arábia Saudita por 5 a 0. O placar é o mais elástico desde que o jogo de abertura foi instituído na história das Copas, em 1966, na Inglaterra. O técnico Stanislav Cherchesov deu sorte, ao ter de promover mudanças na equipe

O português Cristiano Ronaldo é destaque no confronto com a Espanha

logo no início da partida por causa de contusões. Vindos do banco de reservas, Cheryshev (com dois gols) e Dzyuba balançaram as redes sauditas, assim como Golovin e Gazinskiy. O lateral direito russo era o brasileiro naturalizado Mário Fernandes.

URUGUAI 1 X 0 EGITO: em 15 de junho, o Uruguai obteve a primeira vitória em uma estreia de Copa, desde 1970. Em Ecaterimburgo, José Giménez marcou o único gol da partida aos 44 minutos do segundo tempo. O técnico Óscar Tabárez chegava ao quarto mundial no comando da Celeste (1990, 2010, 2014 e 2018) e tornou-se o treinador que mais dirigiu uma única seleção em Copas. Já o Egito voltava a um mundial depois de 28 anos e o grande responsável pela classificação da equipe foi Mohamed Salah, estrela do Liverpool, da Inglaterra, e que vivia um grande momento na carreira. No entanto, por causa de uma contusão, ele quase ficou de fora da competição e não enfrentou o Uruguai.

IRÃ 1 X 0 MARROCOS: na abertura do grupo B, em São Petersburgo, os iranianos venceram os marroquinos em um jogo tecnicamente fraco. O gol contra do atacante Bouhaddouz foi marcado aos 49 minutos do segundo tempo. O resultado foi uma surpresa, pois a seleção do Marrocos tinha grandes jogadores, como Ziyech, Hakimi, Belhanda e Benatia.

ESPANHA 3 X 3 PORTUGAL: foi um dos grandes jogos da Copa. O duelo no Estádio de Sochi teve virada no placar e belos gols. A Espanha chegou em crise ao mundial com a demissão do técnico Julen Lopetegui, às vésperas da estreia. Ele tinha renovado contrato com a seleção, mas foi anunciado como novo treinador do Real Madrid, o que desagradou os dirigentes. O comando ficou com o ex-zagueiro Fernando Hierro. Aos três minutos, Cristiano Ronaldo, melhor jogador do mundo em 2017, marcou em cobrança de pênalti. Mas a Espanha contava com melhor poderio técnico e empatou aos 23: Diego Costa passou por um zagueiro, bateu no canto e fez um golaço. Mas CR7 voltou a surpreender os adversários. Cristiano Ronaldo invadiu a área, bateu rasteiro e o goleiro De Gea falhou: 2 a 1. O segundo tempo foi melhor ainda. Diego Costa empatou aos nove minutos e, três minutos depois, Nacho arriscou de fora da área e colocou a Espanha em vantagem. No entanto, a estrela de Cristiano brilhou mais uma vez em uma espetacular cobrança de falta, aos 42 minutos, e garantiu o empate no clássico europeu.

FRANÇA 2 X 1 AUSTRÁLIA: a França estreou em 16 de junho, em Kazan. A excelente geração do país sonhava com o bicampeonato, 20 anos depois do título em casa. O treinador Didier Deschamps, que em 1998 era o capitão da equipe liderada por Zidane, contava com grandes atletas, como Mbappé, de apenas 19 anos, Griezmann, Varane, Pogba e Kanté. A partida contra a Austrália foi marcada pela "estreia" do VAR na Copa. Com base nas imagens, o árbitro uruguaio Andrés Cunha marcou pênalti para a França. Griezmann converteu e abriu o placar. Os australianos empataram, também de pênalti, com Jedinak. Os franceses garantiram a vitória com gol de Pogba, assinalado com a ajuda do sensor ativado pelo chip na bola, recurso já utilizado em 2014. Entretanto, a Fifa confirmou o lance como gol contra de Behich. Vitória dos futuros campeões!

DINAMARCA 1 X 0 PERU: o Peru voltava ao mundial depois de 36 anos. No entanto, perdeu para a Dinamarca, em Saransk. Cueva, que na época estava no São Paulo, desperdiçou um pênalti confirmado pelo VAR. Poulsen marcou o único gol do jogo. Já Guerrero entrou bem na partida, aos 17 minutos do segundo tempo, mas não conseguiu fazer o gol de empate. O jogador peruano estava retornando aos gramados, depois de suspensão por doping.

ARGENTINA 1 X 1 ISLÂNDIA: foi a primeira surpresa da Copa. A seleção da Islândia, que chamou atenção do planeta na Euro de 2016, conseguiu arrancar um empate com a Argentina, no Spartak Stadium, em Moscou. Messi decepcionou ao perder um pênalti. Agüero abriu o placar, mas Finnbogason deixou tudo igual. A Argentina teve muitas dificuldades para furar o bloqueio da Islândia. A imprensa chamava o setor defensivo da equipe de "iceberg" ou "muralha de gelo". O treinador islandês, Heimir Hallgrímsson, era dentista e tirou férias para poder trabalhar na Copa. O mundo também passou a conhecer a torcida da Islândia, que tinha um grito de guerra chamado "haka".

CROÁCIA 2 X 0 NIGÉRIA: no estádio de Kaliningrado, a Croácia não tomou conhecimento da Nigéria e deu mostras de que seria uma das sensações da Copa. Etebo, contra, e Modric marcaram os gols, um em cada tempo. O técnico Zlatko Dalić tinha um bom grupo nas mãos e já se contentava em repetir a melhor campanha croata em mundiais. Em 1998, na França, a seleção ficou em terceiro lugar.

GRADE DE PROGRAMAÇÃO DA TV DE 17 DE JUNHO DE 2018

9h: Costa Rica vs. Sérvia (Globo, SporTV e Fox)

12h: Alemanha vs. México (Globo, SporTV e Fox)

15h: Brasil vs. Suíça (Globo, SporTV e Fox)

No primeiro domingo da Copa, Brasil e Alemanha entraram em campo, mas decepcionaram os torcedores, dando mostras de que o mundial da Rússia seria marcado por equilíbrio.

SÉRVIA 1 X 0 COSTA RICA: a equipe europeia estreou com vitória, em Samara. Kolarov, lateral da Roma, marcou um golaço de falta e colocou a Sérvia em primeiro lugar na chave da seleção brasileira. O goleiro Navas, do Real Madrid, fez boas defesas e evitou a derrota da Costa Rica por um placar mais amplo. Lembrando que os costa-riquenhos se destacaram na Copa de 2014, quando foram eliminados nas quartas de final.

MÉXICO 1 X 0 ALEMANHA: em Moscou, a campeã Alemanha caiu na estreia para os aguerridos mexicanos. Desde 1982, os alemães não eram derrotados no primeiro jogo da Copa. Com velocidade nos contra-ataques e bom toque de bola, Lozano recebeu de Chicharito e chutou para as redes, sem chances para o goleiro Neuer. O relógio marcava 35 minutos do primeiro tempo. Foi a primeira vitória do México sobre os alemães em uma Copa do Mundo. O Instituto de Pesquisas Geológicas e Atmosféricas do México registrou um abalo sísmico na capital do país com milhares de pessoas pulando ao mesmo tempo após o gol! A partida marcou novo recorde: o mexicano Rafa Marques é o quarto jogador da história a disputar cinco Copas. Ao técnico alemão Joaquim Löw restou lamentar: "Temos de aceitar essa derrota e tirar as conclusões e saber que nos próximos jogos temos de ser muito melhores."

Já a expectativa era grande para a estreia da seleção brasileira. Será que a equipe de Tite iria apagar o vexame do 7 a 1 e reconquistar a torcida?

BRASIL 1 × 1 SUÍÇA – ARENA ROSTOV – 17.06.2018

BRASIL: Alisson; Danilo, Thiago Silva, Miranda e Marcelo; Casemiro (Fernandinho), Paulinho (Renato Augusto) e Philippe Coutinho; Willian, Neymar e Gabriel Jesus.

Técnico: Tite

SUÍÇA: Yann Sommer; Lichtsteiner (Lang), Fabian Schär, Manuel Akanji e Rodríguez; Behrami (Zakaria), Xhaka (Embolo), Dzemaili, Shaqiri, Zuber e Seferovic.

Técnico: Vladimir Petkovic

ÁRBITRO: César Ramos (México)

GOLS: Philippe Coutinho (20) no primeiro tempo e Zuber (5) na etapa final.

Público: 43.109

Desde 1978, a seleção brasileira não empatava em uma estreia de Copa do Mundo. O desempenho do time de Tite decepcionou os torcedores e gerou críticas da imprensa. A equipe apresentou um bom volume de jogo até o gol de Coutinho aos 20 minutos

Coutinho comemora gol da seleção brasileira contra a Suíça

do primeiro tempo. Um chute fora da área surpreendeu o goleiro Sommer. No entanto, a seleção mudou de estratégia, se retraiu e começou a dar espaço ao adversário. A Suíça empatou no começo do segundo tempo. Depois de uma cobrança de escanteio pela direita, Zuber cabeceou sozinho, dentro da pequena área. Os jogadores brasileiros reclamaram de um empurrão em Miranda, mas a arbitragem confirmou o gol. Já Neymar não estava bem fisicamente e para piorar foi alvo do maior número de faltas sofridas por um único atleta em uma mesma partida de Copa, desde 1998: dez. O atacante brasileiro saiu de campo mancando. Em março de 2018, o camisa 10 tinha sofrido uma fratura no quinto metatarso do pé direito, teve de ser operado e chegou à Copa longe da melhor forma. As manchetes dos jornais do dia seguinte retratavam o clima na seleção: "Neymar manca, Brasil tropeça e tem a pior estreia em Mundiais em 40 anos" (Folha de S.Paulo), "Brasil trava na Suíça" (Estadão) e "Com gol polêmico da Suíça, Brasil só empata (O Globo). A seleção voltaria a campo diante da Costa Rica, em São Petersburgo, no dia 22, com a obrigação redobrada de vencer. Já o gol de Coutinho foi escolhido pela Fifa como o mais bonito da primeira fase da Copa.

SUÉCIA 1 X 0 CORÉIA DO SUL: no primeiro jogo do dia 18, em Nizhny Novgorod, válido pelo grupo da Alemanha, os suecos derrotaram o adversário com a ajuda do árbitro de vídeo que confirmou um pênalti. O capitão Granqvist converteu e garantiu os três pontos para a seleção europeia. A partida foi faltosa, com 46 infrações. A Suécia não contou com sua principal estrela. Ibrahimovic havia se aposentado em 2016. Ele retornou aos gramados pouco antes da Copa, mas a federação do país achou melhor não levá-lo, já que o jogador não tinha participado das eliminatórias.

BÉLGICA 3 X 0 PANAMÁ: como em 2014, a seleção belga chegou ao mundial badalada pela imprensa. Em Sochi, os "diabos vermelhos" tiveram dificuldades na etapa inicial contra a retrancada equipe do Panamá. No entanto, no segundo tempo, a Bélgica deslanchou ao marcar três gols. Mertens abriu o placar aos dois minutos. Depois, brilhou a estrela de Lukaku. O primeiro camisa 9 a marcar na Copa de 2018 fez um de cabeça, ao completar uma jogada de Kevin de Bruyne, e outro em um lance com Eden Hazard.

INGLATERRA 2 X 1 TUNÍSIA: em Volgogrado, a jovem equipe da Inglaterra sofreu para passar pela Tunísia. Harry Kane, que seria o artilheiro do mundial com seis gols, abriu o placar aos 10 minutos, ao aproveitar um rebote do goleiro Hassen. Sassi empatou em cobrança de pênalti. A Inglaterra tentava a todo custo chegar ao segundo gol que só saiu na etapa final e nos acréscimos. Maguire desviou a bola depois de um escanteio e Harry Kane, de novo, aproveitou a chance e estufou as redes.

JAPÃO 2 X 1 COLÔMBIA: foi a primeira vitória japonesa sobre um sul-americano em Copas. A imprensa considerou o resultado daquele dia 19, em Saransk, surpreendente, pois os colombianos tinham uma equipe melhor. No entanto, Carlos Sánchez levou o cartão vermelho logo aos três minutos e o Japão soube aproveitar a vantagem numérica em campo. Kagawa e Osako marcaram para os asiáticos. O gol da Colômbia foi de Quintero em cobrança de falta. Os japoneses comemoraram o resultado como se tivessem ganho a Copa.

SENEGAL 2 X 1 POLÔNIA: na última partida da primeira rodada, a Polônia, do craque Lewandowski, perdeu para os "leões africanos", no Estádio do Spartak, em Moscou. O Senegal, que contava com a estrela de Sadio Mané, abriu o placar com Gana Gueye aos 37 minutos. Ele chutou de fora da área e a bola desviou no brasileiro naturalizado Thiago Cionek. O segundo gol africano gerou reclamações do adversário. Aos 15 da etapa final, o camisa 10 da Polônia, Krychowiak, recuou para o campo de defesa, enquanto Niang, que estava fora do gramado sendo atendido, voltou ao jogo, autorizado pelo árbitro. Na velocidade, ele tocou na saída do goleiro: 2 a 0. A Polônia ainda diminuiu com o próprio Krychowiak aos 40 minutos, mas não conseguiu igualar o marcador. A primeira rodada terminou sem nenhum 0 a 0.

RÚSSIA 3 X 1 EGITO: ainda no dia 19, já em partida válida pela segunda rodada, os donos da casa venceram mais uma e praticamente garantiram a classificação, em São Petersburgo. A Rússia abriu o placar com um gol contra de Fathi, após um chute de Zobnin. Cheryshev fez o segundo ao aproveitar um cruzamento de Mário Fernandes. No gol mais bonito da partida, Dzyuba se livrou de um marcador e chutou para as redes. Salah, que estreava na Copa, fez o de honra do Egito em cobrança de pênalti, em um lance revisado pelo VAR.

URUGUAI 1 X 0 ARÁBIA SAUDITA: no dia 20, pelo mesmo grupo, o Uruguai chegou à segunda vitória na Copa. A partida, dispu-

tada em Rostov, não teve brilho, mas foi suficiente para confirmar a classificação da Celeste. O único gol foi marcado por Luis Suárez aos 20 minutos do primeiro tempo. O atleta atingia a marca de cem jogos com a camisa uruguaia e se tornava o maior artilheiro da equipe com 52 gols.

PORTUGAL 1 X 0 MARROCOS: Cristiano Ronaldo é sempre um diferencial. Em Moscou, a seleção portuguesa teve dificuldades para passar pelos africanos. CR7 marcou de cabeça o único gol da partida aos 4 minutos do primeiro tempo, depois de uma assistência de João Moutinho. Destaque ainda para o goleiro Rui Patrício, que fez uma defesa histórica em uma cabeçada de Belhanda.

ESPANHA 1 X 0 IRÃ: na Arena Kazan, assim como Portugal, a Espanha conseguiu a primeira vitória na Copa, depois de um amplo domínio sobre o Irã com, ao menos, dezessete finalizações. O único gol da partida foi marcado por Diego Costa. Já os iranianos tiveram um gol anulado pelo VAR.

DINAMARCA 1 X 1 AUSTRÁLIA: no duelo em Samara, abrindo os jogos do dia 21, a Dinamarca começou melhor e marcou com Eriksen aos seis minutos do primeiro tempo. Ainda na etapa inicial, a Austrália empatou em um pênalti confirmado pelo VAR. Jedinak converteu e igualou o placar. Foi a segunda vez na Copa que o árbitro de vídeo apontou uma penalidade contra os dinamarqueses.

FRANÇA 1 X 0 PERU: a vitória francesa garantiu a classificação da equipe para as oitavas e eliminou os peruanos. Mbappé marcou aos 33 do primeiro tempo e entrou para a história como o atleta mais jovem a fazer um gol pela seleção francesa em mundiais. A jogada começou depois de um erro de Guerrero que, na época, estava no Flamengo. A partida foi disputada em Ecaterimburgo e a torcida peruana era maioria no estádio.

CROÁCIA 3 X 0 ARGENTINA: foi um triunfo histórico dos croatas sobre os argentinos, comandados por Sampaoli. Em Nizhny Novgorod, Maradona estava nas arquibancadas e viu Messi irreconhecível. Uma falha do goleiro Caballero abriu a porteira aos oito do segundo tempo. Em saída errada de bola, Rebic aproveitou a oportunidade e, com um belo chute, fez 1 a 0. A partir daí, a Croácia se aproveitou do nervosismo do adversário. Modric ampliou o placar aos 35 minutos, depois de uma ginga para cima de Otamendi. Já nos descontos, aos 46, o golpe de misericórdia: gol de Rakitic. A Croácia estava nas oitavas de final, já a Argentina, apática, corria o risco de ficar de fora. A equipe de Sampaoli vivia em guerra com a imprensa argentina. Em março de 2018, a seleção tinha perdido um amistoso para a Espanha por 6 a 1. As coisas não iam bem!

GRADE DE PROGRAMAÇÃO DA TV DE 22 DE JUNHO DE 2018

9h: Brasil vs. Costa Rica (Globo, SporTV e Fox)

12h: Nigéria vs. Islândia (Globo, SporTV e Fox)

15h: Sérvia vs. Suíça (Globo, SporTV e Fox)

A seleção brasileira voltou a campo em busca do primeiro resultado positivo no mundial. A *Folha de S.Paulo* destacou: "Com Neymar, Brasil quer equilíbrio para tentar a primeira vitória na Copa." A única mudança em relação à estreia foi a entrada de Fagner no lugar de Danilo, que sentiu uma lesão no quadril.

BRASIL 2 × 0 COSTA RICA — ARENA SÃO PETERSBURGO — 22.06.2018

BRASIL: Alisson; Fagner, Thiago Silva, Miranda e Marcelo; Casemiro, Paulinho (Firmino) e Philippe Coutinho; Willian (Douglas Costa), Neymar e Gabriel Jesus.

Técnico: Tite

COSTA RICA: Navas; Gamboa (Calvo), Duarte, Acosta, González, Oviedo; Guzmán (Tejada), Borges, Ruiz, Venegas; Ureña (Bolaños).

Técnico: Óscar Ramírez

ÁRBITRO: Bjorn Kuipers (Holanda)

GOLS: Philippe Coutinho (45) e Neymar (52) no segundo tempo.

PÚBLICO: 64.468

A torcida brasileira ficou apreensiva até o fim do segundo tempo. A seleção, que jogava com o uniforme azul, passou toda a partida atacando, mas não deu sorte, com bola na trave e defesas do bom goleiro Navas. A equipe melhorou na etapa final com Douglas Costa no lugar de Willian. Neymar estava com má pontaria e perdeu inúmeras chances de gol. Já o VAR anulou um pênalti sofrido pelo camisa 10 do Brasil. Quando os torcedores já lamentavam um novo empate, Coutinho, escolhido melhor jogador da partida, aproveitou uma sobra na pequena área e abriu o placar. Tite levou um tombo durante a comemoração no banco de reservas. O relógio marcava 45 minutos. A seleção ainda ampliou o marcador, sete minutos depois, com Neymar. Depois de um cruzamento da direita, a bola passou pelo goleiro Navas e sobrou para o atacante brasileiro que só teve o trabalho de tocar para as redes: 2 a 0. O *Estadão* estampou na capa, no dia seguinte: "A um empate das oitavas"; "Brasil vence a Costa Rica no sufoco, com choro de Neymar, e fica mais perto da classificação". Em O *Globo*: "Drama, tensão e alívio só no fim".

NIGÉRIA 2 X 0 ISLÂNDIA: complementando a rodada do Grupo D, a Nigéria derrotou a Islândia, em jogo disputado em Volgogrado. O resultado ajudou a Argentina e embolou a chave. Os dois gols foram marcados por Musa, que conhecia bem os gramados russos, já que havia atuado pelo CSKA entre 2012 e 2016. Sigurdsson poderia ter descontado no fim, mas perdeu um pênalti.

SUÍÇA 2 X 1 SÉRVIA: em Kaliningrado, a vitória da Suíça, de virada, diante da Sérvia deixou o Brasil na liderança do Grupo E. Mitrovic abriu o placar aos 4 minutos do primeiro tempo. Na etapa final, Xhaka, aos 7, e Shaqiri, aos 44, colocaram a Suíça na frente. Os dois jogadores, em tarde inspirada, aproveitaram a comemoração dos gols para fazer com as mãos o símbolo da Albânia: a águia negra de duas cabeças. Era uma homenagem ao Kosovo, território que se declarou independente da Sérvia, em 2008, mas o ato não foi reconhecido. A maioria dos kosovares tem origem albanesa. Xhaka é filho de kosovares e Shaqiri nasceu no próprio Kosovo.

BÉLGICA 5 X 2 TUNÍSIA: em um show de gols, a geração belga mostrou mais uma vez que tinha talento. No primeiro jogo do dia 23, disputado no Spartak Stadium, em Moscou, Lukaku e Hazard marcaram dois gols cada e o outro foi de Batshuayi. Bronn e Khazri balançaram as redes para a Tunísia. O VAR entrou mais uma vez em ação ao confirmar um pênalti para os belgas.

MÉXICO 2 X 1 CORÉIA DO SUL: empolgados com a vitória diante da Alemanha, os mexicanos, comandados por Juan Carlos Osorio, tiveram mais uma boa atuação. No duelo contra os asiáticos, em Rostov, Vela, de pênalti, e Chicharito garantiram mais três pontos. Son diminuiu o marcador, quase no fim do duelo.

ALEMANHA 2 X 1 SUÉCIA: foi de perder o fôlego! Em uma das melhores partidas da Copa, em Sochi, os alemães ganharam uma sobrevida na Copa. A seleção tetracampeã saiu perdendo aos 31 minutos, quando Toivonen aproveitou um erro de Toni Kroos e, com categoria, encobriu o goleiro Neuer. Aos dois minutos da etapa final, Marco Reus deixou tudo igual. Boateng foi expulso, ampliando o drama dos campeões do mundo que precisavam da vitória para continuar com chances de classificação. A reta final do jogo foi emocionante, pois parecia mata-mata. Aos 49 minutos, em jogada ensaiada, depois da cobrança de falta, Toni Kroos estava na esquerda, em cima da linha da grande área, quando chutou e a bola encobriu o goleiro sueco: um golaço! Os torcedores foram ao delírio com a virada heróica da Alemanha.

INGLATERRA 6 X 1 PANAMÁ: na primeira partida do dia 24 de junho, domingo, Harry Kane começou a brilhar como artilheiro da Copa ao marcar três gols na vitória inglesa diante do Panamá, em Nizhny Novgorod. Com muita facilidade, o primeiro tempo terminou com placar de 5 a 0. Stones, duas vezes, e Lingard também balançaram as redes. O gol de honra do Panamá foi marcado por Baloy, ex-Grêmio e Atlético-PR. O jogador, que se despedia da seleção, chorou e recebeu aplausos da torcida.

JAPÃO 2 X 2 SENEGAL: Ecaterimburgo foi palco do duelo entre asiáticos e africanos, pelo Grupo H. Os japoneses ficaram duas vezes em desvantagem no placar, mas buscaram o resultado. O Senegal balançou as redes com Sadio Mané e Wagué, enquanto Inui e Honda marcaram para o Japão.

COLÔMBIA 3 X 0 POLÔNIA: os poloneses deram adeus à classificação com a segunda derrota na Copa. Sem ofensividade, a seleção europeia foi dominada pelos colombianos. Na Arena Kazan, Mina, Falcao García e Cuadrado marcaram os gols. Depois de duas rodadas, nenhum 0 a 0 na Copa. A decisão dos grupos começaria no dia seguinte, com partidas simultâneas.

URUGUAI 3 X 0 RÚSSIA: os uruguaios conseguiram a classificação com uma grande vitória sobre os donos da casa, em Samara. A equipe sul-americana chegou a cem por cento de aproveitamento. Na melhor exibição na Copa, Suárez, Cavani e Cheryshev (contra) garantiram a boa vantagem da Celeste Olímpica. Desde 1930, a seleção uruguaia não vencia três partidas consecutivas em Copas. A Rússia, que teve Smolnikov expulso, conseguiu o segundo lugar da chave.

ARÁBIA SAUDITA 2 X 1 EGITO: no jogo dos eliminados, em Volgogrado, a Arábia voltou a ganhar uma partida em mundiais depois de 24 anos. O Egito abriu o placar com um belo gol de Salah. Ainda no primeiro tempo, Al-Muwallad perdeu um pênalti. Brilhou a estrela do goleiro egípcio El Hadary. Com 45 anos e 161 dias, ele se tornou o jogador mais velho a entrar em campo em Copas. Em outro pênalti, confirmado pelo árbitro de vídeo, Al-Faraj não desperdiçou: 1 a 1. O gol da vitória da Arábia foi marcado por Al-Dawsari aos 45 minutos da etapa final.

PORTUGAL 1 X 1 IRÃ: em Saransk, o VAR foi o protagonista da partida ao determinar dois pênaltis. Cristiano Ronaldo desperdiçou uma das cobranças, mas a outra foi convertida pelo iraniano Ansarifard, que empatou o jogo. O primeiro gol da partida tinha sido do português Quaresma, no melhor lance do primeiro tempo. Com o resultado da partida simultânea, entre Espanha e Marrocos, Portugal se classificou em segundo na chave.

ESPANHA 2 X 2 MARROCOS: no jogo de Kaliningrado, os espanhóis não fizeram uma boa apresentação, mas conseguiram a liderança do grupo. Os marroquinos, já eliminados, deram trabalho e abriram o placar com Boutaïb. Isco empatou, ainda no primeiro tempo. Aos 35 da etapa final, En-Nesyri surpreendeu e colocou o Marrocos de novo na frente. Já nos acréscimos, aos 47, Aspas empatou. Apesar do lance ter sido invalidado pelo auxiliar, por impedimento, o VAR confirmou o gol espanhol.

DINAMARCA 0 X 0 FRANÇA: no dia 26, em Moscou, as duas seleções só administraram o placar e garantiram a classificação para as oitavas de final. A França terminou em primeiro, com sete pontos, e a Dinamarca em segundo, com cinco. O técnico Deschamps poupou as principais estrelas. Os dinamarqueses, que precisavam de um empate, também tiraram o pé do acelerador com as informações sobre a outra partida do grupo. Foi o primeiro e único 0 a 0 da Copa, placar que rendeu vaias dos torcedores nas arquibancadas.

PERU 2 X 0 AUSTRÁLIA: os australianos tinham chances de classificação, mas perderam para os peruanos em Sochi. Carrillo, no primeiro tempo, e Guerrero, no segundo, construíram o placar, mas os peruanos também se despediram da Copa. A imprensa deu muito destaque para a festa da torcida do Peru.

ARGENTINA 2 X 1 NIGÉRIA: Messi desencantou ao abrir o placar, em São Petersburgo, no centésimo gol da Copa. No segundo tempo, em um pênalti cometido por Mascherano, Moses empatou e deixou aflitos os torcedores da Argentina, vice-campeã mundial. O drama seguiu até os instantes finais. O gol salvador foi marcado pelo defensor Rojo aos 41 do segundo tempo. Foi uma explosão de alegria, entre os jogadores e nas arquibancadas. Maradona, que estava

Messi marca contra a Nigéria e classifica a Argentina

no estádio, passou mal e saiu carregado. Os argentinos conseguiram a classificação em segundo lugar no Grupo D.

CROÁCIA 2 X 1 ISLÂNDIA: a Croácia chegou a terceira vitória na Copa e confirmou a liderança da chave, mesmo sem nove titulares. O resultado ajudou a classificação da Argentina. Em Rostov, os gols foram marcados no segundo tempo. Badelj fez o primeiro, mas a Islândia empatou de pênalti, convertido por Sigurdsson. Apesar da pressão do adversário, a seleção croata decretou a vitória com Perisic.

> **GRADE DE PROGRAMAÇÃO DA TV DE 27 DE JUNHO DE 2018**
>
> 11h: Alemanha e Coreia do Sul (Globo, SporTV e Fox); México e Suécia (SporTV e Fox)
>
> 15h: Brasil e Sérvia (Globo, SporTV e Fox); Suíça e Costa Rica (SporTV e Fox)

CORÉIA DO SUL 2 X 0 ALEMANHA: os alemães se despediram da Copa depois do maior fiasco da história do futebol do país em mundiais. Na última colocação do grupo, a equipe de Joachim Löw esteve irreconhecível. A desclassificação veio em uma derrota inédita para uma seleção asiática, na Arena Kazan. Os gols da Coréia do Sul foram marcados nos acréscimos da etapa final por Kim Young-Gwon e Son Heung-min. Quando a Alemanha ainda perdia por 1 a 0, o goleiro Neuer passou a jogar no ataque. Em um lance, o jogador perdeu a bola e os coreanos marcaram o segundo gol, confirmado pelo VAR. O primeiro tento coreano já tinha sido revisto pelo árbitro de vídeo. A Alemanha, que no ano anterior tinha conquistado a Copa das Confederações, desmoronava no mundial. Com a eliminação germânica e a ausência da Itália, a hegemonia de cinco títulos da seleção brasileira estava garantida até 2022.

SUÉCIA 3 X 0 MÉXICO: com a derrota alemã, a definição do Grupo F ficou para o duelo em Ecaterimburgo. Depois de duas vitórias, a seleção mexicana perdeu da Suécia e se classificou em segundo lugar. A equipe europeia garantiu a liderança ao marcar três gols na etapa final: Augustinsson, Granqvist e Álvarez, contra. O goleiro Ochoa fez grandes defesas e evitou um placar mais amplo.

BRASIL 2 × 0 SÉRVIA – SPARTAK STADIUM (MOSCOU) – 27.06.2018

BRASIL: Alisson; Fagner, Thiago Silva, Miranda e Marcelo (Filipe Luís); Casemiro, Paulinho (Fernandinho) e Philippe Coutinho (Renato Augusto); Willian, Neymar e Gabriel Jesus.

Técnico: Tite

SÉRVIA: Stojkovic; Rukavina, Milenkovic, Veljkovic, Kolarov; Matic, Milinkovic-Savic, Tadic, Ljajic (Zivkovic), Kostic (Radonjic); Mitrovic (Jovic).

Técnico: Mladen Krstajic

ÁRBITRO: Alireza Faghani (Irã)

GOLS: Paulinho (35) no primeiro tempo e Thiago Silva (22) na etapa final.

PÚBLICO: 44.190

Em Moscou, o técnico Tite escalou a mesma equipe da vitória contra a Costa Rica para enfrentar a Sérvia. No entanto, Marcelo saiu machucado logo no início e teve de ser substituído por Filipe Luís. Apesar disso, sem sufoco ou sustos, a seleção nacional dominou a partida e garantiu a liderança da chave. O primeiro gol veio aos 35 minutos da etapa inicial. Coutinho acionou Paulinho que, livre na área, tocou na saída do arqueiro sérvio. Neymar estava melhor e criou, ao menos, oito oportunidades de gol. Aos 22 do segundo tempo, Thiago Silva marcou de cabeça, após cobrança de escanteio da esquerda. Foi a melhor apresentação brasileira até então na Copa. O México seria o adversário nas oitavas de final. No dia seguinte, os jornais exaltaram a vitória: "Brasil mostra força do talento ao vencer a Sérvia" (O Globo), "O Neymar que o Brasil queria" (Estadão) e "Tranquila, seleção vence e garante classificação em primeiro" (Folha de S.Paulo).

SUÍÇA 2 X 2 COSTA RICA: os suíços conquistaram o segundo lugar no grupo, depois de um empate diante da Costa Rica, em Nizhny Novgorod. Os europeus ficaram duas vezes à frente do placar, mas a Costa Rica demonstrou muita valentia. Dzemaili e Drmic marcaram para a Suíça e Waston e Sommer, contra, depois de pênalti cobrado por Bryan Ruíz, balançaram as redes para a Costa Rica. Era a despedida da geração de ouro do país da América Central.

POLÔNIA 1 X 0 JAPÃO: o último dia de jogos na primeira fase, em 28 de junho, começou com a única vitória da Polônia na Copa, em Volgogrado. O gol foi marcado por Bednarek aos 14 minutos do segundo tempo. O goleiro Kawashima teve destaque na partida com uma defesa espetacular na cabeçada de Grosicki. Apesar da derrota, o Japão estava garantido nas oitavas de final, em segundo lugar no grupo. A equipe terminou empatada com o Senegal, mas foi advertida com quatro cartões amarelos, contra seis dos africanos. O desempate no "fair play" foi uma novidade na Copa.

COLÔMBIA 1 X 0 SENEGAL: em Samara, a Colômbia, comandada por José Pékerman, garantiu a vaga em primeiro lugar. O gol do jogo foi do zagueiro Mina, ex-Palmeiras, na etapa final. Destaque negativo foi a contusão de James Rodríguez, que teve de deixar o gramado ainda no primeiro tempo.

BÉLGICA 1 X 0 INGLATERRA: em um duelo esperado por torcedores e pela imprensa, a Bélgica se igualou à Croácia e ao Uruguai ao terminar a primeira fase da Copa com três vitórias. Em Kaliningrado, os técnicos pouparam os principais jogadores. Kane, Dele Alli, Sterling, Lukaku, Hazard e De Bruyne ficaram no banco de reservas. Os "diabos vermelhos" venceram com gol de Adnan Januzaj aos cinco do segundo tempo. Foi a primeira vitória belga diante dos ingleses depois de 82 anos!

TUNÍSIA 2 X 1 PANAMÁ: os tunisianos voltaram a ganhar um jogo de Copa depois de 40 anos. Em Saransk, os panamenhos saíram na frente com um gol contra de Meriah. No segundo tempo, os africanos viraram o duelo, com gols de Ben Youssef e Khazri. O gol de Youssef foi o de 2.500 na história dos mundiais. Já o estreante

Panamá terminou a Copa com a pior campanha entre as 32 seleções. Na entrevista coletiva, depois da partida, o técnico panamenho, Hernán Darío Gómez, se irritou com a pergunta de um jornalista e disparou: "Somos a pior equipe?"

As oitavas de final estavam definidas: França x Argentina, Uruguai x Portugal, Espanha x Rússia, Croácia x Dinamarca, Brasil x México, Bélgica x Japão, Suécia x Suíça e Colômbia x Inglaterra. Eram dez seleções europeias, cinco das américas e uma asiática. Desde 1982, uma equipe africana não ficava de fora da segunda fase.

FRANÇA 4 X 3 ARGENTINA: sábado, 30 de junho de 2018. O mundo assistiu a um jogo para nenhum fã de Copa colocar defeito. A torcida vibrou com as duas viradas no placar e com o desempenho espetacular de Mbappé. O jovem jogador entrou para a história como o mais novo, desde Pelé, a balançar as redes, em fase de mata-mata. Em 1958, o Rei, de apenas 17 anos, marcou contra o País de Gales, nas quartas de final. Na Arena Kazan, Griezmann marcou de pênalti, enquanto Di María deixou tudo igual, ainda no primeiro tempo. No começo da etapa final, Mercado virou o jogo para a Argentina. Os franceses reagiram de forma espetacular com um belo gol de Pavard e dois de Mbappé: 4 a 2. Nos descontos, Agüero diminuiu para os argentinos. Já Messi decepcionou de novo ao não marcar gols na fase de mata-mata da Copa. Classificada, a França manteve a escrita de não perder para uma seleção sul-americana em mundiais desde 1978.

Mbappé é decisivo na vitória francesa sobre os argentinos

URUGUAI 2 X 1 PORTUGAL: os uruguaios fizeram uma exibição precisa em Sochi, aproveitando as poucas oportunidades que surgiram e eliminaram a seleção portuguesa de Cristiano Ronaldo. O nome da partida foi Cavani, autor dos dois gols da Celeste. O primeiro foi marcado aos 7 minutos da etapa inicial. Pepe empatou aos 10 do segundo tempo, quebrando a invencibilidade do goleiro Muslera. Cavani colocou o Uruguai na frente de novo aos 16 minutos. Na metade da etapa final, o goleador da partida deixou o campo machucado e foi amparado por Cristiano Ronaldo: uma das grandes imagens da Copa de 2018.

RÚSSIA 1 X 1 ESPANHA (4X3): a torcida da casa foi ao delírio naquele primeiro de julho no Estádio Luzhniki. Apesar da pressão da equipe espanhola, que não soube aproveitar as oportunidades, a Rússia surpreendeu e conseguiu chegar às quartas de final. A Espanha abriu o placar com um gol contra de Ignashevich aos 11 da etapa inicial. Ainda no primeiro tempo, o empate veio aos 40 minutos com Dzyuba. Depois, as duas equipes se arrastaram em campo até a decisão por pênaltis, quando brilhou a estrela do goleiro Akinfeev. Ele defendeu as cobranças de Koke e Iago Aspas. A partida marcou a despedida de Iniesta dos mundiais. Ele foi o autor do gol que deu o título à Espanha em 2010.

CROÁCIA 1 X 1 DINAMARCA (3X2): o segundo jogo do dia também foi definido nas penalidades. O duelo, em Nizhny Novgorod, começou em um ritmo forte com dois gols em apenas quatro minutos de partida, com Jorgensen e Mandzukic. Depois, o duelo ficou arrastado. O craque Modric, que não fez uma boa apresentação, perdeu um pênalti no segundo tempo da prorrogação: Schmeichel defendeu. O goleiro dinamarquês fez mais duas defesas na disputa por penalidades, mas quem brilhou mesmo foi Subasic que pegou três. Rakitic converteu a última cobrança e garantiu a Croácia nas quartas de final.

> **GRADE DE PROGRAMAÇÃO DA TV DE 2 DE JULHO DE 2018**
> 11h: Brasil vs. México (Globo, SporTV e Fox)
> 15h: Bélgica vs. Japão (Globo, SporTV e Fox)

Em busca da vaga nas quartas de final, a seleção brasileira voltou a campo para enfrentar o México. Em 2014, as duas equipes empataram sem gols na primeira fase, com destaque para o goleiro Ochoa. No jogo de Samara, Tite manteve Fagner na lateral direita, mesmo com Danilo recuperado. Filipe Luís permaneceu na esquerda, pois Marcelo ainda não estava cem por cento fisicamente.

BRASIL 2 × 0 MÉXICO – SAMARA – 02.07.2018

BRASIL: Alisson; Fagner, Thiago Silva, Miranda e Filipe Luís; Casemiro, Paulinho (Fernandinho) e Philippe Coutinho (Firmino); Willian (Marquinhos), Neymar e Gabriel Jesus.

Técnico: Tite

MÉXICO: Ochoa; Alvarez (Jonathan dos Santos), Salcedo, Hugo Ayala, Gallardo; Rafa Márquez (Layún), Herrera, Guardado, Vela, Lozano; Chicharito Hernández (Raúl Jiménez).

Técnico: Juan Carlos Osorio

ÁRBITRO: Gianluca Rocchi (Itália)

GOLS: Neymar (5) e Firmino (43) no segundo tempo.

PÚBLICO: 41.970

Debaixo de um forte calor, a seleção brasileira não conseguiu chegar ao gol no primeiro tempo. Já os mexicanos deram trabalho ao sistema defensivo nacional. Entretanto, as principais emoções estavam reservadas para a etapa final, quando brilhou a estrela de Neymar. Aos cinco minutos, ele tocou de calcanhar para Willian, que invadiu a área, chutou cruzado e o camisa 10 empurrou para as redes: 1 a 0. Finalmente a seleção conseguiu furar o bloqueio de Ochoa. O gol 57 de Neymar com a camisa amarela o colocou como o quarto maior artilheiro da história, atrás de Pelé, Ronaldo e Zico. Aos 43 minutos, o camisa 10 recebeu de Fernandinho, entrou na área pela esquerda e deu uma assistência perfeita para Firmino, que tinha acabado de entrar, balançar as redes.

Foi a sétima eliminação consecutiva do México em oitavas de final, enquanto o Brasil chegava às quartas de final também pela sétima vez seguida. Destaque negativo foi Casemiro, que levou o segundo cartão amarelo e estava fora da próxima fase. No dia seguinte, o *Estadão* citava Neymar: "Vim para ganhar (...). Com sua melhor atuação no mundial, Neymar diz não estar preocupado com críticas, mas em conquistar o hexa".

BÉLGICA 3 X 2 JAPÃO: os badalados belgas tiveram dificuldades para superar os japoneses, em Rostov. A equipe asiática conseguiu o que parecia impossível: bloquear o adversário e segurar o placar de 0 a 0 no primeiro tempo. Na etapa final, a zebra correu solta. Aos dois minutos, Haraguchi abriu a contagem e, quatro minutos depois, Inui ampliou. A torcida presente ao estádio não acreditava no que estava vendo. A Bélgica precisava reagir e conseguiu uma recuperação histórica! Vertonghen, aos 23, Fellaini, aos 28, e Chadli, aos 48, garantiram a equipe europeia nas quartas de final. O mundo agora esperava o duelo com o Brasil em busca de uma vaga na semifinal.

SUÉCIA 1 X 0 SUÍÇA: no último dia de partidas pelas oitavas de final, em 3 de julho, a Suécia garantiu o passaporte para a próxima fase e confirmou a melhor campanha desde a Copa de 1994. Em São Petersburgo, os escandinavos eliminaram a Suíça. Brilhou a estrela do camisa 10 Forsberg, autor do único gol do jogo aos 20 minutos do segundo tempo.

INGLATERRA 1 X 1 COLÔMBIA (4X3): a última vaga para as quartas de final foi definida com muita emoção e drama. No Spartak Stadium, em Moscou, Kane balançou as redes aos 11 minutos do segundo tempo e assumiu a artilharia isolada da Copa com seis gols. Quando tudo parecia estar definido, o ex-palmeirense Yerry Mina marcou de cabeça para a Colômbia (sem James Rodríguez, machucado) e o jogo foi para a prorrogação. Na decisão por pênaltis, o goleiro Pickford pegou a cobrança de Bacca e virou herói. Os ingleses estavam de volta às quartas de final depois de doze anos.

A próxima fase da Copa teve os seguintes confrontos: França x Uruguai, Bélgica x Brasil, Croácia x Rússia e Inglaterra x Suécia.

> **GRADE DE PROGRAMAÇÃO DA TV DE 6 DE JULHO DE 2018**
> 11h: França vs. Uruguai (Globo, SporTV e Fox)
> 15h: Brasil vs. Bélgica (Globo, SporTV e Fox)

FRANÇA 2 X 0 URUGUAI: prevaleceu a categoria da seleção francesa que passou com relativa facilidade pelo Uruguai. Em Nizhny Novgorod, os europeus dominaram o adversário e se aproveitaram da ausência de Cavani, machucado. Varane abriu o placar aos 40 minutos da etapa inicial. Já aos 16 minutos do segundo tempo, Griezmann, destaque do jogo, balançou as redes em uma falha de Muslera. Já o goleiro Lloris fez uma defesa milagrosa em uma cabeçada de Cáceres. A França estava de volta à semifinal após doze anos e começava a sonhar com o bicampeonato.

BÉLGICA 2 X 1 BRASIL — ARENA KAZAN — 06.07.2018

BRASIL: Alisson; Fagner, Thiago Silva, Miranda e Marcelo; Fernandinho, Paulinho (Renato Augusto) e Philippe Coutinho; Willian (Firmino), Neymar e Gabriel Jesus (Douglas Costa).
Técnico: Tite

BÉLGICA: Courtois; Meunier, Alderweireld, Kompany e Vertonghen; De Bruyne, Witsel e Fellaini; Chadli (Vermaelen), Hazard e Lukaku (Tielemans).

Técnico: Roberto Martínez

ÁRBITRO: Milorad Mazic (Sérvia)

GOLS: Fernandinho, contra (12), e Kevin De Bruyne (30) no primeiro tempo; Renato Augusto (30) na etapa final.

PÚBLICO: 42.873

O técnico Tite colocou Fernandinho no lugar de Casemiro, suspenso, enquanto Marcelo estava de volta para o duelo contra a Bélgica. A missão não seria fácil: a equipe europeia não perdia há 23 jogos. A seleção brasileira novamente voltou a falhar em um jogo

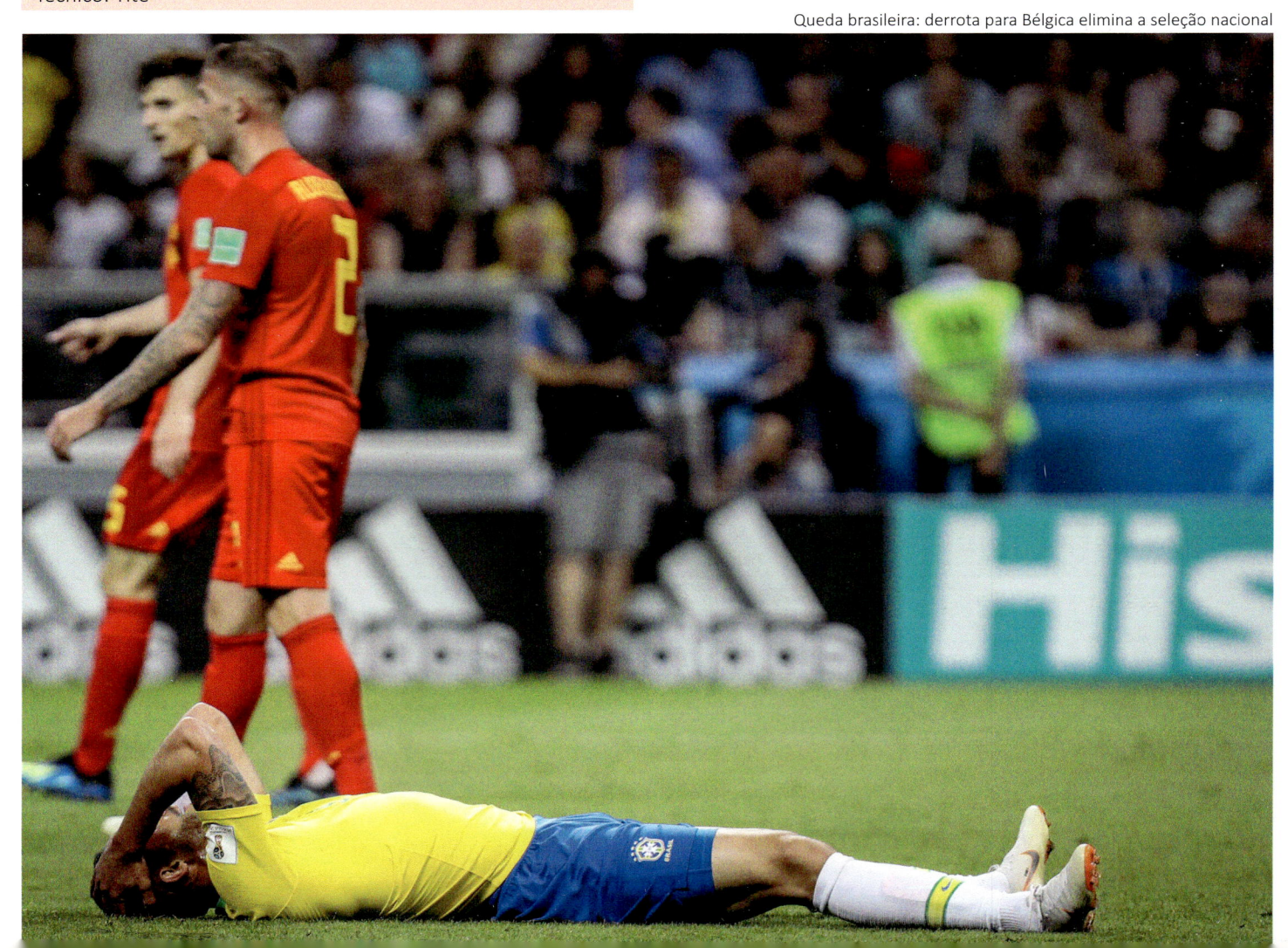

Queda brasileira: derrota para Bélgica elimina a seleção nacional

decisivo de Copa e foi eliminada pela quarta vez seguida por um europeu. As grandes atuações de De Bruyne, Hazard e Lukaku marcaram o duelo tão esperado pelos torcedores. Aos 12 minutos, depois de uma cobrança de escanteio pela esquerda e o desvio de Kompany, a bola bateu em Fernandinho e balançou a rede brasileira: 1 a 0. Mesmo à frente no placar, a Bélgica continuou com ritmo forte e, em um contra-ataque, Lukaku tocou na direita para De Bruyne que avançou e chutou com força no canto, sem chances para Alisson. Por um instante, o fantasma do "7 a 1" perturbou os brasileiros, pois os belgas pareciam que iriam golear. No entanto, o primeiro tempo terminou com a vantagem de dois gols. O Brasil voltou bem melhor na etapa final, com a substituição de Paulinho por Renato Augusto. O camisa 8 fez um belo gol de cabeça, depois de um levantamento de Coutinho: a bola entrou no canto esquerdo de Courtois. A entrada de Douglas Costa ajudou a seleção brasileira a continuar pressionando, mas todas as chances de empate foram perdidas e o sonho do hexa estava adiado. Neymar voltou a cair de produção e Gabriel Jesus, camisa 9 brasileiro, saiu do mundial sem marcar gols.

A imprensa destacou que a rebeldia tática promovida pelo técnico Roberto Martínez venceu o "equilíbrio" e apontou erros de Tite na montagem do time para enfrentar a Bélgica. Fagner ficou preso na marcação de Hazard e apenas Fernandinho ocupou a meia. Enquanto isso, Lukaku atuou mais pela direita, Vertonghen pela lateral, Chadli por dentro e Fellaini pelo meio, o que deu mais liberdade para De Bruyne. Foi a segunda derrota da "era Tite" e a primeira em um jogo de competição. Perdeu quando não podia perder! O desempenho do treinador antes da Copa era o melhor desde 1970, mas a seleção desabou diante do bom futebol da Bélgica. A equipe europeia igualava a campanha feita na Copa de 1986, quando também chegou à semifinal. O jornal *Estado de S.Paulo* estampou na capa: "Brasil cai na real". A reportagem diz que a seleção de Tite "não era tudo isso". Já a *Folha* destacou: "Brasil sente pressão, demora para acordar e põe fim à geração 7 a 1". A seleção de Tite terminou em sexto lugar na classificação geral da Copa.

INGLATERRA 2 X 0 SUÉCIA: depois de 28 anos, o "English Team" conseguiu uma vaga na semifinal da Copa. Em Samara, no dia 7 de julho, a equipe comandada por Gareth Southgate se aproveitou das bolas aéreas para derrotar a Suécia, com um gol de cabeça em cada tempo. O zagueiro Maguire e o meia Dele Alli balançaram as redes. Destaque para o goleiro inglês Pickford, que ajudou a segurar o resultado. Por outro lado, o artilheiro Kane passou em branco. Os ingleses sonhavam com um título, depois de 52 anos.

CROÁCIA 2 X 2 RÚSSIA (4 X 3): a torcida em Socci assistiu a uma partida dramática! Com arbitragem do brasileiro Sandro Meira Ricci, os donos da casa abriram o placar com Cheryshev aos 31 da primeira etapa. A Croácia empatou oito minutos depois com Kramaric. Após um segundo tempo sem mudanças no placar, a partida foi para a prorrogação. Vida virou o jogo para os croatas, mas quando faltavam cinco minutos para terminar, o brasileiro naturalizado russo Mário Fernandes deixou tudo igual: mais uma disputa por pênaltis para as duas equipes. De novo, brilhou a estrela do goleiro Subasic, que defendeu a cobrança de Smolov. Já Mário Fernandes chutou para fora. Rakitic garantiu no último pênalti a volta da Croácia às semifinais depois de duas décadas.

Apenas europeus estavam nas semifinais e foi a primeira Copa sem Brasil, Alemanha, Itália ou Argentina entre os quatro melhores.

FRANÇA 1 X 0 BÉLGICA: na terça-feira, 10 de julho, em São Petersburgo, prevaleceu o brilho da seleção francesa diante da poderosa geração belga. O único gol da partida foi marcado pelo zagueiro Samuel Umtiti, camaronês naturalizado francês. Ele fez de cabeça, após a cobrança de escanteio da direita aos seis minutos da etapa final. Até aquele momento, 72 dos 158 gols da Copa, ou seja, quase a metade, saíram em jogadas de bola parada. A França conseguiu bloquear a força ofensiva da Bélgica e garantiu classificação para a final pela terceira vez na história: em 1998, foi campeã, e em 2006, ficou em segundo.

CROÁCIA 2 X 1 INGLATERRA: no dia seguinte, no Estádio Luzhniki, em Moscou, foi definido o adversário da França. A geração croata de 2018 superou a de vinte anos antes, que ficou em terceiro lugar. Entretanto, a classificação foi dificílima. Logo aos 5 minutos do primeiro tempo, Trippier abriu o placar para a Inglaterra. O empate só veio aos 23 da etapa final, com Perisic. Com a igualdade no marcador, os croatas iriam para a terceira prorrogação, mas, dessa vez, sem disputa por pênaltis. Mandzukic marcou o gol salvador aos 2 do segundo tempo da prorrogação. Os ingleses lamentaram a desclassificação e, de novo, Harry Kane passou em branco.

BÉLGICA 2 X 0 INGLATERRA: na decisão do terceiro lugar, em 14 de julho, a geração belga conquistou a inédita terceira colocação na Copa. Em uma repetição do jogo da primeira fase, a Bélgica voltou a vencer a Inglaterra, agora por 2 a 0, gols de Meunier e Hazard. Os "diabos vermelhos" superaram o quarto lugar de 1986, no México. Por outro lado, mesmo sem marcar na partida, disputada em São Petersburgo, Kane terminou a Copa como artilheiro, com seis gols.

GRADE DE PROGRAMAÇÃO DA TV DE 15 DE JULHO DE 2018
12h: França vs. Croácia (Globo, SporTV e Fox)

FRANÇA 4X2 CROÁCIA – ESTÁDIO LUZHNIKI (MOSCOU) 15.07.2018

FRANÇA: Lloris; Pavard, Varane, Umtiti e Hernández; Kanté (N'Zonzi), Pogba, Mbappé, Griezmann e Matuidi (Tolisso); Giroud (Fekir).

Técnico: Didier Deschamps

CROÁCIA: Subasic; Vrsaljko, Lovren, Vida e Strinic (Pjaca); Brozovic, Rakitic, Rebic (Kramaric), Modric e Perisic; Mandzukic.

Técnico: Zlatko Dalić

ÁRBITRO: Néstor Pitana (Argentina)

ASSISTENTES: Hernán Maidana e Juan Belatti (ambos da Argentina)

GOLS: Mandzukic (contra) (17), Perisic (27) e Griezmann (37) no primeiro tempo; Pogba (13), Mbappé (19) e Mandzukic (23) na etapa final.

PÚBLICO: 78.000

Toda final de Copa é histórica, mas a decisão de 2018 merece um lugar na galeria de partidas inesquecíveis por inúmeros fatores: foi um jogo aberto, decidido no tempo normal, e com o maior número de gols desde a decisão de 1966. Mais: desde 1970, quando o Brasil goleou a Itália por 4 a 1, um campeão não marcava quatro gols no duelo decisivo. Foi uma final inédita e que garantiu a quarta Copa consecutiva para uma seleção europeia. Depois de Pelé, Mbappé foi o jogador mais novo a marcar gol na finalíssima. O técnico Didier Deschamps se igualou a Zagallo e Beckenbauer ao se tornar campeão como jogador e técnico. Foi o jogo 900 da história dos mundiais.

A torcida presente Estádio Luzhniki e os bilhões de telespectadores no planeta viram o primeiro gol do jogo aos 17 minutos do primeiro tempo. Griezmann cobrou falta e, no trajeto para a área, a bola resvalou na cabeça de Mandzukic: 1 a 0 para a França. A valente Croácia empatou dez minutos depois: Perisic dominou a bola dentro da área e chutou forte no canto esquerdo de Lloris. Aos 37, o VAR confirmou toque de mão na área croata e o árbitro argentino marcou pênalti, convertido por Griezmann. No segundo tempo, a Croácia foi para cima e sofreu com os contra-ataques em velocidade da França. Aos 13 minutos, Mbappé invadiu a área, cruzou para Griezmann que dominou e tocou para Pogba. De fora da área, o jogador chutou em cima de um adversário, mas aproveitou a sobra para mandar um "foguete" no canto direito de Subasic: 3 a 1. Aos 19 minutos, Mbappé recebeu e chutou rasteiro de fora da área e a bola entrou de mansinho no canto direito da meta croata: goleada de 4 a 1. Mandzukic ainda diminuiu aos 23 minutos, depois de uma falha de Lloris. O goleiro saiu jogando errado em uma bola recuada e foi vencido pelo adversário: 4 a 2, placar final! Depois de 20 anos, a Copa voltava para as mãos dos "azuis". A cerimônia de entrega da taça ocorreu debaixo de um temporal. O capitão Lloris entrou para a história como o quarto goleiro a erguer o troféu.

A manchete do jornal francês *L' Equipe* sobre o bicampeonato foi a seguinte: "De outro mundo". Em 64 jogos, foram marcados 169 gols, média de 2,64 por partida. Por apenas três gols, o recorde das Copas de 1998 e 2014, com 171, não foi superado. Apenas uma partida terminou empatada por 0 a 0. Realmente foi uma Copa "De outro mundo".

Dilúvio: debaixo de chuva, França comemora o bicampeonato

TABELA DA COPA DE 2018

GRUPO A

14/06/2018 Moscou/Luzhniki: **Rússia 5 x 0 Arábia Saudita**
15/06/2018 Ecaterimburgo: **Uruguai 1 x 0 Egito**
19/06/2018 São Petersburgo: **Rússia 3 x 1 Egito**
20/06/2018 Rostov: **Uruguai 1 x 0 Arábia Saudita**
25/06/2018 Samara: **Uruguai 3 x 0 Rússia**
25/06/2018: Volgogrado: **Arábia Saudita 2 x 1 Egito**

GRUPO B

15/06/2018 São Petersburgo: **Irã 1 x 0 Marrocos**
15/06/2018 Sochi: **Portugal 3 x 3 Espanha**
20/06/2018 Moscou/Luzhniki: **Portugal 1 x 0 Marrocos**
20/06/2018 Arena Kazan: **Espanha 1 x 0 Irã**
25/06/2018 Saransk: **Portugal 1 x 1 Irã**
25/06/2018 Kaliningrado: **Espanha 2 x 2 Marrocos**

GRUPO C

16/06/2018 Arena Kazan: **França 2 x 1 Austrália**
16/06/2018 Saransk: **Dinamarca 1 x 0 Peru**
21/06/2018 Samara: **Dinamarca 1 x 1 Austrália**
21/06/2018 Ecaterimburgo: **França 1 x 0 Peru**
26/06/2018 Moscou/Luzhniki: **França 0 x 0 Dinamarca**
26/06/2018 Soci: **Peru 2 x 0 Austrália**

GRUPO D

16/06/2018 Moscou/Spartak Stadium: **Argentina 1 x 1 Islândia**
16/06/2018 Kaliningrado: **Croácia 2 x 0 Nigéria**
21/06/2018 Nizhny Novgorod: **Croácia 3 x 0 Argentina**
22/06/2018 Volgogrado: **Nigéria 2 x 0 Islândia**
26/06/2018 São Petersburgo: **Argentina 2 x 1 Nigéria**
26/06/2018 Rostov: **Croácia 2 x 1 Islândia**

GRUPO E

17/06/2018 Samara: **Sérvia 1 x 0 Costa Rica**
17/06/2018 Rostov: **Brasil 1 x 1 Suíça**
22/06/2018 São Petersburgo: **Brasil 2 x 0 Costa Rica**
22/06/2018 Kaliningrado: **Suíça 2 x 1 Sérvia**
27/06/2018 Moscou/Spartak Stadium: **Brasil 2 x 0 Sérvia**
27/06/2018 Nizhny Novgorod: **Suíça 2 x 2 Costa Rica**

GRUPO F

17/06/2018 Moscou/Luzhniki: **México 1 x 0 Alemanha**
18/06/2018 Nizhny Novgorod: **Suécia 1 x 0 Coréia do Sul**
23/06/2018 Rostov: **México 2 x 1 Coréia do Sul**
23/06/2018 Sochi: **Alemanha 2 x 1 Suécia**
27/06/2018 Arena Kazan: **Coréia do Sul 2 x 0 Alemanha**
27/06/2018 Ecaterimburgo: **Suécia 3 x 0 México**

GRUPO G

18/06/2018 Sochi: **Bélgica 3 x 0 Panamá**
18/06/2018 Volgogrado: **Inglaterra 2 x 1 Tunísia**
23/06/2018 Moscou/Spartak Stadium: **Bélgica 5 x 2 Tunísia**
24/06/2018 Nizhny Novgorod: **Inglaterra 6 x 1 Panamá**
28/06/2018 Kaliningrado: **Bélgica 1 x 0 Inglaterra**
28/06/2018 Saransk: **Tunísia 2 x 1 Panamá**

GRUPO H

19/06/2018 Saransk: **Japão 2 x 1 Colômbia**
19/06/2018 Moscou/Spartak Stadium: **Senegal 2 x 1 Polônia**
24/06/2018 Ecaterimburgo: **Kapão 2 x 2 Senegal**
24/06/2018 Arena Kazan: **Colômbia 3 x 0 Polônia**
28/06/2018 Volgogrado: **Polônia 1 x 0 Japão**
28/06/2018 Samara: **Colômbia 1 x 0 Senegal**

OITAVAS

30/06/2018 Arena Kazan: **França 4 x 3 Argentina**
30/06/2018 Sochi: **Uruguai 2 x 1 Portugal**
01/07/2018 Moscou/Luzhniki: **Rússia 1 (4) x (3) 1 Espanha**
01/07/2018 Nizhny Novgorod: **Croácia 1 (3) x (2) 1 Dinamarca**
02/07/2018 Samara: **Brasil 2 x 0 México**
02/07/2018 Rostov: **Bélgica 3 x 2 Japão**
03/07/2018 São Petersburgo: **Suécia 1 x 0 Suíça**
03/07/2018 Moscou/Spartak Stadium: **Inglaterra 1 (4) x (3) 1 Colômbia**

QUARTAS

06/07/2018 Nizhny Novgorod: **França 2 x 0 Uruguai**
06/07/2018 Arena Kazan: **Bélgica 2 x 1 Brasil**
07/07/2018 Samara: **Inglaterra 2 x 0 Suécia**
07/07/2018 Sochi: **Croácia 2 (4) x (3) 2 Rússia**

SEMIFINAIS

10/07/2018 São Petersburgo: **França 1 x 0 Bélgica**
11/07/2018 Moscou/Luzhniki: **Croácia 2 x 1 Inglaterra**

TERCEIRO LUGAR

21/06/2018 São Petersburgo: **Bélgica 2 x 0 Inglaterra**

FINAL

15/07/2018 Moscou/Luzhniki: **França 4 x 2 Croácia**

FIFA WORLD CUP Qatar 2022

QATAR 2022
O futuro incerto da Copa do Mundo

Uma coincidência de números? A 22ª Copa da história será disputada em 2022, em meio a incertezas sobre o futuro da competição. Em um ano em que o planeta ainda sente os efeitos da pandemia, o mundial chega ao Oriente Médio e, de forma inédita, foi marcado para o fim do ano: de 21 de novembro a 18 de dezembro. A Fifa alega que a mudança era necessária por causa do calor que faz no Qatar no meio do ano. No entanto, nos bastidores, o comentário é de que foi uma forma que a entidade encontrou para garantir a qualquer custo o evento no país asiático e rebater as pressões por uma eventual mudança de sede. As denúncias de corrupção envolvendo a escolha do Qatar marcaram os últimos anos. O país também não escapou de acusações sobre as más condições de trabalho impostas aos operários na construção dos estádios.

As polêmicas não param por aí! Provavelmente é a última vez em que o mundial terá o formato que conhecemos, com 32 seleções. Em 2026, a Fifa já confirmou que a Copa será sediada por três países: Estados Unidos, México e Canadá, com 48 participantes. O presidente da entidade máxima do futebol, Gianni Infantino, também começou uma campanha para reduzir de quatro para dois anos o intervalo entre as Copas, abrindo um debate interminável e polêmico envolvendo torcedores e imprensa. Em maio de 2021, uma votação em um congresso da Fifa, indicou que o assunto vai continuar sendo estudado. A proposta recebeu o apoio de 166 federações nacionais e outras 22 foram contra.

Já dentro de campo, em 2022 os sul-americanos têm a missão de tentar quebrar a hegemonia europeia que já dura quatro edições. A seleção brasileira, a mais vencedora de todas, continua em busca do hexacampeonato e quer evitar o fracasso pela quinta vez consecutiva.

Apesar das incertezas, o planeta bola aguarda com ansiedade o MAIOR ESPETÁCULO DA TERRA!

THIAGO UBERREICH
fevereiro de 2022

Escaneie o QR Code ao lado e ouça histórias de todas as Copas do Mundo.

BIBLIOGRAFIA

ANDRADE, Carlos Drummond. *Quando é dia de futebol*. São Paulo: Companhia das Letras, 2014

BIBAS, Solange. *As Copas que ninguém viu*. Rio de Janeiro: Catavento, 1982

CALDEIRA, Carlos. Ronaldo: glória e drama no futebol globalizado. Brasil: Editora 34, 2002

CASTRO, J.Almeida. *Histórias da bola*. Portugal: Talento, 1998

CASTRO, Ruy. *Estrela Solitária, um brasileiro chamado Garrincha*. Rio de Janeiro: Companhia das Letras, 1995

CORDEIRO, Luiz Carlos. *De Edson a Pelé: a infância do Rei em Bauru*. São Paulo: Dorea Books, 1997

DUARTE, Orlando. *Fried versus Pelé*. São Paulo: Makron Books, 1994

DUARTE, Orlando: *Pelé, o Supercampeão*. São Paulo: Makron Books, 1993

DUARTE, Orlando: *Todas as Copas do Mundo*. São Paulo: Makron Books, 1994

FRAGA, Plínio: *Tancredo Neves: o príncipe civil*. São Paulo: Objetiva, 2017

GARRIDO, Atílio. *Maracanazo: a história secreta*. Brasil: Livros Limitados, 2014

GOTTA, Ricardo. *Fuimos Campeones*. Argentina: Edhasa, 2008

GOUSSINSKY, Eugenio., e Assumpção, João Carlos. Deuses da bola. São Paulo: Dórea Books and Art, 1998

HAMILTON, Aidan. *Um jogo inteiramente diferente*. São Paulo: Griphus, 2001

HEIZER, Teixeira: *Maracanazo*. Rio de Janeiro: Mauad, 2014

HEIZER, Teixeira: *O Jogo Bruto das Copas do Mundo*. Rio de Janeiro: Mauad, 1997

LANCELLOTTI, Sílvio. *Almanaque da Copa do Mundo*. Porto Alegre:. L&PM, 1998

MÁXIMO, João. *João Saldanha*. Rio de Janeiro: Relume, 2005

MENDES, Luiz. *7 mil horas de futebol*. Rio de Janeiro: Freitas Bastos, 1999

MOTTA, NELSON. *A Copa do Mundo de 1982 e o turbilhão de emoções.* Rio de Janeiro: Objetiva, 1998

MUYLAERT, Roberto. *Barbosa: um gol faz 50 anos*. São Paulo: RMC, 2000

NILTON, Santos. *Minha bola, minha vida*. Rio de Janeiro: Gryphus, 1998

NOGUEIRA, Armando., Soares, Jô. e Muylaert, Roberto. *A Copa que ninguém viu e a que não queremos lembrar*. São Paulo: Companhia das Letras, 1994

PERDIGÃO, Paulo. *Anatomia de uma derrota*. Porto Alegre: L&PM,1986

PEREIRA, Leonardo Affonso de Miranda. Footballmania. Rio de Janeiro: Nova Fronteira, 2000

RIBAS, Lycio Vellozo. *O Mundo das Copas*. Brasil: Lua de Papel, 2010

RIBEIRO, ANDRÉ. *Fio de Esperança*. Rio de Janeiro: Gryphus, 2000

RIBEIRO, ANDRÉ. *O Diamante Eterno*. Rio de Janeiro: Gryphus, 1999

RODRIGUES, Nelson. À sombra das chuteiras imortais. São Paulo: Companhia das Letras, 1998

SIQUEIRA, André Iki. *João Saldanha, uma vida em jogo*. São Paulo: Companhia Editora Nacional, 2007

TOSTÃO. *Tempos vividos, sonhados e perdidos*. São Paulo: Companhia das Letras, 2016

ZIZINHO. *O mestre Ziza*. Rio de Janeiro: Editora Maracanã, 1985

ACERVO DE JORNAIS

Folha de S.Paulo

Estado de S.Paulo

O Globo

Jornal dos Sports

REVISTAS

Placar

Gazeta Esportiva Ilustrada

Veja

Manchete

Realidade

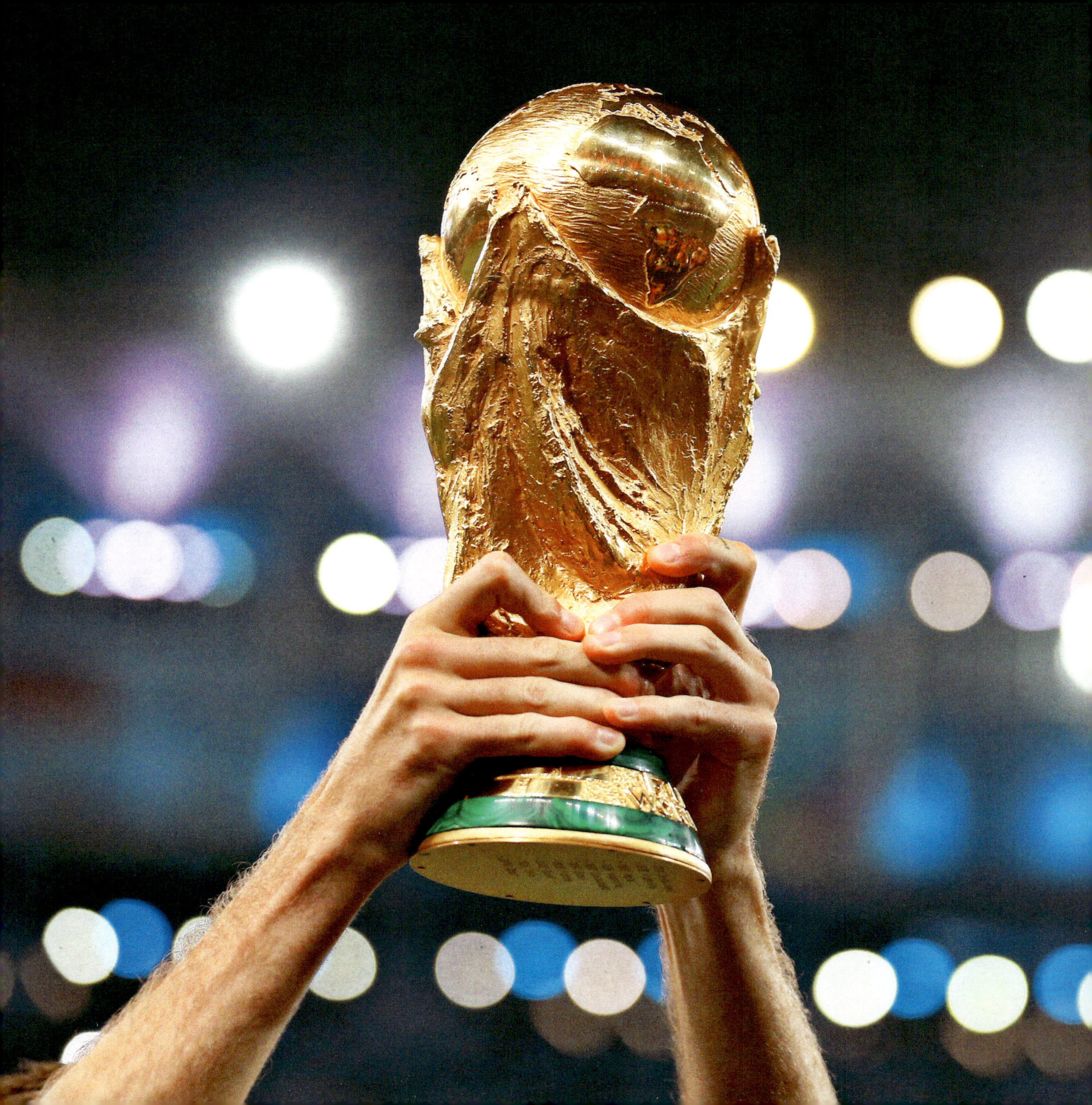

AGRADECIMENTOS

Quando a primeira edição desse livro foi lançada, em junho de 2018, eu dizia que escrever um livro era uma tarefa hercúlea. A minha opinião não mudou muito para esse relançamento em 2022. E também continuam sendo inúmeras as pessoas a agradecer.

Primeiramente, Mauro Beting, que me indicou para a editora Onze Cultural e me deu a honra do Prefácio. Agradeço ao Marco Piovan, editor que confiou nesse projeto e me guiou nessa tarefa. Por último, a todos amigos, colegas e ex-colegas de Jovem Pan, casa que me acolhe diariamente desde 2005.

THIAGO UBERREICH

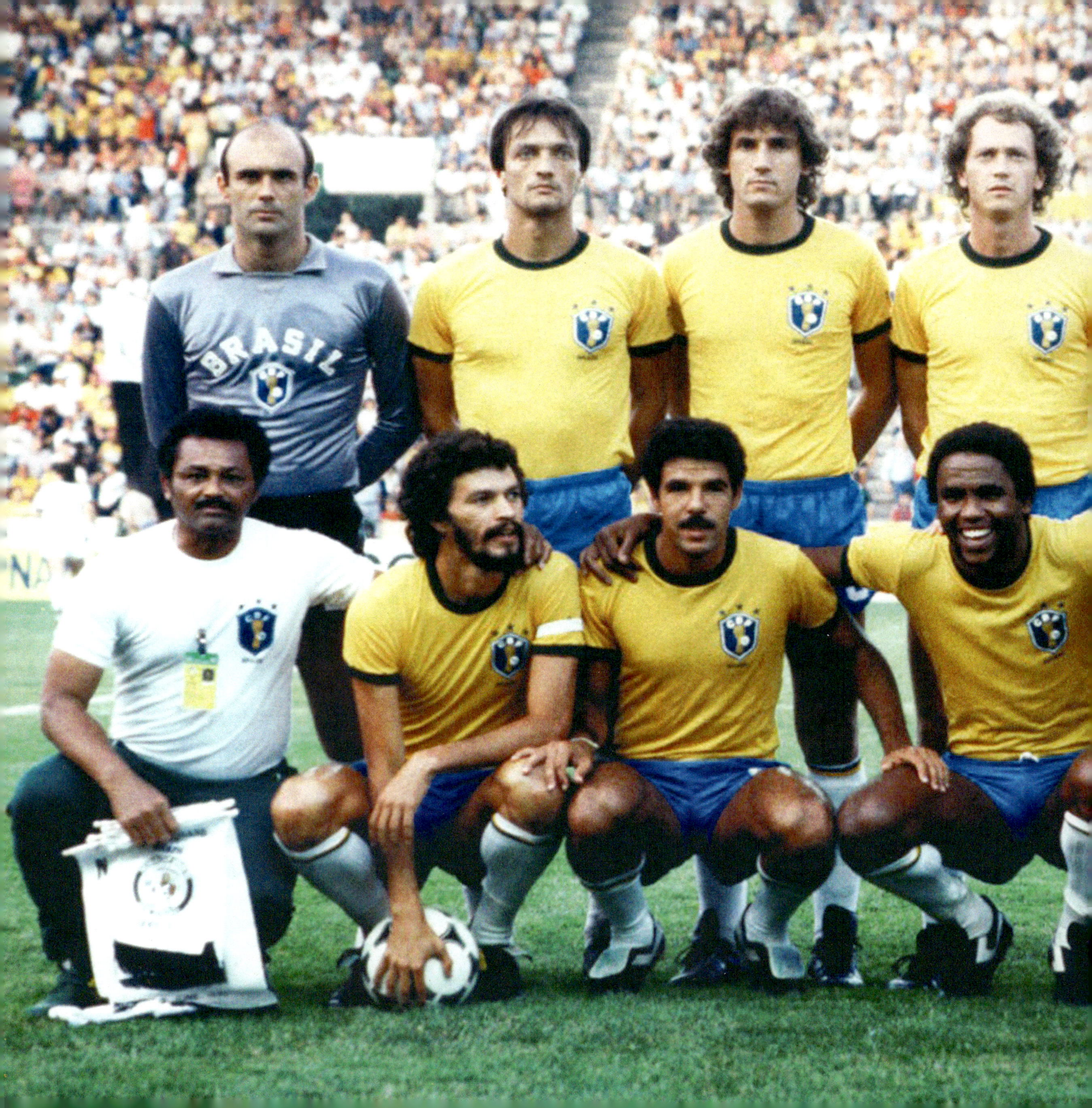
BRASIL

NEM A DERROTA FOI CAPAZ DE QUEBRAR O ENCANTO DO FUTEBOL ARTE DA INESQUECÍVEL SELEÇÃO BRASILEIRA DE 1982. A NOSSA MEMÓRIA AFETIVA AGRADECE!

O AUTOR

Thiago Uberreich é formado em jornalismo pela Pontifícia Universidade Católica de São Paulo (1999). Começou a carreira, em 1996, na Rádio Eldorado de São Paulo. Passou pelas funções de redação, edição, reportagem e apresentação. Em 2005, recebeu convite para integrar a equipe de reportagem da Jovem Pan. Participou de inúmeras coberturas e atuou como setorista no Palácio dos Bandeirantes. Desde março de 2016, apresenta o *Jornal da Manhã*. Apaixonado por futebol e pela história das Copas do Mundo, gosta de elaborar séries especiais sobre o tema. Em 2010, venceu o Prêmio Embratel, na categoria Reportagem Esportiva, com a série "Histórias das Copas", veiculada nos meses que antecederam o mundial na África do Sul. Em 2011, levou ao ar a série "Vozes do Tri", sobre a conquista da Copa de 1970; em 2012, fez a série "50 anos do bi"; em 2015, produziu "A Copa que nunca acabou", sobre o mundial de 1950. Em 2016, conseguiu reunir os áudios na íntegra dos seis jogos da seleção brasileira em 1950. Possui um dos maiores acervos pessoais de vídeos de futebol do país, com 4 mil horas de gravação.

Críticas, sugestões ou correções: *tuberreich@gmail.com*

Copyright © Thiago Uberreich, 2018

Todos os direitos reservados. Proibida a reprodução, armazenamento ou transmissão de partes desta obra, através de quaisquer meios, sem prévia autorização por escrito.

Texto revisado segundo o Novo Acordo Ortográfico da Língua Portuguesa.

Direitos exclusivos desta edição reservados pela EDITORA ONZE CULTURAL

Editor responsável: Marco Piovan
Projeto gráfico: Bruno A. Menezes
Capa e diagramação: Newton Cesar
Revisão: Thaís Lima
Assessoria de imprensa: Futpress
Impressão: LIS gráfica

Dados Internacionais de Catalogação na Publicação (CIP)
(Câmara Brasileira do Livro, SP, Brasil)

Uberreich, Thiago
Biografia das Copas : o maior espetáculo da Terra no rádio, na TV e nos jornais / Thiago Uberreich.
— 2. ed. — São Paulo , SP : Onze Cultural, 2022.

ISBN 978-65-86818-10-9

1. Copa do Mundo (Futebol) 2. Copa do Mundo (Futebol)- História I. Título.

22-107821   CDD-796.3346609

Índice para catálogo sistemático:
1. Copa do mundo : Futebol : História   796.3346609
Eliete Marques da Silva - Bibliotecária - CRB-8/9380

Impresso no Brasil

CRÉDITOS DAS FOTOS

p. 2/3 e 108- Photo by Art Rickerby/The LIFE Picture Collection/Getty Images
p. 6/7 e 195- Photo by Michael King/Getty Images
p. 8 e 173- Photo by Mark Leech/Offside/Getty Images
p. 10/11 e 240- Photo by TOSHIFUMI KITAMURA/AFP/Getty Images
p. 14/15 e 295- Photo by Laurence Griffiths/Getty Images
p. 17/18 e 221- Acervo/Gazeta Press
p. 24- Bob Thomas/Popperfoto/Getty Images
p. 26- Bob Thomas/Popperfoto/Getty Images
p. 27- Bob Thomas/Popperfoto/Getty Images
p. 34- Bob Thomas/Popperfoto/Getty Images
p. 35- Bob Thomas/Popperfoto/Getty Images
p. 39 – Acervo pessoal de Marco Antonio Villa
p. 41 - Photo by STAFF/AFP/Getty Images
p. 43- Photo by Haynes Archive/Popperfoto/Getty Images
p. 45 - Photo by Haynes Archive/Popperfoto/Getty Images
p. 46/7- Photo by STAFF/AFP/Getty Images
p. 50- Photo by Bob Thomas/Popperfoto/Getty Images
p. 51- Photo by Popperfoto/Getty Images
p. 53- Photo by STAFF/AFP/Getty Images
p. 59- Photo by Bob Thomas/Popperfoto/Getty Images
p. 65- Photo by Francois Pages/Paris Match via Getty Images
p. 69- Photo by Popperfoto/Getty Images
p. 70- Photo by Francois Pages/Paris Match via Getty Images
p. 71- Photo by Popperfoto/Getty Images
p. 72- Photo by Popperfoto/Getty Images
p. 76/7- Photo by Keystone-France\Gamma-Rapho via Getty Images
p. 82- Photo by Popperfoto/Getty Images
p. 86- ACERVO/Gazeta Press
p. 87- Photo by Popperfoto/Getty Images
p. 88- Acervo/Gazeta Press
p. 92- Photo by Popperfoto/Getty Images
p. 94- Photo by Popperfoto/Getty Images
p. 96- Photo by Popperfoto/Getty Images
p. 101- Photo by Keystone-France/Gamma-Keystone via Getty Images
p. 102- Photo by Popperfoto/Getty Images
p. 107- Reprodução capa da revista A Gazeta Esportiva Ilustrada/Gazeta Press
p. 110- Photo by Art Rickerby/The LIFE Picture Collection/Getty Images
p. 113- Photo by Rolls Press/Popperfoto/Getty Images
p. 114- Photo by © Hulton-Deutsch Collection/CORBIS/Corbis via Getty Images
p. 122- Photo by Popperfoto/Getty Images
p. 126- Photo by Keystone/Hulton Archive/Getty Images
p. 127- Photo by Popperfoto/Getty Images
p.128- Photo by Popperfoto/Getty Images
p. 129- Photo by Rolls Press/Popperfoto/Getty Images
p. 134- Photo by Getty Images
p. 136- Acervo/Gazeta Press
p. 139- Acervo/Gazeta Press
p. 141- Acervo/Gazeta Press
p. 142- Acervo/Gazeta Press
p. 144a- Acervo/Gazeta Press
p. 144b- Photo by Paul Popper/Popperfoto/Getty Images
p. 145- Allsport UK /Allsport/Getty Images
p. 151- Acervo/Gazeta Press
p. 157- Acervo/Gazeta Press
p. 159- Photo by Paul Popper/Popperfoto/Getty Images
p. 160- Acervo/Gazeta Press
p. 161- Photo by Getty Images
p. 162- Photo by STAFF/AFP/Getty Images)
p. 168- Photo by Bob Thomas/Getty Images
p. 175- Photo by Bob Thomas/Getty Images
p. 176- Reprodução capa Jornal da Tarde/Foto da capa de Reginaldo Manente
p. 177- Photo by Bob Thomas/Getty Images
p. 178- Photo by Bob Thomas/Getty Images
p. 179- Photo by Mark Leech/Getty Images
p. 186- Photo by George Tiedemann/Sports Illustrated/Getty Images
p. 190- Photo by Bob Thomas/Getty Images
p. 192- Photo by Jean-Yves Ruszniewski/Corbis/VCG via Getty Images
p. 194- Photo by Bob Thomas/Getty Images
p. 196- Photo by Gamma/Gamma-Keystone via Getty Images
p. 203- Photo by Bob Thomas/Getty Images
p. 206- Photo by Peter Robinson/EMPICS via Getty Images
p. 207- Photo by Popperfoto/Getty Images
p. 208- Acervo/Gazeta Press
p. 210- Peter Robinson- EMPICS/Getty Images
p. 212- BONGARTS/Lutz-Bongarts/Getty Images
p. 216/7- Photo by Christian Liewig/TempSport/Corbis via Getty Images
p. 225- Photo by JOEL MABANGLO/AFP/Getty Images
p. 226- Photo by Mark Leech/Getty Images
p. 227- Photo by Shaun Botterill/ALLSPORT/Getty Images
p. 228- Photo by Shaun Botterill/Getty Images
p. 230- Photo by TIMOTHY CLARY/AFP/Getty Images
p. 234- Philippe Caron/Sygma/Getty Images
p. 243- Photo by Lutz Bongarts/Bongarts/Getty Images
p. 244- Photo by Mark Sandten/Bongarts/Getty Images
p. 245- Acervo/Gazeta Press
p. 247- Photo by THIERRY ORBAN/Sygma via Getty Images
p. 253- Photo by Chung Sung-Jun/Getty Images
p. 255- Photo by The Asahi Shimbun via Getty Images
p. 256 – Acervo/Gazeta Press
p. 260a- Djalma Vassão/Gazeta Press
p. 260b- Photo by JACQUES DEMARTHON/AFP/Getty Images
p. 261a- Photo by Bob Thomas/Getty Images
p. 261b- Photo by TOSHIFUMI KITAMURA/AFP/Getty Images
p. 263- BONGARTS/Andreas-Rentz
p. 264a – Reprodução de frame de tv
p. 264b- Photo by GABRIEL BOUYS/AFP/Getty Images
p. 265- Djalma Vassão/Gazeta Press
p. 270- Photo by Michael Steele/Getty Images
p. 273- Photo by contrast/Boris Streubel/ullstein bild via Getty Images
p. 274- Photo credit should read JUNG YEON-JE/AFP/Getty Images
p. 275- Photo by VINCENZO PINTO/AFP/Getty Images
p. 277- Photo by Phil Cole/Getty Images
p. 279a- Photo by Martin Rickett- PA Images/PA Images via Getty Images
p. 279b- Wander Roberto/STR/Gazeta Press
p. 280- Rodolfo Buhrer/Gazeta do Povo/Gazeta Press
p. 281- Photo by JOHN MACDOUGALL/AFP/Getty Images
p. 282- Rodolfo Buhrer/Gazeta do Povo/Gazeta Press
p. 286- Photo by MUSTAFA OZER/AFP/Getty Images
p. 287- Photo by ROBERTO SCHMIDT/AFP/Getty Images
p. 288- Photo by Jamie Squire- FIFA/FIFA via Getty Images
p. 296a- Photo by Doug Pensinger/Getty Images
p. 296b- Photo by ROBERTO SCHMIDT/AFP/Getty Images
p. 297- Photo by Paul Gilham- FIFA/FIFA via Getty Images
p. 298- Photo by Joern Pollex/Getty Images
p. 299- Wander Roberto/STR/Gazeta Press
p. 301- Wander Roberto/STR/Gazeta Press
p. 306- Sergio Barzaghi/Gazeta Press
p. 308- Photo by Chris Brunskill Ltd/Getty Images
p. 309a e 328/9- Photo by Chris Brunskill Ltd/Getty Images
p. 309b- Photo by DIMITAR DILKOFF/AFP/Getty Images
p. 312- Photo by Cem Ozdel/Anadolu Agency/Getty Images
p. 316- Photo by Clive Rose/Getty Images
p. 318- Photo by Alex Livesey- FIFA/FIFA via Getty Images
p. 319- Photo by Jamie McDonald/Getty Images
p. 320- Marcello Zambrana/Inovafoto/Gazeta Press
p. 322- Photo by CHRISTOPHE SIMON/AFP/Getty Images
p. 323- Photo by VI Images via Getty Images
p. 324/5- Fernando Dantas/Gazeta Press
p. 330 - Photo by Rodolfo Buhrer/La Imagem/Fotoarena/Agência O Globo
p. 333 - Photo by Ricardo Moreira/Fotoarena/Agência O Globo
p. 334 - Photo by Alexandre Cassiano / Agência O Globo
p. 338 - Photo by Robbie Jay Barratt – AMA /Getty Images
p. 340 - Photo by Laurence Griffiths /Getty Images
p. 342 - Photo by THIAGO BERNARDES / FramePhoto / Agência O Globo
p. 345 - Photo by Marcelo Machado de Melo/Fotoarena/Agência O Globo
p. 352- Photo by Mike Egerton/PA Images via Getty Images

AGRADECIMENTOS AOS TORCEDORES

AGNOR CHRISTY OLIVEIRA RIBEIRO

ALEX MAKTUB

ALEXANDRE ANDOLPHO SILVA

ALEXANDRE NEVES

ANDERSON MATEUS VIRIATO

ANDRÉ LUIZ NUNES DE MOURA

ANTONIO WENDER PEREIRA

BRUNO PINHEIRO LOPES DE FIGUEIREDO

CARLOS ALEXANDRE JEREMIAS SEYSSEL

CASSIO BRANDÃO

CASSIO DESSOTTI

DALMO REBELLO SILVEIRA JUNIOR

DANIEL CRUZ

DIEGO RUBIN

EDSON JACINTO DA SILVA

EDUARDO QUEVEDO

EMERSON DOUGLAS DE OLIVEIRA ARANTES

EUGÊNIO GLAUBER ROCHA SARMENTO

FÁBIO PRETTI

FERNANDO HENRIQUE BRAUNGER

FLÁVIO BARRETO PEREIRA

GUSTAVO FONSECA DA CUNHA

GUSTAVO DE ARAÚJO CINTRA

HEVERTON ORCHANHESKI

IAN ARAÚJO MAGALHÃES

JESUS RUBIO VERA

JOSÉ DE MOURA LEITE NETTO

LOURENÇO RONDINELLI NETO

LUIZ ANTÔNIO DE ALMEIDA ALVARENGA

LUIZ CARLOS GARCIA DA SILVA JUNIOR

LUIZ HENRIQUE WENZEL BARÃO

PAULO GIANNONI

RICARDO MARCOLINO DA COSTA

RODRIGO FURLAN LOURENÇO

SANDRO ESTEVÃO DA SILVA

SONALDO VITAL

TARCISIO MAEVO

TAUBE GOLDENBERG

VITTORIO MASSARI